ECONOMIA BÁSICA

Volume II

Tradução da 5ª Edição

THOMAS SOWELL

ECONOMIA BÁSICA

Um guia de economia
voltado ao senso comum

ALTA BOOKS
GRUPO EDITORIAL
Rio de Janeiro, 2018

Economia Básica — Volume II
Copyright © 2018 da Starlin Alta Editora e Consultoria Eireli. ISBN: 978-85-508-0239-8

Translated from original Basic Economics. Copyright © 2015 Thomas Sowell. ISBN 978-0-9882625-0-8. This translation is published and sold by permission of Carol Mann Agency through Karin Schindler Comercialização e Administração de Direitos Autorais Ltda., São Paulo, Brazil., the owner of all rights to publish and sell the same. PORTUGUESE language edition published by Starlin Alta Editora e Consultoria Eireli, Copyright © 2018 by Starlin Alta Editora e Consultoria Eireli.

Todos os direitos estão reservados e protegidos por Lei. Nenhuma parte deste livro, sem autorização prévia por escrito da editora, poderá ser reproduzida ou transmitida. A violação dos Direitos Autorais é crime estabelecido na Lei nº 9.610/98 e com punição de acordo com o artigo 184 do Código Penal.

A editora não se responsabiliza pelo conteúdo da obra, formulada exclusivamente pelo(s) autor(es).

Marcas Registradas: Todos os termos mencionados e reconhecidos como Marca Registrada e/ou Comercial são de responsabilidade de seus proprietários. A editora informa não estar associada a nenhum produto e/ou fornecedor apresentado no livro.

Impresso no Brasil — 2018 - Edição revisada conforme o Acordo Ortográfico da Língua Portuguesa de 2009.

Publique seu livro com a Alta Books. Para mais informações envie um e-mail para autoria@altabooks.com.br

Obra disponível para venda corporativa e/ou personalizada. Para mais informações, fale com projetos@altabooks.com.br

Produção Editorial	**Gerência Editorial**	**Produtor Editorial (Design)**	**Marketing Editorial**	**Vendas Atacado e Varejo**
Editora Alta Books	Anderson Vieira	Aurélio Corrêa	Silas Amaro marketing@altabooks.com.br	Daniele Fonseca Viviane Paiva comercial@altabooks.com.br
Produtor Editorial Thiê Alves	**Supervisão de Qualidade Editorial** Sergio de Souza	**Editor de Aquisição** José Rugeri j.rugeri@altabooks.com.br	**Vendas Corporativas** Sandro Souza sandro@altabooks.com.br	**Ouvidoria** ouvidoria@altabooks.com.br

Equipe Editorial	Bianca Teodoro Ian Verçosa	Illysabelle Trajano Juliana de Oliveira	Renan Castro	
Tradução Carlos Bacci	**Revisão Gramatical** Priscila Gurgel	**Diagramação** Luisa Maria Gomes	**Revisão Técnica** Laion Azeredo *Economista, Especialista em Estratégia e Inovação, Professor de Microeconomia e Empresário*	**Capa** Aurélio Corrêa

Erratas e arquivos de apoio: No site da editora relatamos, com a devida correção, qualquer erro encontrado em nossos livros, bem como disponibilizamos arquivos de apoio se aplicáveis à obra em questão.

Acesse o site www.altabooks.com.br e procure pelo título do livro desejado para ter acesso às erratas, aos arquivos de apoio e/ou a outros conteúdos aplicáveis à obra.

Suporte Técnico: A obra é comercializada na forma em que está, sem direito a suporte técnico ou orientação pessoal/exclusiva ao leitor.

Dados Internacionais de Catalogação na Publicação (CIP) de acordo com ISBD
Elaborado por Odílio Hilario Moreira Junior - CRB-8/9949

E731s   Sowell, Thomas
       Economia básica : um guia de economia voltado ao senso comum / Thomas Sowell ; traduzido por Carlos Bacci. - Rio de Janeiro : Editora Alta Books, 2018.
       336 p. ; 17cm x 24cm. - (v.2)

       Tradução de: Basic Economics
       Inclui índice.
       ISBN: 978-85-5080-239-8

       1. Economia. I. Bacci, Carlos. II. Título.

2018-002   CDD 330
       CDU 33

Rua Viúva Cláudio, 291 - Bairro Industrial do Jacaré
CEP: 20.970-031 - Rio de Janeiro (RJ)
Tels.: (21) 3278-8069 / 3278-8419
www.altabooks.com.br — altabooks@altabooks.com.br
www.facebook.com/altabooks — www.instagram.com/altabooks

Algumas poucas linhas de raciocínio podem mudar a maneira como vemos o mundo.

Steven E. Landsburg

SUMÁRIO

Prefácio		ix
Agradecimentos		xi
Capítulo 1:	O Que É Economia?	1

PARTE I: A ECONOMIA NACIONAL — 9

Capítulo 2:	O Produto Nacional	11
Capítulo 3:	O Dinheiro e o Sistema Bancário	29
Capítulo 4:	As Funções do Governo	59
Capítulo 5:	As Finanças do Governo	89
Capítulo 6:	Problemas Específicos da Economia Nacional	119

PARTE II: A ECONOMIA INTERNACIONAL — 137

Capítulo 7:	Comércio Internacional	139
Capítulo 8:	Transferências Internacionais de Renda	165
Capítulo 9:	Disparidades Internacionais de Renda	191

PARTE III: QUESTÕES ECONÔMICAS ESPECIAIS — 229

Capítulo 10:	Mitos sobre os Mercados	231
Capítulo 11:	Valores "Não Econômicos"	247
Capítulo 12:	A História da Economia	261
Capítulo 13:	Palavras de Despedida	289

Perguntas		299
Índice		309

PREFÁCIO

Este livro tem um diferencial óbvio em relação a outros livros de introdução à economia: nele não há gráficos ou equações. Por ser escrito em português simples, dispensando o jargão econômico, *Economia Básica* pode ser facilmente compreendido por pessoas sem conhecimento prévio de economia. Isso inclui não somente o público em geral, mas também os estudantes recém-iniciados nessa disciplina.

Uma característica menos evidente, mas importante, de *Economia Básica* é que ele se vale de situações da vida real, verificadas em países de todo o mundo, para exemplificar e facilitar a memorização dos princípios econômicos, algo que gráficos e equações não conseguem fazer. Ao longo de suas várias edições, a ideia fundamental por trás de *Economia Básica* continua a mesma: aprender economia deve ser tão simples quanto abrir os olhos.

O recorrente interesse dos leitores americanos a cada nova edição, e o crescente número de traduções para línguas estrangeiras no exterior,[*] sugerem que há uma demanda generalizada desse tipo de introdução à economia, quando apresentada de maneira acessível.

Tal como se dá com as pessoas, este livro ganhou peso com o passar dos anos, na medida em que novos capítulos foram adicionados e os já existentes foram atualizados e ampliados para acompanhar a evolução das economias ao redor do mundo.

A maioria de nós é necessariamente ignorantes em muitos campos complexos, da botânica a intervenções cirúrgicas no cérebro. Em função disso, simplesmente nos isentamos de qualquer atuação ou comentário a respeito desses assuntos. No entanto, cada cidadão e cada político que recebeu seus votos têm influência nas políticas econômicas. Não é possível ignorar situações e decisões econômicas. Ao fazer nossas escolhas sobre questões e candidatos, não escapamos de três possibilidades: ou estamos informados, ou desinformados ou mal-informados. *Economia Básica* pretende tornar mais fácil estar informado.

---

[*] Edições anteriores a esta foram traduzidas para o espanhol, chinês, hebraico, japonês, sueco, coreano e polonês.

Não é difícil entender os princípios fundamentais da economia, mas é fácil esquecê-los, especialmente em meio à retórica arrebatadora dos políticos e dos meios de comunicação.

Em virtude de se constituir em uma introdução à disciplina econômica, *Economia Básica* deixa de lado não só jargões, gráficos e equações, mas também as habituais notas ao pé da página. Contudo, aqueles que desejam conferir alguns dos fatos surpreendentes relatados aqui podem encontrar as fontes listadas em meu site www.tsowell.com ou em um site criado pelo editor Sowellbasiceconomics.com — ambos com conteúdo em inglês. Para os instrutores que estão usando *Economia Básica* em seus cursos, ou para os pais que educam seus filhos em casa, mais de uma centena de perguntas estão disponíveis no final do livro, com páginas referenciadas após cada pergunta, mostrando onde, no texto, se encontra a resposta àquela questão.

THOMAS SOWELL
Hoover Institution
Stanford University

AGRADECIMENTOS

Assim como em outros livros meus, este deve muito às minhas duas extraordinárias assistentes de pesquisa, Na Liu e Elizabeth Costa. Indo muito além de rastrear para mim várias informações, a Sra. Costa revisou o texto e conferiu os fatos nele registrados, que Liu então converteu em provas tipográficas e auxiliou na elaboração do índice, após o qual o arquivo Quark resultante foi enviado para a editora, possibilitando a impressão do livro diretamente do computador dela. Desnecessário dizer, quaisquer erros ou deficiências que permanecem após os esforços dessas pessoas são de minha inteira responsabilidade.

E, claro, nada disso seria possível sem o apoio do Hoover Institution e do suporte da Universidade de Stanford.

Capítulo 1

O QUE É ECONOMIA?

*Para qualquer um, seja conservador ou radical,
defensor do livre comércio ou da proteção dos
mercados, cosmopolita ou nacionalista, religioso
ou pagão, é útil saber as causas e consequências dos
fenômenos econômicos.*

George J. Stigler

Os eventos econômicos ocupam, com frequência, as manchetes dos jornais ou as chamadas nos noticiários das emissoras de televisão. Entretanto, nem sempre as notícias deixam claro as causas de tais eventos, e muito menos os possíveis desdobramentos futuros.

Os princípios subjacentes envolvidos na maioria dos acontecimentos na esfera econômica não são, em geral, intrinsecamente complicados, mas a retórica política e o jargão econômico que costumam ser empregados nas discussões podem torná-los de difícil compreensão. E nisso há, ainda, um agravante: os princípios econômicos básicos capazes de esclarecer o que está ocorrendo podem permanecer desconhecidos para a maioria das pessoas e insuficientemente entendidos por muitos dos integrantes da mídia.

Tais princípios básicos da economia são válidos em todo o mundo e têm sido registrados ao longo de milhares de anos na história. Eles se aplicam a diferentes tipos de economias — capitalista, socialista, feudal, seja lá qual for — e entre uma ampla variedade de povos, culturas e governos. Políticas que ocasionaram aumento dos níveis de preços sob Alexandre, o Grande, fizeram o mesmo na América, milhares de anos mais tarde. A legislação sobre aluguéis levou a um conjunto muito semelhante de consequências no Cairo, Hong Kong, Estocolmo, Melbourne e Nova York. E, na Índia e nos países da União Europeia, as políticas agrícolas têm muitos pontos em comum.

No processo de compreensão da Economia, é preciso definir com exatidão o que Economia significa. Para saber o que é Economia, no sentido de ramo de estudo, devemos primeiro saber o que é uma economia no sentido cotidiano que vemos nos jornais e em nossa experiência pessoal[1]. A maioria de nós talvez pense em "economia" como um sistema de produção e distribuição dos bens e serviços que usamos na vida cotidiana. Isso é, em certa medida, verdadeiro, mas se revela insuficiente para dar conta do conceito por inteiro.

O Jardim do Éden era um sistema de produção e distribuição de bens e serviços, mas não era uma economia, porque tudo estava disponível em abundância ilimitada. Sem escassez, não há necessidade de economizar — e, portanto, não há Economia. Lionel Robbins, um importante economista britânico, nos apresenta uma definição clássica de Economia:

A Economia é o estudo do uso de recursos
escassos que têm usos alternativos.

ESCASSEZ

O que "escasso" significa? Significa que a somatória daquilo que todo mundo quer supera o que realmente está disponível. Isso pode parecer uma coisa simples, mas suas implicações são muitas vezes grosseiramente mal-entendidas, até mesmo por pessoas de educação esmerada. Tome-se como exemplo um artigo do *New York Times* que discorria sobre os problemas econômicos e preocupações da classe média americana — um dos mais abastados grupos de seres humanos que já habitaram este planeta. Embora essa história incluísse uma foto de uma família americana de classe média usufruindo de sua própria piscina, a manchete principal dizia: "The American Middle, Just Getting By" (algo como "O Americano Médio, Apenas Sobrevivendo.") Outros títulos no artigo incluíam:

Desejos Adiados e Planos Não Cumpridos

Metas que Permanecem Fora de Alcance

Obstinação em Poupar e Alguns Luxos

---

[1] No texto, se ou quando couber, utilizam-se os termos "Economia", com "E" maiúsculo, e "economia", com "e" minúsculo, para a devida diferenciação de conceitos.

Em resumo, os desejos dos americanos de classe média excedem o que eles podem confortavelmente pagar, embora o que já possuem seria considerado como inacreditável prosperidade por pessoas em muitos outros países ao redor do mundo — ou mesmo por gerações anteriores de americanos. Porém, eles (e o repórter) consideram-se como "apenas sobrevivendo" e, no texto, um sociólogo de Harvard foi citado, comentando "o quão restringido está o orçamento dessas pessoas". Mas não é algo feito pelo homem, como um orçamento, o que de fato os restringe: a realidade os restringe. Não há o bastante para satisfazer a todos completamente. Essa é a verdadeira restrição. Isso é o que significa escassez.

O *New York Times* relatou que uma dessas famílias de classe média "mergulhou de cabeça nos gastos com cartão de crédito", mas depois "colocou suas finanças em ordem".

> "Mas se fizermos um movimento errado", disse Geraldine Frazier, "a pressão das contas vai voltar, e isso é doloroso."

Para todas essas pessoas — do meio acadêmico e do jornalismo, bem como da própria classe média — aparentemente parecia de certa forma estranho que pudesse haver uma coisa como escassez e que isso implicaria na necessidade de esforços produtivos e responsabilidade pessoal de sua parte na hora de gastar a renda obtida. No entanto, nada tem permeado mais a história da raça humana do que a escassez e todos os requisitos para economizar que vêm a reboque.

Independentemente de políticas, práticas ou instituições — se sábias ou não, nobres ou ignóbeis — simplesmente não há o suficiente para sair por aí e satisfazer todos nossos desejos ao máximo. "Necessidades não satisfeitas" são inerentes às circunstâncias caso vivamos em uma economia capitalista, socialista, feudal ou de outro tipo. As várias modalidades de economias são apenas maneiras institucionais diferentes de fazer os "trade-offs" (situações nas quais precisamos escolher um uso para algo ao mesmo tempo em que abrimos mão de usos alternativos), algo inevitável em qualquer economia.

PRODUTIVIDADE

A Economia não se trata apenas de lidar com o conjunto de bens e serviços existentes no mundo como consumidores, mas, também, e mais fundamentalmente, sobre *produzir* estes bens e serviços a partir de recursos escassos em primeiro lugar — transformando insumos em produção.

Em outras palavras, a Economia estuda as consequências das decisões que são feitas sobre o uso da terra, trabalho, capital e outros recursos destinados ao volume de produção determinante do padrão de vida de um país. Tais decisões e suas consequências podem ser mais importantes do que os próprios recursos, pois há países pobres onde abundam recursos naturais, e países como Japão e Suíça, carentes de recursos naturais, cujas populações têm elevado nível de vida. Os valores dos recursos naturais *per capita* no Uruguai e Venezuela são muito superiores aos do Japão e Suíça, mas a renda real *per capita* destas nações é bem maior: duas vezes a do Uruguai e várias vezes a da Venezuela.

Não só a escassez, mas também "usos alternativos" estão no coração da Economia. Se cada recurso tivesse somente uma utilização, a Economia seria muito mais simples. Mas a água pode ser usada para produzir gelo ou vapor, por si só ou mediante inúmeras misturas e compostos em combinação com outras coisas. Da mesma forma, a partir do petróleo obtêm-se não só gasolina e óleo para aquecimento, mas também plásticos, asfalto e vaselina. O minério de ferro pode ser utilizado para produzir derivados de aço que vão de clipes de papel a automóveis e esquadrias para arranha-céus.

Quanto de cada recurso deve ser atribuído a cada um de seus muitos usos? Cada economia tem de responder a essa pergunta, e cada uma o faz, de uma maneira ou outra, de forma eficiente ou ineficiente. Fazê-lo de modo eficiente é função da Economia. Diferentes tipos de economias são, em essência, diferentes formas de tomada de decisão sobre a alocação de recursos escassos — e essas decisões repercutem na vida de toda a sociedade.

Na época da União Soviética, por exemplo, suas indústrias utilizavam mais eletricidade do que as americanas, embora estas produzissem uma quantidade maior de bens. Tais ineficiências em transformar insumos em produtos traduziram-se em um padrão de vida mais baixo em um país ricamente dotado de recursos naturais — talvez mais ricamente dotado do que qualquer outro país do mundo. A Rússia é, por exemplo, um dos poucos países industrializados que produz mais petróleo do que consome. Mas uma abundância de recursos não cria, automaticamente, uma abundância de bens.

Eficiência na produção — a taxa pela qual os insumos são transformados em produtos e serviços — não se constitui apenas em uma questão técnica que compete aos economistas tratar. Ela afeta o padrão de vida da sociedade como um todo. Visualizar esse processo ajuda a pensar sobre coisas reais — minério de ferro, petróleo, madeira e outros insumos que integram o processo de fabricação, e os móveis, alimentos e automóveis que saem na outra ponta — em vez de pensar em decisões econômicas como sendo simplesmente decisões sobre dinheiro. Ainda que a palavra "Economia" sugira dinheiro para algumas pessoas, para a sociedade como um todo, dinheiro é apenas um dispositivo artificial para fazer coisas reais. Caso contrário, o governo poderia deixar-nos todos ricos simplesmente imprimindo mais dinheiro. Não é o dinheiro, mas o volume de bens e serviços que determina se um país é atingido pela pobreza ou alcança a prosperidade.

O PAPEL DA ECONOMIA

Entre os conceitos equivocados sobre o que é a Economia está aquele de que se trata de algo que lhe diz como ganhar dinheiro, ou tocar um negócio, ou prever os altos e baixos da Bolsa. Mas finanças pessoais ou administração de negócios não são sinônimos de Economia, e prever o sobe e desce do mercado de ações ainda está para ser reduzido a uma fórmula confiável.

Quando os economistas analisam preços, salários, lucros ou a balança comercial internacional, por exemplo, o fazem do ponto de vista de como as decisões em vários setores da economia afetam a alocação de recursos escassos, de modo a aumentar ou diminuir o padrão de vida material das pessoas vistas em conjunto.

A Economia não é simplesmente um tópico sobre o qual expressar opiniões ou dar vazão às emoções. Trata-se de um estudo sistemático de causa e efeito, mostrando o que acontece quando se fazem coisas específicas de formas específicas. Na análise econômica, os métodos utilizados por um economista marxista como Oskar Lange não diferem em nada fundamentalmente dos métodos usados por um economista conservador como Milton Friedman. É desses princípios econômicos básicos que este livro se ocupa.

Uma das maneiras de compreender as consequências das decisões econômicas é olhar para elas observando os *incentivos* que criam, em vez de simplesmente os *objetivos* que perseguem. Isso significa que as consequências são mais importantes que as intenções — e não apenas as consequências imediatas, mas também as repercussões em longo prazo.

Boas intenções não bastam; na verdade, sem a compreensão de como a economia funciona, ser apenas bem-intencionado pode levar a resultados contraprodutivos, se não desastrosos, para o país como um todo. Vários, se não a maioria dos desastres econômicos, decorreram de políticas pretensamente benéficas — e tais desastres poderiam ter sido evitados caso aqueles que as delinearam e implementaram entendessem de Economia.

A despeito de existirem controvérsias na Economia, isso não significa que seus princípios econômicos, tal como os da Química ou da Física, sejam apenas uma questão de opinião. As análises da Física efetuadas por Einstein, por exemplo, não refletiam somente a opinião dele, como o mundo descobriu após Hiroshima e Nagasaki. As reações econômicas podem não ser espetaculares ou trágicas de imediato, porém, a depressão generalizada dos anos 1930 deixou milhões de pessoas na pobreza, mesmo em países ricos, levando nações outrora produtoras de alimentos além de suas necessidades a um estado de subnutrição, causando, provavelmente, mais mortes ao redor do mundo do que o número de vítimas daquelas duas cidades japonesas.

Em contrapartida, quando Índia e China — dois dos países mais pobres da face da terra na história recente — começaram a realizar mudanças em suas políticas econômicas, suas economias passaram a crescer dramaticamente. Na Índia, estima-se que 20 milhões de pessoas saíram da condição de indigência em uma década. Na China, a quantidade de pessoas vivendo com um dólar ou menos por dia declinou de 374 milhões — cerca de 1/3 da população em 1990 — para 128 milhões em 2004, agora apenas 10% de uma população em crescimento. Em outras palavras, graças às mudanças na política econômica, 250 milhões de chineses estão hoje em melhor condição de vida.

Coisas como essas revelam quão importante é o estudo da Economia — e não apenas uma questão de opiniões ou emoções. A Economia é uma ferramenta de causa e efeito, um repositório de conhecimentos comprovados — e princípios derivados desse conhecimento.

Para uma decisão econômica, nem mesmo é imprescindível haver dinheiro envolvido. Quando uma equipe médica militar é deslocada para uma frente de batalha na qual há soldados com todo tipo de ferimentos, ela se defronta com o clássico problema da alocação de recursos escassos com usos alternativos. Quase nunca se dispõe de médicos, enfermeiros ou paramédicos em número suficiente, e tampouco de remédios e suprimentos médicos. Entre os feridos, alguns estão à beira da morte e têm chances mínimas de serem salvos, e outros têm ferimentos leves e provavelmente se recuperarão caso sejam imediatamente atendidos.

Caso a equipe médica não consiga alocar tempo e recursos de maneira eficiente, alguns dos feridos morrerão desnecessariamente enquanto são atendidos outros que não precisam ser cuidados tão urgentemente ou que, em razão de seu estado desesperador, não resistirão seja qual for o tratamento. Isso se constitui em um problema econômico, embora não haja nenhuma troca monetária.

A maioria de nós odeia sequer pensar em ter de fazer escolhas como essas. De fato, como temos observado, alguns americanos de classe média estão aflitos por ter de fazer escolhas e "trade-offs" mais brandos. Contudo, a vida não nos pergunta o que queremos. Ela nos apresenta opções. A Economia é uma das maneiras de tentar realizar a maioria dessas opções.

PARTE I: A ECONOMIA NACIONAL

Capítulo 2

O PRODUTO NACIONAL

*Observação do senso comum, bem como estatísticas,
são necessárias para analisar o sucesso de uma
economia.*

Theodore Dalrymple

Tal como existem princípios econômicos básicos que se aplicam em determinados mercados de bens e serviços, também há os que se aplicam à economia como um todo. Por exemplo, assim como existe uma demanda por produtos e serviços específicos, há também uma demanda agregada para a produção total de toda a nação. Além disso, a demanda agregada pode variar, assim como a demanda por produtos individuais. Nos quatro anos seguintes à grande quebra da Bolsa em 1929[1], a oferta de moeda nos Estados Unidos diminuiu em impressionantes 1/3. Isso significava que agora era impossível continuar a vender tantos produtos e contratar tantas pessoas *nos antigos níveis de preços*, incluindo aí os níveis salariais.

Se os preços e salários também houvessem declinado imediatamente nessa proporção, então é claro que a oferta de moeda reduzida ainda poderia ter comprado tanto quanto antes, e o mesmo produto real e do emprego poderiam ter continuado. Teria sido a mesma quantidade de coisas reais produzidas, apenas com números menores em suas etiquetas de preços, de modo que contracheques

---

[1] A quebra da Bolsa de 1924 ocorreu em 24 de outubro daquele ano e se refere ao evento quando a Bolsa de Nova York sofreu com uma venda em massa de ações de diversas empresas, demonstrando a falta de confiança dos investidores na sustentabilidade da economia americana, e causando queda acentuada dos preços das ações e, consequentemente, do Índice Dow Jones. É tido como o marco simbólico de início do período em que ficou conhecido como Grande Depressão, a maior crise econômica dos EUA até hoje, que gerou uma taxa de desemprego na casa dos 30% e durou até 1936. No Brasil, a crise afetou drasticamente nossa economia. A exportação de café era responsável por boa parte da renda nacional. Os EUA eram os principais compradores de café. Com a queda na demanda, o Brasil foi posto em grave crise econômica, o que se revelou uma das causas dos Movimentos Revolucionários de 1930.

com números menores poderiam ter comprado tanto quanto antes. Na realidade, porém, uma complexa economia nacional nunca pode se ajustar a isso rápida ou perfeitamente, então, houve um declínio enorme nas vendas totais, com correspondente diminuição da produção e do emprego. A produção real do país em 1933 foi 25% menor que a de 1929.

Os preços das ações caíram para uma fração do que eram e corporações americanas como um todo operaram com prejuízos por dois anos seguidos. O desemprego, de 3% em 1929, subiu para 25% em 1933. Foi a maior catástrofe econômica da história dos Estados Unidos. Além disso, a depressão não ficou confinada ao país, mas se espalhou pelo mundo. Na Alemanha, o desemprego atingiu 34% em 1931, preparando o palco para o triunfo eleitoral dos nazistas em 1932 que levou Hitler ao poder, em 1933. Em todo o planeta, os medos, políticas e instituições criadas durante a Grande Depressão da década de 1930 ainda eram evidentes no século XXI.

A FALÁCIA DA COMPOSIÇÃO

Ainda que alguns dos mesmos princípios que se aplicam quando se discutem os mercados de bens particulares, setores de atividade ou ocupações também podem ser aplicados quando se discute a economia nacional, não se pode assumir de antemão que isso ocorre sempre. Ao pensar sobre a economia nacional, um desafio especial será evitar o que os filósofos chamam de "falácia da composição" — a suposição equivocada de que o que se aplica a uma parte se aplica automaticamente ao todo. Por exemplo, os anos 1990 foram dominados pelas notícias sobre reduções maciças de emprego de empresas e segmentos econômicos americanos, com dezenas de milhares de trabalhadores sendo demitidos por algumas grandes companhias e centenas de milhares em certos setores. No entanto, a taxa de desemprego na economia dos EUA como um todo foi a menor em anos durante a década de 1990, enquanto o número de postos de trabalho em todo o país subiu, atingindo níveis elevados.

O que era verdadeiro para vários setores da economia, e que repercutiu na mídia, foi o oposto do que se passava no conjunto da economia.

Outro exemplo de falácia da composição seria somar todos os investimentos individuais para obter os investimentos totais do país. Quando os indivíduos compram títulos do governo, por exemplo, trata-se de um investimento daqueles indivíduos. Mas para o país de modo geral não há um acréscimo real dos investimentos — não há mais fábricas, edifícios de escritórios, usinas hidrelétricas etc. — em decorrência da compra desses títulos. O que as pessoas adquiriram é um direito a certa soma de dinheiro a ser coletada dos futuros contribuintes. Esses ativos individuais adicionais são o adicional de capacidade tributária dos contribuintes, o que anula o reflexo daquelas aquisições de títulos para o país como um todo.

A falácia da composição não é peculiar à economia. Em um estádio de futebol, qualquer um pode ver o jogo melhor se estiver de pé, porém, se todos os expectadores se levantam, ninguém terá aquela visão privilegiada. Em um prédio em chamas, um indivíduo qualquer pode sair mais rápido correndo do que caminhando. Mas, se houver debandada geral, com todos correndo, é grande a probabilidade de criar pontos de estrangulamento nas portas, impedindo a fuga das pessoas que lutam entre si para sair, vitimando fatalmente algumas delas desnecessariamente. É por isso que existem as simulações de incêndio, para que as pessoas se habituem a sair do local ordenadamente durante uma emergência, a fim de que mais vidas possam ser salvas.

O que está na essência da falácia da composição é que ela ignora as *interações* dos indivíduos, que podem impedir que a verdade de um seja a verdade para todos.

Exemplos econômicos comuns da falácia da composição são as tentativas de "salvar empregos" em algum setor mais fortemente ameaçado, por uma razão ou outra. Qualquer empresa ou segmento pode sempre ser resgatado por uma intervenção suficientemente grande do governo, seja na forma de subsídios, compras de produtos da companhia ou indústria por agências e empresas públicas, ou por outros meios. A interação que é ignorada por aqueles que defendem tais políticas é que tudo o que o governo gasta é retirado de alguém. Os 10.000 empregos salvos na indústria de aplicativos pode ser à custa de 15.000 postos de trabalho perdidos em outras partes da economia com a tributação do governo afastando os recursos necessários para manter essas outras pessoas empregadas. A falácia não se constitui na crença de que os empregos podem ser salvos em determinadas companhias ou setores da economia. A falácia está em acreditar que com isso se esteja poupando postos de trabalho em termos *líquidos* para a economia como um todo.

PRODUÇÃO E DEMANDA

Uma das coisas mais básicas para entender sobre a economia nacional é o quanto sua produção total acrescenta a ela. Nós também precisamos entender a importância do papel do dinheiro na economia nacional, algo tão dolorosamente demonstrado na Grande Depressão da década de 1930. O governo é quase sempre outro fator importante na economia do país, embora possa ou não exercer esse papel em determinados segmentos. Como ocorre em muitas outras áreas, os fatos são relativamente simples e fáceis de entender. As complicações ficam por conta dos equívocos que precisam ser desvendados.

Uma das mais antigas confusões sobre as economias nacionais se reflete no receio de que uma produção abundante e crescente ameaça chegar ao ponto em que excede o que a economia é capaz de absorver. Se isso fosse verídico, então grandes montantes de bens não vendidos levariam a cortes permanentes na produção, levando por sua vez ao desemprego massivo e duradouro. Tal ideia surgiu de tempos em tempos ao longo de mais de dois séculos, embora geralmente não entre os economistas. Entretanto, um economista de Harvard, chamado Seymour Harris, em meados do século XX parecia expressar esses pontos de vista ao dizer: "A nossa economia privada é confrontada com o difícil problema de vender o que pode produzir". Um popular autor best-seller das décadas de 1950 e 1960 chamado Vance Packard expressou preocupações semelhantes sobre "uma ameaçadora superabundância de alimentos, amenidades e inutilidades da vida" que teriam se transformado "no grande problema nacional" para os Estados Unidos.

O presidente Franklin D. Roosevelt jogou a culpa da Grande Depressão da década de 1930 sobre as pessoas das quais se poderia dizer que "os produtos de suas mãos tinham excedido o poder de compra de seus bolsos". Um livro de história amplamente utilizado igualmente explicou as origens da Grande Depressão da década de 1930 da seguinte forma:

> O que causou a Grande Depressão? Uma explicação básica era a superprodução agrícola e industrial. Ironicamente, a depressão da década de 1930 foi de abundância, não de falta. Foi a "grande fartura" ou a "praga da abundância".

Todavia, hoje em dia a produção é várias vezes superior à que havia durante a Grande Depressão, e muitas e muitas vezes o que era nos séculos XVIII e XIX, quando outros indivíduos expressaram opiniões semelhantes. Por que isso não criou o problema que muitos receiam há tanto tempo, o problema da insuficiência de renda para comprar a produção crescente?

Antes de mais nada, enquanto a renda geralmente é medida em dinheiro, a renda real é mensurada por aquilo que o dinheiro pode comprar de bens físicos e serviços. A produção nacional também consiste de bens físicos e serviços. O total da renda real de todos na economia nacional e da produção nacional são uma e a mesma coisa. Apenas não são iguais em um dado momento ou lugar. Mas são necessariamente iguais sempre, porque se constituem na mesma coisa observada de ângulos diferentes — isto é, do ponto de vista da renda e do ponto de vista da produção. O medo de uma barreira permanente do crescimento econômico, com base na produção excedendo a renda real, é tão intrinsecamente infundada hoje como era nos séculos passados, quando a produção era uma pequena fração da atual.

O que emprestou uma aparência de credibilidade à ideia de que a produção total pode exceder a renda real total é o fato de que tanto uma como a outra flutuam ao longo do tempo, às vezes de maneira desastrosa, como na Grande Depressão da década de 1930. Em um determinado momento, por qualquer uma de uma série de razões, os consumidores ou empresas — ou ambos — podem hesitar em gastar sua renda. Como a renda de todos depende dos gastos de outra pessoa, tais hesitações podem reduzir a renda monetária agregada e, com ela, a demanda por moeda agregada. Quando várias políticas governamentais geram incerteza e apreensão, isso pode levar indivíduos e empresas a querer segurar seu dinheiro até ver como serão as coisas.

Ora, milhões de pessoas se comportando assim ao mesmo tempo podem fazer com que as coisas acabem mal, uma vez que a demanda agregada cai, ficando abaixo da renda e da produção agregada. Uma economia não pode continuar produzindo a plena capacidade se as pessoas não estão mais gastando e investindo tanto quanto têm capacidade, de modo que os cortes na produção e no emprego poderão seguir até que as coisas se ajeitem. Como tais situações acontecem, quanto tempo demora para que haja um ajuste, e quais as melhores políticas para lidar com isso, são questões em que diferentes escolas de economistas podem discordar. No entanto, o que os economistas em geral concordam é que essa situação é muito distinta daquela temida por quem previu uma economia nacional simplesmente saturada por sua própria abundância crescente, porque as pessoas não têm a renda necessária para comprar tudo. O que as pessoas podem não ter é o desejo de gastar ou investir tudo que têm.

Simplesmente poupar parte de sua renda não vai necessariamente reduzir a demanda agregada, pois o dinheiro que é depositado em bancos ou aplicado em outras instituições financeiras é, por sua vez, emprestado ou investido em outro lugar. Esse dinheiro é, então, gasto por pessoas diferentes para coisas diferentes, mas, enfim, ele é gasto, seja para comprar casas, construir fábricas, ou de outra forma. Para a demanda agregada declinar, é preciso que consumidores ou investidores, ou ambos, hesitem em dispor de seu dinheiro, por uma razão ou outra. Ou seja, quando a produção nacional atual não pode ser comercializada e os produtores diminuem a produção a um nível que pode ser vendido a preços que cubram os custos de produção. Quando isso acontece em toda a economia, a produção declina e o desemprego nacional aumenta, uma vez que menos trabalhadores são contratados em face da menor necessidade de mão de obra.

Durante a Grande Depressão da década de 1930, algumas pessoas guardavam dinheiro em casa em um frasco ou debaixo do colchão, graças a milhares de falências bancárias que os levou a desconfiar das instituições financeiras. Isso reduziu a demanda agregada, uma vez que o dinheiro guardado assim não era investido.

Um indicativo da magnitude e duração da Grande Depressão nos EUA pode ser encontrado no fato de que o nível de produção de 1929 — US$104 bilhões, em dólares daquele ano — caiu para US$56 bilhões até 1933. Tendo em vista as mudanças no valor do dinheiro durante essa época, o nível do produto real em 1929 não foi atingido novamente até 1936. Uma economia levar sete anos para voltar ao nível anterior de produção é algo extraordinário — uma das muitas coisas extraordinárias sobre a Grande Depressão dos anos 1930.

MEDINDO A PRODUÇÃO NACIONAL

A riqueza total de um país inclui tudo o que se acumulou com o passar do tempo. Sua renda ou produção nacional, contudo, corresponde ao ocorrido durante o ano em curso. Riqueza acumulada e produção corrente são importantes, de formas diferentes, para indicar quanto está disponível para diferentes fins, tais como manter ou melhorar a qualidade de vida das pessoas ou realizar as funções do governo, empresas ou outras instituições.

A produção nacional durante um ano pode ser medida de algumas maneiras. A mais comum hoje em dia é o Produto Interno Bruto (PIB), que é a soma total de tudo que é produzido dentro das fronteiras de uma nação. Uma medida mais antiga e relacionada, o Produto Nacional Bruto (PNB), é a soma total de todos os bens e serviços produzidos por pessoas do país, onde quer que elas ou seus recursos podem ser localizados. Essas duas medidas de produção nacional são suficientemente semelhantes para que as pessoas que não são economistas não precisem se preocupar com as diferenças. Para os Estados Unidos, a diferença entre o PIB e o PNB tem sido inferior a 1%[2].

A verdadeira distinção que deve ser feita é entre essas duas medidas de produto nacional durante um determinado ano — um *fluxo* de renda real — em relação ao estoque acumulado de riqueza a partir de um determinado momento[3]. Em dada ocasião, um país pode viver além de sua produção atual, utilizando parte de seu estoque acumulado de riqueza do passado. Durante a II Guerra Mundial, por exemplo, a produção americana de automóveis parou, de modo que as fábricas que normalmente os produziriam estavam liberadas para fazerem tanques, aviões e outros equipamentos militares. Com isso, os veículos existentes simplesmente se deterioravam com a idade, sem que houvesse substituição. Assim ocorreu com a maioria dos frigoríficos, edifícios de apartamentos e outros componentes do estoque nacional de riqueza. Os cartazes do governo nesses tempos de guerra diziam:

Use até acabar
Vista até rasgar,
Faça você mesmo,
Ou fique sem.

Com o término da guerra, houve um enorme aumento na produção de carros, geladeiras, moradias e outros itens do estoque acumulado de riqueza da nação que havia se desgastado ou deteriorado completamente enquanto a produção estava voltada às finalidades urgentes de tempos de guerra. Os bens duráveis dos consumidores viram diminuir seu valor real entre 1944 e 1945, o derradeiro ano da guerra e, em seguida, mais do que duplicou em valores reais ao longo dos cinco anos subsequentes, conforme o estoque nacional de bens duráveis que havia se esgotado durante a guerra era reabastecido. Essa foi uma taxa de cresci-

---

[2] A diferença entre PIB e PNB é a soma algébrica entre rendas remetidas e rendas enviadas ao exterior. Países desenvolvidos, como os EUA, costumam ter um PNB maior que o PIB em função de terem um maior número de empresas no exterior do que o contrário, as quais remetem lucros e royalties para suas matrizes. Em países de terceiro mundo, como o Brasil, o PIB é maior que o PNB pelo motivo oposto.

[3] Aqueles que estão familiarizados com cálculo reconhecerão neles os conceitos de derivada e integral, respectivamente.

mento sem precedentes. As empresas, igualmente, apresentaram no pós-guerra um crescimento acelerado de seus equipamentos.

Nem a renda nacional nem a riqueza nacional se referem apenas a dinheiro ou outros ativos de papel, mas dos bens e serviços reais que o dinheiro pode comprar. Caso contrário, qualquer país poderia ficar rico de imediato, simplesmente imprimindo mais dinheiro. Às vezes, a produção nacional ou riqueza nacional são aumentados ao usar os preços do dinheiro em dado momento, mas a maioria dos estudos de longo prazo mais sérios mensuram a produção e a riqueza em termos reais, tendo em conta as variações de preços ao longo do tempo. Esse é necessariamente um processo impreciso, porque os preços de coisas diferentes mudam de forma diferente no decorrer do tempo. No século entre 1900 e 2000, por exemplo, o custo real da eletricidade, ovos, bicicletas e roupas declinou nos Estados Unidos, enquanto subiu o custo real do pão, cerveja, batatas e cigarros.

A Mudança da Composição da Produção

Os preços não são as únicas coisas que mudam ao longo do tempo. Os bens e serviços reais que compõem a produção nacional também mudam. Carros de 1950 não foram os mesmos que carros de 2000. Os automóveis mais velhos geralmente não têm ar-condicionado, cintos de segurança, freios ABS, ou muitos outros recursos que foram incorporados com o passar dos anos. Assim, quando tentamos medir o quanto a produção de automóveis aumentou em termos reais, uma mera contagem de quantos desses veículos havia em ambos os períodos de tempo deixa escapar uma enorme diferença qualitativa no que estamos conceituando arbitrariamente como sendo a mesma coisa — carros. Uma pesquisa da J.D. Power em 1997 afirmou que os automóveis e caminhões daquele ano eram os melhores que já havia testado. Da mesma forma, um relatório de 2003 sobre os utilitários esportivos pela revista *Consumer Reports* começava assim:

> Todos os cinco utilitários esportivos que testamos para este relatório tiveram melhor desempenho global do que o melhor SUV de cinco anos atrás.

A qualidade das casas igualmente mudou para melhor ao longo do tempo. A casa americana média, no final do século XX, era muito maior e tinha mais banheiros, e a probabilidade de serem equipadas com ar-condicionado e outras comodidades era muito maior do que nas casas que existiam nos Estados Unidos em meados do século. Simplesmente contar o número de casas em uma época e outra não nos diz o quanto a construção de moradias tinha aumentado. Somente entre 1983 e 2000, o tamanho médio de uma casa nova unifamiliar nos Estados Unidos aumentou de 145m² para 192m².

Embora essas questões possam ser deixadas por conta dos economistas profissionais e estatísticos, é importante para os outros, pelo menos, estar ciente de tais problemas, de modo a não serem enganados por políticos ou especialistas da mídia que manipulam estatísticas para uma ou outra finalidade. Só porque a mesma palavra é utilizada — "carro" ou "casa" — isso não significa que se está falando da mesma coisa.

Em um período que engloba gerações, os bens e serviços que constituem a produção nacional mudam tanto que comparações estatísticas podem se tornar praticamente sem sentido, pois estão comparando maçãs com laranjas. No início do século XX, a produção nacional dos Estados Unidos não incluía aviões, aparelhos de televisão, computadores ou usinas nucleares. No final desse século, na produção nacional americana não estão incluídas máquinas de escrever, réguas de cálculo (uma vez essenciais para engenheiros, antes de haver calculadoras de bolso) ou uma série de equipamentos e suprimentos amplamente utilizados no passado em função dos cavalos, que se constituíam no meio básico de transporte em diversas sociedades ao redor do mundo.

O que, então, significa dizer que o Produto Interno Bruto foi de x por cento a mais em 2000 do que em 1900, quando ele consistia em grande parte de coisas muito diferentes em cada uma dessas ocasiões? Algum significado pode haver para dizer que a produção neste último ano é 5% maior ou 3% menor do que no outro ano, porque em ambos há muito das mesmas coisas. Mas, quanto mais longo o período de tempo envolvido, menos essas estatísticas fazem sentido.

Uma complicação adicional em comparações ao longo do tempo é que tentativas de medir a renda real dependem de ajustes estatísticos que têm um viés inflacionário embutido. A renda monetária é ajustada tendo em vista o custo de vida, que é medido pelo custo de uma certa coleção de itens comumente comprados pela maioria das pessoas. O problema com essa abordagem é que aquilo que as pessoas compram é afetado pelo preço. Quando os videocassetes começaram a ser produzidos, eram vendidos por US$30.000 cada e eram artigos encontrados em lojas de luxo como a Neiman Marcus. Só muitos anos mais tarde, depois que seus preços caíram para abaixo de US$200, os videocassetes, outrora tão amplamente utilizados, estavam agora relacionados no grupo de itens usados no índice de preços ao consumidor (IPC) para determinar o custo de vida. Mas todos os anos anteriores de preços drasticamente em declínio dos videocassetes em nada impactaram as estatísticas usadas para compilar o IPC.

O mesmo padrão geral ocorreu com inúmeros outros bens que deixaram de ser luxos exclusivos dos ricos e passaram a ser itens comuns utilizados pela maioria dos consumidores, uma vez que foi apenas depois de se tornarem itens comumente comprados que começaram a ser incluídos no rol de produtos e serviços cujos preços são usados para determinar o índice de preços ao consumidor.

Assim, enquanto muitos bens em que os preços estão declinando não são contados quando se mede o custo de vida, os bens comuns cujos preços aumentam são computados no índice de inflação. Um outro viés inflacionário no IPC ou outras medidas do custo de vida é que muitos bens em que há elevações dos preços também estão aprimorando a qualidade, de modo que os preços mais altos não refletem necessariamente a inflação, como fariam se os preços de mercadorias idênticas estivessem subindo. Os efeitos práticos e políticos desses preconceitos podem ser vistos em afirmações tais como a alegação de que os salários reais dos americanos diminuem há anos. Os salários reais são simplesmente salários ajustados de acordo com o custo de vida, medido pelo IPC. Mas se esse índice tem viés para cima, então isso significa que as estatísticas dos salários reais têm viés para baixo[4].

Estimativas de vários economistas do viés de alta do índice de preços ao consumidor médio apontam para algo em torno de um ponto porcentual ou mais. Isso significa que, quando o IPC mostra 3% de inflação por ano, é realmente mais como 2% de inflação por ano. Isso pode parecer uma diferença pequena, mas as consequências não são, de jeito nenhum, desprezíveis. Uma diferença de um ponto percentual por ano, agravada ao longo de um período de 25 anos, significa que, no final, a renda média americana por pessoa está subestimada em quase US$9.000 por ano. Dizendo de outro modo, no final de um quarto de século uma família americana de três pessoas tem um rendimento real de uns US$25.000 por ano a mais do que as estatísticas oficiais sobre os salários reais indicariam.

Alarmes na mídia e na política sobre estatísticas que mostram declínio dos salários reais ao longo do tempo têm sido muitas vezes descritos como um ar-

---

[4] No Brasil, nós temos diversos índices de inflação, calculados por diversos institutos de pesquisa e com diversos focos possíveis. Contudo, o índice oficial, utilizado pelo Governo Federal para parametrizar sua meta de inflação é o IPCA – Índice Nacional de Preços ao Consumidor Amplo. Este índice é calculado e divulgado mensalmente pelo IBGE – Instituto Brasileiro de Geografia e Estatística. Ele tem por objetivo medir a inflação dos bens e serviços de consumo para o consumidor em geral. Para isso, utiliza uma pesquisa amostral em 11 capitais e regiões metropolitanas brasileiras e considera consumidores com renda entre 1 e 40 salários mínimos. O IPCA, por essa característica, também tem viés de alta, pois as regiões metropolitanas consideradas na pesquisa tendem a ter custos de vida mais altos que regiões rurais e urbanas afastadas dos grandes centros.

tefato estatístico, em vez de um fato concreto da vida. Foi durante um período de "declínio dos salários reais" que o consumo do americano médio aumentou dramaticamente e seu patrimônio líquido mais do que duplicou.

Um complicador adicional no processo de medir as variações no padrão de vida é que mais do aumento da remuneração para o trabalho assume a forma de benefícios relacionados ao trabalho, e não de salários diretos. Assim, nos Estados Unidos, a remuneração total subiu durante um período de anos, quando houve "declínio dos salários reais".

Comparações Internacionais

A problemática verificada quando se compara a produção de um determinado país ao longo do tempo ocorre também na comparação da produção de dois países muito diferentes ao mesmo tempo. Se a produção de algum país do Caribe consiste em grande parte de bananas e outras colheitas tropicais, enquanto em algum país escandinavo é mais centralizada em produtos industriais e nas culturas típicas de climas frios, como é possível comparar totais provenientes de itens diferentes assim? Não se trata apenas de comparar maçãs e laranjas, pode-se comparar carros e açúcar.

As diferenças qualitativas existentes na produção de um mesmo país em momentos diferentes também são encontradas comparando as produções entre dois países em um determinado momento. Nos dias da União Soviética, por exemplo, os equipamentos para carros produzidos lá eram notórios por sua má qualidade e frequente obsolescência tecnológica, e os serviços prestados aos clientes pelas pessoas que trabalham em restaurantes soviéticos ou na companhia aérea nacional, a Aeroflot, tinham idêntica reputação. Quando os relógios produzidos na Índia durante os anos 1980 eram em sua esmagadora maioria mecânicos, enquanto em grande parte do resto do mundo a maioria dos relógios era eletrônico, as comparações internacionais da produção de relógios foram tão equivocadas quanto as comparações entre a produção soviética e a das nações industriais do Ocidente.

Além disso, um registro puramente quantitativo do aumento da produção na Índia, depois que muitas das restrições governamentais sobre a economia foram levantadas no final do século XX, subestima a melhoria econômica por não ser capaz de avaliar as dramáticas melhorias qualitativas nos relógios, carros, aparelhos de televisão e serviço de telefonia do país, uma vez que essas atividades responderam ao aumento da concorrência das empresas nacionais e internacionais.

Essas melhorias qualitativas variaram de rápidos aperfeiçoamentos tecnológicos à capacidade de obter esses produtos e serviços imediatamente, em vez de mofar em uma lista de espera.

Assim como algumas estatísticas subestimam as diferenças econômicas entre as nações, outros dados estatísticos exageram essas diferenças. As comparações estatísticas de rendimentos nos países ocidentais e não ocidentais são afetadas pelas mesmas diferenças de idade que existem entre uma dada população dentro de uma determinada nação. Por exemplo, a idade média na Nigéria, Afeganistão e Tanzânia está toda abaixo de 20 anos, contra mais de 40 anos no Japão, Itália e Alemanha. Esse enorme diferencial implica que o significado de algumas disparidades internacionais de renda pode estar seriamente mal compreendido. Assim como a natureza provê — sem cobrar por isso — o calor necessário para plantar abacaxis e bananas em países tropicais, enquanto em outros países haveria enormes contas de luz para fazer essas frutas crescerem em estufas, de igual modo a natureza oferece gratuitamente aos jovens muitas coisas que podem ser muito onerosas para fornecer às pessoas idosas.

Medicamentos extremamente caros e tratamentos para lidar com os muitos problemas físicos que vêm com o envelhecimento são todos contados nas estatísticas sobre a produção de um país, mas poucas de tais coisas são necessárias em um país com uma população mais jovem. Assim, as estatísticas sobre a renda real per capita exageram a diferença no bem-estar econômico entre os idosos nos países ocidentais e os jovens em países não ocidentais.

Se fosse viável remover das estatísticas nacionais todas as adicionais cadeiras de rodas, marca-passos, casas de repouso e medicamentos que vão do Geritol ao Viagra — todos formas de proporcionar para a população mais velha o que a natureza oferece gratuitamente aos jovens — então as comparações internacionais da renda real refletiriam com mais precisão os níveis reais de bem-estar econômico. Afinal, como uma pessoa idosa em uma cadeira de rodas de bom grado trocaria de lugar com um jovem que não precisa de uma, não se pode dizer que a pessoa mais velha está economicamente melhor em função do valor da cadeira de rodas — muito embora isso decorra das comparações estatísticas internacionais brutas.

Uma das formas habituais de fazer comparações internacionais é cotejar o valor monetário total da produção em um país em relação a outro. No entanto, isso nos leva a outras complicações criadas por taxas de câmbio oficiais entre as respectivas moedas, que podem ou não refletir o poder de compra real dessas moedas. Os governos podem definir suas taxas de câmbio oficiais como bem lhes aprouver, mas isso não implica que o poder de compra real do dinheiro será o que eles dizem que é. O poder de compra depende do que os vendedores estão dispostos a vender por uma determinada quantidade de dinheiro. É por isso que existem mercados negros em moedas estrangeiras, em que cambistas não oficiais podem oferecer mais da moeda local para um dólar do que o governo especifica quando a taxa de câmbio oficial extrapola o que a moeda local vale no mercado.

O país A pode ter uma produção per capita maior que a do país B se utilizar as taxas de câmbio oficiais, embora possa ser justamente o contrário se fizermos a mensuração pelo poder de compra do dinheiro. Com certeza diríamos que o país B tem um valor total da produção maior se ele pudesse comprar tudo o que é produzido no país A e ainda houver algo sobrando. Como em outros casos, o problema não está na compreensão dos princípios básicos de economia envolvidos. O problema se encontra na confusão verbal propagada por políticos, a mídia e outros tentando provar algum ponto com estatísticas.

Alguns alegam, por exemplo, que o Japão tem uma renda per capita maior do que os Estados Unidos, citando estatísticas elaboradas com base nas taxas de câmbio oficiais do dólar e do iene. Mas, na verdade, a renda anual do americano médio pode comprar tudo o que a renda média anual dos japoneses compra e ainda guardar no bolso os milhares de dólares que sobraram. Portanto, o americano médio tem um padrão de vida mais alto do que a média japonesa.

Todavia, as estatísticas baseadas em taxas de câmbio oficiais podem mostrar os japoneses médios ganhando milhares de dólares a mais do que o americano médio em alguns anos, deixando a falsa impressão de que os japoneses são mais prósperos do que os americanos. Na realidade, o poder de compra por pessoa no Japão é de cerca de 71% do que nos Estados Unidos.

Outra complicação em comparações de produção entre as nações é que mais da produção de um país pode ter sido vendida pelo mercado, enquanto mais da produção do outro país pode ter sido manufaturada pelo governo e doada ou vendida a preços inferiores a seu custo de fabricação. Quando muitos veículos são produzidos em uma economia de mercado para serem vendidos com lucro, os carros em excesso precisam ser vendidos pelo preço que podem obter, mesmo que seja menor do que o custo para fabricá-los. Quando o valor da produção nacional é somado, esses carros são contados segundo seus preços de venda. Porém, em uma economia em que o governo subsidia ou doa muitos produtos, eles são avaliados com base no que custou ao governo para produzi-los.

Essas formas de contagem superestimam o valor dos bens e serviços fornecidos pelo governo, algo que acontece justamente porque nunca se poderia cobrir seus custos de produção caso fossem comercializados em uma economia de livre mercado. Dada essa tendência para sobrevalorizar a produção das economias socialistas em relação às economias capitalistas, ao somar seus respectivos produtos internos brutos, é surpreendente que as estatísticas, em geral, ainda mostram maior produção per capita nos países capitalistas.

Apesar de todos os problemas com as comparações da produção nacional entre diferentes países ou entre períodos de tempo muito distantes um do outro, as estatísticas do Produto Interno Bruto se constituem em uma razoável, embora difícil, base para comparar países semelhantes ao mesmo tempo — especialmente quando as diferenças de tamanho da população são levadas em consideração ao comparar o Produto Interno Bruto per capita. Assim, quando os dados mostram que o PIB per capita na Noruega era, em 2009, mais que o dobro da Itália naquele mesmo ano, podemos razoavelmente concluir que os noruegueses tinham um padrão de vida significativamente maior. Mas não precisamos fingir precisão. Como John Maynard Keynes disse: "É melhor estar aproximadamente certo do que exatamente errado".

Idealmente, gostaríamos de ser capazes de medir o senso individual de bem-estar das pessoas, mas isso é impossível. O velho ditado de que o dinheiro não pode comprar a felicidade é, sem dúvida, uma verdade. Entretanto, as pesquisas de opinião em todo o mundo indicam alguma correlação aproximada entre a prosperidade nacional e a satisfação pessoal. Porém, a correlação não é de causalidade, como as estatísticas muitas vezes advertem, e é possível que alguns dos mesmos fatores que promovem a felicidade — segurança e liberdade, por exemplo — também promovam a prosperidade econômica.

Quais estatísticas sobre produção nacional são mais válidas depende do nosso propósito. Uma comparação internacional pode ter por objetivo determinar qual país tem a maior produção — cujo uso pode incluir atividades militares, humanitárias e outras —, propósito muito diferente de outra que vise verificar quais países têm maior padrão de vida. Por exemplo, em 2009[5], os países com os cinco maiores PIBs, medidos pelo poder aquisitivo, foram:

1. Estados Unidos
2. China
3. Japão
4. Índia
5. Alemanha

---

[5] Em 2015, último dado disponível, a lista está um pouco diferente, de acordo com Fundo Monetário Internacional – FMI: 1) China; 2) EUA; 3) Índia; 4) Japão; 5) Alemanha.

Embora a China ocupe a segunda colocação nesse ranking, isso não significa que estava entre os líderes em termos de PIB *per capita*, dado que sua produção é dividida entre a maior população do mundo. O PIB per capita da China em 2009 foi, na verdade, menos de 10% do Japão[6].

Nenhum dos países com os cinco maiores PIBs figurava na relação dos cinco maiores PIBs per capita, cujos países são todos muito pequenos e não necessariamente comparáveis às principais nações que encabeçam a lista dos países com o maior Produto Interno Bruto. Alguns países pequenos, como Bermudas, são paraísos fiscais que atraem a riqueza dos endinheirados de outros países, que podem ou não se tornar cidadãos locais ao ter oficialmente uma residência no país. Mas o fato de que o PIB per capita de Bermudas é maior do que o dos Estados Unidos não significa que o residente médio permanente de Bermudas tem um padrão de vida melhor do que a média norte-americana.

Tendências Estatísticas

Um dos problemas com as comparações do produto nacional ao longo de algum período de tempo é a escolha arbitrária do ano utilizado como início da série. Por exemplo, um dos grandes temas da campanha política de 1960 era a taxa de crescimento da economia americana sob a administração existente. O candidato presidencial John F. Kennedy prometeu "que a América voltaria a se mover" economicamente se fosse eleito, o que implica dizer que a taxa de crescimento da economia nacional estagnou sob o partido de seu adversário. A validade desse ataque dependia inteiramente de qual ano fosse escolhido para começar a contagem. A taxa média de crescimento em longo prazo do Produto Nacional Bruto dos Estados Unidos tinha sido de cerca de 3% ao ano. Até 1960, o PNB variou de um mínimo de 1,9% (desde 1945) a um máximo de 4,4% (desde 1958).

Qualquer que seja a influência da administração existente em tudo isso, parecer que estivesse fazendo um trabalho maravilhoso ou um trabalho terrível dependia inteiramente do ano-base arbitrariamente selecionado.

Da mesma forma, muitas das "tendências" relatadas na mídia ou proclamadas na política dependem inteiramente do ano que foi escolhido como início da tendência. O nível de criminalidade nos Estados Unidos aumentou se você o medir a partir de 1960 até o presente, mas diminuiu se você partir de 1990. O grau de desigualdade de renda foi aproximadamente o mesmo em 1939 e 1999,

---

[6] Em 2015, essa proporção aumentou para 40% do PIB per capita do Japão.

mas, no último ano, você poderia ter dito que a desigualdade de renda aumentou de 1980 em diante, porque houve flutuações entre os anos em que era aproximadamente a mesma. No final de 2003, o investimento em um fundo mútuo da Standard & Poor's 500 teria obtido uma taxa de cerca de 10,5% de retorno anual (desde 1963) ou de quase 0% de retorno (desde 1998). Tudo depende do ano-base escolhido.

Pode ser difícil de interpretar adequadamente tendências econômicas externas. Diz-se que as taxas de mortalidade em acidentes de automóveis, nos EUA, têm diminuído desde que o governo federal começou a impor várias regras de segurança. Isso é verdade —, mas também é verdade que tais taxas de fatalidade estavam em declínio durante décadas antes de o governo federal introduzir quaisquer normas de segurança. Seria a continuação de uma tendência que já existia muito antes de ter sido colocada à prova a eficácia dessas políticas?

Em alguns países, especialmente no Terceiro Mundo, boa parte — talvez a maioria — da atividade econômica ocorre "à margem" dos dados oficiais sobre a produção nacional de bens e serviços. Em todos os países, os trabalhos feitos domesticamente e não remunerados salarialmente — criar os filhos, limpar a casa — são incontáveis. Tal imprecisão não afeta diretamente as tendências ao longo do tempo, se o porcentual da atividade econômica não oficializada em uma época seja o mesmo que na outra. Na realidade, porém, as atividades econômicas domésticas foram submetidas a grandes mudanças com o passar dos anos em vários países, e variam muito de uma sociedade para outra em um determinado momento.

Por exemplo, à medida que mais mulheres foram ingressando na força de trabalho, muitas das tarefas domésticas antes executadas por esposas e mães sem gerar estatísticas de renda agora são realizadas profissionalmente por creches infantis, serviços de limpeza doméstica e restaurantes ou pizzarias que entregam em domicílio. O dinheiro agora muda formalmente de mãos no mercado, em vez de informalmente entre marido e mulher no lar, e com isso as estatísticas, hoje, contam como produção itens que não eram contados antes. Isso significa que as tendências quanto à produção nacional refletem não só aumentos reais nos bens e serviços que estão sendo produzidos, mas também os aumentos de coisas que não eram computadas antes, ainda que existissem.

Quanto mais longo o período de tempo a ser considerado, mais o deslocamento das atividades econômicas do lar para o mercado faz com que as estatísticas não sejam comparáveis. Nos séculos passados, era comum alimentar uma família cultivando seu próprio quintal ou fazenda, e a família preservava a comida em frascos em vez de ser comprada em lojas, onde era preservada em latas. Em 1791, o *Report on Manufactures* de Alexander Hamilton afirmou que 80% da roupa usada pelo povo americano era feita em casa. Na América pioneira, ou em alguns países do Terceiro Mundo hoje, a casa própria pode ter sido erguida pela família, talvez com a ajuda de amigos e vizinhos.

Como essas e outras atividades econômicas transferiram-se da família para o mercado, o dinheiro pago por elas faz parte das estatísticas oficiais. Isso dificulta saber quanto das tendências estatísticas na produção ao longo do tempo representam aumentos reais e quanto se referem a diferenças na presença ou não delas na amostragem estatística.

Assim como as estatísticas de produção nacional podem exagerar os aumentos ao longo do tempo, também podem subestimá-los. Em muitos países pobres do Terceiro Mundo, aumentar a prosperidade pode se parecer estatisticamente como estagnação. Um dos grandes males da pobreza extrema é uma alta taxa de mortalidade infantil, bem como os riscos para a saúde por falta de alimento, abrigo, serviços médicos e tratamento de esgotos. Como os países do Terceiro Mundo vão crescendo economicamente, uma das primeiras consequências da maior renda per capita é que mais bebês, crianças pequenas e idosos fragilizados são capazes de sobreviver, pois agora podem pagar por uma melhor nutrição e cuidados médicos. Isso é particularmente provável na extremidade mais baixa da pirâmide de renda. Mas, com as pessoas mais pobres agora sobrevivendo, em termos absolutos e relativamente às classes mais prósperas, uma maior porcentagem da população do país passa a ser constituída por essas pessoas pobres. Estatisticamente, ter em média mais pessoas pobres pode subestimar o aumento médio da renda real do país, ou até mesmo apontar para um declínio médio da renda, ainda que cada cidadão tenha rendimentos mais elevados do que no passado[7].

---

[7] Imagine um país do Terceiro Mundo com 100 milhões de pessoas e divida-as em quatro partes, cada uma tendo uma renda média anual per capita de US$1.000, US$2.000, US$4.000, e a que está no topo, US$5.000. Agora imagine que (1) todos os rendimentos aumentam 20% e (2) as duas classes mais pobres dobram de tamanho, como resultado da redução da mortalidade entre os mais vulneráveis à desnutrição e aos cuidados médicos inadequados, enquanto as duas classes superiores permanecem do mesmo tamanho. Um cálculo aritmético demonstra que a renda per capita para o país como um todo permanece a mesma, embora a renda de cada indivíduo tenha aumentado em 20%. Obviamente, se a renda houvesse aumentado menos de 20%, a renda per capita teria caído, embora o rendimento de cada indivíduo tivesse crescido.

Capítulo 3

O DINHEIRO E O
SISTEMA BANCÁRIO

*Um sistema criado em grande parte para evitar
pânicos bancários produziu o pânico bancário mais
grave da história americana.*

Milton Friedman

Dinheiro é algo que interessa à maioria das pessoas, mas por que os serviços bancários interessariam a quem não é um banqueiro? Dinheiro e bancos desempenham um papel crucial na promoção da produção de bens e serviços, dos quais depende o padrão de vida de todos, e eles são fatores vitais da capacidade da economia como um todo de manter o pleno emprego das pessoas e recursos. Embora o dinheiro não seja riqueza — de outra forma o governo poderia nos deixar a todos duas vezes mais ricos simplesmente imprimindo duas vezes mais dinheiro — um sistema monetário bem concebido e administrado facilita a produção e distribuição da riqueza.

O sistema bancário desempenha um papel essencial nesse processo por causa das grandes quantidades de recursos reais — matérias-primas, máquinas, mão de obra — que são transferidos pelo uso do dinheiro, e cuja alocação é afetada pelas enormes quantias — trilhões de dólares — que circulam pelo sistema bancário. Os bancos americanos possuíam US$14 trilhões em ativos em 2012, por exemplo[1]. Uma tentativa de dimensionar essa vasta quantia é pensar que um trilhão de segundos atrás ninguém neste planeta sabia ler ou escrever. Nem o Império Romano, nem as antigas dinastias chinesas existiam, e nossos ancestrais viviam em cavernas.

---

[1] Em 2017, esses ativos ultrapassavam US$16 trilhões, cerca de 22% do PIB mundial e 9 vezes maior que o PIB do Brasil.

O PAPEL DO DINHEIRO

Muitas economias no passado distante funcionavam sem dinheiro. As pessoas simplesmente trocavam o produto de seu trabalho umas com as outras. Mas eram, geralmente, economias pequenas e sem complicações, com relativamente poucos itens comercializados, porque a maioria das pessoas abastecia-se de comida, abrigo e roupas, enquanto a negociação com os demais limitava-se a certos implementos, comodidades ou luxos.

Permutar é algo estranho. Se você produz cadeiras e quer algumas maçãs, certamente não trocará uma delas por uma maçã, e não dá para querer maçãs suficientes para atingir o valor de uma cadeira. Mas se cadeiras e maçãs pudessem ser trocadas por um terceiro elemento que pode ser subdividido em unidades muito pequenas, então mais negociações podem ter lugar usando esse intermediário como meio de troca, beneficiando ambos os lados — donos de cadeira e de maçãs —, bem como a todos. Tudo o que as pessoas têm de fazer é concordar com qual elemento será usado como meio de intermediar uma troca, e esse instrumento de troca se transforma em dinheiro.

Algumas sociedades usaram conchas do mar como dinheiro, outras utilizaram ouro ou prata, ou ainda papéis especiais impressos por seus governos. Na América colonial, onde a moeda corrente era escassa, recibos de depósito de tabaco eram aceitos como dinheiro. No início da era colonial britânica na África Ocidental, cascos e caixas de gim às vezes eram usados como dinheiro, muitas vezes passando de mão em mão durante anos sem serem consumidos. Em um campo de prisioneiros de guerra durante a II Guerra Mundial, os pacotes de cigarros da Cruz Vermelha viraram moeda entre os prisioneiros, produzindo fenômenos econômicos associados com dinheiro, tais como as taxas de juros e a Lei de Gresham[2]. Nos dias economicamente caóticos e desesperados do início da União Soviética, "produtos como farinha, grãos e sal gradualmente assumiram o papel de dinheiro", de acordo com dois economistas soviéticos que estudaram esse período, e "sal ou pão cozido poderiam ser usados para comprar praticamente qualquer coisa que uma pessoa pudesse precisar".

Nas ilhas Yap, uma parte da Micronésia, no oceano Pacífico, rochas em forma de rosquinhas funcionam como dinheiro, embora a maior delas tivesse

---

[2] Segundo a Lei de Gresham, dinheiro ruim retira de circulação o dinheiro bom. Nos campos de prisioneiros de guerra, as marcas menos populares de cigarros eram distribuídas como dinheiro, enquanto os cigarros de marcas mais populares eram fumados.

perto de 4 metros de diâmetro e, obviamente, não podia circular fisicamente. O que circula é a *propriedade* dessas rochas, constituindo um sistema monetário primitivo, replicando as mesmas funções da moeda tal como nos sistemas mais modernos em que a propriedade de dinheiro pode mudar instantaneamente por meio de transferências eletrônicas sem qualquer movimentação física de notas ou moedas.

O que todos esses diferentes dinheiros faziam era que as pessoas os aceitavam a título de pagamento dos bens e serviços que, na verdade, se constituíam na verdadeira riqueza. O dinheiro equivale à riqueza de um indivíduo só porque outras pessoas vão se desfazer de bens e serviços reais desejados em troca dele. Porém, do ponto de vista da economia nacional como um todo, dinheiro não é riqueza. É apenas um construto usado para transferir riqueza ou para dar às pessoas incentivos para produzir riqueza.

Não obstante o dinheiro facilite a produção de riqueza real — lubrifica as engrenagens, pode-se dizer — seu papel não é inconsequente. Engrenagens funcionam muito melhor quando estão lubrificadas. Quando um sistema monetário quebra, por uma razão ou outra, e as pessoas são forçadas a recorrer às permutas, a estranheza desse método rapidamente se torna evidente para todos. Em 2002, por exemplo, o sistema monetário da Argentina quebrou, levando a um declínio da atividade econômica e à expansão dos chamados *"club de trueques"*, associações de pessoas com a finalidade de realizar permutas:

> Esta semana, o clube de troca colocou seus recursos para "comprar" 100kg de pão de um padeiro local em troca de meia tonelada de lenha que o clube tinha adquirido na negociação anterior — o padeiro usou a lenha em seu forno [...]. O bairro elegante de Palermo hospeda um *trueque* chique em que antiguidades chinesas podem ser barganhadas por carnes argentinas de primeira.

Apesar de o dinheiro em si não ser riqueza, a ausência de um sistema monetário que funcione bem pode causar perdas de riqueza real quando as transações são reduzidas ao nível bruto de escambo. A Argentina não é o único país a voltar para a permuta ou outros expedientes quando o sistema monetário quebrou. Durante a Grande Depressão da década de 1930, quando a oferta de moeda contraiu-se drasticamente, estima-se que havia nos Estados Unidos "150 sistemas de permuta e/ou de moedas substitutas operando em 30 estados".

Normalmente, todo mundo parece querer dinheiro, mas houve momentos específicos em determinados países quando ninguém queria dinheiro, por considerá-lo inútil. Na realidade, foi o fato de que ninguém aceitaria dinheiro que o tornou inútil. Quando você não pode comprar nada com o dinheiro, tem na mão apenas pedaços de papel ou discos de metal sem utilidade. Na França, durante a década de 1790, um governo desesperado aprovou uma lei que prescrevia a pena de morte para qualquer um que se recusasse a vender em troca de dinheiro. O que tudo isso sugere é que o simples fato de o governo imprimir dinheiro não significa que ele será automaticamente aceito pelas pessoas e realmente funcionar como dinheiro. Precisamos, portanto, entender como funciona o dinheiro, mesmo que apenas para evitar atingir o ponto em que ele funciona mal. Dois de seus defeitos mais importantes são a inflação e a deflação.

Inflação

A inflação é um crescimento geral dos preços. O nível de preços nacional sobe pela mesma razão que os preços de bens e serviços específicos aumentam — ou seja, quando há mais demanda da que é oferecida a um determinado preço. Quando as pessoas têm mais dinheiro, tendem a gastar mais. Sem o correspondente aumento no volume de produção, os preços dos bens e serviços simplesmente sobem, porque a quantidade demandada existente excede a quantidade ofertada a preços atuais, e as pessoas disputam entre si durante a escassez ou os vendedores percebem o aumento da demanda por seus produtos aos preços correntes e elevam seus preços em conformidade.

Seja lá o que for considerado dinheiro — conchas do mar, ouro ou outra coisa qualquer — mais do mesmo na economia nacional significa preços mais altos, a não ser que haja uma fonte proporcionalmente superior de bens e serviços. Essa relação entre a quantidade total de dinheiro e o nível geral de preços ocorre há séculos. Quando Alexandre, o Grande, começou a gastar os tesouros capturados dos persas, os preços subiram na Grécia. Da mesma forma, quando os espanhóis levaram para casa grandes quantidades de ouro de suas colônias no hemisfério ocidental, os níveis de preços não subiram apenas na Espanha, mas em toda a Europa, porque os espanhóis se valiam muito de sua riqueza para importar bens de outros países europeus. Enviar seu ouro para esses países para pagar tais compras aumentava a oferta total de dinheiro em todo o continente.

Nada disso é difícil de entender. As complicações e confusões surgem quando começamos a pensar sobre coisas místicas e falaciosas como "valor intrínseco" do dinheiro ou acreditar que o ouro de alguma forma "garante" nosso dinheiro ou de alguma forma misteriosa lhe dá valor.

Ao longo de boa parte da história, o ouro tem sido utilizado como dinheiro por muitos países. Por vezes, de maneira direta na cunhagem de moedas ou (para grandes compras) em pepitas, lingotes ou outras formas. Na forma de papel-moeda impresso, era ainda mais conveniente do ponto de vista do transporte, e podiam ser trocados por ouro sempre que o possuidor o quisesse. Não apenas mais conveniente para carregar consigo, o dinheiro em papel era mais seguro do que volumes grandes de metal tilintando ou facilmente notados atraindo a atenção de criminosos.

O grande problema com dinheiro criado pelo governo é que aqueles no poder político sempre enfrentam a tentação de criar mais dinheiro e gastá-lo. Seja entre os antigos reis, seja entre os políticos modernos, isso tem sido recorrente ao longo dos séculos, levando à inflação e aos muitos problemas econômicos e sociais que decorrem da inflação. Por essa razão, muitos países preferiram utilizar como dinheiro ouro, prata, ou algum outro material cuja disponibilidade é inerentemente limitada no fornecimento. É uma forma de retirar dos governos a faculdade de expandir a oferta de dinheiro em níveis inflacionários.

O ouro tem sido considerado ideal para essa finalidade, uma vez que, em geral, a oferta desse metal no mundo não pode ser aumentada de uma hora para outra. Quando o dinheiro de papel é conversível em ouro sempre que o indivíduo escolhe fazê-lo, então diz-se que o dinheiro "é garantido" pelo ouro. Essa é uma expressão enganosa apenas se imaginarmos que o valor do ouro é de alguma forma transferido para o papel-moeda, quando na realidade o ouro simplesmente limita a quantidade de papel-moeda que pode ser emitida.

O dólar americano já foi resgatável em ouro, a pedido do possuidor, até 1933. A partir daí, os Estados Unidos simplesmente têm papel-moeda, limitado no abastecimento só pelo que as autoridades pensavam que podiam ou não politicamente. Muitos economistas têm apontado o poder perigoso que isso dá aos governantes. John Maynard Keynes, por exemplo, escreveu: "Por um processo contínuo de inflação, os governos podem confiscar, secreta e anonimamente, uma parte importante da riqueza de seus cidadãos".

Como exemplo dos efeitos cumulativos da inflação, em 2013, o *Investor's Business Daily* assinalou que, em 1960, "você poderia comprar seis vezes mais coisas com um dólar do que pode comprar hoje". Entre outras coisas, isso significa que as pessoas que pouparam dinheiro em 1960 tiveram mais de 80% de seu valor silenciosamente roubado deles.

Moderada como a inflação pode ser nos Estados Unidos, ela empalidece frente aos níveis de inflação alcançados em alguns outros países. Politicamente, uma "inflação de dois dígitos" em um determinado ano nos Estados Unidos é motivo de alarme, mas vários países da América Latina e Europa Oriental tiveram períodos em que a taxa de inflação anual chegou a quatro dígitos.

Como o dinheiro consiste em tudo o que nós aceitamos como tal no pagamento de bens e serviços reais, há uma variedade de outras coisas que funcionam de forma muito semelhante ao dinheiro oficial emitido pelo governo. Cartões de crédito, cartões de débito e cheques são exemplos óbvios. Meras promessas podem também funcionar como dinheiro, servindo para adquirir bens e serviços reais, quando a pessoa que faz as promessas é altamente confiável. Notas promissórias de comerciantes confiáveis já passaram de mão em mão como dinheiro. Em 2003, mais compras foram feitas por cartões de crédito ou cartões de débito do que em dinheiro vivo.

Isso significa que a demanda agregada é criada não só pelo dinheiro emitido pelo governo, mas também por créditos originários de uma variedade de outras fontes. E significa também que a liquidação dos créditos, por qualquer razão, reduz a demanda agregada, como se a oferta oficial de dinheiro tivesse se contraído.

Alguns bancos costumavam emitir sua própria moeda, que não tinha legitimidade legal, mas que, no entanto, era amplamente aceita como meio de pagamento quando aquele banco em particular havia conquistado suficiente confiança e se dispusesse a resgatar sua moeda em ouro. Na década de 1780, a moeda emitida pelo Banco da América do Norte era mais amplamente aceita que a moeda oficial do governo da época.

Às vezes, o dinheiro emitido por algum outro país é preferível à moeda emitida pelo próprio. Já no final do século X, o dinheiro chinês era preferido ao dinheiro japonês no Japão. No século XX, na Bolívia, em 1985, a maioria das contas de poupança era em dólares, durante um período de inflação galopante do peso boliviano. Em 2007, o *New York Times* relatou: "O rand da África do Sul substituiu o essencialmente inútil dólar do Zimbábue como moeda corrente". Durante os últimos estágios da guerra civil americana, os sulistas tendiam a usar a moeda emitida em Washington, em vez da moeda de seu próprio governo confederado.

O ouro continua a ser preferido para muitas moedas nacionais, embora não renda juros como o dinheiro no banco. O preço flutuante do ouro reflete não apenas as mudanças no mercado de joias — a fonte de cerca de 80% da demanda por ouro — ou em alguns usos industriais, mas, também, e mais fundamentalmente, essas flutuações refletem o grau de preocupação com a possibilidade de inflação, que pode corroer o poder de compra das moedas oficiais. É por isso que uma grande crise política ou militar pode levar o preço do ouro às alturas, com as pessoas se livrando das moedas que podem ser afetadas e passando a disputar entre si para comprar ouro por considerá-lo uma maneira mais confiável de proteger sua riqueza mesmo sem ganhar quaisquer juros ou dividendos.

Uma vez que o preço do ouro depende das expectativas das pessoas no que diz respeito ao valor do dinheiro, ele pode subir ou cair drasticamente, e prontamente ir em sentido oposto, em resposta às mudanças nas condições econômicas e políticas. A taxa mais acentuada de aumento do preço do ouro em um ano foi de 135% em 1979 — e a queda mais acentuada foi de 32% apenas dois anos mais tarde.

A inflação corrente ou esperada geralmente leva ao aumento dos preços do ouro, pois as pessoas procuram defender sua riqueza de confiscos silenciosos do governo pela inflação. Mas longos períodos de prosperidade com estabilidade dos preços são susceptíveis de ver o preço do ouro cair, porque as pessoas transferem sua riqueza para outros ativos financeiros que rendem juros ou dividendos e, portanto, podem aumentar sua riqueza. Quando as crises econômicas do final dos anos 1970 e início de 1980 passaram, e na sequência houve um longo período de crescimento estável e baixa inflação, o preço do ouro caiu ao longo dos anos de cerca de US$800 a onça para cerca de US$250 a onça em 1999. Ainda mais tarde, depois de deficit federais recordes nos Estados Unidos e problemas semelhantes em vários países europeus nos primeiros anos do século XXI, o preço do ouro subiu mais de US$1.000 a onça.

O grande temor não declarado por trás da demanda por ouro é o medo da inflação. E não se trata de um medo irracional, dada a frequência com que todos os tipos de governos — monarquias, democracias e ditaduras — têm recorrido à inflação como um meio de obter mais riqueza sem ter de se confrontar diretamente com o público, tributando-o mais pesadamente.

Aumentos de impostos sempre representam perigos políticos para aqueles que detêm o poder político. Carreiras políticas podem ser destruídas quando o público votante se volta contra aqueles que aumentaram a carga tributária. Às vezes, a reação do público a impostos mais altos pode chegar até a revoltas armadas, tais como as que levaram à guerra contra a Grã-Bretanha pela independência americana. As reações adversas a impostos mais altos podem também ser de ordem econômica. Conforme as taxas de imposto vão atingindo níveis cada vez mais elevados, determinadas atividades econômicas podem ser abandonadas por aqueles que não encontram na taxa líquida de retorno sobre essas atividades, depois de deduzidos os impostos, nível suficiente para justificar seus esforços. Assim, muitas pessoas abandonaram a agricultura e se mudaram para as cidades durante a época de declínio do Império Romano, aumentando o número de pessoas que precisavam ser amparadas pelo governo no momento em que a oferta de alimentos caía em virtude daqueles que já não mais trabalhavam nas lavouras.

A fim de evitar os perigos políticos que aumentos das taxas de impostos podem fomentar, governos de todo mundo, por milhares de anos, recorreram à inflação. Como John Maynard Keynes observou:

> Não há registro de uma guerra prolongada ou uma grande convulsão social que não tenha sido acompanhada por uma mudança no sistema monetário, mas uma crônica quase ininterrupta em todos os países que têm uma história, de volta aos primórdios do registro econômico, de uma progressiva deterioração do valor real das sucessivas propostas legais de representação do dinheiro.

Se lutar uma grande guerra exige metade da produção anual do país, então, em vez de aumentar as taxas de impostos para 50% do salário de todas as pessoas a fim de pagar por isso, o governo pode escolher criar mais dinheiro para si e gastá-lo na compra de material bélico. Com metade dos recursos do país dedicado à produção de equipamentos e suprimentos militares, os bens civis se tornarão mais escassos, assim como o dinheiro fica mais abundante. Essa mudança na proporção entre quantidade de dinheiro e bens civis vai gerar inflação na medida em que mais dinheiro é oferecido para menos bens, tendo como resultado a elevação dos preços.

Guerras, de maneira alguma, são a única causa da inflação, embora a inflação tenha muitas vezes acompanhado conflitos militares. Mesmo em tempo de paz, os governos encontram muitas coisas para gastar dinheiro, incluindo ambientes luxuosos para reis ou ditadores e numerosos projetos suntuosos que têm sido comuns em governos democráticos e não democráticos. Para arcar com essas coisas, usar o poder que o governo tem de fazer mais dinheiro tem sido muitas vezes considerado mais fácil e politicamente mais seguro do que elevar a tributação. Dito de outro modo, a inflação é, na verdade, um imposto oculto. O dinheiro que as pessoas guardaram é roubado em parte de seu poder de compra, que é tranquilamente transferido para o governo que emite o dinheiro novo.

A inflação não é apenas um imposto oculto, é também um imposto de base ampla. Um governo pode anunciar que não vai aumentar os impostos, ou vai aumentar os impostos apenas para os "ricos" — seja lá como esse termo é definido — mas, pela criação de inflação, de fato transfere para si a riqueza de todos os que possuem dinheiro, desviando a renda e a riqueza de todos os lugares de onde venha, seja dos mais ricos, seja dos mais pobres. Na medida em que a riqueza dos ricos está investida em ações, imóveis ou outros ativos tangíveis que aumentam de valor, acompanhando a inflação, eles escapam em algum grau dessa tributação de fato, fuga negada às pessoas incluídas nas faixas de renda inferiores.

Na moderna era do papel-moeda, aumentar a oferta monetária é uma questão relativamente simples, bastando ligar as máquinas impressoras. Contudo, muito antes de haver máquinas assim, os governos puderam criar mais dinheiro pelo simples processo de reduzir a quantidade de ouro ou prata nas moedas de uma determinada denominação. Assim, um franco francês ou uma libra britânica pode começar contendo uma certa quantidade de metal precioso, mas o teor dele no amálgama das moedas emitidas posteriormente pelo governo francês ou britânico é cada vez menor, permitindo-lhes emitir mais dinheiro com um mesmo montante de ouro ou prata. Como as novas moedas têm o mesmo valor legal que as antigas, o poder de compra de todas declinou, já que elas se tornaram mais abundantes.

Métodos mais sofisticados de aumentar a quantidade de dinheiro têm sido utilizados em países com bancos centrais controlados pelo governo, mas o resultado líquido ainda é o mesmo: um aumento na quantidade de dinheiro, sem um aumento correspondente no fornecimento de bens reais, significa que os preços crescem — ou seja, inflação. Por outro lado, quando a produção aumentou durante a revolução industrial da Grã-Bretanha no século XIX, os preços do país diminuíram, uma vez que a oferta de dinheiro não aumentou proporcionalmente.

A duplicação da oferta de dinheiro, enquanto a quantidade de bens continua a mesma, pode mais do que duplicar o nível de preços, pois a velocidade com que o dinheiro circula aumenta quando as pessoas perdem a confiança na manutenção do seu valor. Durante o drástico declínio no valor do rublo russo, em 1998, um correspondente em Moscou relatou: "Muitos estão correndo para passar adiante seus rublos o mais rápido possível enquanto a moeda ainda tem algum valor".

Algo muito semelhante aconteceu na Rússia durante a I Guerra Mundial e nos anos imediatamente após a revolução de 1917. Em 1921, a quantidade de papel-moeda emitida pelo governo russo foi centenas de vezes maior do que a moeda em circulação na véspera da guerra em 1913 — e o nível de preços subiu *milhares* de vezes em relação a esse ano. Quando o dinheiro circula mais rápido, o efeito sobre os preços é o mesmo que se houvesse mais dinheiro em circulação. Quando ambas as coisas acontecem em grande escala, simultaneamente, o resultado é a inflação galopante. Durante o último ano da crise da União Soviética, em 1991, o valor do rublo tinha caído tanto que os russos usavam as cédulas como papel de parede e papel higiênico, pois ambos estavam em falta.

O caso talvez mais famoso de inflação do século XX ocorreu na Alemanha durante a década de 1920, quando 40 marcos valiam um dólar em julho de 1920 e, em novembro de 1923, eram necessários mais de 4 trilhões de marcos para fazer o mesmo. As pessoas descobriram que a poupança acumulada da sua vida não era suficiente para comprar um maço de cigarros. O governo alemão tinha, com efeito, roubado praticamente tudo o que possuíam pelo simples processo de manter mais de 1.700 impressoras funcionando dia e noite, imprimindo dinheiro. Alguns consideraram que o caos econômico e a desilusão amarga dessa época foram o caldo de cultura que propiciou a ascensão de Adolf Hitler e os nazistas. Durante esse processo de inflação galopante, Hitler cunhou a frase "bilionários famintos", pois havia alemães com um bilhão de marcos que não conseguiam comprar comida suficiente para se alimentar.

A taxa de inflação é frequentemente medida pela evolução do índice de preços ao consumidor (IPC). À semelhança de outros índices, o IPC é apenas uma aproximação, porque preços de coisas diferentes mudam de forma diferente. Por exemplo, quando os preços ao consumidor nos Estados Unidos avançaram 3,4% nos doze meses anteriores a março de 2006, nesse mesmo período a energia havia subido 17,3%, contra 4,1% dos cuidados médicos e um recuo de 1,2% nos preços do vestuário.

Embora os efeitos da deflação sejam mais evidentes do que os efeitos da inflação — pois menos dinheiro significa menos compras e, portanto, menor produção de novos bens, com correspondentemente menos demanda por mão de obra — os efeitos da inflação podem também levar a economia a um impasse. Escapar da inflação significa que os produtores acham arriscado produzir quando o preço pelo qual eles podem vender sua produção pode não representar tanto poder de compra como o dinheiro gasto nela. Quando a inflação na América Latina atingiu um pico de cerca de 600% ao ano em 1990, o produto real na América Latina caiu em termos absolutos no mesmo ano. Porém, depois de vários anos subsequentes de nenhuma inflação, o produto real atingiu uma taxa de crescimento de robustos 6% ao ano.

Deflação

A inflação é um problema que existe há séculos, mas em determinados momentos e lugares a deflação tem também criado problemas, alguns deles devastadores. A partir de 1873 e no transcorrer de 1896, os níveis de preços diminuíram 22% na Grã-Bretanha e 32% nos Estados Unidos. Essas e outras nações industrializadas funcionavam no padrão ouro[3] e a produção foi crescendo mais rapidamente do que a oferta de ouro do mundo. Enquanto os preços de produção e insumos correntes declinavam, as dívidas especificadas em termos de dinheiro permaneciam as mesmas — de fato, fazer hipotecas e outras dívidas se constituía em assumir uma responsabilidade mais pesada em termos de poder de compra real do que quando tais dívidas foram contraídas. Esse problema para os devedores tornou-se um problema para os credores quando aqueles já não podiam mais pagar e simplesmente se tornavam inadimplentes.

Os agricultores foram especialmente atingidos pelo declínio dos níveis de preços, uma vez que o preço de sua produção caiu acentuadamente enquanto as coisas que os agricultores compravam não diminuíram proporcionalmente e as hipotecas e outras dívidas agrárias requeriam os mesmos montantes de dinheiro de antes.

Uma deflação ainda mais desastrosa ocorreu na América do século XX. Como observado no início do último capítulo, a oferta de moeda nos Estados Unidos diminuiu em 1/3 entre 1929 e 1933, tornando impossível para os americanos comprar tantos produtos e serviços como antes, *com os preços antigos*. Os preços vieram abaixo — o catálogo da Sears em 1931 tinha muitos preços que eram inferiores aos de uma década atrás — mas alguns preços não foram alterados porque havia contratos legais envolvidos.

Hipotecas sobre casas, fazendas, lojas e edifícios de escritórios estipulavam pagamentos mensais especificados em valores monetários. Esses termos poderiam ter sido bastante razoáveis e fáceis de administrar quando a quantidade total de dinheiro na economia era substancialmente maior, mas agora, permanecendo os mesmos, era como se tivessem sido arbitrariamente elevados — e, na verdade, cresciam em termos de poder de compra real. Muitos proprietários, agricultores e empresas simplesmente não tinham como pagar após a oferta monetária nacional contrair-se — e, portanto, perdiam seus imóveis.

---

[3] Sistema monetário em que a moeda de um país é legalmente definida em uma quantidade de ouro de referência. Assim, para emitir uma nova quantidade de moeda, era necessário um estoque maior de ouro; em seus termos clássicos, vigorou entre 1870 e 1914.

Inquilinos enfrentaram problemas muito semelhantes, e pagar o aluguel era a cada dia mais complicado. A dificuldade para quitar os débitos acumulados pelas compras financiadas de grandes quantidades de bens e serviços era agora muito maior do que quando o crédito havia sido concedido em uma economia com uma oferta de dinheiro mais generosa.

Os indivíduos cujos ordenados e salários estavam estabelecidos em contratos — de trabalhadores sindicalizados a jogadores profissionais de beisebol — estavam agora legalmente autorizados a exercer um poder de compra mais real do que quando esses contratos foram originalmente assinados. Assim também os funcionários públicos, cujas tabelas salariais eram fixadas por lei. Porém, a deflação beneficiava os membros desses grupos particulares *se eles mantivessem seus empregos*, e a dificuldade para lhes pagar significava que muitos perderiam seus empregos.

Da mesma forma, os bancos detentores das hipotecas que muitas pessoas estavam lutando para pagar foram beneficiados ao receber os pagamentos com maior poder de compra do que antes — *se conseguissem recebê-los*. Mas foram tantas as pessoas incapacitadas de honrar suas dívidas que muitos bancos começaram a falir. Mais de 9.000 bancos suspenderam as operações ao longo de um período de quatro anos, de 1930 a 1933. Outros credores igualmente perderam seu dinheiro porque os devedores simplesmente não tinham como reembolsá-los.

Assim como a inflação tende a se agravar pelo fato de que as pessoas vão gastando uma moeda que se deprecia mais rapidamente que o habitual, comprando algo antes que ela perca ainda mais valor, assim também a deflação tende a ficar pior porque as pessoas, especialmente em ocasiões como essa, retêm o dinheiro por mais tempo em função do desemprego generalizado que deixa a todos, empregados e negociantes, inseguros. Não só houve menos dinheiro em circulação durante a depressão da economia entre 1929 e 1932, mas o ritmo em que ele fluía na economia era mais lento, reduzindo a demanda por bens e serviços. Em decorrência, com menos gente sendo necessária na produção, houve desemprego em massa.

Teoricamente, o governo poderia ter aumentado a oferta de dinheiro para trazer o nível de preços de volta ao que era antes. O Federal Reserve tinha sido criado, quase 20 anos antes, durante a administração de Woodrow Wilson, para lidar com as mudanças na oferta monetária da nação. O presidente Wilson explicou que um Banco Central (no caso dos EUA, o Federal Reserve) "expande e contrai a base monetária quando necessário" e "cuja direção é colocada nas mãos

Palavras de Despedida

de um conselho de funcionários do governo desinteressados do próprio governo" para evitar o controle por banqueiros ou outros interesses.

Por mais razoável que isso possa ser, o que um governo pode fazer, teoricamente, não é necessariamente aquilo que ele é susceptível de fazer politicamente, ou o que seus líderes entendem intelectualmente. Além disso, o fato de que os funcionários do governo não têm interesse *financeiro* pessoal nas decisões que tomam não significa que eles são "desinteressados" no que diz respeito aos interesses *políticos* envolvidos em suas decisões.

Mesmo que os diretores do Federal Reserve não sejam afetados por qualquer interesse financeiro ou político, isso não significa que suas decisões são necessariamente competentes — e, ao contrário das pessoas cujas decisões estão sujeitas à correção pelo mercado, as que estão no governo não enfrentam nenhuma correção automática. Olhando para trás, na época da Grande Depressão da década de 1930, ambos, economistas conservadores e liberais, veem as políticas monetárias adotadas pelo Federal Reserve durante esse período como confusas e contraproducentes. Milton Friedman qualifica as pessoas que dirigiam o Federal Reserve nesses anos de "ineptas" e John Kenneth Galbraith chamou-as de um grupo com "incompetência alarmante". Por exemplo, o Federal Reserve elevou a taxa de juros em 1931, quando a economia estava se aproximando do fundo do poço, com as empresas quebrando e os bancos entrando em colapso aos milhares em todo o país causando desemprego em massa.

Hoje, seria de esperar que qualquer pessoa com um mínimo de conhecimento de Economia compreendesse que não se sai de uma depressão elevando a taxa de juros, pois essa medida leva a uma redução da quantidade de crédito e, portanto, também da demanda agregada em um momento em que mais demanda será necessária para restaurar a economia.

Os presidentes em exercício durante a Grande Depressão não eram, diga-se, mais economicamente sofisticados que os dirigentes do Federal Reserve. Tanto o presidente republicano Herbert Hoover como seu sucessor democrata, Franklin D. Roosevelt, pensavam que os salários não deveriam ser diminuídos, então essa maneira de ajustar a deflação foi desencorajada pelo Governo Federal — por razões humanitárias e políticas. A teoria era de que a manutenção de salários em termos de dinheiro significava a manutenção do poder de compra, evitando, assim, novas quedas nas vendas, produção e emprego.

Infelizmente, tal política só funciona enquanto as pessoas mantêm seus empregos — e salários mais altos em determinadas condições, especialmente em uma deflação, significa menos emprego. Portanto, os salários reais mais elevados por hora não se traduziram em ganhos agregados mais elevados para a mão de obra, e por isso não deram a base para o crescimento da demanda agregada que ambos os presidentes esperavam. Joseph A. Schumpeter, um dos principais economistas de sua época, viu na resistência a reajustar para baixo os salários nominais um fator que contribuiu para piorar a Grande Depressão. Escrevendo em 1931, ele disse:

> A depressão não tem sido provocada pela taxa de salários, mas embora haja outros, é muito intensificada por esse fator.

Aparentemente, não era necessário ser um economista, contudo, para entender o que os presidentes Hoover e Roosevelt não entendiam. O colunista Walter Lippmann, escrevendo em 1934, disse: "em uma depressão, os homens não podem vender seus produtos ou serviços a preços pré-depressão. Se eles insistem em tais preços, não irão vendê-los. Quem insiste em salários de pré-depressão, torna-se desempregado". Os milhões de desempregados — muitos em circunstâncias econômicas desesperadoras — não foram os únicos que exigiram salários de antes da depressão. Incluíam políticos que estavam tentando manter os salários naqueles níveis.

Tanto a administração Hoover quanto a de Roosevelt, que a sucedeu, aplicaram o mesmo raciocínio — ou a falta dele — que tinham aplicado ao trabalho na agricultura: os preços dos produtos agrícolas deveriam ser mantidos pelo governo a fim de manter o poder de compra dos agricultores. O presidente Hoover decidiu que o governo federal deveria "dar apoio indireto a preços que haviam seriamente declinado" na agricultura. O presidente Roosevelt, mais tarde, institucionalizou essa política em programas de apoio aos preços agrícolas, o que levou à destruição em massa de alimentos em um momento de fome generalizada. Em suma, equívocos da economia foram comuns e bipartidários.

Também os equívocos econômicos não foram apanágio dos Estados Unidos. Escrevendo em 1931, John Maynard Keynes disse, ao comentar sobre as políticas monetárias do governo britânico, que os argumentos em que elas se apoiavam "não sobreviveriam a dez minutos de uma discussão racional".

A política monetária é apenas uma das muitas áreas em que não basta que o governo *possa* fazer coisas que melhorem uma dada situação. O que importa é o que *provavelmente* o governo fará que pode, em muitos casos, piorar a situação.

Não é só durante catástrofes nacionais e internacionais, tais como a Grande Depressão da década de 1930, que a deflação pode se tornar um problema sério. Durante o auge do padrão ouro no século XIX e início do século XX, quando a produção de bens e serviços cresceu mais rapidamente do que a oferta de ouro, os preços tenderam a cair, assim como os preços tendem a subir quando a oferta de dinheiro cresce mais rápido do que o fornecimento das coisas que o dinheiro compra.

Em média, o nível de preços nos Estados Unidos, por exemplo, foi menor no final do que no início do século XIX. Como em outros casos de deflação — ou seja, de aumento no poder de compra do dinheiro — isso fez com que crescesse o valor real de hipotecas, locações, contratos e outras obrigações legais a pagar em dinheiro. Em resumo, os devedores de fato deviam mais — em poder de compra real — do que tinham concordado em pagar quando pediram dinheiro emprestado.

Além dos problemas criados por obrigações legais fixadas em termos monetários, existem outros problemas criados pela deflação que derivam das diferentes rendas de diferentes pessoas que estão sendo afetadas de forma diferente pelas alterações nos preços. A deflação — tal como a inflação — afeta preços distintos de forma distinta. Nos Estados Unidos, como já observado, os preços do que os agricultores vendem tendem a cair mais rapidamente do que os preços do que compram:

> O preço do trigo, que girava em torno de um US$1,00 por bushel[4] durante décadas, fechou abaixo de US$0,90 em 1892, em torno de US$0,75 em 1893, e mal passava de US$0,60 em 1894. Na calada do inverno de 1895-1896, o preço desceu para US$0,50 por bushel.

Enquanto isso, as prestações das hipotecas dos agricultores permaneceram as mesmas em termos monetários — e, portanto, estavam crescendo em termos reais durante a deflação. Além disso, esses pagamentos tinham agora de ser pagos com os rendimentos agrícolas que eram metade ou menos do que tinham sido quando os empréstimos hipotecários foram efetuados. Esse foi o pano de fundo da campanha de William Jennings Bryan para a presidência em 1896, com base na luta para acabar com o padrão ouro, e que culminou com seu dramático discurso dizendo "não se deve crucificar a humanidade em uma cruz de ouro".

Em uma época em que mais pessoas viviam no interior do que nas cidades e vilas, ele foi derrotado por William McKinley. O que realmente aliviou as

---

[4] O bushel é uma unidade de medida de capacidade para mercadorias sólidas (especialmente grãos e farinhas) utilizada nos países anglo-saxões.

pressões políticas para acabar com o padrão ouro foi a descoberta de novos depósitos do metal na África do Sul, Austrália e Alasca. Essas descobertas levaram ao aumento dos preços pela primeira vez em vinte anos, incluindo os preços dos produtos agrícolas, que subiram de forma particularmente rápida.

Com os efeitos deflacionários do padrão ouro sendo agora coisa do passado, não somente a polarização política sobre a questão refluiu nos Estados Unidos, como mais países ao redor do mundo adotaram o padrão ouro no final do século XIX e início do século XX. Entretanto, o padrão ouro não previne inflação ou deflação, embora restrinja a capacidade dos políticos para manipular a oferta de moeda e, assim, mantém a inflação e deflação dentro de limites estreitos. Assim como o crescimento mais rápido da produção em relação à oferta de ouro causou uma queda geral no nível médio de preços, as descobertas de grandes depósitos desse metal precioso — como no século XIX, na Califórnia, África do Sul, e Yukon — fez os preços subirem a níveis inflacionários.

O SISTEMA BANCÁRIO

Para início de conversa, por que há bancos?

Uma razão é que existem economias de escala em guardar dinheiro. Se restaurantes ou lojas de ferragens mantivessem todo o dinheiro que recebem de seus clientes em um quartinho nos fundos, criminosos realizariam muito mais roubos nessas e em outras empresas e casas. Transferir seu dinheiro para um banco significa para os indivíduos e as empresas tê-lo guardado por terceiros a custos mais baixos.

Os bancos podem investir em cofres e guardas, ou pagar para carros blindados virem regularmente recolher o dinheiro das empresas e levá-lo para algum outro lugar fortemente vigiado para armazená-lo. Nos Estados Unidos, o Federal Reserve armazena o dinheiro de bancos privados e o dinheiro e ouro de propriedade do governo dos EUA. Os sistemas de segurança são tão eficazes que, embora haja roubos em bancos privados de tempos em tempos, nenhum deles ocorreu nas agências do Federal Reserve. Quase a metade de todo o ouro de propriedade do governo alemão já esteve depositado no Federal Reserve Bank of New York. Em suma, as economias de escala permitem que os bancos protejam a riqueza com menores custos por unidade do que quaisquer empresas privadas ou casas, e permitem que o Federal Reserve exerça idêntica função com menores custos por unidade do que os bancos privados.

O PAPEL DOS BANCOS

Os bancos não são apenas lugares onde se armazena dinheiro. Eles desempenham na economia um papel mais ativo do que esse. Os rendimentos das empresas são imprevisíveis e podem ir de lucros a perdas, e vice-versa, repetidamente. Enquanto isso, as obrigações legais das empresas — pagar seus funcionários no dia combinado e suas contas de luz regularmente, e quitar seus débitos com aqueles que lhes fornecem todas as outras coisas necessárias para manter o negócio funcionando — devem ser honradas constantemente, quer os resultados líquidos de suas operações, naquele momento, estejam no azul ou escritos com tinta vermelha. Isso significa que alguém deve suprir as empresas com dinheiro quando elas não têm o suficiente em seus próprios bolsos para cumprir com suas obrigações quando o pagamento é devido. Os bancos são uma importante fonte desse dinheiro, que deve, naturalmente, ser reembolsado a partir dos lucros posteriores.

As empresas normalmente não vão atrás de um empréstimo separado cada vez que seus rendimentos correntes não cobrem as obrigações que estão vencendo. Há uma economia de tempo e dinheiro para ambos, empresas e bancos, se estes concedem uma linha de crédito para uma determinada quantia de dinheiro e a empresa se vale dela se as circunstâncias exigirem, e a recompõe quando obtiver os lucros.

Teoricamente, cada empresa poderia, individualmente, poupar seu próprio dinheiro aproveitando os tempos de maré favorável para usá-lo quando a maré virar, algo que, em certa medida, as empresas fazem. Mas aqui, novamente, há economias de escala em ter bancos comerciais centralizando um grande volume de recursos monetários a partir do qual cada empresa pode retirar o dinheiro necessário para manter um fluxo de caixa que permita pagar seus empregados e outros credores. Os bancos comerciais, é claro, cobram uma taxa de juros por esse serviço, porém, como as economias de escala e os menores riscos tornam os custos dos bancos comerciais mais baixos que os de seus clientes, uns e outros estão melhor financeiramente por causa dessa mudança de riscos para onde os custos desses riscos são menores.

Os bancos não só têm suas próprias economias de escala, eles são parte de uma série de instituições financeiras que permitem que as empresas, individualmente, obtenham economias de escala e, assim, elevem o padrão de vida geral do público por meio de menores custos de produção que se traduzem em preços mais baixos. Em uma economia moderna complexa, as empresas obtêm menores custos de produção operando em grande escala, o que exige muito mais mão de obra, máquinas, eletricidade e outros insumos do que até mesmo indivíduos ricos são capazes de pagar. A maioria das grandes corporações não pertence a algumas pessoas ricas, mas utilizam o dinheiro oriundo de um vasto número de pessoas cujos montantes individualmente modestos são agregados e, em seguida, transferidos em grandes quantias para a empresa por intermediários financeiros, como bancos, companhias de seguros, fundos mútuos e de pensão.

Muitas pessoas também transferem seu próprio dinheiro mais diretamente para as empresas mediante a compra de ações e títulos. Mas isso significa fazer suas próprias avaliações de risco, enquanto outros movimentam seus recursos monetários por meio de intermediários financeiros que têm competência e experiência para avaliar os riscos de investimento e perspectivas de lucros melhor que a maioria das pessoas.

O que é avaliado pelos proprietários particulares do dinheiro que é transferido por meio de instituições financeiras é o grau de risco e perspectivas de ganhos das próprias instituições financeiras. Os indivíduos decidem se colocam seu dinheiro em uma conta de poupança, em um plano de previdência, em um fundo mútuo ou com especuladores de commodities, enquanto esses intermediários financeiros, por sua vez, medem o risco e a perspectiva de ganhos daqueles que transferiram dinheiro.

Os bancos também financiam as compras dos consumidores efetuadas por cartão de crédito, e esses valores são depois reembolsados pelos compradores mediante o pagamento de parcelas mensais, que incluem juros. O sistema bancário é, portanto, um grande participante de um elaborado sistema de intermediários financeiros qual permite que milhões de pessoas gastem o dinheiro que pertence a milhões de estranhos, não só para investimentos em empresas, mas também para compras de bens de consumo. Por exemplo, a principal empresa de cartão de crédito, a Visa, forma uma rede em que 14.800 bancos e outras instituições financeiras fornecem o dinheiro para as compras feitas por mais de 100 milhões de usuários de cartão de crédito que compram produtos em 20 milhões de estabelecimentos comerciais em todo o mundo.

A importância dos intermediários financeiros para a economia como um todo pode ser aquilatada olhando para os lugares onde não há bastantes intermediários de confiança com conhecimento e experiência suficientes para permitir que estranhos transfiram vastas somas de dinheiro a outros estranhos. Muitas vezes, países nessa condição são pobres, ainda que sejam ricos em recursos naturais. Os intermediários financeiros podem facilitar a transformação desses recursos naturais em bens e serviços, casas e empresas — em suma, riqueza.

Apesar de o próprio dinheiro não ser riqueza, do ponto de vista da sociedade como um todo, seu papel no sentido de facilitar a produção e transferência de riqueza é relevante. A riqueza verdadeira — coisas tangíveis — que as pessoas têm o direito de retirar da produção de uma nação pode, em vez disso, ser redirecionada para outros por meio de bancos e outras instituições financeiras, usando o dinheiro como meio de transferência. Assim, a madeira que seria usada para construir móveis, se os consumidores tinham escolhido gastar seu dinheiro assim, poderia ser redirecionada para a fabricação de papel para impressão de revistas quando os consumidores colocam seu dinheiro em bancos em vez de gastá-lo, e os bancos, em seguida, o empresta para os editores de revistas.

Bancos modernos, no entanto, fazem mais do que simplesmente transferir dinheiro. Essas transferências não mudam a demanda total da economia, mas simplesmente mudam quem demanda o quê. A demanda total de todos os bens e serviços combinados não é alterada por tais transações, por importantes que sejam essas transações para outros fins. Mas o que o sistema bancário faz, ao longo e além do que outros intermediários financeiros fazem, é afetar a demanda total da economia como um todo. O sistema bancário cria créditos que, de fato, contribuem para o fornecimento de dinheiro pelo que é chamado de "sistema bancário de reservas fracionárias". Uma breve história de como essa prática surgiu pode tornar esse processo mais claro.

Sistema Bancário de Reservas Fracionárias

Durante séculos, os Goldsmith[5] eram ourives conhecidos por possuir um lugar seguro para armazenar o metal precioso que eles usavam para fazer joias e outros artigos de ourivesaria. Outras pessoas muitas vezes armazenavam seu próprio ouro com os ourives, em vez de assumir o custo de criar suas próprias instalações de armazenamento seguro. Em outras palavras, havia economias de escala no armazenamento de ouro em um cofre ou outro reduto, por isso os ourives acabavam armazenando, além do seu, o ouro de outras pessoas também.

Naturalmente, os ourives davam recibos que habilitavam os proprietários a reaver seu ouro sempre que desejassem. Uma vez que esses recibos eram resgatá-

---

[5] Tradicional família de judeus alemães conhecida por seu sucesso no setor bancário. Originalmente Goldschmidt, o ramo inglês da família passou a ser grafado como Goldsmith a partir de Frank Goldsmith (1878-1967). "Goldsmith" é também o termo em inglês para "ourives", daí o jogo de palavras do original em inglês.

veis em ouro, eram de fato "tão bons quanto o ouro" e circulavam como se fossem dinheiro, comprando bens e serviços e passando de mão em mão.

Com base nessa experiência, os ourives verificaram que raramente tinham de resgatar todo o ouro que guardavam a qualquer momento. Se um ourives se sentisse confiante de que nunca precisaria resgatar, imediatamente, mais de 1/3 do ouro que armazenava para outras pessoas, então poderia emprestar os outros 2/3 e ganhar juros com a operação. Uma vez que os recibos de ouro e 2/3 do ouro em si circulavam ao mesmo tempo, o ourives estava, na verdade, aumentando a oferta total de dinheiro.

Dessa forma, surgiram duas das principais características do sistema bancário moderno — (1) os bancos têm apenas uma fração das reservas necessárias para cobrir depósitos e (2) eles aumentam a oferta total de dinheiro. Uma vez que todos os depositantes não vão querer seu dinheiro de uma só vez, o banco empresta mais para outras pessoas, a fim de ganhar juros sobre esses empréstimos. Parte desses juros eles compartilham com os depositantes pagando juros sobre os recursos monetários deles que estão sob seus cuidados. E, com os depositantes emitindo cheques sobre suas contas correntes, enquanto parte do dinheiro nessas contas também está circulando como empréstimos a outras pessoas, o sistema bancário está na realidade expandindo a oferta de moeda para além do dinheiro impresso pelo governo. Uma vez que alguns desses créditos bancários são depositados novamente em outros bancos, rodadas adicionais de expansão da oferta de moeda ocorrem, de modo que o montante total do crédito bancário na economia tende a exceder todo o dinheiro em papel emitido pelo governo.

Uma das razões para que esse sistema funcionasse foi a de que o sistema bancário nunca foi chamado, em conjunto, para realmente fornecer o dinheiro para cobrir todos os cheques emitidos pelos depositantes. Em vez disso, se o banco XPTO[6] recebe cheques no montante de US\$1 milhão para serem depositados nas contas de seus correntistas, cujos emitentes têm conta no banco Zebra, o banco XPTO não pede ao banco Zebra o dinheiro correspondente. Em vez disso, ele apura o saldo líquido dessa operação contra uma outra operação em sentido contrário. Por exemplo, se os depositantes do banco XPTO emitiram cheques no total de US\$1,2 milhão a favor de empresas e indivíduos que, em seguida, os depositam em suas contas no Banco Zebra, então, o Banco XPTO teria que pagar apenas a diferença. Com isso, somente US\$200.000 são neces-

---

[6] XPTO é uma sigla que designa um substantivo genérico. Em inglês, seu correspondente é ACME.

sários para liquidar os cheques de ambos os bancos que, em conjunto, somavam mais de dois milhões.

Assim, os dois bancos podem manter apenas uma fração de seus depósitos em dinheiro, porque todos os cheques emitidos em todos os bancos exigem apenas uma fração da somatória dos cheques emitidos e depositados para cobrir as diferenças entre os bancos. Uma vez que todos os depositantes não exigiriam, simultaneamente, transformar seus depósitos em dinheiro em espécie, uma quantidade relativamente pequena de papel-moeda permite que o sistema bancário gere um volume muito maior de créditos que funciona como dinheiro na economia.

Esse sistema, denominado, mais especificamente, de "Sistema Bancário de Reservas Fracionárias" funcionou muito bem em tempos normais. Mas se revelou muito vulnerável quando muitos depositantes queriam dinheiro vivo ao mesmo tempo. Ainda que em condições normais a maioria dos depositantes não peça seu dinheiro no mesmo instante, há situações especiais em que mais depositantes pedirão seu dinheiro do que o banco pode fornecer em função do que mantém em mãos como reserva. Normalmente, isso ocorreria quando os depositantes receiam que não serão capazes de obter seu dinheiro de volta. Digamos, para ilustrar a ideia, que um assalto a um banco poderia levar seus depositantes a temer que o banco teria de fechar e, portanto, todos correriam para lá ao mesmo tempo, tentando sacar seu dinheiro antes que o banco entrasse em colapso.

Se essa instituição financeira tivesse disponível apenas 1/3 do dinheiro a que o total de depositantes tem direito, e metade dos correntistas quisesse sacar o que tinha nas contas, então o banco não teria como os satisfazer, e os depositantes restantes perderiam tudo. O dinheiro levado pelos ladrões seria muito menos prejudicial do que a corrida ao banco que se seguiu ao assalto.

Um banco pode estar perfeitamente saudável, no sentido de ter ativos suficientes para cobrir suas obrigações, mas esses ativos não podem ser imediatamente vendidos e convertidos em dinheiro para pagar os depositantes. É improvável que um imóvel de propriedade de um banco encontre um comprador instantaneamente caso seus correntistas comecem a fazer fila nos guichês dos caixas solicitando seu dinheiro. Da mesma forma, as hipotecas de 30 anos não são consideradas "líquidas", porque não podem ser facilmente convertidas em dinheiro, e assim o banco não tem como pôr as mãos de imediato em tudo o que lhe é devido.

Há mais do que o fator tempo envolvido na avaliação da liquidez dos ativos. Você sempre pode vender um diamante por uns trocados — e muito rapidamente.

É o grau em que um ativo pode ser convertido em dinheiro, sem perder seu valor, que faz com que seja líquido ou não. Cheques de viagem da American Express são líquidos porque podem ser convertidos em dinheiro pelo seu valor nominal em qualquer escritório da American Express. Um título do Tesouro americano que vence no próximo mês é quase, mas não completamente, tão líquido, mesmo considerando que você pode vendê-lo tão rapidamente quanto descontar um cheque de viagem, mas ninguém vai pagar o valor de face desse título.

Os ativos bancários não podem ser liquidados na hora e, se alguma coisa desencadeia uma corrida a um banco, este poderia entrar em colapso. Não só muitos depositantes perdem suas poupanças, a demanda total do país por bens e serviços poderia de repente diminuir se isso acontecesse com numerosos bancos simultaneamente. Afinal, parte da demanda monetária consiste em créditos criados pelo sistema bancário durante o processo de emprestar dinheiro. Desaparecido o crédito, já não há demanda suficiente para comprar tudo o que estava sendo produzido — pelo menos não aos preços que tinham sido definidos quando a oferta de dinheiro e crédito era maior. Foi o que aconteceu durante a Grande Depressão da década de 1930, quando milhares de bancos nos Estados Unidos colapsaram e a demanda monetária total do país (incluindo créditos) contraiu-se em 1/3.

A fim de evitar uma repetição de uma catástrofe dessas dimensões, foi criada nos EUA a Federal Deposit Insurance Corporation, uma agência independente que garante que o governo reembolsaria os depositantes cujo dinheiro estivesse em um banco segurado que viesse a quebrar. Agora não havia mais razão para os depositantes iniciarem uma corrida ao banco, por isso, poucas instituições financeiras entraram em colapso, e como resultado havia menos probabilidade de uma redução súbita e desastrosa da oferta total de dinheiro e crédito da nação.

Enquanto a Federal Deposit Insurance Corporation é uma espécie de firewall levantado para evitar que quebras de bancos se espalhem por todo o sistema, uma forma mais afinada de tentar controlar a oferta nacional de dinheiro e crédito cabe ao Federal Reserve[7]. O Federal Reserve é um banco central administrado pelo governo dos EUA para controlar todos os bancos privados. Ele tem o poder (e esse é o papel também dos bancos centrais de outros países) de determinar qual fração dos depósitos dos bancos deve ser mantida em caixa, liberando somente o restante para empréstimos. O Federal Reserve também empresta dinheiro aos bancos, os quais podem, em seguida, repassá-los (emprestá-los, é claro) ao

---

[7] No Brasil, o Banco Central do Brasil – Bacen cuida de ambas as funções.

público em geral. Ao definir a taxa de juros sobre o dinheiro que empresta aos bancos, o Federal Reserve controla indiretamente a taxa de juros que os bancos vão cobrar do público em geral.

Todos esses fatores têm o efeito líquido de permitir que o Federal Reserve (e a qualquer banco central de um país) administre a quantidade total de dinheiro e de crédito na economia como um todo, para mais ou para menos, controlando indiretamente a demanda agregada de bens e serviços do país.

Devido ao poderoso efeito alavanca das ações do Federal Reserve, declarações públicas de seu presidente são atentamente monitoradas por banqueiros e investidores em busca de pistas sobre se "o Fed" tem pretensões de limitar ou expandir a oferta de dinheiro. Uma declaração indiscreta ou dúbia do presidente, mal interpretada pelo mercado financeiro, pode desencadear um movimento de pânico em Wall Street fazendo despencar a cotação das ações. Ou se tal declaração parecer otimista, os preços das ações podem ir às alturas — alcançando níveis insustentáveis que vão arruinar muitos investidores quando os preços voltarem para baixo novamente. Dadas essas repercussões drásticas, que podem afetar os mercados financeiros ao redor do mundo, os presidentes do Federal Reserve têm, ao longo dos anos, aprendido a falar em termos tão altamente cuidadosos e herméticos que muitas vezes deixam os ouvintes intrigados sobre que eles realmente querem (ou não querem) dizer.

O comentário da revista *BusinessWeek* sobre Alan Greenspan, que presidiu o Federal Reserve entre os anos de 1987 e 2006, poderia ter sido dito a respeito dos que lhe antecederam ou sucederam nessa posição: "Wall Street e Washington gastam energia aos megawatts tentando decifrar os pronunciamentos herméticos de Alan Greenspan". Em 2004, havia a seguinte notícia na seção de negócios do *San Francisco Chronicle*:

> Alan Greenspan espirrou na quarta-feira, e Wall Street pegou um resfriado. O presidente do Federal Reserve e seus colegas do comitê de política monetária do Banco Central deixaram inalterados os custos dos juros de curto prazo, mas emitiram um comunicado que não repetiu o mantra de reuniões recentes sobre manter as taxas baixas por um "período considerável".
>
> Investidores atordoados interpretaram a omissão como um sinal para se desfazerem de ações e títulos.

As cotações médias das Bolsas de Valores (Dow Jones, Nasdaq e índice Standard & Poor's) caíram todas acentuadamente, assim como o preço dos títulos do tesouro americano — tudo graças ao que *não* foi dito.

Esse exame minucioso das declarações obscuras do Federal Reserve não ocorria exclusivamente no mandato de Alan Greenspan como presidente. Sob seu sucessor como presidente, Ben Bernanke, o Federal Reserve estava comprando grandes quantidades de títulos do governo dos EUA, injetando, assim, dinheiro novo na economia norte-americana. Mas, quando o presidente Bernanke disse, em maio de 2013, que se a economia melhorasse o Federal Reserve, nas próximas reuniões de seu Conselho, "poderia dar um passo atrás em nosso ritmo de compras", a reação foi rápida e de longo alcance. O mercado de ações japonês perdeu 21% de seu valor em menos de um mês e as perdas totais nos mercados acionários ao redor do mundo nesse breve espaço de tempo totalizaram US$3 trilhões, uma quantia superior ao valor da produção anual total da França, ou da maioria das outras nações.

Ao avaliar o papel do Federal Reserve, bem como de quaisquer outros órgãos do governo, é preciso fazer uma clara distinção entre seus objetivos declarados e seu desempenho ou efeito real. O Federal Reserve foi criado em 1914 em decorrência do receio quanto às consequências econômicas da deflação e quebradeira de instituições bancárias. Não obstante, a pior deflação e a mais ampla das quebras de bancos da história americana ocorreu *após* a instituição do Federal Reserve. As crises financeiras de 1907, que ajudaram a estimular a criação do Federal Reserve, foram ofuscadas pelas derrocadas financeiras associadas ao crash da Bolsa em 1929 e à Grande Depressão dos anos 1930.

LEGISLAÇÃO E POLÍTICAS BANCÁRIAS

Bancos e sistemas bancários variam de um país para outro. Diferem não só nas práticas institucionais específicas, mas mais fundamentalmente no cenário geral e experiências históricas de cada país. Tais diferenças podem ajudar a ilustrar alguns dos requisitos gerais de um sistema bancário bem-sucedido e também para avaliar os efeitos de políticas específicas.

Requisitos de um Sistema Bancário

Como tantas outras coisas, os serviços bancários, observando do lado de fora, parecem algo fácil — simplesmente pegar os depósitos e emprestá-los, ganhando juros no processo e compartilhando um pouco deles com os depositantes, a fim de os manter guardando seu dinheiro em bancos. No entanto,

Palavras de Despedida

não queremos repetir o erro grosseiro de Lenin ao subestimar a complexidade dos negócios em geral.

No início do século XXI, algumas nações pós-comunistas estavam tendo grandes dificuldades para viabilizar um sistema bancário que pudesse operar em um mercado livre. Na Albânia e na República Tcheca, por exemplo, os bancos obtinham os depósitos, mas estavam frustrados quanto a realizar empréstimos para as empresas privadas de uma forma que trouxesse retornos sobre esse investimento, minimizando as perdas daquilo que não fosse reembolsado. A revista londrina *The Economist* relatou que "o arcabouço legal é tão frágil" na Albânia que a diretoria de um banco "tinha receio de conceder qualquer empréstimo". Um outro banco albanês que fez empréstimos descobriu que a garantia recebida de um devedor inadimplente era "impossível de vender". Um banco albanês que detinha 83% dos depósitos do país não concedia absolutamente nenhum empréstimo, e em vez disso comprava títulos do governo, ganhando uma taxa de retorno baixa, mas confiável.

O que isso significa para a economia do país como um todo, conforme se lia na *The Economist*, é que "rouba-se de empreendimentos famintos por capital uma fonte de financiamento". Na República Tcheca pós-comunista, o crédito era mais generoso — e as perdas, muito maiores. Lá, o governo interveio para cobrir as perdas e os bancos aplicaram seus ativos em títulos do governo, como na Albânia. Se tais problemas vão se resolver ao longo do tempo — e em quanto tempo — é obviamente uma questão que cabe a tchecos e albaneses. Mas as empresas privadas e os bancos terão que ir adquirindo experiência para se adaptarem a uma economia de mercado, após as longas décadas de um regime econômico e político comunista. No entanto, para o resto de nós, a experiência desses países ilustra mais uma vez o fato de que uma das melhores maneiras de compreender e apreciar uma função econômica é ver o que acontece quando essa função não existe ou funciona precariamente.

Tal como aconteceu com a Grã-Bretanha vários séculos antes, os estrangeiros vieram para gerir as instituições financeiras que as pessoas do antigo bloco comunista de nações estavam tendo grande dificuldade para administrar. A partir de 2006, os estrangeiros possuíam mais de metade dos ativos bancários na República Tcheca, Eslováquia, Romênia, Estônia, Lituânia, Hungria, Bulgária, Polônia e Letônia. Na Letônia, em particular, essa participação chegava a 60%, e a praticamente 100% na Estônia.

Na Índia, há um problema muito diferente. Enquanto a taxa de poupança do país, como porcentagem da produção econômica total, é muito maior do que nos Estados Unidos, a população é tão desconfiada da atuação dos bancos que a posse individual de ouro é a mais alta do mundo. Do ponto de vista do país, isso significa que uma parte substancial de sua riqueza não é utilizada para financiar um adicional de produção. Dessas economias fora de um sistema bancário em grande parte estatal, 70% são emprestados ao governo ou a empresas públicas.

Na China, onde a taxa de poupança é ainda maior do que na Índia, 90% dessas economias estão colocadas em bancos públicos, onde são emprestadas a taxas de juros baixas, que de fato subsidiam empresas estatais que normalmente obtêm insuficientes taxas de retorno sobre o capital investido nelas ou estão operando com prejuízos. Em suma, a maioria das poupanças da China *não* é alocada em empresas mais eficientes e prósperas, que estão no setor privado e que podem ser de propriedade estrangeira, mas aplicadas em empresas governamentais por funcionários públicos que administram os bancos[8].

Por mais que as situações na Índia e na China difiram do que é necessário para a alocação eficiente de recursos escassos que têm usos alternativos, são muito convenientes para os funcionários do governo. Se os bancos privados fossem autorizados a operar livremente nesses países, obviamente emprestariam ou investiriam onde quer que pudessem obter, com segurança, a maior taxa de retorno sobre seu dinheiro — que estaria aplicado em empresas e setores mais prósperos. Os bancos privados estariam, então, em condições de oferecer taxas de juros mais elevadas para os depositantes e, assim, atrair as poupanças fora do alcance dos bancos e que estão sendo remuneradas a taxas mais baixas de juros.

O resultado líquido seria a tendência a aumentar as taxas de poupança em resposta às maiores taxas de juros pagos sobre os depósitos bancários, bem como a haver uma alocação mais eficiente daquelas poupanças para as empresas mais bem-sucedidas, levando a maiores taxas de crescimento econômico para a economia como um todo. Mas também criaria mais dores de cabeça para os funcionários do governo tentando impedir a quebra de bancos e empresas públicas. Os economistas poderiam dizer que tais empresas ineficientes deveriam sair de cena para o bem da economia, porém, seria pouco provável que os funcionários encarregados da gestão delas estivessem tão dispostos a sofrer danos às suas próprias carreiras para o bem dos outros.

---

[8] No Brasil, cerca de 87% da população adulta tem algum relacionamento com bancos, o que é um índice alto para um país de Terceiro Mundo. Contudo, a taxa de poupança da nossa população está na casa dos 14%, o que é baixa, porém num patamar comum para países de Terceiro Mundo. Nosso sistema bancário é aberto e com diversos participantes privados, embora os dois maiores bancos em valor de ativos ainda sejam públicos, a saber Banco do Brasil e Caixa Econômica Federal.

Governo e Risco

Os bancos administram o dinheiro, e também devem gerenciar o risco. Corridas a bancos são apenas um desses riscos. Conceder empréstimos que não são reembolsados é um dos riscos mais comuns, embora menos visível e espetacular. Riscos podem não só causar prejuízos financeiros, mas fazê-los chegar ao ponto de destruir a própria instituição. Como já vimos antes, o governo pode fazer coisas que aumentam ou diminuem os riscos.

Insegurança no que diz respeito aos direitos de propriedade são apenas um dos itens dentro do controle do governo que tem grande relevância sobre os riscos do sistema bancário. Como a atuação dos bancos é quase sempre objeto de regulamentação dos governos em todo o mundo, mais do em que outras empresas, por causa do potencial impacto de crises bancárias sobre a economia de modo geral, a natureza específica da referida regulamentação pode aumentar ou diminuir o nível de risco sistêmico.

Nos Estados Unidos, uma das maneiras mais importantes de redução de riscos tem sido a ação da Federal Deposit Insurance Corporation. Entretanto, já existia um seguro *estadual* de depósitos antes que houvesse seguro federal. As leis estaduais de seguro de depósitos originaram-se em resposta ao aumento dos riscos que muitos estados provocaram ao proibir os bancos de ter filiais. A finalidade dessa medida era, aparentemente, a de proteger os bancos locais da competição dos bancos de maior porte e mais conhecidos sediados em outro lugar. O efeito líquido de tais leis foi um aumento do risco, pois depósitos e empréstimos ficaram concentrados no único banco existente em determinado lugar.

Se tal local for em uma área de cultivo de trigo, por exemplo, um declínio no preço do trigo no mercado mundial poderia repercutir negativa e simultaneamente na renda de muitos dos depositantes e tomadores de empréstimos do banco, reduzindo tanto os depósitos recebidos como os reembolsos de hipotecas e outros empréstimos. O seguro estadual dos depósitos, portanto, procurava lidar com um risco gerado pela regulamentação bancária do estado. Mas esse seguro mostrou-se inadequado para sua tarefa. Durante os anos 1920 e, especialmente, durante a Grande Depressão dos anos 1930, os milhares de bancos americanos que faliram estavam majoritariamente localizados em pequenas comunidades de estados com leis impedindo filiais bancárias. O seguro *federal* de depósitos, criado em 1935, pôs fim às corridas bancárias ruinosas, mas resolveu um problema em grande parte criado por outras intervenções governamentais.

Economia Básica - Volume II

No Canadá, nem um único banco sequer faliu durante a quebradeira de milhares de bancos americanos, apesar de o governo canadense não oferecer, na época, seguro de depósitos bancários. Mas o Canadá tinha 10 bancos com 3.000 agências de costa a costa. Isso distribuiu os riscos de um determinado banco entre muitos locais com diferentes condições econômicas. Grandes bancos americanos com numerosas agências da mesma forma raramente faliram, mesmo durante a Grande Depressão.

O seguro de depósitos pode criar e reduzir riscos. As pessoas que estão seguradas contra riscos — sejam bancários, de automóveis ou casas, por exemplo — podem adotar um comportamento mais arriscado do que antes, quando não estavam segurados. Ou seja, podem estacionar seu carro em um bairro mais perigoso, algo que evitariam não fosse o seguro contra vandalismo ou roubo. Ou podem construir uma casa em uma área sujeita a furacões ou incêndios florestais sabendo que têm proteção financeira caso seu imóvel seja destruído. As instituições financeiras têm ainda mais incentivos para se envolver em comportamentos de risco após estarem seguradas, uma vez que investimentos mais arriscados geralmente pagam taxas de retorno mais elevadas.

Restrições do governo sobre as atividades dos bancos segurados pela Federal Deposit Insurance Corporation procuram minimizar esses investimentos arriscados. Mas conter o risco não faz os incentivos para o risco desaparecerem. Além disso, o governo pode subestimar alguns dos muitos riscos que vêm e vão, e assim deixar os contribuintes responsáveis por perdas que excedem o dinheiro arrecadado pelos bancos a título de prêmios pagos pelo seguro de depósitos.

Assim como na China, Índia e outros países, onde funcionários do governo dirigem os empréstimos a pessoas ou grupos favorecidos por eles, ignorando as solicitações daqueles mais propensos a tomar dinheiro emprestado de outra forma, nos Estados Unidos, a lei Community Reinvestment, promulgada em 1977, procurou direcionar investimentos para comunidades de baixa renda, incluindo hipotecas residenciais.

Apesar de mais ou menos dormente por anos, essa lei foi revigorada durante a década de 1990, em um esforço para tornar acessível a compra de uma casa para as pessoas cuja renda baixa, pouco histórico de crédito ou por não dispor dos 20% de entrada tornava improvável obter um financiamento hipotecário. Sob pressões do governo e ameaças, os bancos começaram a abrandar as normas de aprovação de empréstimos hipotecários a fim de cumprir as metas do governo ou quotas. O efeito líquido, nos Estados Unidos como em outros países, foi tornar mais arriscado fazer empréstimos e aumentar o nível de inadimplência no início do século XXI. Isso contribuiu para o colapso dos bancos e outras instituições financeiras, bem como das empresas de Wall Street cujos ativos lastreavam-se em hipotecas e que dependiam da amortização mensal desses empréstimos hipotecários, algo que cada vez mais não se concretizava.

Capítulo 4

AS FUNÇÕES DO GOVERNO

*O estudo das instituições humanas é sempre uma
busca para as imperfeições mais toleráveis.*

Richard A. Epstein

Uma economia de mercado moderna não pode existir em um vácuo. As transações de mercado ocorrem dentro de regras já estipuladas, e necessitam de alguém com autoridade para fazer com que sejam cumpridas. O governo não só impõe suas próprias regras, mas também reforça os contratos e outros acordos e entendimentos entre as numerosas partes que se inter-relacionam economicamente. Às vezes, o governo também estabelece padrões, definindo o que é um quilo, um quilômetro ou um alqueire. E, para se estruturar e funcionar, um governo precisa também cobrar impostos, que por sua vez influenciam a tomada de decisões dos agentes econômicos tributados.

Indo além dessas funções básicas, com as quais praticamente todos podem concordar, os governos podem desempenhar papéis mais amplos, inclusive tomando para si a propriedade e operação direta de todas as fazendas e indústrias de uma nação. Há mais de um século o papel que o governo deve desempenhar na economia tem sido objeto de controvérsias no mundo todo. Durante grande parte do século XX, aqueles que propugnavam pelo protagonismo do governo claramente foram a voz dominante, em países democráticos ou não democráticos. União Soviética, China e outros do bloco comunista de nações estavam em um extremo, mas em democracias como Grã-Bretanha, Índia e França também seus governos assumiam a propriedade de vários setores de atividade econômica e controlavam firmemente as decisões tomadas em outros segmentos que eram autorizados a permanecer nas mãos da iniciativa privada. Amplas áreas políticas, intelectuais e até mesmo de comunidades empresariais foram muitas vezes favoráveis à expansão da participação do governo na economia do país.

Durante os anos 1980, no entanto, a maré começou a virar, reduzindo o papel do governo. Isso aconteceu pela primeira vez na Grã-Bretanha e nos Estados Unidos. Em seguida, essas tendências se espalharam rapidamente pelos países democráticos, e até mesmo a China comunista começou a deixar os mercados operarem mais livremente. O colapso do comunismo no bloco soviético levou também ao estabelecimento de economias de mercados emergentes na Europa Oriental. Como um estudo de 1998 colocou:

> Em todo o globo, os socialistas estão abraçando o capitalismo, os governos estão privatizando empresas que haviam sido nacionalizadas anteriormente, e os países estão procurando atrair de volta as empresas multinacionais que tinham expulsado apenas duas décadas antes.

A experiência — muitas vezes amarga — tinha mais a ver com essas mudanças do que qualquer nova teoria ou análise. Apesar da ampla gama de funções que os governos podem exercer, examinaremos aqui as funções básicas do governo que praticamente são um consenso, e explicaremos por que elas são importantes para a alocação de recursos escassos que têm usos alternativos.

Uma das funções mais básicas do governo é configurar um ordenamento legal no qual as pessoas podem se envolver em qualquer atividade, econômica ou não, que desejarem, estabelecendo acordos mútuos entre si como bem entenderem. Há também certas atividades que geram custos ou benefícios significativos que se estendem além dos indivíduos que se dedicam a elas. Nesse ponto, o governo pode levar em conta esses custos e benefícios quando o mercado se omite.

Os indivíduos que trabalham para o governo tendem a responder aos incentivos que se lhes oferecem, assim como as pessoas nas empresas, nas famílias e em outras instituições e atividades humanas. O governo nem é um monólito, nem simplesmente é a personificação do interesse público. Para entender o que ele faz, seus incentivos e restrições devem ser considerados, assim como os incentivos e restrições do mercado para aqueles que operam nele.

LEI E ORDEM

Nos lugares em que o governo restringe seu papel econômico ao de um executor das leis e dos contratos, algumas pessoas qualificam essa posição como sendo uma política de "não fazer nada" em relação à economia. Porém, o que é chamado de "nada" exigiu muitas vezes séculos para ser realizado, ou seja, uma estrutura confiável de leis sob a qual a atividade econômica pôde florescer, e cuja ausência faria até mesmo que enormes quantidades de ricos recursos naturais deixassem de ser aproveitados em um nível correspondente de produção e resultante prosperidade.

Corrupção

Assim como nos preços, pode ser mais fácil de entender o papel de um quadro confiável de leis observando o que acontece em tempos e lugares onde esse quadro não existe. Países cujos governos são ineficazes, arbitrários ou totalmente corrompidos podem permanecer pobres apesar da abundância de recursos naturais, pois nem empresários estrangeiros nem domésticos querem arriscar os tipos de grandes investimentos que são necessários para transformar recursos naturais em produtos acabados que elevam o nível geral de vida. Um exemplo clássico é a nação africana do Congo, rica em minerais, mas pobre em todos os outros sentidos. Eis a cena vista no aeroporto de sua capital, Kinshasa:

> Kinshasa é uma das cidades mais pobres do mundo, de modo que é inseguro para as tripulações das aeronaves passarem a noite em outros lugares. Taxiar na pista assinalada é como rodar sobre dormentes. Os administradores cobram uma taxa extra para acender as luzes da pista durante a noite, e os passageiros de partida podem ter que atravessar várias camadas de propinas antes de embarcar.

A Bolívia é outro país do Terceiro Mundo onde a lei e a ordem se eclipsaram:

> Os meios de comunicação estão cheios de revelações sobre as ligações da polícia com o tráfico de drogas e veículos roubados, nepotismo e cobrança de taxas ilegais por serviços. Funcionários com salários magros foram encontrados morando em mansões.

No Egito, quando um homem de negócios rico e politicamente bem relacionado foi condenado à morte por contratar um assassino para matar uma ex-mulher, as pessoas se disseram "surpresas e satisfeitas", de acordo com o *New York Times*, porque ele era "o tipo de pessoa que os egípcios sabem que há muito tempo opera fora do alcance da lei".

Quaisquer que sejam os méritos ou deméritos de leis específicas, alguém tem de administrá-las — e o quão eficiente ou quão honestamente isso é feito pode fazer uma enorme diferença econômica. A frase "a demora da lei" remonta pelo

Economia Básica - Volume II

menos à época de Shakespeare. Esse atraso implica custos para aqueles cujos investimentos estão ociosos, os embarques em regime de espera, e a capacidade de planejar suas atividades econômicas sendo limitada pela papelada e burocratas sem pressa. Além disso, a capacidade dos burocratas de causar atraso muitas vezes significa uma oportunidade para eles cobrarem propinas para acelerar trâmites, as quais acrescentam algo mais aos custos elevados de fazer negócios. Isso, por sua vez, leva a preços mais altos para os consumidores, e correspondentemente menor padrão de vida para o país como um todo.

Os custos da corrupção não se restringem aos subornos coletados, uma vez que essas são as transferências internas, em vez de reduções líquidas da riqueza nacional. Porque os recursos escassos têm usos alternativos, os custos reais são as alternativas perdidas, atrasando ou abortando a atividade econômica — as empresas que *não* iniciam as atividades, os investimentos que *não* são feitos, a expansão da produção e do emprego que *não* têm lugar em uma sociedade totalmente corrompida, bem como a perda de pessoas qualificadas, educadas e empreendedoras que deixam o país. Como a revista *The Economist* colocou: "Por motivos econômicos sólidos, os investidores estrangeiros e agências de ajuda internacionais estão cada vez mais levando em conta o nível de suborno e corrupção em seus investimentos e empréstimos".

Um estudo do Banco Mundial concluiu: "Em todos os países, há fortes evidências de que os níveis mais altos de corrupção estão associados com o menor crescimento e níveis mais baixos de renda per capita". Os três países classificados como mais corruptos eram o Haiti, Bangladesh e Nigéria — todos afligidos por um grau de pobreza jamais visto nas modernas sociedades industriais.

Durante a industrialização da Rússia czarista no final do século XIX e início do século XX, uma das maiores desvantagens do país era a corrupção generalizada na população em geral, além da que grassava dentro do governo russo. As empresas estrangeiras que contratavam trabalhadores russos, e até mesmo executivos russos, faziam questão de *não* contratar contadores russos. Essa corrupção continuou sob os comunistas e tornou-se um escândalo internacional na era pós-comunista. Um estudo apontou que uma ação de uma empresa de petróleo russa era vendida por cerca de 1% do valor que uma ação de uma empresa petrolífera semelhante era vendida nos Estados Unidos, porque "a expectativa do mercado era que as companhias petrolíferas russas estivessem sendo sistematicamente saqueadas por pessoas lá dentro". Corrupção similar era comum em universidades russas, segundo o correspondente do *The Chronicle of Higher Education* de Moscou:

Custa entre US$10.000 e US$15.000 em propinas apenas para ingressar em instituições bem conceituadas de ensino superior em Moscou, relatou o jornal diário *Izvestia* [...] Na Universidade Estadual Técnica Astrakhan, a mais de 1.100km ao sul de Moscou, três professores foram presos acusados de induzir os alunos a pagar para garantir boas notas nos exames [...] Em geral, estudantes russos e seus pais gastam anualmente pelo menos US$2 bilhões — e, possivelmente, até US$5 bilhões — em tais gastos educacionais "não oficiais", disse no ano passado em uma entrevista a presidente do Conselho da Federação Russa, Valentina Matviyenko.

A corrupção pode, naturalmente, assumir muitas formas além do suborno direto. Pode, por exemplo, tomar a forma de nomeação de políticos ou seus apaniguados e parentes como membros do Conselho de Administração de uma empresa, na expectativa de receber tratamento mais favorável do governo. Essa é uma prática que varia de país para país como a corrupção mais evidente. Como *The Economist* colocou, "empresas politicamente ligadas são mais comuns em países famosos por altos níveis de corrupção". A Rússia lidera essa prática, com empresas que representam 80% do valor de mercado ligadas a funcionários públicos. A título de comparação, tais números nos Estados Unidos eram inferiores a 10%, em parte devido às leis americanas restringirem tal prática. A corrupção generalizada não é algo novo na Rússia. John Stuart Mill escreveu sobre isso no século XIX:

A venalidade universal atribuída a funcionários russos tem de ser um imenso vazadouro das capacidades para aprimoramento econômico tão abundantemente existentes no império russo: a começar pelos emolumentos dos funcionários públicos, que deve depender do sucesso com que eles possam multiplicar vexames com a finalidade de serem comprados por subornos.

Não é apenas a corrupção, mas também a pura burocracia que pode sufocar a atividade econômica. Mesmo um dos industriais de sucesso mais espetacular da Índia, Aditya Birla, viu-se forçado a olhar para outros países nos quais expandir seus investimentos devido à lenta burocracia da Índia:

Com todos os sucessos pessoais, havia desgostos em abundância. Um deles foi a refinaria de Mangalore, que os burocratas de Déli demoraram onze anos para liberar — um recorde mesmo para os padrões da burocracia indiana. Enquanto nós dois estávamos, um dia, esperando pela abertura de um tribunal em Bombay Gymkhana, perguntei a Aditya Birla o que o levou a investir no exterior. Ele não tinha escolha, disse, em sua voz profunda, sem afetação. Havia muitos obstáculos na Índia. Para começar, ele precisava de uma licença, que o governo não daria porque os Birlas foram classificados como "uma grande casa" sob a lei MRTP [Monopólios e práticas comerciais restritivas]. Mesmo se ele conseguisse um milagre, o governo decidiria onde ele deveria investir, qual tecnologia usar, qual o tamanho de sua planta, como seria o financiamento — até mesmo o volume e a estrutura de sua emissão pública. Em seguida, ele teria de lutar contra a burocracia para obter licenças para a importação de bens de capital e matérias-primas. Depois disso, seriam necessárias dezenas de liberações no nível estadual — para energia, terra, impostos sobre vendas, consumo, mão de obra, entre outras. "Tudo isso leva anos e, francamente, fico exausto só de pensar nisso."

Esse comandante de 37 empresas com vendas combinadas na casa dos bilhões de dólares — alguém capaz de criar muitos empregos tão necessários na Índia — foi produzir fibras na Tailândia, depois convertidas em fios em sua fábrica na Indonésia, os quais foram a seguir enviados para a Bélgica para serem utilizados na confecção de tapetes — que foram então exportados para o Canadá. Todos os postos de trabalho, renda, oportunidades de negócios complementares e os impostos a partir do qual a Índia poderia se beneficiar foram perdidos graças à própria burocracia do país.

A Índia não está sozinha quanto aos atrasos nos negócios causados pelo governo ou em suas consequências econômicas negativas. Uma pesquisa realizada pelo Banco Mundial constatou que o número de dias necessários para abrir uma nova empresa variava de menos de dez na próspera Cingapura para 155 no Congo afligido pela pobreza[1].

A Estrutura Legal

Para fomentar a atividade econômica e a prosperidade decorrente dela, as leis devem ser, acima de tudo, confiáveis. Se a aplicação da lei varia de acordo com as vontades de reis ou ditadores, com as mudanças em governos eleitos democraticamente ou com os caprichos ou corrupção de funcionários públicos, então os riscos associados aos investimentos vão subir e, consequentemente, o volume de investimentos provavelmente será muito menor do que considerações puramente econômicas produziriam em uma economia de mercado que opera sob uma estrutura confiável de leis. Uma das principais vantagens que permitiram que a

---

[1] No Brasil, leva-se em média 117 dias para se abrir uma empresa. De acordo com levantamento do Banco Mundial, no mundo, a média é de 79 dias.

Inglaterra do século XIX se tornasse a primeira nação industrializada era a confiabilidade de suas leis. Não só os britânicos podiam se sentir confiantes na hora de investir na economia de seu país, sem medo de que seus ganhos pudessem ser confiscados ou dissipados em subornos, ou que os contratos que fizeram teriam de ser alterados ou anulados por razões políticas, como também os estrangeiros poderiam negociar ou investir na Grã-Bretanha.

Durante séculos, a reputação da lei britânica de confiabilidade e imparcialidade atraiu investimentos e empresários da Europa continental, bem como imigrantes qualificados e refugiados, que ajudaram a criar setores de atividade inteiramente novos na Grã-Bretanha. Em suma, tanto o capital físico quanto o capital humano dos estrangeiros contribuíram para o desenvolvimento da economia britânica, que deixou de ser uma das economias mais atrasadas da Europa Ocidental na Idade Média, para se transformar na mais avançada economia do mundo, preparando o terreno para a revolução industrial ocorrida ali que levou o resto do mundo para a era industrial.

Em outras partes do mundo, também uma estrutura de leis confiáveis encorajou o investimento nacional e estrangeiro, bem como atraiu imigrantes com habilidades carentes localmente. No sudeste da Ásia, por exemplo, a imposição da legislação europeia nos regimes coloniais dos séculos XVIII e XIX substituiu os poderes dos governantes e tribos locais. Sob esse novo ordenamento jurídico — frequentemente mais uniforme do que antes por grandes áreas geográficas, bem como mais seguro em certos lugares — uma imigração em massa da China e uma imigração substancial da Índia trouxeram pessoas cujas habilidades e empreendedorismo criaram setores econômicos novos, transformando as economias dos países em toda a região.

Os investidores europeus também enviaram capital para o Sudeste Asiático, financiando muitos dos empreendimentos gigantes em mineração e transporte que estavam, com frequência, acima dos recursos dos imigrantes chineses e indianos, bem como da população local. Na Malásia colonial, por exemplo, as minas de estanho e plantações de borracha que forneceram a maior parte das receitas de exportação desse país foram financiadas pelo capital europeu e operadas por trabalhadores da China e Índia, enquanto a maior parte do comércio e indústria local estava nas mãos dos chineses, deixando os malaios, em grande parte, espectadores da modernização de sua própria economia.

Não obstante a imparcialidade seja uma qualidade desejável das leis, até mesmo leis discriminatórias ainda podem promover o desenvolvimento econômico se a natureza da discriminação é explicada com antecedência em vez de tomar

Economia Básica - Volume II

a forma de decisões de caráter imprevisível de juízes, júris e funcionários tendenciosos e corruptos. Os chineses e indianos que se instalaram nos impérios coloniais europeus do sudeste da Ásia nunca tiveram os mesmos direitos legais que os europeus lá, nem os mesmos direitos que a população local. No entanto, fossem quais fossem os direitos que tiveram, de qualquer modo serviram como base para a criação de empresas chinesas e indianas em toda a região.

Da mesma forma, no Império Otomano, cristãos e judeus não tiveram os mesmos direitos que os muçulmanos. Contudo, durante os séculos pujantes desse império, os direitos que cristãos e judeus tinham eram suficientes para os capacitar a prosperar no comércio, indústria e serviços bancários em maior extensão do que a maioria muçulmana. Além disso, suas atividades econômicas contribuíram para a prosperidade do Império Otomano como um todo. Histórias semelhantes podem ser contadas pela minoria libanesa na África Ocidental colonial ou indianos na Fiji colonial, bem como outros grupos minoritários em outros países que progrediram sob leis que inspiravam confiança, mesmo não sendo imparciais.

Confiabilidade não é simplesmente uma questão de como o governo trata o povo. Ela também precisa impedir que algumas pessoas interfiram com outras pessoas, de modo que os criminosos e as máfias não tornem a vida econômica uma atividade de risco e, assim, sufocar o desenvolvimento econômico necessário para a prosperidade.

Os governos diferem na eficácia com que fazem cumprir suas leis em geral, e até mesmo um determinado governo pode aplicar suas leis mais eficazmente em alguns lugares do que em outros. Durante séculos, na Idade Média, as fronteiras entre os reinos inglês e escocês não estavam efetivamente controladas por nenhuma das partes e, assim, permaneceram sem lei e ficaram economicamente para trás. Regiões montanhosas têm sido muitas vezes difíceis de policiar, seja nos Bálcãs, na região dos Apalaches nos Estados Unidos ou em outro lugar. Esses locais têm, igualmente, a tendência de ficar defasados quanto ao desenvolvimento econômico e atrair poucos estrangeiros e pouco capital externo.

Hoje, os bairros de alta criminalidade e muitas ocorrências de vandalismo sofrem economicamente com a falta de lei e ordem. Algumas empresas simplesmente não se instalam neles. As que existem lá podem ser menos eficientes e de instalações menos atraentes do que as empresas em outros bairros, onde essas empresas menos qualificadas seriam incapazes de competir. Os custos adicionais decorrentes de dispositivos e equipes de segurança dentro e fora das lojas, aumentando o custo operacional, se refletem nos preços mais elevados dos bens e serviços adquiridos pelas pessoas em áreas de elevados índices de criminalidade, ainda que a maioria dos moradores locais não seja criminosa e mal possa arcar com os maiores custos gerados pela ação dos marginais.

Direitos de propriedade

Entre os aspectos mais incompreendidos da lei e da ordem estão os direitos de propriedade. Quem é proprietário de alguma coisa considera esse direito como um benefício pessoal, mas o que importa do ponto de vista da economia é a forma como os direitos de propriedade afetam a alocação de recursos escassos que têm usos alternativos. O que os direitos de propriedade significam para os proprietários é muito menos importante do que a importância deles para o conjunto da economia. Em outras palavras, os direitos de propriedade devem ser avaliados em termos dos efeitos econômicos sobre o bem-estar da população em geral. Tais efeitos são, em última análise, uma questão empírica que não pode ser resolvida com base em suposições ou retórica.

Como ficam as coisas com e sem direitos de propriedade? Um pequeno, mas esclarecedor exemplo foi a experiência de uma delegação de agricultores norte-americanos que visitou a União Soviética. Eles ficaram estarrecidos com a forma como vários produtos agrícolas eram transportados, descuidadamente embalados e com frutas ou legumes estragados contaminando os demais nos mesmos sacos ou caixas. Vindos de um país onde os indivíduos consideravam os produtos agrícolas como sua propriedade privada, os agricultores americanos não tinham nenhuma experiência com tanta negligência e desperdício, algo que nos EUA levaria a prejuízos desnecessários e ao risco de ir à falência. Na União Soviética, um país com recorrentes problemas na área de alimentação, a perda era ainda mais dolorosa, já que não havia direitos de propriedade para transmitir essas perdas diretamente para as pessoas que manipulam e transportam os produtos.

Em um país sem direitos de propriedade, ou com os alimentos sendo de propriedade "do povo", os indivíduos não tinham incentivos suficientes para garantir que os alimentos não se estragassem desnecessariamente antes de chegar aos consumidores. As pessoas que lidavam com o transporte dos produtos alimentares recebiam salários fixados independentemente de quão bem ou mal eles os acondicionavam.

Pelo menos em teoria, um acompanhamento mais próximo poderia ter reduzido a deterioração. Mas monitorar não é uma atividade gratuita. A mão de obra necessária para realizar o monitoramento está entre os recursos escassos que têm usos alternativos. Além disso, o monitoramento levanta outra questão: quem vai monitorar os monitores? Os soviéticos tentaram lidar com esse problema fazendo com que os membros do Partido Comunista persuadissem a sociedade a informar sobre negligências na execução dos deveres e violações da lei. Entretanto, a corrupção generalizada e a ineficiência encontrada mesmo sob o totalitarismo stalinista sugerem as limitações do controle oficial em comparação com a automonitorização automática dos proprietários.

Ninguém precisa fiscalizar um fazendeiro americano e lhe dizer para tirar os pêssegos podres da caixa antes que contamine os outros, porque essas frutas são de sua propriedade privada e ele não quer perder dinheiro à toa. *Os direitos de propriedade levam à automonitorização*, que tende a ser mais eficaz e menos onerosa do que se fosse efetuada por terceiros.

A maioria dos americanos não possui fazendas ou safras, mas dispõe de mais e melhores alimentos, a preços mais acessíveis, do que as pessoas em países em que não existem direitos de propriedade sobre as terras ou produtos agrícolas e onde, em virtude disso, muita comida pode se estragar desnecessariamente. Uma vez que os preços pagos pelos alimentos comercializados têm de cobrir os custos de todos os alimentos produzidos — incluindo os que se estragaram e foram descartados — tais preços serão maiores quando há mais deterioração, embora o custo de produzir o alimento seja o mesmo.

Os únicos animais ameaçados de extinção são os que não pertencem a ninguém. O Coronel Sanders (o fundador da rede de restaurantes Kentucky Fried Chicken, especializados em frangos fritos) não deixaria que as galinhas fossem extintas. Nem o McDonald's ficaria de braços cruzados quanto às vacas. Com as coisas inanimadas ocorre o mesmo: aquelas que não pertencem a ninguém — o ar e a água, por exemplo — estão poluídas. No passado, séculos atrás, as ovelhas eram autorizadas a pastar em terras sem dono — "as comuns", como eram chamadas — e, com isso, as terras comunitárias foram tão intensamente "tosquiadas" que sobraram apenas os terrenos baldios para os pastores levarem suas ovelhas famintas e esqueléticas. Já as terras de propriedade privada, adjacentes às "comuns", geralmente se encontravam em muito melhor condição. Semelhante negligência com as terras sem dono ocorreu na União Soviética. De acordo com economistas soviéticos, "nas áreas desmatadas não há reflorestamento", apesar de que seria suicídio financeiro para as empresas de exploração de madeira permitir que isso acontecesse em sua propriedade em uma economia capitalista.

Todas essas coisas ilustram, de maneiras diferentes, o valor dos direitos de propriedade privada *para a sociedade como um todo*, incluindo as pessoas que não possuem praticamente nenhuma propriedade privada, mas que se beneficiam da maior eficiência econômica derivada deles, que se traduz em um padrão de vida mais elevado para a população em geral.

A despeito da tendência para pensar em direitos de propriedade como privilégios especiais para os ricos, muitos deles são realmente mais valiosos para as pessoas que não são ricas — e que têm sido frequentemente infringidos ou violados em benefício dos ricos.

Embora, por definição, uma pessoa rica tenha, em média, mais dinheiro que uma pessoa não rica, em termos agregados a população dos não ricos tem muito mais dinheiro. Isso significa, entre outras coisas, que muitas das propriedades dos ricos poderiam não ter sido deles em função do maior poder de compra dos não ricos, se direitos de propriedade irrestritos prevalecessem em um mercado livre. Assim, as grandes propriedades nas quais enormes mansões foram construídas poderiam ser repassadas pelo mercado para empreendedores que construiriam nelas casas menores ou prédios de apartamentos mais numerosos — para uso de pessoas com rendimentos mais modestos, mas com mais dinheiro no agregado.

Alguém disse uma vez: "Não importa se você é rico ou pobre, contanto que tenha dinheiro". Trata-se de uma brincadeira, mas tem implicações muito sérias. Em um mercado livre, o dinheiro das pessoas comuns é tão bom quanto o dinheiro dos ricos — e, no conjunto, é com frequência muito maior. Individualmente, a necessidade dos menos abastados não compete contra os mais abastados. Os empreendedores, ou suas empresas, que utilizam recursos próprios ou dinheiro emprestado de bancos e outras instituições financeiras, podem adquirir mansões e propriedades e substituí-las por casas de classe média e prédios de apartamentos para pessoas de rendimentos moderados. Isso iria, é claro, promover uma mudança na comunidade que os ricos poderiam não gostar, entretanto, muitos outros apreciariam viver nas comunidades resultantes recém-desenvolvidas.

Muitas vezes, as pessoas ricas, prevendo tais transferências de propriedade, conseguem fazer aprovar leis que *restringem* os direitos de propriedade de uma série de maneiras. Por exemplo, em várias comunidades afluentes na Califórnia, Virgínia e outros locais, os lotes mínimos postos à venda são grandes o suficiente para deixar os terrenos fora do alcance da maioria das pessoas, neutralizando o maior poder de compra agregado dos menos abastados.

Zoneamento, leis que limitam a área construída em relação à área total do terreno, órgãos de preservação do patrimônio histórico e medidas assemelhadas também têm sido usadas para restringir severamente a venda da propriedade privada para finalidades não aprovadas por aqueles que desejam manter as coisas do jeito que estão nas comunidades onde vivem — muitas vezes descritas como "nossa comunidade", embora ninguém seja dono de toda a comunidade e a cada indivíduo caiba apenas aquilo que lhe pertence. No entanto, tal coletivização verbal é mais do que apenas uma figura de linguagem. Muitas vezes é um prelúdio para ações legais e políticas no sentido de negar direitos de propriedade privada e tratar toda a comunidade como se fosse, de fato, de propriedade coletiva.

Ao infringir ou negar direitos de propriedade, os proprietários abastados e ricos são, portanto, capazes de impedir a entrada de pessoas de renda média ou baixa e, ao mesmo tempo, aumentar o valor de sua propriedade, garantindo sua crescente escassez conforme aumenta a população na área.

Enquanto a estrita observância dos direitos de propriedade permitiria que os senhorios despejassem os inquilinos de seus apartamentos à vontade, os incentivos econômicos são para que eles façam exatamente o oposto, ou seja, tentar manter seus apartamentos totalmente alugados e continuamente ocupados desde que os inquilinos paguem o aluguel sem criar problemas. Só quando o controle de aluguéis ou outras restrições a seus direitos de propriedade são promulgadas, os proprietários são susceptíveis de fazer o contrário. Sob o controle do aluguel e as leis dos direitos dos inquilinos, os senhorios, em Nova York ou Hong Kong, são conhecidos por pressionar os inquilinos para deixar o imóvel.

Em Hong Kong, aliás, em face do rigoroso controle dos aluguéis e leis dos direitos dos locatários, havia proprietários que se esgueiravam em seus próprios edifícios tarde da noite para vandalizar as instalações. O intuito era o de tornar menos convidativo ou até insuportável morar ali, forçando os inquilinos a se mudar e, com o imóvel vazio, poder demoli-lo legalmente e substituir por algo mais lucrativo, como uma propriedade comercial ou industrial, não sujeitas a leis de controle de aluguéis. Isso, obviamente, não foi de maneira alguma o propósito ou intenção de quem tinha elaborado as leis de controle de aluguéis em Hong Kong. Mas ilustra mais uma vez a importância de se fazer uma distinção entre intenções e fatos concretos — e não apenas no que diz respeito às leis de direitos de propriedade. Em suma, os incentivos importam e os direitos de propriedade precisam ser avaliados economicamente em termos dos incentivos criados pela sua existência, modificações, ou eliminação.

Os poderosos incentivos criados por uma economia de lucros e perdas dependem de os lucros serem propriedade privada. Quando as empresas estatais na União Soviética auferiam lucros, isso não acontecia, pois pertencia ao "povo" — ou, em termos mais mundanos, poderiam ser requisitados pelo governo para quaisquer fins que os altos funcionários escolhessem gastá-los. Os economistas soviéticos Shmelev e Popov apontaram e lamentaram os efeitos adversos disso sobre os incentivos:

> Mas o que justifica confiscar a maior parcela — às vezes, 90% a 95% — dos lucros das empresas, como está sendo feito em muitos setores da economia hoje? Qual direito político ou econômico — em última análise, qual direito humano — têm os ministros de fazer isso? Mais uma vez estamos tirando daqueles que trabalham bem para manter à tona aqueles que não fazem nada. Como podemos falar de independência, iniciativa, recompensas para a eficiência, qualidade e progresso técnico?

Claro, os líderes do país poderiam continuar a *falar* sobre tais coisas, mas destruir os incentivos inerentes aos direitos de propriedade significa que houve uma redução da chance de alcançar aqueles objetivos. Graças à ausência dos direitos de propriedade, os que geriram as empresas que obtiveram lucros "não podem comprar ou construir nada com o dinheiro que têm", o qual representa "apenas números em uma conta bancária, com nenhum valor real sem a permissão lá de cima", para usar esse dinheiro. Em outras palavras, o êxito não leva automaticamente a expansões de empreendimentos de sucesso, nem o fracasso à contração dos malsucedidos, como ocorre em uma economia de mercado.

Ordem Social

Ordem é mais do que as leis e o aparato governamental que as administra. Ela inclui também a honestidade, a confiabilidade e o espírito de colaboração das próprias pessoas. "A moralidade desempenha um papel funcional na operação do sistema econômico", como colocou o economista Kenneth Arrow, vencedor do Prêmio Nobel.

Honestidade e confiabilidade podem variar muito de um país para o outro. Como um observador experiente colocou: "Enquanto é inimaginável fazer negócios na China sem pagar propinas, oferecê-las no Japão é o maior deslize". As perdas por furtos e roubos pelos empregados, como porcentagem das vendas, foram mais de duas vezes superiores na Índia que na Alemanha ou Taiwan.

Quando, em um experimento, carteiras com dinheiro foram deliberadamente deixadas em locais públicos, a porcentagem dessas carteiras devolvidas intactas variou muito de lugar para lugar: na Dinamarca, por exemplo, quase todas as carteiras foram restituídas com o dinheiro ainda nelas. Entre representantes das Nações Unidas que têm imunidade diplomática quanto às leis municipais em Nova York, diplomatas de vários países do Oriente Médio deixaram inúmeros bilhetes de estacionamento sem serem pagos — 246 eram do Kuwait —, enquanto nenhum diplomata da Dinamarca, Japão ou Israel deixou de quitá-los.

Honestidade e confiabilidade também podem variar amplamente entre grupos específicos dentro de um determinado país, e com repercussões econômicas. Alguns deles dependem de seus próprios controles sociais internos para fazerem negócios entre si. Os Marwaris da Índia, por exemplo, cujas redes de negócios foram estabelecidas no século XIX e extrapolavam o território da Índia, estendendo-se para a China e Ásia Central, "transacionavam vastas somas apenas com a palavra do comerciante". Mas esse não era o caso, definitivamente, para a Índia como um todo.

As transações comerciais entre estranhos são uma parte essencial de uma economia de massa moderna de sucesso, o que requer cooperação, incluindo a reunião de enormes volumes de recursos financeiros de muito mais pessoas das que podem, eventualmente, se conhecer pessoalmente. Quanto ao nível geral de confiança entre pessoas estranhas na Índia, *The Economist* relatou:

> Se você retirar 10.000 rúpias de um banco, provavelmente receberá um tijolo de notas de 100 rúpias, mantidas juntas por grampos industriais que você lutará para abrir. Eles estão lá para impedir alguém de remover sub-repticiamente algumas notas. Nos trens, anúncios podem aconselhá-lo a esmagar suas garrafas vazias de água mineral para que ninguém as encha com água da torneira para vender como novas [...]. É melhor deixar para lá qualquer tipo de negócio que requeira confiança no sistema judicial.

Quando nem a honestidade da população em geral, nem a integridade do sistema jurídico podem ser invocadas, as atividades econômicas são inibidas, senão sufocadas. Ao mesmo tempo, grupos particulares cujos membros podem confiar uns nos outros, como os Marwaris, têm uma grande vantagem em termos de concorrência por conseguirem assegurar a cooperação mútua nas atividades econômicas em que distância e tempo estão envolvidos — que seriam muito mais arriscadas para os outros em tais sociedades e ainda mais para os estrangeiros.

Como os Marwaris na Índia, os judeus hassídicos no distrito dos diamantes de Nova York muitas vezes cedem lotes de joias para um outro e compartilham os resultados das vendas com base em acordos verbais. O isolamento social extremo da comunidade hassídica da sociedade em geral, e até mesmo de outros judeus, torna muito caro burlar um acordo para qualquer um que cresce naquela comunidade, pois desonraria sua família e perderia sua posição e relações econômicas e sociais.

Muito do mesmo se dá quanto à minoria chinesa no exterior em vários países do Sudeste Asiático, que faz acordos verbais entre si sem a sanção do sistema jurídico local. Dada a falta de confiabilidade e à corrupção de alguns desses sistemas jurídicos pós-coloniais, a capacidade dos chineses de confiar em seus próprios arranjos sociais e econômicos lhes proporciona uma vantagem econômica sobre os concorrentes locais, que não têm um modo igualmente confiável e barato de realizar as transações comerciais ou reunir seu dinheiro com segurança. Os custos de fazer negócios são, portanto, menores para os chineses do que para empresas malaias, indonésias ou outras na região, em virtude das vantagens competitivas dos chineses.

O professor de economia William Easterly, da Universidade de Nova York, tem apropriadamente dito que "o raio de alcance da confiança" se estende para muitas diferentes distâncias entre os diferentes grupos e nações. Para alguns, ele não vai além da família:

> Comerciantes de grãos da antiga República de Malgaxe inspecionavam pessoalmente cada lote de grãos porque não confiavam nos funcionários. Cerca de 1/3 dos comerciantes diz que não contrata mais trabalhadores por causa do medo de ser roubado por eles. Isso limita o tamanho e o potencial sucesso da empresa dos comerciantes de grãos. Em muitos países, as empresas tendem a ser familiares, porque os membros da família são os únicos que transmitem confiança. Assim, a dimensão da empresa é, então, limitada pelo tamanho da família.

No mesmo país, o perímetro de confiança pode se estender por distâncias muito diferentes. Embora as empresas em algumas comunidades americanas incorram em despesas extras em grades reforçadas para proteção contra roubo e vandalismo quando estão fechadas, e guardas de segurança quando abertas, as empresas em outras comunidades americanas não precisam ter essa preocupação, sendo capazes de operar com lucro sem ter de aumentar os preços.

Locadoras de veículos podem estacionar seus carros em lotes sem cercas ou guardas em algumas comunidades, enquanto em outros lugares seria suicídio financeiro fazer isso. Nos lugares onde roubos de carro estacionados em terrenos abertos são raros, eventuais perdas desse tipo podem custar menos do que custaria pagar guardas e manter cercas, de modo que as agências de automóveis — e outras empresas — podem prosperar, pois operam a custos mais baixos em tais comunidades. Essas comunidades também se desenvolvem economicamente, como resultado de atraírem empresas e investimentos que criam empregos e recolhem impostos locais.

Em resumo, a honestidade, além de ser um princípio moral, tem um outro lado. É também um importante fator econômico. Enquanto o governo pouco pode fazer para criar honestidade diretamente, pode de várias maneiras indiretas apoiar ou minar as tradições em que a conduta honesta se baseia. Isso pode ser feito pelo que é ensinado na escola, pelos exemplos dados por funcionários públicos, ou pelas leis que são elaboradas. Essas leis podem criar incentivos em direção a uma conduta moral ou imoral. Nos lugares em que as leis criam uma situação em que a única maneira de evitar perdas ruinosas é violando-as, o governo está de fato reduzindo o respeito público para as leis em geral, bem como gratificando especificamente o comportamento desonesto.

Quem é adepto do controle de aluguéis, por exemplo, frequentemente aponta exemplos de comportamento desonesto entre senhorios para demonstrar uma necessidade aparente tanto do controle de aluguéis em si como da legislação em favor dos direitos dos inquilinos. No entanto, essa legislação pode aumentar a diferença no valor de um determinado edifício de apartamentos construído por proprietários honestos e proprietários desonestos. Quando os custos de serviços legalmente obrigatórios — nos EUA, incluem calefação, manutenção e água quente — são altos o suficiente para igualar ou exceder o valor do aluguel permitido pela lei, o valor de um edifício para um proprietário honesto pode se tornar nulo ou mesmo negativo. Porém, para um proprietário que está disposto a violar a lei e economizar dinheiro por negligenciar serviços necessários, ou que aceita subornos de inquilinos durante uma falta de moradias em razão do controle de aluguéis, o prédio ainda pode ter algum valor.

Quando algo tem valores diferentes para pessoas diferentes, tende a se mover pelo mercado para seu uso mais valioso, onde os lances serão mais altos. Nesse caso, os proprietários desonestos podem facilmente levar vantagem sobre os honestos, alguns dos quais podem escapar das amarras que o controle de aluguéis lhes coloca. Os proprietários dispostos a recorrer a um incêndio doloso podem encontrar o edifício mais valioso de todos se puderem vender o local para uso comercial ou industrial depois que o fogo puser o imóvel abaixo, livrando-se, assim, dos inquilinos e do controle de aluguéis. Eis o que um estudo descobriu:

> Em Nova York, incêndios criminosos ateados pelo próprio senhorio tornaram-se tão comuns em algumas áreas que a cidade respondeu com subsídios especiais. Por um determinado período, inquilinos despejados pelo fogo foram transferidos para o topo da lista da cobiçada moradia pública. Isso incentivou os **inquilinos** a incendiarem seus edifícios. Foi o que fizeram, e muitas vezes puseram televisores e móveis na calçada antes de iniciar o incêndio.

Palavras de Despedida

Aqueles que criam os incentivos à desonestidade generalizada com a elaboração de leis que tornam um comportamento honesto financeiramente impossível estão, frequentemente, entre os mais indignados com a desonestidade — e os menos propensos a se considerarem de algum modo responsáveis por isso. Incêndios dolosos são apenas uma das formas de desonestidade promovidas por leis de controle de aluguéis. Senhorios astutos e sem escrúpulos fizeram da manipulação da lei de controle de aluguéis praticamente uma ciência, negligenciando a manutenção e reparos, não pagando a hipoteca, não recolhendo os impostos e, finalmente, deixando o edifício tornar-se propriedade da cidade por abandono. Em seguida, recomeçam o mesmo processo destrutivo com outros edifícios com aluguéis controlados.

Sem o controle dos aluguéis, os incentivos para os proprietários são opostos. A tendência, nesse caso, é manter a qualidade do imóvel a fim de atrair inquilinos e protegê-lo contra incêndios e outros riscos à sobrevivência do edifício, que para eles passa a ser um bem valioso em um mercado livre. Em suma, as queixas contra o comportamento dos proprietários pelos defensores do controle de aluguéis podem ser válidas, mesmo que poucos desses defensores vejam qualquer conexão entre o controle de aluguéis e a diminuição da qualidade moral das pessoas que se tornam senhorios. Quando os proprietários honestos perdem dinheiro sob o controle de aluguéis, enquanto proprietários desonestos ainda podem lucrar alguma coisa, é praticamente inevitável que a propriedade se deteriore.

Leis de controle de aluguéis são apenas uma de uma série de restrições graves que podem tornar o comportamento honesto demasiado caro para muitas pessoas, e que, portanto, promovem a desonestidade generalizada. É comum em países do Terceiro Mundo que muitas atividades econômicas — às vezes, a maioria delas — ocorram informalmente, isto é, ilegalmente, porque os níveis burocráticos opressivos fazem com que a operação legal seja demasiado dispendiosa para a maioria das pessoas.

Na nação africana de Camarões, por exemplo, a criação de uma empresa de pequeno porte exige o pagamento de taxas oficiais (sem contar subornos) que equivalem a muito mais dinheiro do que a média das pessoas do país ganha em um ano. O sistema jurídico impõe igualmente elevados custos sobre outras atividades econômicas:

> Comprar ou vender uma propriedade custa quase 1/5 do valor da propriedade. A execução de uma fatura não paga leva quase dois anos, custa mais de 1/3 do valor da fatura, e exige 58 procedimentos separados. Esses regulamentos ridículos são

boas notícias para os burocratas que as aplicam. Cada procedimento é uma oportunidade para obter uma propina.

Quando leis e políticas fazem da honestidade algo cada vez mais caro, então o governo, com efeito, está promovendo a desonestidade. Essa desonestidade pode extrapolar o âmbito das leis e políticas específicas em questão a um hábito generalizado de desobediência das leis em detrimento de toda a economia e da sociedade. Como uma mãe russa disse:

> Agora meus filhos me dizem que eu lhes ensinei o caminho errado. Ninguém precisa mais da honestidade e justiça. Se você é honesto, você é um tolo.

Na medida em que tais atitudes são comuns em um determinado país, as consequências são econômicas, bem como sociais.

Apesar de todos os países cujas taxas de crescimento econômico subiram acentuadamente quando passaram de economias controladas pelo governo para economias de livre mercado, na Rússia, a produção e o padrão de vida caíram vertiginosamente após a dissolução da União Soviética e da conversão das propriedades do governo em propriedades nas mãos de ex-líderes comunistas transformados em capitalistas. A corrupção desenfreada pode anular os benefícios dos mercados, assim como anula os benefícios de um rico patrimônio de recursos naturais ou de uma população altamente educada.

A economia de mercado funciona melhor em um país onde a honestidade é mais difundida, e também é verdadeiro que os mercados livres tendem a punir a desonestidade. O jornalista investigativo americano John Stossel, que começou sua carreira expondo vários tipos de fraudes que as empresas cometem contra os consumidores, encontrou este padrão:

> Já relatei centenas de histórias sobre tais fraudes, mas ao longo dos anos percebi que no setor privado os trapaceiros raramente ficam muito ricos. Não é porque "os investigadores de fraudes contra o consumidor" os flagram e impedem; a maioria das fraudes nem sequer aparece nas telas de radar do governo. Os trapaceiros são punidos pelo mercado. Eles ganham dinheiro por um tempo, mas depois as pessoas ficam sabendo e param de comprar.

> Há exceções. Em uma economia multibilionária com dezenas de milhares de empresas, sempre haverá alguns picaretas de sucesso e fraudes como a da Enron; mas quanto mais tempo eu fazia reportagens sobre o consumidor, mais difícil era para nós encontrar sérias enganações dignas de merecer atenção da televisão nacional.

Níveis de corrupção governamental não só variam muito entre os países, como podem variar ao longo do tempo nas mesmas nações. Corromper um governo honesto pode ser mais fácil do que tentar mudar um modo de vida corrupto para um que seja honesto. Mas mesmo este último pode ser feito, às vezes. Relatando sobre o progresso econômico na África em 2013, a revista *The Economist* dizia: "nosso correspondente visitou 23 países" e "nem uma vez lhe pediram uma propina — o que era inconcebível há apenas dez anos".

CUSTOS E BENEFÍCIOS EXTERNOS

As decisões econômicas feitas pelo mercado nem sempre são melhores do que as decisões que os governos podem fazer. Isso depende muito do fato de essas transações de mercado refletirem com precisão os custos e os benefícios decorrentes delas. Em certas circunstâncias, isso não acontece.

Quando alguém compra uma mesa ou um trator, a questão de saber se seu custo vale a pena é respondida pelas ações do comprador. Todavia, quando uma empresa de energia elétrica adquire o carvão para queimar e gerar eletricidade, uma parte significativa do custo do processo de geração de energia elétrica é pago por pessoas que respiram a fumaça que resulta da queima do carvão e cujas casas e carros estão sujos de fuligem. Limpeza, pintura e despesas médicas pagas por essas pessoas não são levadas em conta no mercado, porque essas pessoas não participam das transações entre o produtor de carvão e a empresa concessionária.

Tais custos são chamados de "custos externos" por economistas, porque esses custos não são assumidos pelas partes cuja transação cria esses custos. Os custos externos, portanto, não são levados em consideração no mercado, mesmo sendo muito elevados, o que pode ir além das perdas monetárias para incluir problemas de saúde e mortes prematuras. Não obstante sejam muitas as decisões que podem ser feitas de forma mais eficiente através do mercado do que por parte do governo, esta é uma em que o oposto é verdadeiro. Mesmo um campeão do livre mercado como Milton Friedman reconhece que há "efeitos perante terceiros para os quais não é viável cobrar ou recompensar".

Leis em prol de um ar puro podem reduzir emissões nocivas. Leis de água limpa e contra depositar resíduos tóxicos onde causarão danos às pessoas podem igualmente forçar decisões a serem tomadas em modalidades que tenham em conta os custos externos que, de outra maneira, seriam ignorados por aqueles transacionando no mercado.

Da mesma forma, podem haver transações que seriam *benéficas* para as pessoas que não participam da tomada de decisão, e cujos interesses, portanto, não são considerados. Os benefícios dos para-lamas em carros e caminhões são visíveis para quem já dirigiu em uma tempestade tendo na frente um carro ou caminhão jogando tanta água ou lama em seu para-brisa que prejudicava seriamente a visibilidade. Mesmo com todos concordando que tais benefícios suplantam em muito seus custos, não há nenhuma maneira viável de comprar esses benefícios em um mercado livre, pois eles não se originam dos para-lamas que você compra e coloca em seu próprio carro, mas apenas daqueles que outras pessoas compram e colocam nos carros e caminhões deles.

Esses são "benefícios externos". Aqui, novamente, é possível obter coletivamente pelo governo algo que não pode ser obtido individualmente pelo mercado, simplesmente por haver leis exigindo que todos os carros e caminhões sejam equipados com para-lamas.

Alguns outros benefícios são indivisíveis. Ou todos recebem esses tipos de benefícios ou ninguém os recebe. A defesa militar é um exemplo. Se a defesa militar tivesse que ser comprada individualmente pelo mercado, então aqueles que se sentissem ameaçados por potências estrangeiras poderiam pagar por armas, soldados, canhões e todos os outros meios de dissuasão militar e de defesa, enquanto aqueles que não veem perigos poderiam recusar-se a gastar seu dinheiro em tais coisas. Contudo, o nível de segurança militar deve ser o mesmo para ambos, pois apoiadores e não apoiadores da existência de forças militares estão misturados na mesma sociedade e expostos aos mesmos perigos de uma ação inimiga.

Dada a indivisibilidade dos benefícios, até mesmo alguns cidadãos que se preocupam totalmente com os perigos militares, e que consideram os custos de evitar esses perigos plenamente justificados, ainda podem sentir que não há necessidade de gastar voluntariamente seu próprio dinheiro para fins bélicos, uma vez que sua contribuição individual não teria consequências sérias para sua própria segurança individual, que depende principalmente de quanto os outros contribuíram. Em tal situação, é inteiramente possível acabar tendo uma defesa militar inadequada, mesmo que todos compreendam o custo de uma defesa eficaz e considerem que os benefícios valem a pena.

Coletivizar essa decisão e implementá-la pelo governo pode alcançar um resultado final mais de acordo com o que a maioria das pessoas quer do que se essas pessoas fossem autorizadas a decidir individualmente sobre o que fazer. Mesmo entre os defensores do livre mercado, poucos sugerem que cada indivíduo deve comprar a defesa militar no mercado.

Em suma, há coisas que o governo pode realizar de forma mais efetiva do que os indivíduos, porque os custos externos, benefícios externos ou indivisibilidades fazem das tomadas de decisões individuais no mercado com base em interesses individuais uma maneira menos eficaz de pesar custos e benefícios para toda a sociedade.

Ainda que os custos e benefícios externos não sejam levados em conta automaticamente no mercado, isso não quer dizer que não possa haver algumas maneiras criativas em que isso aconteça. Na Grã-Bretanha, por exemplo, lagoas ou lagos são muitas vezes de propriedade privada, e esses proprietários têm todo o incentivo para impedir que fiquem poluídos, uma vez que um corpo de água limpo é mais atraente para os pescadores ou velejadores que pagam pelo seu uso. Passa-se o mesmo com shopping centers: embora manter os shoppings limpos, atraentes, com poltronas, salas de descanso e pessoal de segurança custe dinheiro que os donos dos shoppings não cobram diretamente dos consumidores, oferecer essas coisas atrai mais clientes e, assim, os aluguéis cobrados dos lojistas podem ser maiores, porque uma localização em tais centros de compras é mais valiosa do que uma localização em um shopping sem essas comodidades.

Embora existam algumas decisões que podem ser feitas de forma mais eficiente por pessoas físicas e outras por meio de ação coletiva, esta não precisa ser patrocinada por um governo nacional ou local, podendo derivar de indivíduos que se organizam espontaneamente para lidar com os custos ou benefícios externos. Por exemplo, durante os dias pioneiros no oeste americano, quando o gado pastava nas planícies abertas que não pertenciam a ninguém, havia o perigo de que mais animais fossem autorizados a pastar do que a terra poderia suportar, como os carneiros nas "terras comuns", uma vez que nenhum proprietário de gado era incentivado a restringir o número de seus próprios animais que foram autorizados a pastar ali.

No oeste americano, nessa época, os proprietários de gado se organizaram em associações de criadores de gado que estabeleceram regras para si mesmos que, de uma maneira ou de outra, mantinham de fora os recém-chegados, o que na prática transformava as planícies em terras de propriedade coletiva com regras coletivamente determinadas, às vezes impostas por pistoleiros coletivamente contratados.

As associações comerciais modernas às vezes podem tomar decisões coletivas que tornam um determinado segmento mais eficiente do que os empresários poderiam fazer individualmente, em especial quando há externalidades do tipo usado para justificar a intervenção do governo nas economias de mercado. Tais associações privadas podem promover a partilha de informações e a padronização de produtos e processos, beneficiando a si mesmos e seus clientes. Ferrovias podem se reunir e padronizar a bitola de seus trilhos, de modo que os trens podem transferir-se de uma linha para outra, ou hotéis podem padronizar seus procedimentos de reserva de quartos, a fim de fazer reservas de viagens para seus hóspedes que estão chegando ou partindo para outras cidades.

Em suma, as externalidades são uma séria consideração para determinar o papel do governo, mas elas não se constituem simplesmente em uma justificativa ou uma palavra mágica que permite automaticamente ignorar a Economia e perseguir metas politicamente atraentes sem mais delongas. Tanto os incentivos do mercado quanto os incentivos políticos devem ser ponderados quando se escolhe entre eles sobre qualquer assunto em particular.

INCENTIVOS E RESTRIÇÕES

O governo é, naturalmente, inseparável da política, em especial em um país democrático, portanto, uma distinção deve ser feita e constantemente mantida em mente entre o que o governo *pode* fazer para tornar as coisas melhores do que seriam em um mercado livre, e o que é efetivamente *susceptível* de fazer sob a influência de incentivos políticos e restrições. Essa distinção entre o que o governo pode fazer e o que é susceptível de fazer pode ser perdida quando pensamos no governo simplesmente como um agente da sociedade ou até mesmo como um executor de período integral. Na realidade, muitos indivíduos e agências dentro de um governo nacional têm seus próprios e distintos interesses, incentivos e agendas, às quais podem, com frequência, estar muito mais atentos do que o fazem quanto ao interesse público ou com relação às agendas políticas estabelecidas pelas lideranças políticas.

Mesmo em um estado totalitário como a União Soviética, diferentes ramos e departamentos do governo tiveram interesses diferentes dos que eram propostos, a despeito de quaisquer desvantagens que isso pudesse trazer para a economia ou para a sociedade. Por exemplo, empresas industriais em diferentes ministérios evitavam depender de equipamentos ou materiais de outros, se fosse possível.

Assim, uma empresa localizada em Vladivostok podia encomendar equipamento ou material que precisava de outra empresa sob o mesmo ministério localizado em Minsk, há milhares de quilômetros de distância, em vez de depender de outra empresa localizada nas proximidades de Vladivostok que estava sob o controle de um ministério diferente. Assim, materiais podiam ser desnecessariamente enviados milhares de quilômetros para leste nas ferrovias soviéticas sobrecarregadas, enquanto os mesmos tipos de materiais também percorriam o sentido contrário, nas mesmas estradas de ferro por outra empresa sob um ministério diferente.

Tal desperdício econômico se constituiu em uma das muitas alocações ineficientes de recursos escassos em face da realidade política de que o governo não é um monólito, mesmo em uma sociedade totalitária. Nas sociedades democráticas, em que inumeráveis grupos de interesses são livres para se organizar e influenciar diferentes sucursais e agências de governo, há ainda menos razões para esperar que o governo inteiro vá seguir uma política coerente, e muito menos uma política que seria adotada por um governo ideal que representasse o interesse público. Nos Estados Unidos, algumas agências do governo tentam restringir o fumo enquanto outras agências subsidiam a cultura do tabaco. O senador Daniel Patrick Moynihan uma vez referiu-se aos "principados rivais que às vezes são conhecidos como o governo federal".

Sob um governo eleito pelo povo, os incentivos políticos são para fazer o que é popular, ainda que as consequências sejam piores do que o resultado de não fazer nada, ou fazer algo que é menos popular. Como um exemplo do que agora praticamente todos concordam ter se constituído em uma política contraproducente, a administração Nixon, em 1971, criou o primeiro controle nacional de preços e salários em tempos de paz da história dos EUA.

Entre os participantes da reunião em que essa decisão fatal foi tomada, constava o economista de renome internacional Arthur F. Burns, que argumentou veementemente contra essa política ser considerada — e foi voto vencido. E as outras pessoas presentes não eram economicamente analfabetas. O próprio presidente há muito tempo resistia à ideia de controles de preços e salários, e a rejeitou publicamente apenas 11 dias antes de recuar e aceitá-la. A inflação tinha provocado crescentes pressões por parte do público e dos meios de comunicação para "fazer alguma coisa".

Com uma eleição presidencial no ano seguinte, o governo não podia se dar ao luxo de ser visto como omisso em questão tão importante. Contudo, mesmo deixando de lado tais preocupações políticas, os participantes daquela reunião estavam "eufóricos com todas as grandes decisões que haviam feito", segundo comentou um deles. Mais tarde, em retrospectiva, ele recordou que "mais tempo foi gasto discutindo o momento do discurso do que a forma como o programa econômico funcionaria". Houve, até, uma preocupação específica, a de que, se o discurso do presidente fosse transmitido no horário nobre, poderia causar o cancelamento de *Bonanza*, um programa de televisão muito popular, o que desagradaria o público telespectador. Eis o que aconteceu:

> O discurso de Nixon — apesar da apreensão a propósito de *Bonanza* — foi um grande sucesso. O público sentiu que o governo estava vindo em sua defesa contra os preços ameaçadores [...]. Nos noticiários da noite seguinte, 90% da cobertura foi dedicada à nova política de Nixon. A repercussão foi favorável. E o Dow Jones registrou um ganho de 32,9 pontos — o maior aumento de um dia até então.

Resumindo, os controles foram um sucesso político completo. Já quanto às suas consequências econômicas:

> Os pecuaristas interromperam o envio de gado para o mercado, os agricultores afogaram suas galinhas, e os consumidores esvaziaram as prateleiras dos supermercados.

Em suma, os preços artificialmente baixos levaram à redução da oferta, enquanto a quantidade demandada pelos consumidores aumentou. Por exemplo, mais gado americano começou a ser exportado, principalmente para o Canadá, em vez de ser vendido no mercado interno de preços controlados. Assim, o controle de preços produziu essencialmente os mesmos resultados sob a administração Nixon que havia produzido no Império Romano sob Diocleciano, na Rússia dos comunistas, em Gana sob Nkrumah, e em numerosos outros tempos e lugares em que tais políticas haviam sido postas em prática antes.

Essa política específica nem era única, politicamente, na forma como foi concebida e realizada. Herbert Stein, um veterano assessor econômico, observou, 25 anos após aquela reunião da administração Nixon, na qual esteve presente, que a "incapacidade de olhar para frente é extremamente comum na formulação de políticas do governo".

Outra maneira de dizer a mesma coisa é que horizontes temporais políticos tendem a ser muito mais estreitos do que horizontes temporais econômicos. Antes que todas as consequências econômicas negativas das políticas salariais e de controle de preços se tornassem amplamente observáveis, Nixon tinha sido reeleito com uma vitória esmagadora nas urnas. Não existe um fator de "valor presente" para forçar os formuladores de políticas a levar em consideração as consequências de longo prazo de suas decisões correntes.

Palavras de Despedida

Um dos campos mais importantes negligenciados, como resultado do curto horizonte temporal político, é a educação. Como um escritor na Índia colocou: "ninguém se preocupa com a educação, pois os resultados demoram um longo tempo para vir". Isso não é peculiar à Índia. Como a reforma da educação fundamental é difícil e requer anos para mostrar resultados finais em uma população mais instruída entrando na idade adulta, é politicamente muito mais vantajoso para os políticos eleitos demonstrar "preocupação" imediata com a educação votando gastos crescentes nela valendo-se do dinheiro dos contribuintes, mesmo que isso só leve a tornar mais cara a incompetência e a edifícios mais vistosos.

Os limites dentro dos quais a formulação de políticas do governo opera são tão importantes quanto os incentivos. Tão importantes e benéficas como um rol de regras de direito pode ser, o que significa também que muitas questões devem ser tratadas categoricamente, em vez da forma incremental característica de uma economia de mercado. A aplicação de leis categóricas evita que os enormes poderes do governo estejam sujeitos ao critério ou capricho individual de burocratas, abrindo as portas à corrupção e opressão arbitrária.

Mas, como existem muitas coisas que requerem ajustes incrementais discricionários, para elas pode ser difícil aplicar leis categóricas sob pena de produzir resultados contraproducentes. Por exemplo, conquanto a prevenção da poluição do ar e da água seja amplamente reconhecida como legítima função de governo, que pode conseguir resultados economicamente mais eficientes a esse respeito que os do mercado livre, fazê-la por meio de leis categóricas pode criar grandes problemas. Apesar do apelo político de frases categóricas como "água pura" e "ar limpo", não há de fato nenhuma dessas coisas, nunca houve, e talvez nunca haverá. Além disso, existem retornos decrescentes na remoção de impurezas da água ou do ar.

Reduzir montantes verdadeiramente perigosos de impurezas da água ou do ar pode ser feito a custos que a maioria das pessoas concorda serem bastante razoáveis. Mas, na medida em que padrões a cada dia mais elevados de pureza são prescritos pelo governo com a finalidade de ir eliminando mais e mais diminutos traços de perigos cada vez mais remotos ou mais questionáveis, os custos vão ficando desproporcionais em relação aos benefícios. Mesmo se a remoção de 98% de uma dada impureza custa o dobro de uma eliminação de 97%, e a remoção de 99% custe dez vezes mais, o apelo político de frases categóricas como "água pura" pode ser tão potente quando a água já é 99% pura quanto quando era perigosamente poluída. Isso foi demonstrado na década de 1970:

O Conselho de Assessores Econômicos argumentou que fazer com que os cursos d'água do país sejam 99% puros, em vez de 98%, teria um custo muito superior a seus benefícios, mas o Congresso não se comoveu.

Dependendo do que uma particular impureza seja, vestígios mínimos podem ou não representar um perigo sério. Mas controvérsias políticas sobre impurezas na água não são susceptíveis de serem resolvidas a nível científico quando as paixões podem ser brandidas em nome de uma inexistente "água pura". Não importa o quão limpa a água se torne, há sempre alguém que pode exigir a remoção de mais impurezas. E, a menos que o público compreenda as implicações lógicas e econômicas do que está sendo dito, demandas assim podem se tornar politicamente irresistíveis, pois nenhum funcionário público quer ser conhecido como aquele que se opõe à água potável.

Nem sequer é certo que a redução de quantidades extremamente pequenas de substâncias que são prejudiciais em quantidades maiores reduz de fato os riscos. Descobriu-se que até mesmo arsênico na água — em traços extremamente diminutos — traz benefícios para a saúde. Um velho ditado diz: "É a dose que faz o veneno". Resultados de investigações semelhantes aplicam-se a muitas substâncias, incluindo a sacarina e o álcool. Embora tenha sido demonstrado que doses elevadas de sacarina causam aumento da ocorrência de câncer em ratos de laboratório, doses muito baixas parecem *reduzi-la*. Apesar de uma grande ingestão de álcool diminuir a expectativa de vida das pessoas de muitas maneiras, quantidades muito modestas de álcool — um copo de vinho ou cerveja por dia — tendem a reduzir as condições de risco de vida, como a hipertensão.

Se houver alguma quantidade limiar de uma determinada substância antes de se tornar prejudicial, torna-se questionável que gastar grandes quantidades de dinheiro para tentar remover essa última fração de 1% do ar ou da água vai necessariamente deixar o público infinitesimalmente mais seguro. Mas qual político quer ser conhecido como alguém que bloqueou os esforços para remover o arsênico da água?

O mesmo princípio se aplica em muitos outros contextos, em que vestígios de impurezas podem produzir grandes batalhas políticas e jurídicas — e consumir milhões em impostos com pouco ou nenhum efeito líquido sobre a saúde ou a segurança do público. Por exemplo, durou uma década uma batalha legal em New Hampshire sobre as impurezas em um depósito de resíduos tóxicos tão diluídos que crianças poderiam ter comido um pouco de terra lá por 70 dias em um ano sem qualquer dano significativo — isso se houvesse crianças vivendo no local, o que não acontecia.

Como resultado do gasto de mais de US$9 milhões, o nível de impurezas foi reduzido a um ponto em que crianças poderiam ter comido a terra com segurança durante 245 dias por ano. Além disso, ambas as partes em litígio concordaram que, se nada fosse feito, mais da metade das impurezas voláteis teria evaporado até o ano 2000. Ainda assim, perigos hipotéticos a crianças hipotéticas mantiveram vivos a disputa e os gastos.

Com segurança ambiental, como acontece com outros tipos de segurança, algumas medidas que a reforçam em um aspecto criam perigos em outros. A Califórnia, por exemplo, exigiu um determinado aditivo para ser colocado em toda a gasolina vendida nesse estado, a fim de reduzir a poluição atmosférica provocada pelos gases expelidos pelo escapamento dos automóveis. No entanto, esse novo aditivo tendia a vazar ao encher os tanques de armazenamento do posto e os reservatórios de gasolina dos carros, poluindo as águas subterrâneas no primeiro caso, e provocando mais incêndios nos automóveis, no segundo. Da mesma forma, os air-bags obrigatórios por lei nos carros, destinados a salvar vidas em caso de acidentes, mataram crianças pequenas.

Essas são, todas, questões de trade-offs (uma escolha que origina uma situação de "perde e ganha") incrementais para encontrar uma quantidade e tipo ideais de segurança em um mundo onde ser categoricamente seguro é tão impossível quanto atingir 100% de ar limpo ou água pura. Trade-offs incrementais são feitos o tempo todo em transações de mercado individuais, mas pode ser politicamente suicida se opor a demandas de ar mais limpo, água pura ou veículos mais seguros. Portanto, dizer que o governo *pode* promover melhorias ao longo dos resultados de todas as operações em um mercado livre não é o mesmo que dizer que ele *irá* de fato fazê-lo.

Entre os maiores custos externos impostos a uma sociedade podem estar aqueles oriundos das ações políticas de legisladores e representantes eleitos do povo, que não lhes custam nada, mas sobrecarregam os contribuintes com bilhões adicionais, tudo para responder às pressões políticas de defensores de interesses ou ideologias particulares.

Nos Estados Unidos, estima-se que as regulamentações governamentais estão orçadas, por empregado, em cerca de US$7.800 nas grandes empresas e por volta de US$10.600 nas pequenas. Entre outras coisas, isso sugere que a existência de numerosos regulamentos do governo tende a dar vantagens competitivas para as grandes empresas, pois, aparentemente, há economias de escala no cumprimento dessas regras.

Economia Básica - Volume II

Isso não é peculiar aos Estados Unidos. Em alguns países islâmicos, estabelecer práticas de empréstimos em conformidade com os requisitos da lei islâmica pode exigir acordos financeiros mais complexos e mais caros do que nos países ocidentais. Todavia, uma vez que uma instituição financeira no mundo islâmico disponha de um desses onerosos documentos legais, pode utilizá-lo incontáveis vezes para transações semelhantes, algo que uma empresa de pequeno porte não é capaz de fazer em virtude do número naturalmente menor de transações. Como a revista *The Economist* relatou:

> As instituições financeiras podem reciclar a documentação em vez de a obter a partir do zero. Eles agora usam os contratos para hipotecas compatíveis com a lei islâmica em modelos americanos originalmente elaborados com um grande custo para o arrendamento de aeronaves.

Embora os regulamentos governamentais possam ser defendidos por aqueles que os criam utilizando como argumento os benefícios que oferecem, a questão economicamente relevante é se tais benefícios compensam as centenas de bilhões de dólares em custos agregados que impõem aos Estados Unidos. No mercado, quem cria US$500 bilhões em custos terá de se certificar de gerar mais de US$500 bilhões em benefícios que os clientes vão pagar. Caso contrário, esse produtor correria o risco de quebrar.

No governo, porém, raramente há quaisquer incentivos ou restrições para realizar raciocínios desse tipo. Se qualquer nova regulamentação do governo pode plausivelmente ser justificada com a alegação de resolver algum problema ou criar algum benefício, então isso é em geral suficiente para permitir que os funcionários do governo implementem o referido regulamento. Desde que há também alguns benefícios possíveis que podem ser criados a partir de outras regulamentações governamentais, e os custos serão pagos pelos contribuintes, existem incentivos para continuar a adicionar mais regulamentos e poucas restrições a essa expansão. O número de páginas no *The Federal Register* (o correspondente ao *Diário Oficial da União*, no Brasil) no qual as regulamentações governamentais são compiladas, quase sempre continua aumentando. Um dos raros momentos em que houve uma redução foi durante a administração Reagan, na década de 1980. Mas, após Reagan deixar a Casa Branca, a escalada no número de páginas no *The Federal Register* foi retomada.

Assim como devemos ter em mente uma nítida distinção entre os objetivos de uma determinada política e suas consequências reais, é preciso deixar clara a diferença entre a finalidade para a qual uma lei em particular foi elaborada

Palavras de Despedida

e a possibilidade de sua utilização para outros fins. Por exemplo, o presidente Franklin D. Roosevelt levou os Estados Unidos a abandonar o padrão ouro em 1933 apoiando-se nos poderes presidenciais criados por leis aprovadas durante a I Guerra Mundial para evitar o comércio com as nações inimigas. No entanto, aquela guerra havia sido travada há mais de vinte anos, os Estados Unidos já não tinham quaisquer nações inimigas, e tal poder ainda em vigor acabou sendo usado para fins completamente diferentes.

Poderes não expiram quando as crises que os criaram passam. Nem a revogação de leis antigas tem alta prioridade entre os legisladores. Menos ainda as instituições são propensas a encerrar suas atividades quando as circunstâncias que as levaram a ser criadas já não existem mais.

Ao pensar em funções do governo, frequentemente assumimos que as atividades particulares são melhor realizadas pelo governo, e não por instituições não governamentais, simplesmente porque é assim que era feito no passado. O serviço de correio é um exemplo óbvio. Porém, quando a Índia permitiu que empresas privadas também realizassem essa tarefa, as encomendas transportadas pelo serviço postal do governo cairam de 16 bilhões de peças em 1999 para menos de 8 bilhões até 2005. A Índia figurava também entre os muitos países nos quais a telefonia estava nas mãos de empresas públicas, mas após esse segmento ser aberto para a iniciativa privada, as novas empresas em operação "têm aprimorado a qualidade do serviço e reduzido as tarifas em tudo, das ligações locais às de longa distância, e dos celulares à utilização da internet", de acordo com o *Wall Street Journal.*

Poderes e atividades governamentais não devem ser tidas como necessárias para serem realizadas pelo governo simplesmente porque foi assim no passado. Ambos precisam ser examinados em termos de incentivos, restrições e registros.

Muito além dos méritos ou deméritos de políticas ou programas governamentais específicos, existem outras considerações a serem feitas quando se expande o papel do governo. Elas foram expressas há mais de um século por John Stuart Mill:

> Cada função suplementar às já exercidas pelo governo faz com que sua influência sobre esperanças e medos seja mais amplamente difusa, e converte, mais e mais, a parte do público mais ativa e ambiciosa em cabides pendurados no governo, ou em algum partido que visa se tornar o governo. Se estradas, ferrovias, bancos, escritórios de seguros, grandes sociedades por ações, universidades e instituições públicas de caridade fossem ramificações do governo; se, além disso, as corporações municipais e diretorias locais, com tudo o que lhes compete, se tornassem departamentos da administração central; se os empregados de todas

essas diferentes empresas fossem nomeados e pagos pelo governo, e olhassem para o governo para cada aspecto da vida, nem toda a liberdade de imprensa e a constituição popular do ordenamento jurídico faria este ou qualquer outro país livre, exceto no nome.

Capítulo 5

AS FINANÇAS DO GOVERNO

*A disposição do governo de cobrar impostos está
nitidamente aquém de sua propensão para gastar.*

Arthur F. Burns

Tal como indivíduos, empresas e outras organizações, os governos devem dispor de recursos a fim de continuar a existir. Séculos atrás, alguns governos arrecadariam esses recursos diretamente, na forma de uma quota das colheitas, gado ou outros ativos tangíveis da população, mas, nas sociedades industriais e comerciais modernas, os governos apropriam-se de uma parte da produção nacional sob a forma de dinheiro. Entretanto, essas transações financeiras têm repercussões na economia que vão muito além de trocar o dinheiro de mãos.

Os consumidores podem mudar o que adquirem quando alguns dos produtos que utilizam são fortemente tributados e outros nem tanto. As empresas podem mudar o que produzem quando algumas mercadorias são tributadas e outras são subsidiadas. Os investidores podem decidir transferir seu dinheiro de uma aplicação para outra cuja tributação seja menor, ou para aplicações em algum país estrangeiro com taxas mais baixas de impostos em relação às domésticas — e podem reverter essas decisões se as circunstâncias se modificarem. Em suma, as pessoas mudam seu comportamento em resposta às operações financeiras do governo. Essas operações incluem a tributação, a venda de títulos da dívida pública e inúmeras maneiras de gastar dinheiro agora ou prometer gastar dinheiro no futuro, tais como garantindo os depósitos bancários ou estabelecendo sistemas de pensões para parte ou a totalidade da população quando se aposentam.

O governo dos Estados Unidos gastou quase US$3,5 trilhões em 2013. Uma das formas de lidar com as muitas complicações das operações financeiras do governo é dividi-las em formas como os governos arrecadam dinheiro e formas

Economia Básica - Volume II

como o gastam — e, em seguida, analisar cada um separadamente em termos das repercussões dessas operações sobre o conjunto da economia. Na verdade, as repercussões se estendem para além das fronteiras nacionais, alcançando outros países ao redor do mundo.

A aquisição de riqueza tem sido uma das principais preocupações dos governos, seja nos dias do Império Romano, nas antigas dinastias chinesas, na Europa moderna ou na América. Hoje, as receitas fiscais e as vendas de títulos são geralmente as maiores fontes de dinheiro para os governos nacionais. A escolha entre o financiamento das atividades do governo com a arrecadação fiscal corrente ou com as receitas provenientes da venda de títulos — em outras palavras, endividando-se — tem repercussões adicionais sobre a economia em geral. Como em muitas outras áreas econômicas, os fatos são relativamente simples, mas as palavras usadas para os descrever podem levar a complicações desnecessárias e a mal-entendidos. Algumas das palavras empregadas ao discutir as operações financeiras do governo — "orçamento equilibrado", "deficit", "excedente", "dívida pública" — precisam ser claramente definidas, sob pena de confusões ou até mesmo histeria.

Se todos os gastos correntes do governo são custeados pelo dinheiro recebido dos impostos, então se diz que o orçamento está equilibrado. Se as receitas tributárias correntes excedem os gastos correntes, há um excedente orçamentário. E, se as receitas fiscais não cobrem todos os gastos do governo, com parte deles sendo cobertos por receitas provenientes da venda de títulos, então o governo está operando com deficit, uma vez que títulos são dívidas a serem quitadas pelo governo no futuro. A acumulação de deficit ao longo do tempo eleva a dívida do governo, que é chamada de "dívida nacional" (ou dívida pública, como se diz no Brasil). Se esse termo realmente quer dizer o que diz, a dívida nacional deveria incluir todas as dívidas do país, incluindo as dos consumidores e empresas. Mas, na prática, o termo "dívida nacional" significa simplesmente a dívida do governo nacional.

A receita do governo provém de muitas fontes, e os gastos do governo se destinam a pagar por muitas coisas diferentes. Alguns deles envolvem coisas utilizadas durante o ano em curso — remunerar o pessoal civil e militar, a eletricidade, o papel e outros suprimentos necessários ao funcionamento de uma enorme série de instituições governamentais. Outros gastos referem-se a coisas de uso tanto corrente quanto futuro, tais como estradas, pontes e usinas hidrelétricas.

Embora os gastos do governo sejam muitas vezes tratados todos juntos nos meios de comunicação e debates políticos, o tipo específico de gastos muitas vezes está relacionado a uma maneira em particular de arrecadar o dinheiro com que são pagos. Por exemplo, os impostos podem ser considerados uma forma adequada de os contribuintes arcarem com os gastos com benefícios correntes fornecidos pelo governo, mas a emissão de títulos da dívida do governo pode ser considerada mais apropriada de fazer com que as gerações futuras ajudem a pagar por coisas que estão sendo criadas para uso ou benefício futuro dos cidadãos, tais como as autoestradas, pontes e usinas já mencionadas. Parques, corredores de ônibus e bibliotecas públicas, no caso das prefeituras, são construídas para servir tanto à atual quanto às futuras gerações, por isso seus custos de construção são devidamente partilhados entre as gerações atuais e futuras, pagando por sua construção com as receitas fiscais correntes e o dinheiro levantado com a venda de títulos que serão resgatados com dinheiro dos contribuintes no futuro.

AS RECEITAS DO GOVERNO

As receitas do governo não vêm apenas de impostos e da venda de títulos, mas também dos preços praticados para vários produtos e serviços que os governos prestam, bem como da alienação de ativos próprios, tais como terra, prédios, mobiliário antigo ou equipamento militar excedente. A cobrança por produtos e serviços prestados pelos governos municipais, estaduais ou nacional, nos EUA, abrange desde as tarifas de trânsito e taxas para a utilização de campos de golfe, a bilhetes para entrar em parques nacionais ou cortar madeira em terras federais.

Os preços cobrados pelos produtos e serviços do governo muito provavelmente não seriam os mesmos caso as empresas privadas no livre mercado os vendessem e/ou prestassem e, portanto, essas operações governamentais raramente têm o mesmo efeito sobre a alocação de recursos escassos que têm usos alternativos. Em resumo, tais operações não são simplesmente transferências de dinheiro, porém, mais fundamentalmente, se constituem em transferências de recursos tangíveis de maneiras que afetam a eficiência funcional da economia.

Na América pioneira, o governo federal dos Estados Unidos alienou a grande quantidade de terras públicas que tinha adquirido de variadas formas da população indígena ou de governos estrangeiros, como França, Espanha, México e Rússia. No passado, séculos atrás, os governos na Europa e de outros lugares muitas vezes também vendiam os direitos de monopólio para envolvimento em diversas atividades econômicas, como a venda de sal ou a importação de ouro. Durante o final do século XX, muitos governos nacionais em todo o mundo que haviam assumido várias empresas industriais e comerciais passaram a vendê-las a investidores privados no intuito de ter uma economia mais voltada para o mercado. Outra maneira pela qual os governos obtêm dinheiro para gastar é simplesmente imprimindo-o, como muitos dentre eles têm feito em vários períodos da história. Contudo, as consequências desastrosas da inflação que resulta desse expediente fizeram ser muito arriscado politicamente para a maioria dos governos contar com isso como prática comum. Nos EUA, mesmo quando o Federal Reserve recorreu à expansão monetária (ou seja, criação de mais dinheiro) como uma política para lidar com uma economia em marcha lenta no início do século XXI, inventou um novo termo — "quantitative easing" (algo como "flexibilização quantitativa") — que muitas pessoas não entenderiam tão facilmente como o fariam com relação a um termo mais simples como "imprimir dinheiro".

Alíquotas de Impostos e Receitas Fiscais

"Morte e impostos[1]" têm sido considerados como realidades inevitáveis. Mas qual das várias formas de recolher impostos é realmente utilizada e qual alíquota em particular fazem a diferença no jeito como indivíduos, empresas e a economia nacional como um todo respondem? Dependendo dessas respostas, um imposto com uma *alíquota* mais elevada pode ou não levar a maiores receitas fiscais, ou um imposto com uma alíquota mais baixa pode ocasionar menores receitas fiscais.

Quando os impostos são aumentados em 10%, alguns podem presumir que as receitas fiscais também crescerão 10%. No entanto, mais pessoas podem deixar uma jurisdição fortemente tributada ou comprar menos de uma mercadoria pesadamente tachada, de modo que as receitas recebidas podem ficar decepcionantemente muito abaixo do que fora estimado. As receitas podem, em alguns casos, diminuir após a elevação de um imposto.

Nos EUA, quando o estado de Maryland aprovou, para entrar em vigor em 2008, alíquotas maiores de um imposto sobre as pessoas que ganham US$1 milhão ou mais por ano, o número de tais pessoas morando em Maryland caiu de cerca de 8.000 para menos de 6.000 (no Brasil, o imposto sobre a renda é de competência exclusiva da União). Embora tenha sido projetado que a receita fiscal adicional vinda dessas pessoas em Maryland subiria US$106 milhões, na ver-

---

[1] NRT: "As únicas duas certezas na vida são a morte e os impostos". Essa citação famosa remonta a Benjamin Franklin em 1789.

dade elas *diminuíram* em US$257 milhões. Quando o estado do Oregon aumentou suas alíquotas de imposto de renda em 2009 sobre ganhos de US$250.000 ou mais, as receitas desse imposto, da mesma forma, *decresceram* em US$50 bilhões.

Por outro lado, quando a alíquota do imposto federal sobre ganhos de capital foi reduzida nos Estados Unidos de 28% para 20% em 1997, estimou-se que as receitas do imposto sobre ganhos de capital ficariam abaixo dos US$54 bilhões arrecadados em 1996 e aquém dos US$209 bilhões que haviam sido projetadas para serem recolhidas ao longo dos próximos quatro anos antes da redução da alíquota. Em vez disso, tais receitas fiscais *cresceram* depois da diminuição da alíquota e US$372 bilhões foram arrecadados com esse imposto no decorrer dos quatro anos seguintes, quase o dobro do que havia sido estimado de acordo com a anterior e mais elevada alíquota.

As pessoas ajustaram seu comportamento em face de uma perspectiva mais favorável aos investimentos aumentando suas aplicações, de modo que a nova e menor alíquota do imposto sobre os retornos desses maiores investimentos aumentou mais a receita total do governo do que a produzida pela alíquota antiga mais elevada aplicável sobre um montante menor de investimento. Os investidores[2], em vez de aplicarem seu dinheiro em títulos municipais isentos de impostos, por exemplo, podem achar que é mais vantajoso investir na produção de bens e serviços reais com a maior taxa de retorno agora que as alíquotas de imposto mais baixas lhes permitem manter mais de seus ganhos. Títulos isentos de impostos geralmente pagam taxas mais baixas de retorno do que os títulos cujos retornos estão sujeitos à tributação.

Como exemplo hipotético, se títulos municipais isentos de impostos estão pagando 3% e "corporate bonds" (títulos emitidos por uma corporação — uma companhia privada; no Brasil, algo equivalente seriam as debêntures emitidas por sociedades anônimas) tributáveis estão pagando 5%, então, para alguém que está em uma faixa de renda tributada à alíquota de 50%, é melhor optar pelos títulos municipais isentos de impostos que pagam 3% do que obter os 2,5% de retorno oferecido pelos títulos corporativos após a tributação. Mas se a alíquota sobre a renda for de 30%, então vale a pena optar pela compra dos títulos corporativos, uma vez que sobrarão 3,5% após o imposto. Dependendo de quantas pessoas estão nessa faixa de renda e quantos títulos eles compram, o governo pode vir a arrecadar mais receitas fiscais após o corte das alíquotas.

---

[2] As considerações feitas pelo autor neste parágrafo e no próximo se circunscrevem à realidade do mercado de capitais dos EUA. Não obstante, são úteis para exemplificar e ilustrar os conceitos econômicos apresentados.

Nada disso deveria ser surpreendente. Muitos negócios tornam-se mais rentáveis por meio da cobrança de preços mais baixos, aumentando, assim, as vendas e obtendo com isso um montante maior de lucros totais com um menor lucro por unidade. Impostos são os preços cobrados pelos governos, e às vezes o governo também pode auferir um volume maior de receitas com alíquotas de imposto mais baixas. Tudo depende de quão altas são as alíquotas inicialmente e como as pessoas reagem a um aumento ou diminuição. Há outras vezes, é claro, em que uma alíquota maior de imposto origina uma quantidade correspondentemente maior das receitas fiscais, e uma alíquota mais baixa leva a um montante menor de receitas tributárias.

O fato de as receitas fiscais não seguirem automaticamente a mesma direção das alíquotas não é um fenômeno afeto apenas aos EUA. Na Islândia, as alíquotas de impostos corporativos foram sendo gradualmente reduzidas de 45% para 18% entre 1991 e 2001, e as receitas fiscais triplicaram. Na Grã-Bretanha, pessoas de alta renda mudaram-se para evitar aumentos iminentes dos impostos locais, assim como ocorreu em Maryland e Oregon. Em 2009, por exemplo, o *Wall Street Journal* relatou: "Uma série de gestores de fundos de hedge e outros profissionais de serviços financeiros estão deixando o Reino Unido na esteira dos planos para aumentar as principais alíquotas do imposto pessoal para 51%. Advogados estimam que fundos de hedge que administram perto de US$15 bilhões mudaram-se para a Suíça no ano passado, e isso deve se intensificar".

Embora seja comum na política e nos meios de comunicação referir-se a "aumento de impostos" ou "corte de impostos" do governo, essa terminologia dificulta a percepção da distinção crucial entre *alíquotas de impostos* e *receitas fiscais*. O governo pode alterar as alíquotas, mas a reação do público a essas mudanças pode resultar em maior ou menor quantidade de receitas fiscais a serem recolhidas, dependendo das circunstâncias e respostas. Assim, as referências a propostas para um "corte de impostos de US$500 bilhões" ou um "aumento de impostos de US$700 bilhões" são totalmente enganosas, porque tudo o que o governo pode decretar é uma mudança de alíquotas, cujos efeitos reais sobre a receita só podem ser aferidos mais tarde, após as alterações terem sido implementadas e os contribuintes reagido às mudanças.

A Incidência da Tributação

Saber quem está legalmente obrigado a pagar um determinado imposto ao governo não nos diz automaticamente em quem, em última análise, recai o ônus representado por esse imposto — um fardo que, em alguns casos, pode ser transferido a outros.

Quem paga quanto dos impostos recolhidos pelo governo? Essa questão não pode ser respondida simplesmente olhando para a redação das leis tributárias ou em estimativas efetuadas com base nessas leis. Como já vimos, as pessoas podem reagir às mudanças fiscais alterando o próprio comportamento, e diferentes pessoas têm diferentes habilidades para fazer isso a fim de fugir à tributação.

Enquanto um investidor pode investir em títulos isentos de impostos a uma taxa menor de retorno, ou em outros ativos que pagam uma taxa de retorno mais elevada mas estão sujeitos a impostos, o operário de uma fábrica cujo único rendimento é o salário não tem essas opções, e os impostos que o governo acha que ele lhe deve já são descontados no dia do pagamento. Vários mecanismos financeiros complexos podem poupar as pessoas ricas de ter que pagar impostos sobre todos os seus rendimentos mediante arranjos complexos que requerem a participação de advogados, contadores e outros profissionais. As pessoas de rendimentos mais modestos, porém, não são igualmente capazes de se eximir de sua carga fiscal e ainda podem pagar um porcentual maior de sua renda do que alguém em uma faixa de renda mais elevada que é tributado, oficialmente, com uma alíquota maior.

Uma vez que a renda não é a única coisa que é tributada, o quanto um determinado indivíduo recolhe de impostos no total depende também de quantos outros impostos são aplicáveis à sua situação particular. Obviamente, impostos sobre casas ou automóveis recaem apenas sobre aqueles que os possuem e, como os impostos sobre as vendas incidem sobre quem compra qualquer um dos muitos itens sujeitos a esses impostos, diferentes pessoas gastam diferentes proporções de sua renda em bens de consumo. Pessoas de baixa renda tendem a gastar uma porcentagem mais elevada de seus rendimentos em bens de consumo, enquanto aquelas com rendimentos mais elevados tendem a investir mais — às vezes a maior parte — do que ganham.

O efeito líquido é que os impostos sobre vendas tendem a levar uma maior porcentagem dos rendimentos das pessoas de baixa renda em relação às de maior renda. Um imposto desse tipo é chamado de "regressivo", em contraposição a um imposto "progressivo", assim denominado porque sujeita os rendimentos mais elevados a uma maior taxa porcentual de tributação. Os impostos relativos à

Economia Básica - Volume II

Seguridade Social[3] são igualmente regressivos, pois se aplicam apenas até um determinado nível de renda, de modo que rendimentos acima desse patamar ficam isentos dessa tributação. No imposto de renda, por outro lado, abaixo de um certo montante não há nenhuma tributação. Dadas as diferentes regras para diferentes tipos de tributos, descobrir qual é a incidência total de impostos para pessoas diferentes não é algo fácil, inclusive na prática.

Questões e controvérsias sobre alíquotas fiscais muitas vezes se centralizam na incidência de impostos sobre "os ricos" ou "os pobres", quando na verdade a tributação é feita sobre a renda em vez da riqueza. Uma pessoa verdadeiramente rica, alguém com riqueza suficiente para absolutamente não precisar trabalhar, pode ter uma renda muito modesta ou nenhuma renda durante um determinado ano. Além disso, mesmo nos anos de altos rendimentos e altas taxas de impostos sobre esses rendimentos, a tributação não toca na riqueza acumulada dos indivíduos genuinamente ricos. A maioria das pessoas descritas como "ricas" nas discussões sobre questões fiscais não são, a rigor, ricas, mas simplesmente pessoas que atingiram seus anos de pico de ganhos, muitas vezes já tendo trabalhado décadas recebendo salários muito mais modestos antes de atingir essa condição. O imposto de renda progressivo normalmente incide sobre tais pessoas, em vez de alcançar os verdadeiramente ricos.

Uma vez que cada indivíduo paga uma mistura de impostos progressivos e regressivos, bem como os impostos que se aplicam a alguns produtos e não em outros, não é de maneira nenhuma fácil de determinar quem está realmente pagando qual parte dos impostos de um país.

Ainda mais difícil é determinar quem carrega o fardo real de um determinado imposto por sofrer as consequências dos objetivos alterados. Por exemplo, os empregadores americanos pagam metade dos impostos que financiam a Seguridade Social e todos os impostos que pagam o seguro-desemprego. No entanto, o salário que um empregador está disposto a oferecer pelos serviços de um trabalhador é limitado pelo valor que será adicionado à receita do empregador ao contratá-lo. Mas um empregado cuja produção acrescenta US$50.000 às receitas de vendas de uma empresa pode não valer nem US$45.000 se os tributos relativos à Seguridade Social, ao seguro-desemprego e aos custos diretos somarem US$10.000. Nesse caso, o limite superior para quanto um empregador ofereceria pelos serviços dessa pessoa seria US$40.000, e não US$50.000.

---

[3] No Brasil, tais tributos são chamados de "contribuições", pois os valores assim arrecadados são "carimbados", ou seja, destinam-se a um grupo ou setor determinado. Quando a finalidade é universal, os tributos são chamados de "impostos".

Palavras de Despedida

Mesmo que o trabalhador não pague diretamente uma parcela qualquer daqueles US$10.000, se o salário recebido por esse trabalhador é US$10.000 a menos do que seria de outra forma, então os ônus desses impostos recaem de fato sobre o trabalhador, não importa quem envia o dinheiro dos impostos para o governo. É praticamente a mesma história de quando os impostos são cobrados das empresas que, em seguida, aumentam os preços para o consumidor. Dependendo da natureza do imposto e da concorrência no mercado, os consumidores podem pagar desde nada a toda a carga desses impostos. Em suma, a responsabilidade legal oficial para o pagamento direto de impostos ao governo não significa necessariamente dizer quem no final das contas realmente carrega o fardo econômico deles.

Os impostos não podem ser repassados aos consumidores quando um determinado imposto recai sobre empresas ou produtos produzidos em um certo lugar se os consumidores têm a opção de comprar o mesmo produto em outros lugares não sujeitos ao mesmo imposto. Se o governo da África do Sul impõe um imposto de US$10 a onça sobre o ouro, o país não pode vender seu ouro no mercado mundial por US$10 a onça a mais do que o ouro produzido em outros países onde esse imposto não se aplica, pois, no que importa para os consumidores, ouro é ouro, independentemente de onde for produzido. O preço do ouro produzido e vendido na África do Sul poderia aumentar em US$10 a onça se o governo sul-africano impedisse a importação desse metal de países sem tal imposto. Mesmo na ausência de uma proibição da importação, o preço do ouro poderia subir um pouco na África do Sul se houvesse custos de transporte de, digamos, US$2 a onça de ouro produzido nas proximidades, em outros países produtores de ouro. Porém, nesse caso, apenas US$2 a onça do imposto poderiam ser repassados aos consumidores sul-africanos como aumento de preço, e os produtores de ouro da África do Sul teriam de absorver os outros US$8 do imposto aumentado, bem como absorver inteiramente os US$10 para o ouro que vendem fora da África do Sul.

Seja qual for o produto e qualquer que seja o imposto, onde o peso real dele cai depende, na prática, de muitos fatores econômicos, não apenas em quem é obrigado por lei a entregar o dinheiro ao governo.

A inflação pode mudar a incidência da tributação de outras maneiras. No que é chamada de "tributação progressiva", as pessoas com rendimentos mais elevados pagam não só um maior montante de impostos, mas também uma maior porcentagem de seus rendimentos. Durante os períodos de inflação substancial, os rendimentos nominais das pessoas de meios modestos sobem no compasso do crescimento do custo de vida, ainda que, em termos líquidos, eles sejam incapazes de adquirir mais bens e serviços reais do que antes. Contudo, porque as leis fiscais são expressas em dinheiro, os cidadãos com níveis apenas medianos de renda podem pagar um porcentual maior de sua renda em impostos quando, monetariamente, sua renda alcança níveis correspondentes aos das pessoas afluentes ou ricas. Em resumo, a combinação de inflação e leis de tributação progressiva de renda significa aumento das alíquotas de imposto para um determinado rendimento real, mesmo quando as faixas de renda determinadas pela legislação tributária permanecem inalteradas. Por outro lado, um período de deflação significa queda das alíquotas de imposto sobre um determinado rendimento real.

Quando a renda tem a forma de ganhos de capital, o efeito da inflação é acentuado em virtude dos anos que podem transcorrer entre o momento em que um investimento é feito e o momento em que o investimento começa a dar retorno — ou que se espera que dê retorno, uma vez que as expectativas nem sempre são cumpridas. Se uma empresa investe US$1 milhão e o nível de preços dobra ao longo dos anos, esse investimento valerá US$2 milhões, *mesmo se não houve ganho algum*. Como as leis fiscais são baseadas em valores expressos em dinheiro, essa empresa terá agora de pagar impostos sobre o US$1 milhão adicional, ainda que não tenha havido crescimento do valor real desde que o investimento foi efetuado.

Sejam quais forem as perdas sofridas por essas empresas, a questão maior e mais fundamental é o efeito da inflação sobre a economia como um todo. Como os mercados financeiros fazem investimentos — ou declinam deles — com base nos retornos esperados, durante um período inflacionário e elevadas alíquotas de impostos sobre os ganhos de capital esses mercados estão menos dispostos a fazer investimentos com taxas de retorno que, em outra situação, os satisfariam, porque as alíquotas efetivas de imposto sobre ganhos de capital reais são mais altas e impostos podem ser recolhidos até mesmo quando não há ganho de capital real. Níveis cadentes de investimento significam queda da atividade econômica em geral e das oportunidades de trabalho. De acordo com um economista da área de negócios:

> Desde o final dos anos 1960 até o início de 1980, as alíquotas efetivas do imposto sobre o capital chegaram em média a mais de 100%. Talvez não seja coincidência que os valores patrimoniais reais [preços das ações ajustados pela inflação] caíram quase 2/3 entre 1968 e 1982. Esse período viu a pulverização da produtividade, o aumento da inflação, o desemprego elevado e uma economia americana em declínio geral.

Palavras de Despedida

Tributação Local

A tributação, é claro, ocorre tanto em nível nacional como local. Nos Estados Unidos, os impostos locais sobre a propriedade fornecem a maior parte da receita dos municípios (já no Brasil, o IPTU — Imposto Predial e Territorial Urbano — é o segundo em importância, depois do ISS — Imposto sobre Serviços). Como outras instâncias de governo, os municípios querem maximizar as receitas que recolhem, o que por sua vez permite que as autoridades locais maximizem a publicidade favorável que recebem ao gastar o dinheiro de maneiras que aumentarão suas chances de reeleição. Ao mesmo tempo, o aumento das *alíquotas* dos impostos gera reações políticas adversas capazes de reduzir as perspectivas de reeleição. Entre os meios utilizados pelas autoridades locais para escapar desse dilema, tem sido utilizada a mesma estratégia de suas contrapartes federais: emitir títulos para financiar os gastos correntes, produzindo, assim, benefícios imediatos e ganho de votos, enquanto tributam, de fato, os futuros contribuintes que terão de pagar aos detentores desses papéis na data de vencimento. Uma vez que entre os futuros contribuintes estão incluídos muitos que hoje são jovens demais para votar — sem contar os que ainda nem nasceram — os deficit correntes maximizam os benefícios políticos correntes das autoridades públicas atuais, minimizando os efeitos sobre os contribuintes e eleitores atuais.

Nos EUA, uma das coisas que fazem com que gastos deficitários sejam especialmente atraentes para os políticos locais é que muitos títulos municipais e estaduais estão isentos de impostos. Isso os faz especialmente valiosos para as pessoas com rendimentos elevados quando os impostos federais sobre esses rendimentos são salgados. Entre as repercussões disso estão as grandes somas de dinheiro frequentemente disponíveis para financiar projetos locais, com títulos isentos de impostos, independentemente de se atender ou não a qualquer critério baseado na ponderação dos custos contra os benefícios. Na prática, o comprador de renda alta desses títulos está pagando a isenção dos rendimentos da tributação federal. Ao contrário dos compradores de títulos ou ações na economia privada, o adquirente de títulos isentos de impostos do governo local não está interessado no propósito de sua aplicação, quer ela esteja ou não sendo endereçada para o objetivo precípuo da emissão daqueles papéis. Mesmo se os gastos financiados por dívidas venham a ser um completo fracasso naquilo que se propuseram a fazer, os contribuintes continuam obrigados a quitar os títulos.

Do ponto de vista da alocação de recursos escassos que têm usos alternativos na economia, o resultado líquido é que os projetos politicamente escolhidos são capazes de receber mais recursos do que em um mercado privado livre, incluindo aqueles que seriam mais valiosos em outros lugares. Olhando pelo lado das receitas do governo, o ganho é representado pela capacidade de vender facilmente seus títulos mesmo pagando uma taxa de juros mais baixa do que os títulos privados, cujos compradores têm de pagar impostos sobre esses juros. O que é ganho financeiramente pelo governo local pode ser uma fração do que é perdido financeiramente pelo governo federal impedido de tributar o rendimento sobre esses títulos locais. Finalmente, a perda dos contribuintes locais — embora vá se consubstanciar no futuro — se constitui na obrigação de pagar impostos mais altos em decorrência da facilidade de financiamento de projetos politicamente escolhidos por meio de títulos livres de impostos.

Outra forma de aumentar as receitas fiscais locais sem aumentar os impostos locais é substituir a propriedade de baixo valor por propriedade de maior valor, uma vez que esta produz mais receitas fiscais a uma dada alíquota de imposto. Nos EUA, essa substituição pode ser feita condenando imóveis "arruinados" — que serviam como moradias ou atividades comerciais — em bairros de baixa ou até mesmo média renda adquirindo-os mediante "eminent domain" — um estatuto legal que permite a expropriação de um bem e transferi-lo a terceiros[4]. Os novos proprietários podem, então, construir sofisticados shoppings, hotéis ou casinos, por exemplo, que vão gerar mais receitas fiscais do que os proprietários anteriores podiam pagar.

Os indignados proprietários de residências e donos de empresas, que muitas vezes recebem uma indenização menor que o valor do imóvel demolido, correspondem geralmente a uma porcentagem suficientemente pequena do contingente eleitoral para preocupar as autoridades locais quanto aos votos perdidos — desde que calculem com precisão. Muitas vezes, é possível convencer os outros na mídia e no público que se tratam de inquilinos, proprietários e empresários despossuídos que são "egoístas" e se opõem ao "progresso" da comunidade.

Esse progresso aparente pode ser ilustrado com fotografias tiradas antes e depois da "revitalização" local, mostrando bairros mais novos e mais sofisticados que substituem os antigos. Mas grande parte desse progresso local pode ser parte de um processo de soma zero em nível nacional, quando as coisas que teriam sido construídas em um lugar são erguidas em outro lugar, porque bens confiscados custam menos para os novos proprietários do que em outros lugares em um mer-

---

[4] No Brasil, existem as figuras da "desapropriação" e da "expropriação" de um bem imóvel, mas as razões e finalidades são de outra ordem (construção pelo poder público de avenidas ou metrôs, no primeiro caso, e para garantir o direito de um credor ou porque no local há o cultivo de plantas psicotrópicas, no segundo caso), mas não para transferir a propriedade para que terceiros a explorem comercialmente.

cado livre. Ressalta-se que o ganho financeiro dos novos proprietários é a perda financeira dos proprietários originais. Mesmo que os proprietários anteriores tivessem sido compensados pelo valor total de mercado de seus imóveis, isso ainda pode ser menor do que a propriedade valia para eles, uma vez que, obviamente, não as teriam vendido antes da aplicação do "eminent domain". Nesse caso, não se trata simplesmente de um processo de soma zero, mas de soma negativa, em que o obtido por uns excede o que é perdido por outros.

A decisão de 2005 da Suprema Corte dos EUA em *Kelo versus New London* ampliou os poderes dos governos de tomar a propriedade ao abrigo dos poderes do "eminent domain" para "propósitos públicos", que se estende para além da autorização de tomar a propriedade privada em função do "uso público" previsto na Constituição dos EUA, tais como construção de reservatórios, pontes ou estradas. Essa decisão confirma um poder que já está sendo exercido para transferir a propriedade privada de um usuário para outro, mesmo quando isso for simplesmente construir parques de diversão ou outras instalações de lazer.

O significado econômico disso, em termos de alocação de recursos escassos que têm usos alternativos, é que os usos alternativos não têm de ser de valor mais elevado do que os usos originais, uma vez que os usuários alternativos não precisam mais fazer uma oferta para adquirir o bem dos proprietários originais. Em vez disso, aqueles que querem a propriedade podem contar com os funcionários do governo para simplesmente tomá-la, exercendo o poder do "eminent domain", e depois vendê-la por menos do que teriam sido obrigados a pagar aos proprietários anteriores para que estes alienassem voluntariamente sua propriedade.

Títulos Públicos

A venda de títulos do governo consiste simplesmente em pedir um dinheiro emprestado cujo reembolso será feito a partir de receitas fiscais futuras. Títulos do governo também podem ser uma fonte de confusão sob seu outro nome, "a dívida nacional", como vimos no início deste capítulo. Esses títulos, como todos os títulos, são realmente uma dívida, mas a importância econômica de uma determinada quantidade de dívida pode variar muito de acordo com as circunstâncias. Isso é tão verdadeiro para o governo quanto para um indivíduo.

O que seria uma enorme dívida para um trabalhador de fábrica pode ser insignificante para um milionário que pode facilmente quitá-la como lhe convier. Da mesma forma, uma dívida nacional que seria esmagadora quando a renda de uma nação é baixa pode ser bastante controlável quando a renda nacional é muito maior. Assim, embora a dívida nacional (ou dívida pública, como também é chamada) dos EUA em poder do público tenha atingido um recorde em 2004, foi de apenas 37% do Produto Interno Bruto do país naquela época, enquanto uma dívida muito menor, décadas antes, em 1945, representava mais do que 100% do PIB daquele ano.

Como outros agregados estatísticos, a dívida pública tende a crescer ao longo do tempo conforme a população e a renda nacional crescem e na medida em que a inflação faz com que um determinado montante de dinheiro represente menores quantidades de riqueza real ou passivos reais. Isso se constitui em oportunidades políticas para que os críticos de qualquer partido que esteja no poder denunciem a dívida acumulada recorde a ser paga pelas gerações futuras. Dependendo das circunstâncias específicas de um determinado país em um determinado momento, isso pode ser um motivo de preocupação grave ou simplesmente teatro político.

Dívidas públicas devem ser comparadas não só com a produção ou a renda nacional, mas também com as alternativas diante de uma determinada nação em um determinado momento. Por exemplo, a dívida federal dos Estados Unidos em 1945 chegou a US$258 bilhões, em um momento em que a renda nacional era de US$182 bilhões. Em outras palavras, a dívida nacional era 41% *superior* à renda nacional, como resultado dos enormes custos militares da II Guerra Mundial. Os custos de não lutar contra os nazistas ou o Japão imperial foram considerados uma alternativa muito pior, e a dívida pública parecia algo secundário naquela ocasião.

Mesmo em tempo de paz, se estradas e pontes de uma nação estão desmoronando por falta de manutenção e reparos, isso não aparece nas estatísticas nacionais da dívida, mas a infraestrutura negligenciada é uma carga que está sendo passada para a próxima geração, da mesma forma que uma dívida nacional seria. Se os custos de reparos valem os benefícios, então a emissão de títulos do governo para levantar o dinheiro necessário para restaurar essa infraestrutura faz sentido — e os encargos para as gerações futuras podem ser maiores do que se os títulos jamais tivessem sido emitidos, embora assumindo a forma de dívida em dinheiro, em vez de na forma de infraestrutura se deteriorando, talvez perigosamente, a ponto de se tornar ainda mais cara para consertar na próxima geração devido à recorrente negligência.

Não há como pagar os gastos, em tempo de guerra ou de paz, a não ser por meio de receitas fiscais ou com o dinheiro recebido com a venda de títulos do governo. Qual método faz mais sentido econômico depende em parte se o dinheiro

Palavras de Despedida

está financiando um fluxo corrente de bens e serviços, como a eletricidade, o papel para as agências governamentais ou os alimentos para as forças militares, ou está sendo gasto para aumentar o estoque acumulado de capital, tais como usinas hidrelétricas ou estradas nacionais a serem usadas em exercícios futuros para as gerações futuras.

Endividar-se para criar investimentos de longo prazo faz tanto sentido para o governo quanto alguém fazer um empréstimo maior que sua renda anual para comprar um imóvel residencial. Da mesma forma, as pessoas que tomam emprestado mais do que sua renda anual para viver à larga naquele ano vão simplesmente gastar além de seus meios e, provavelmente, se encaminhar para um grande enrosco financeiro. O mesmo princípio aplica-se aos gastos governamentais com os benefícios correntes, com os custos sendo transmitidos às gerações futuras.

Quando se avalia a dívida pública, também deve ser levado em conta quem são os credores. Um governo vender todos os títulos para seus próprios cidadãos é algo muito diferente de vender a totalidade ou uma parte substancial dos títulos para pessoas em outros países. A diferença é que uma dívida interna é realizada pela mesma população que é responsável pelo pagamento dos impostos para resgatar o principal e os juros. "Nós devemos isso a nós mesmos" é uma frase por vezes usada para descrever essa situação. Mas, quando uma parte significativa dos títulos emitidos pelo governo dos EUA é comprado por pessoas na China ou no Japão, então os detentores desses papéis e os contribuintes já não são a mesma população. As futuras gerações de chineses e japoneses poderão recolher a riqueza de futuras gerações de americanos. A partir de 2011, quase metade da dívida federal dos Estados Unidos — 46% — estava nas mãos de estrangeiros.

Mesmo quando uma dívida pública pertence inteiramente aos cidadãos do país que emitiu os títulos, diferentes indivíduos realizam diferentes ações com os títulos e recolhem diferentes montantes de impostos. Muito também depende de como os membros das gerações futuras adquirem os títulos emitidos pela geração atual. Se a próxima geração simplesmente herda os títulos comprados pela atual, então eles herdam tanto a dívida quanto a riqueza necessária para pagar a dívida, de modo que não há nenhum encargo líquido passado de uma geração para a seguinte. Porém, caso a geração mais velha venda seus títulos para os mais jovens — quer diretamente, de indivíduo para indivíduo, ou por descontar os títulos, que o governo paga emitindo novos títulos para novas pessoas — então o ônus da dívida pode ser liquidado, no que diz respeito à geração mais velha, e passado adiante para a próxima geração.

Arranjos financeiros e suas complicações não devem obscurecer o que está acontecendo em termos de bens e serviços reais. Quando os Estados Unidos participaram da II Guerra Mundial, incorrendo em uma enorme dívida pública, isso não significa que os norte-americanos vivos naquele momento não tinham nada a não ser crédito. Os tanques, bombardeiros e outros equipamentos e materiais usados para combater surgiram da economia americana naquele tempo — à custa dos bens de consumo que de outra forma teriam sido produzidos. Esses custos não foram pagos por meio de empréstimos de pessoas em outros países. Os americanos simplesmente consumiram uma parcela menor da produção norte-americana.

Financeiramente, a guerra foi financiada por uma mistura de aumento de impostos e venda de títulos. Mas, qualquer que seja a mistura particular, não alivia o fato de que aquela geração teve de sacrificar seu padrão de vida em função da guerra. O fardo de participar da II Guerra Mundial poderia ter sido transferido para uma geração mais tarde apenas no sentido de que a geração da II Guerra Mundial poderia, nos anos posteriores, ser reembolsada por seu sacrifício com o resgate dos títulos que havia comprado durante o conflito. Na realidade, porém, a inflação causada pela guerra significou que o poder de compra real dos títulos quando foram trocados não era equivalente ao poder de compra que tinha sido sacrificado para os adquirir durante a guerra. A geração da II Guerra Mundial esteve permanentemente presa às perdas decorrentes dela.

Em geral, a opção do governo de arrecadar dinheiro cobrando impostos ou vendendo títulos não exime a população atual de seu encargo econômico a menos que o governo venda títulos para estrangeiros. Mesmo nesse caso, contudo, trata-se apenas de um adiamento. A escolha pode ser mais significativa politicamente para o próprio governo, que pode encontrar menos resistência ao não aumentar os impostos para cobrir todos os gastos correntes, mas se baseia em vendas de títulos para complementar suas receitas fiscais. Tal conveniência para o governo constitui-se em uma tentação de usar as receitas provenientes da venda de títulos para cobrir os gastos correntes em vez de as reservar para financiar os gastos com projetos de longo prazo. Há óbvios benefícios políticos disponíveis para que aqueles atualmente no poder gastem dinheiro oferecendo benefícios aos eleitores atuais, passando os custos para aqueles atualmente jovens demais para votar, incluindo aqueles que ainda não nasceram.

Em geral, embora os títulos do governo sejam quitados quando atingem suas datas de vencimento, novos títulos são emitidos e vendidos, de modo que, em vez de ser paga, a dívida pública cresce, não obstante em determinados períodos da história alguns países liquidaram suas dívidas nacionais, parcial ou completamente. Isso não significa que a venda de títulos do governo não tenha custos ou riscos. O custo para o governo inclui os juros que devem ser pagos sobre a dívida pública. O custo mais importante para a economia é a absorção pelo governo de aplicações que poderiam ter ido para o setor privado, onde seriam adicionadas aos bens de capital do país.

Na medida em que os títulos do governo maturam e a dívida pública atinge um tamanho em que os investidores começam a se preocupar se ela pode continuar a crescer sem elevar as taxas de juros para atrair os compradores necessários, isso pode gerar expectativas de que taxas de juros mais elevadas inibirão futuros investimentos — expectativas que podem inibir imediatamente os investimentos correntes. Taxas de juros crescentes para títulos do governo tendem a afetar outras taxas de juros, as quais também se elevam devido à competição pela captação de recursos no mercado financeiro — a qual, por seu turno, tende a reduzir o crédito e a demanda agregada de cuja continuidade depende a prosperidade.

A gravidade de tais perigos tem relação com o tamanho da dívida pública — não absolutamente, mas em função da renda do país. Os financistas profissionais e investidores sabem disso, e, portanto, não são susceptíveis de entrar em pânico, mesmo quando há uma dívida pública recorde, *se* ela não assusta em virtude do tamanho da economia. É por isso que, apesar de muita retórica política sobre o deficit orçamentário do governo americano e a crescente dívida nacional criada no início do século XXI, o eminente economista Michael Boskin podia dizer em 2004: "Wall Street bocejou quando as projeções do deficit subiram". Os financistas provaram estar certos quando o tamanho do deficit em 2005 ficou aquém do que havia sido em 2004. O *New York Times* relatou:

> A grande surpresa foi na arrecadação de impostos, que está sendo quase 15% maior do que em 2004. A receita dos impostos corporativos aumentou cerca de 40% após definhar por quatro anos, e as receitas dos impostos pessoais crescem também.

A surpresa está nos olhos de quem vê. Não havia ineditismo no aumento das *receitas* fiscais sem um aumento de *alíquotas*. De fato, já houve em vários momentos e lugares incrementos das receitas fiscais na sequência de um corte nas alíquotas.

Enquanto o tamanho absoluto da dívida pública pode superestimar os riscos econômicos para a economia sob algumas condições, pode igualmente subestimá-los em outras circunstâncias. Quando o governo tem grandes passivos financeiros surgindo no horizonte, mas que ainda não fazem parte do orçamento oficial, então a dívida pública oficial pode ser consideravelmente menor do que a verdadeira.

Após as crises financeiras no setor imobiliário nos Estados Unidos no início do século XXI, por exemplo, a Federal Housing Administration (agência federal americana que, entre outras coisas, garante os empréstimos efetuados por instituições financeiras para a construção de casas) tinha muito menos dinheiro na mão do que supunha ter proporcionalmente às hipotecas que havia garantido. À medida que aumentava a inadimplência dos tomadores de empréstimos hipotecários, era apenas uma questão de tempo até que a Federal Housing Administration (FHA) procurasse o Tesouro atrás de mais dinheiro. Todavia, qualquer transferência de dinheiro do Tesouro elevaria o deficit anual oficial e, consequentemente, a dívida pública, o que poderia ser uma vergonha política antes de uma eleição.

Desse modo, embora o *Wall Street Journal* relatasse em 2009, referindo-se à FHA, que suas "reservas de capital caíram para níveis baixíssimos, aumentando a probabilidade de que a agência irá, por fim, exigir uma ajuda do contribuinte", tal ajuda não veio até 2013 — um ano depois das eleições de 2012.

Quando o Departamento do Tesouro supriu a FHA com US$1,7 bilhão, só então as obrigações financeiras do governo foram computadas no deficit federal anual oficial, tornando-se parte da dívida pública. No entanto, seria politicamente impossível para qualquer administração deixar a FHA descumprir com suas garantias às hipotecas, de maneira que esse passivo financeiro foi sempre tão real quanto qualquer coisa que fosse incluída na dívida pública oficial, mesmo antes que o socorro financeiro do Tesouro realmente ocorresse.

Como a dívida nacional dos Estados Unidos subiu em 2013 para quase US$17 trilhões — um pouco acima de 100% do PIB — Wall Street já não estava bocejando, como o professor Boskin havia colocado nove anos antes.

Uma coisa é ter uma dívida pública tão grande quanto o Produto Interno Bruto, ou maior, no final de uma grande guerra, quando o regresso da paz implica em reduções drásticas nos gastos militares, o que representa uma oportunidade para começar a resgatar a dívida nacional ao longo dos anos que se seguiram. Mas ter uma dívida pública comparável em tempo de paz apresenta opções mais sombrias, porque não há nenhuma indicação do tipo de redução dos gastos do governo, como ocorre no final de uma guerra.

Encargos de Bens e Serviços

Como já vimos, os governos locais e federal cobram pelo fornecimento de vários produtos e serviços. Esses encargos são muitas vezes bastante diferentes do que seriam em um mercado livre, porque os incentivos dos funcionários públicos que os estabelecem são diferentes. Portanto, a alocação de recursos escassos que têm usos alternativos também é diferente.

Nos EUA, o transporte de massa nas cidades já esteve certa feita a cargo de empresas privadas, que cobravam tarifas que cobriam tanto os gastos correntes — combustível, salário dos motoristas de ônibus etc. — como os custos de longo prazo para adquirir novos ônibus, bondes, trens ou composições de metrô para substituir aqueles cuja vida útil se esgotava, além do pagamento de uma taxa de retorno sobre o capital aplicado por investidores suficiente para manter o fluxo de capital investido por eles. Ao longo dos anos, porém, muitos sistemas de trânsito municipais passaram para o controle das prefeituras. Muitas vezes isso ocorreu porque as tarifas foram sendo regulamentadas pelas autoridades municipais e estabelecidas em níveis insuficientes para viabilizar as operações, especialmente durante períodos de inflação. Em Nova York, por exemplo, a tarifa do metrô de US$0,05 permaneceu como dogma político durante anos, mesmo em períodos de inflação elevada, quando todos os outros preços estavam subindo, inclusive os de equipamento, suprimentos e mão de obra utilizados para manter os trens funcionando.

Claramente, sistemas de metrô de propriedade privada já não eram viáveis sob condições em que se perdia dinheiro, então, a prestação desse serviço era transferida para a prefeitura. Uma vez que as perdas continuavam ocorrendo, deveriam ser equacionadas com base nas receitas fiscais.

Os incentivos para interromper as perdas, algo que teria sido imperativo em uma empresa privada sob pena de quebra, quase não existiam agora sob a administração municipal pois eram cobertas automaticamente pelas receitas fiscais. Assim, o serviço poderia continuar a ser fornecido a um custo superior aos benefícios pelos quais os passageiros estavam dispostos a pagar. Dito de outro modo, os recursos cujo valor para as pessoas em outras partes da economia era maior jamais seriam atribuídos ao transporte municipal por causa dos subsídios extraídos dos contribuintes.

Incentivos para fixar o preço de bens e serviços fornecidos pelo governo em níveis mais baixos do que em um negócio privado não são, de modo algum, confinados ao transporte municipal. Como preços mais baixos significam maior demanda do que quando os preços são mais elevados, as pessoas encarregadas de fixar os preços de bens e serviços fornecidos pelo governo são incentivadas a assegurar a continuidade da demanda suficiente para os produtos e serviços que vendem, e, portanto, a manutenção de seus empregos. Além disso, como os preços mais baixos são menos propensos a provocar protestos políticos e pressões contra os preços mais altos, os postos de trabalho dos que controlam as vendas de produtos e serviços oferecidos pelo governo são mais seguros, mais fáceis de realizar e menos estressantes quando os preços são mantidos abaixo do nível que prevaleceria em um mercado livre, no qual os custos devem ser cobertos por receitas de vendas.

Em situações em que o dinheiro pago pelas pessoas que estão usando os produtos e serviços vai para a tesouraria geral, e não para os cofres da agência governamental em particular que está fornecendo esses bens e serviços, há ainda menos incentivo para fazer com que o preço cobrado cubra os custos envolvidos. Por exemplo, as taxas cobradas para a entrada em Yosemite, Yellowstone, ou outros parques nacionais vão para o caixa do governo dos EUA, com os custos de manutenção desses parques sendo pagos a partir da tesouraria, ou seja, a partir de receitas fiscais gerais. Assim, não há incentivo para os funcionários que administram os parques nacionais cobrarem taxas capazes de cobrir os custos de funcionamento deles.

Mesmo para um parque nacional de alta visitação cujas instalações vão se deteriorando em função do uso intensivo, ainda não há estímulo para aumentar os ingressos quando o que importa é a verba autorizada pelo Congresso a partir das receitas tributárias gerais. Em suma, a função normal de racionalização dos preços, de modo a manter os custos abaixo do que os consumidores estão dispostos a pagar, é inexistente nessas situações.

A independência dos preços em relação aos custos oferece oportunidades políticas para que os administradores eleitos ou nomeados atendam a determinados interesses especiais, oferecendo preços mais baixos para os idosos, por exemplo. Assim, das pessoas mais velhas é cobrada uma taxa única de US$10 por um bilhete que confere o direito de entrar em qualquer parque nacional para o resto de suas vidas, enquanto dos demais podem ser cobrados US$25 a cada vez que ingressarem nesses parques. O fato de que os idosos costumam ter maior valor

Palavras de Despedida

líquido do que a população em geral pode ter menos peso político do que o fato de que eles votam.

Embora sejam muitos os contextos em que os bens e serviços fornecidos pelo governo têm preços abaixo do custo, há outros em que os preços são fixados bem acima dos custos. Pontes, por exemplo, são muitas vezes erguidas com a ideia de que os pedágios cobrados dos usuários ao longo dos anos acabarão por cobrir o custo de construí-las. No entanto, não é incomum que os pedágios continuem a ser recolhidos por muito tempo após o custo original ter sido recuperado várias vezes, e quando a arrecadação necessária para cobrir a manutenção e reparos é uma fração do dinheiro que continua a ser cobrado para atravessar a ponte.

Nos EUA, nas situações em que é permitido que determinada agência governamental encarregada de uma ponte mantenha a cobrança de pedágios, há todo o incentivo para usar esse dinheiro no desenvolvimento de outros projetos — isto é, para expandir o império burocrático controlado pelos responsáveis da agência. A autoridade com jurisdição sobre a ponte pode decidir, por exemplo, iniciar ou subsidiar o serviço de balsa que atravessa a mesma hidrovia cruzada pela ponte a fim de satisfazer uma "necessidade não satisfeita" dos passageiros. Sempre há "necessidades não satisfeitas" em qualquer economia, e a uma tarifa suficientemente baixa nas balsas haverá pessoas que as utilizam — demonstrando politicamente essa "necessidade" — mesmo que o valor cobrado delas não chegue nem perto de cobrir o custo do serviço.

Em resumo, serão alocados para o serviço de balsas recursos que nunca seriam alocados lá se tanto a ponte quanto as balsas fossem operações independentes em um mercado livre e, portanto, cada uma teria para cobrir seus custos os preços cobrados. Mais importante, nas balsas podem ter sido alocados recursos cujo valor é maior em usos alternativos.

Na Califórnia, por exemplo, onde dois milhões de travessias por balsas são feitas anualmente de São Francisco para Sausalito e Larkspur, há um subsídio de US\$15 por viagem, ou cerca de US\$30 milhões no total. No serviço de balsa do sul de São Francisco para Oakland e Alameda, que começou em 2012, a tarifa média cobrada por ida e volta foi fixada em US\$14, com o subsídio dos contribuintes e pagadores de pedágio combinados somando US\$94 por ida e volta. Sem dúvida, essa nova balsa oferece um serviço que beneficia os passageiros. Mas a questão relevante economicamente é se essas prestações cobrem os custos — US\$108 por ida e volta, nesse caso, dos quais apenas US\$14 é pago pelos usuários. A única maneira de determinar se os benefícios realmente valem o custo de US\$108 para ir e voltar é cobrar US\$108 para ir e voltar. Mas não há incentivos para os administradores do serviço de balsa agirem assim quando os subsídios estão prontamente disponíveis a partir dos contribuintes e passageiros.

Às vezes, os argumentos utilizados para justificar a existência de subsídios para alguns produtos e serviços oferecidos pelo governo são de que, em caso contrário, "os pobres" não teriam acesso a eles. Deixando de lado por um momento a questão de saber se a maioria dos "pobres" é uma classe permanente ou simplesmente pessoas transitoriamente situadas em faixas de rendimentos mais baixos (incluindo jovens vivendo com pais ricos ou de classe média), e até mesmo aceitando o argumento que de alguma forma é imperativo que "os pobres" utilizem os produtos e serviços específicos em questão, subsidiar *todos* os que usam esses bens e serviços a fim de ajudar uma fração da população parece ser menos eficiente do que ajudar diretamente "os pobres" com dinheiro ou vales e deixar que os outros paguem à sua própria maneira.

O mesmo princípio se aplica quando se consideram os subsídios cruzados provenientes não dos contribuintes, mas de cobranças excessivas sobre algumas pessoas (como usuários de pontes com pedágio) para subsidiar outras (como os passageiros de balsas). A fragilidade do raciocínio baseado em subsidiar "os pobres" é mostrada também pela frequência com que subsídios do contribuinte são utilizados para financiar coisas raramente utilizadas pelos "pobres", tais como campos de golfe municipais ou orquestras sinfônicas.

Em geral, encargos governamentais de bens e serviços não são simplesmente uma questão de transferência de dinheiro, mas de redirecionar recursos na economia geralmente sem muita preocupação com a alocação desses recursos de forma a maximizar os benefícios líquidos para a população em geral.

AS DESPESAS DO GOVERNO

O governo gasta, seja voluntária, ou involuntariamente. Os gestores públicos podem voluntariamente optar por formular um novo programa ou departamento ou aumentar ou diminuir suas dotações. Alternativamente, o governo pode ser forçado pela legislação a pagar o seguro-desemprego quando uma desaceleração da economia causa desemprego. Os gastos do governo também podem aumentar automaticamente quando as safras agrícolas não podem ser comercializadas aos preços garantidos e, por isso, o governo é legalmente obrigado a comprar o excedente. Seguro-desemprego e subsídios agrícolas são apenas dois de uma gama de "direitos" cuja despesa está além do controle de qualquer dada administração,

Palavras de Despedida

uma vez que os programas que garantem esses direitos tenham sido transformados em lei. Apenas a revogação de tal legislação pode impedir o dispêndio, e isso significa ofender todos os atuais beneficiários, que podem ser mais numerosos do que aqueles cujo apoio fez a legislação ser possível.

Em suma, embora os gastos do governo, os deficit anuais e a dívida pública acumulada resultem, muitas vezes, de dispêndios atribuídos à ação dos gestores governamentais de plantão, grande parte das despesas não se dá ao critério deles, mas é exigida por leis preexistentes. No orçamento dos EUA para o ano fiscal de 2008, por exemplo, até mesmo o orçamento militar para um país que estava em guerra foi ultrapassado por gastos não discricionários em Medicare, Medicaid e Seguridade Social.

Os gastos do governo repercutem na economia, assim como a tributação — e ambos estão, em certa medida, fora do controle da administração no comando. Quando a produção e o emprego declinam, os impostos coletados das empresas e trabalhadores tendem a cair também. Ao mesmo tempo, o seguro-desemprego, os subsídios agrícolas e outras despesas tendem a subir. Isso significa que o governo está gastando mais dinheiro quando recebe menos. Portanto, em termos líquidos, o governo está aumentando o poder de compra na economia durante uma recessão, o que tende a amortecer a queda na produção e emprego.

Inversamente, quando produção e emprego crescem, mais receitas fiscais entram e menos gente ou empresas recebem ajuda financeira do governo, de modo que este tende a remover poder de compra da economia em um momento em que poderia, em caso contrário, haver inflação. Esses arranjos institucionais são às vezes chamados de "estabilizadores automáticos", uma vez que vão na contramão de movimentos recessivos ou expansivos da economia sem a necessidade de uma dada administração tomar qualquer decisão.

Às vezes, mais é reivindicado para os gastos do governo do que a realidade vai apoiar. Muitos programas governamentais, seja em nível local ou nacional, são muitas vezes promovidos com a afirmação de que, sejam quais forem os benefícios alegados, o dinheiro gasto terá um efeito multiplicador sobre a riqueza proporcionada pela despesa inicial. Na realidade, qualquer dinheiro — do governo ou privado — gera novos e subsequentes gastos. Quando o governo toma dinheiro de algum lugar — dos contribuintes ou dos comparadores de títulos de sua emissão — e o transfere para outro lugar, a perda do poder de compra em um é compensada pelo ganho do poder de compra em outro. Somente se, por algum motivo, o governo é mais propenso a gastar o dinheiro do que aqueles de quem retirou, há um aumento líquido no gasto do país como um todo. A contribuição histórica de John Maynard Keynes para a Economia foi esclarecer as condições em que isso é considerado provável, mas há controvérsias na Economia keynesiana nesse e em outros terrenos.

A receita keynesiana para retirar uma economia de uma recessão ou depressão é o governo gastar mais dinheiro do que recebe em impostos. Segundo os economistas dessa escola, tal deficit aumenta a demanda monetária agregada na economia, levando a mais compras de bens e serviços, que exige a contratação de mais trabalhadores, reduzindo assim o desemprego. Dissidentes e críticos das políticas keynesianas argumentam que os mercados podem restaurar o emprego melhor por meio dos processos de ajustamento normais do que com a intervenção do governo. Mas nem os economistas keynesianos nem os economistas rivais da Escola de Chicago, representados por Milton Friedman, defenderam o tipo de intervenções governamentais ad hoc nos mercados efetuadas tanto pela administração republicana de Herbert Hoover como pelo governo democrata de Franklin D. Roosevelt durante a Grande Depressão da década de 1930.

Custos versus gastos

Ao discutir políticas ou programas de governo, o "custo" dessas políticas ou programas é muitas vezes citado sem especificar para quem, se para o governo ou para a economia. Por exemplo, o custo para o governo de proibir que casas ou empresas sejam construídas em determinadas áreas constitui-se apenas no custo de funcionamento das agências responsáveis por controlar tais coisas, o qual pode ser muito modesto, especialmente depois que o conhecimento da legislação ou política que tornam essa ação possível é generalizado e só alguns poucos considerariam entrar com ações em contrário na justiça. Porém, apesar de tal embargo poder custar muito pouco ao governo, pode custar à economia muitos bilhões em bens valiosos que deixaram de ser construídos.

Por outro lado, pode custar ao governo grandes somas de dinheiro construir e manter os diques ao longo das margens de um rio, mas, se não o fizer, as pessoas correriam o risco de sofrer perdas ainda maiores com inundações. Quando o custo de uma determinada política é considerado, é importante deixar muito claro sobre *quais custos* se está discutindo ou considerando — para o governo ou o para a economia.

Uma das objeções para a construção de mais prisões para trancar mais criminosos por longos períodos de tempo é que elas custam ao governo uma grande quantidade de dinheiro por presidiário por ano para mantê-los atrás das grades. Às vezes, é feita uma comparação entre o custo de manter um criminoso na prisão *versus* o custo de enviar alguém para a faculdade dado um mesmo período de tempo. Contudo, a alternativa relevante para os custos de encarceramento são os custos suportados pelo público quando os criminosos contumazes estão fora da prisão. Na Grã-Bretanha, no início do século XXI, por exemplo, os custos financeiros do crime foram estimados em £60 bilhões, enquanto os custos totais das prisões alcançaram menos de £3 bilhões. As autoridades governamentais estão, naturalmente, preocupadas com os custos do sistema prisional que têm para cobrir, em vez dos £60 bilhões que os outros devem pagar. Nos Estados Unidos, estima-se que o custo de manter um criminoso de carreira atrás das grades é de pelo menos US$10.000 por ano *menor* que o custo de o ter lá fora, em liberdade.

Nos EUA, outra área em que os gastos do governo são um indicador extremamente enganador dos custos para o país são os relacionados à aquisição de terras em função de programas de "desenvolvimento" ou políticas de restrição da área construída. Quando funcionários do governo local começam a discutir publicamente a perspectiva de "revitalização" de um determinado bairro meramente lembrando a faculdade que lhes é concedida pelo poder do "eminent domain" de demolir casas e empresas ali existentes, isso por si só é suficiente para desencorajar os potenciais compradores de casas ou empresas naquele bairro, e o valor presente desses imóveis começa a diminuir muito antes de qualquer ação concreta tomada pelo governo.

Quando enfim o governo age, o que pode acontecer anos mais tarde, os valores das propriedades do bairro afetado podem ser muito menores do que eram antes do plano de desenvolvimento começar a ser discutido. Portanto, mesmo se aos proprietários cabe uma "justa compensação", como exigido por lei, o que recebem a título de indenização é o valor reduzido de sua propriedade, não seu valor de antes de os funcionários do governo começarem a discutir os planos para reconstruir na área. Portanto, as indenizações do governo podem ser muito menores do que os custos reais para a sociedade de perder esses recursos específicos.

Há nessa situação muito do mesmo princípio de restringir o uso da terra em nome da "preservação de espaços" ou "exploração inteligente", que reduzem o valor da terra porque os construtores de imóveis estão agora impedidos de utilizar a terra e já não fazem ofertas de compra por elas. Os proprietários dessas terras têm agora poucos, se houver, potenciais compradores, além de alguma agência do governo local ou alguma entidade sem fins lucrativos que quer a área "intocada". Em ambos os casos, o dinheiro gasto para adquirir essa terra

Economia Básica - Volume II

pode subestimar completamente o custo para a sociedade de não ter esse recurso disponível para usos alternativos. Como em outros lugares, os custos reais de quaisquer recursos, no âmbito de qualquer política econômica ou sistema, são os usos alternativos desses recursos. Os preços a que a terra artificialmente desvalorizada é transferida subestimam completamente o valor das alternativas de uso em um mercado livre.

Benefícios *versus* Benefícios Líquidos

A ponderação entre custos e benefícios, que é parte da alocação de recursos escassos que têm usos alternativos, pode ser muito afetada pelos gastos do governo.

Embora existam alguns bens e serviços que praticamente todo mundo considera oportunos, pessoas diferentes podem considerá-los desejáveis em diferentes graus e, correspondentemente, se dispõem a pagar por eles em diferentes graus. Se algum produto X custa US\$10, mas a pessoa média está disposta a pagar apenas US\$6 por ele, então esse produto irá, obviamente, ser comprado somente por uma minoria, mesmo que a grande maioria considere o produto X como desejável até certo ponto. Tais situações fornecem oportunidades políticas aos titulares de (ou que procuram ser eleitos para) cargos públicos.

O que, segundo uma perspectiva econômica é uma situação comum, pode ser redefinido politicamente como um "problema" — ou seja, que a maioria das pessoas quer algo que custa mais do que elas se sentem dispostas a pagar. Com frequência, a solução proposta para essa questão é que o governo deveria, de uma forma ou de outra, tornar esse produto amplamente desejado mais "acessível" para mais pessoas. O controle dos preços é susceptível de reduzir a oferta, portanto, as opções mais viáveis são subsídios do governo, ou para a produção dos bens desejados, ou para sua compra. Em ambos os casos, o público agora paga pelo produto, seja pelos preços pagos diretamente pelos compradores, seja pelos impostos recolhidos pela população em geral.

Para que o preço desse produto de US\$10 em particular se torne "acessível" — isto é, ao custo que a maioria das pessoas está disposta a pagar — não pode ser superior a US\$6. Desse modo, um subsídio do governo de ao menos US\$4 deve cobrir a diferença, cabendo aos impostos ou vendas de títulos fornecer esse dinheiro adicional. O resultado líquido, sob tais condições, é que milhões de pessoas vão pagar US\$10 — contando os impostos e o preço da mercadoria — por algo que vale a pena pagar apenas US\$6 para eles. Em suma, as finanças do

Palavras de Despedida

governo em casos assim criam uma má alocação de recursos escassos que têm usos alternativos.

Um cenário mais realista seria que os custos de funcionamento do programa de governo devem ser adicionados aos custos de produção, de modo que o custo total do produto subiria acima dos iniciais US$10, tornando a má alocação de recursos ainda mais perniciosa. Além disso, é improvável que o preço seria reduzido apenas ao nível que a pessoa média estava disposta a pagar, uma vez que ainda deixaria metade da população incapaz de comprar o produto a um preço que se dispusesse a pagar. Um cenário politicamente mais provável seria que o preço seria reduzido abaixo de US$6 e o aumento de custo acima de US$10.

Muitos padrões de despesa do governo, difíceis de explicar em termos de custos e benefícios para o público, não são irracionais em termos dos incentivos e constrangimentos que os funcionários responsáveis enfrentam em decorrência desses padrões. Por exemplo, não é raro encontrar governos gastando dinheiro na construção de um estádio esportivo ou um centro comunitário em uma situação em que a manutenção de estradas, rodovias e pontes é negligenciada.

O custo dos danos causados a todos os carros que utilizam estradas esburacadas pode exceder em muito o custo de tapar os buracos, que por sua vez pode ser uma fração do custo de construção de um magnífico centro comunitário novo ou um estádio desportivo monumental. Tal padrão de despesa é irracional somente se o governo é concebido como sendo a personificação do interesse público, e não como uma organização dirigida por pessoas eleitas ou nomeadas que colocam seus próprios interesses em primeiro lugar, como fazem outras pessoas em muitas outras instituições e atividades.

A principal prioridade de uma autoridade eleita é, geralmente, se reeleger, algo que requer um fluxo constante de publicidade favorável para manter seu nome em evidência perante o público. Realizar qualquer grande obra, se urgentemente necessária ou não, cria essas oportunidades políticas porque atrai a cobertura da mídia para as cerimônias de inauguração, por exemplo. Tapar buracos, reparar pontes, ou atualizar o equipamento em uma estação de tratamento de esgoto não são ocasiões para cortar fitas ou discursos de políticos. O padrão de gastos do governo em decorrência de tais incentivos e restrições não é novo ou limitado a determinados países. Adam Smith apontou um padrão semelhante na França do século XVIII:

> Em uma corte na qual a ostentação era regra, um ministro orgulhoso pode muitas vezes ter prazer em executar uma obra esplendorosa e magnífica, como uma grande estrada frequentemente às vistas da nobreza principal, cujos aplau-

sos não só lustram sua vaidade, mas até mesmo contribuem para apoiar seus interesses na corte. Mas, para executar um grande número de pequenas obras, em que nada possa aparecer de forma especial ou excitar o menor grau de admiração em qualquer viajante, e que, em suma, nada tem a recomendá-las a não ser sua extrema utilidade, é algo que se parece em todos os aspectos muito medíocre para merecer a atenção de tão grande magistrado.

OS ORÇAMENTOS DO GOVERNO

Os orçamentos governamentais, que incluem as receitas de impostos e as despesas, *não* são registros do que já aconteceu. Eles são planos ou previsões sobre o que vai acontecer. Mas é claro que ninguém realmente sabe o que vai acontecer, então, tudo depende de como as projeções sobre o futuro são feitas. Nos Estados Unidos, o Congressional Budget Office (CBO) estima as receitas fiscais sem ter plenamente em conta a forma como as alíquotas de imposto tendem a mudar o comportamento econômico — e como o comportamento econômico mudou depois de mudar as receitas fiscais. Por exemplo, segundo um parecer do CBO, o aumento da alíquota do imposto sobre ganhos de capital de 20% para 28% em 1986 aumentaria a receita — mas na verdade *as receitas* provenientes desse imposto caíram após as *alíquotas* aumentarem. Por outro lado, cortes nas alíquotas sobre ganhos de capital em 1978, 1997 e 2003 levaram a um aumento das receitas desse imposto.

Impávido, o Congressional Budget Office estimou que a extensão de uma redução temporária da alíquota do imposto sobre ganhos de capital para 15% custaria ao Tesouro US$20 bilhões em perda de receita — não obstante esse corte temporário já tivesse resultado em dezenas de bilhões de acréscimos de receita. De 2003 a 2007, as disparidades entre as estimativas de receitas tributárias do CBO foram enormes — as receitas fiscais foram subestimadas em US$13 bilhões em 2003 e em US$147 bilhões em 2007. Muitos na mídia haviam raciocinado da mesma forma que o CBO — e foram pegos de surpresa quando as receitas fiscais não acompanharam essas crenças. "Um aumento inesperado das receitas fiscais das corporações e dos ricos está reduzindo o deficit orçamentário projetado para este ano", informou o *New York Times* em 2006.

Um ano mais tarde, o deficit havia decrescido um pouco mais e estava ligeiramente acima de 1% do Produto Interno Bruto. Além disso, uma proporção cada vez maior de todas as receitas de impostos federais vinha das faixas mais

Palavras de Despedida

altas de renda, apesar do uso generalizado da expressão "cortes de impostos para os ricos". De volta a 1980, quando a maior alíquota de imposto marginal era de 70% no topo da pirâmide de renda, antes da série de cortes de impostos que começaram na administração Reagan, 37% de todas as receitas do imposto de renda vinham dos 5% das pessoas de maior renda. Depois que uma série de "cortes de impostos para os ricos" ao longo dos anos havia reduzido a maior alíquota de imposto marginal para 35% em 2004, agora mais da metade de todas as receitas do imposto de renda eram provenientes dos 5% que mais ganhavam.

Entretanto, a frase "cortes de impostos para os ricos" mantém presença constante na política e nos meios de comunicação. Como o juiz Oliver Wendell Holmes disse uma vez, palavras de ordem podem "atrasar a análise por 50 anos". Quando se trata de política tributária, essas palavrinhas têm atrasado a análise ainda mais.

Nem o Congressional Budget Office, nem ninguém, pode prever, com certeza, as consequências de uma determinada alíquota ser aumentada ou diminuída. Não se trata apenas de que a quantidade exata de receitas não pode ser prevista. Se a receita vai se mover em uma direção ou na direção oposta não é uma conclusão inevitável. A escolha se dá entre alternativas que são suposições bem-comportadas — ou, o que é pior, mecanicamente calculadas do quanto de receita virá se o comportamento de ninguém mudar na esteira de uma mudança de imposto. Comportamentos se alteram com muita frequência, e também dramaticamente, para prosseguir nessa suposição. Já em 1933, John Maynard Keynes observava que "a tributação pode ser tão alta quanto a derrota de sua finalidade", e que, "dando-se o tempo suficiente para colher os frutos, uma redução da tributação tem uma chance melhor do que um aumento para equilibrar o orçamento".

Como os orçamentos *não* são registros do que já aconteceu, mas projeções do que se supõe vá acontecer no futuro, tudo depende das suposições com que são feitos — e por quem. Enquanto o CBO elabora estimativas quanto a custos e pagamentos futuros, os pressupostos dos quais derivam essas previsões são fornecidos pelo Congresso. Se o Congresso assume uma taxa irrealisticamente alta de crescimento econômico e, portanto, uma arrecadação muito maior de receitas fiscais, o Congressional Budget Office necessariamente fundamenta suas projeções de deficit ou excedentes orçamentários futuros nas suposições do Congresso, quer elas sejam ou não realistas. A mídia ou o público podem tratar as estimativas do CBO como produto de um grupo não partidário de economistas

Economia Básica - Volume II

e estatísticos, mas as premissas fornecidas pelos políticos são o que, em última análise, determinam os resultados finais[5].

Nos EUA, uma situação similar existe em nível estadual, sejam as premissas fornecidas por políticos envolvendo taxas de crescimento, taxas de retorno sobre os investimentos do governo ou a respeito de qualquer um dos muitos outros fatores considerados ao se fazer estimativas de finanças públicas.

Quando em 2011 o estado da Flórida estimou que o dinheiro que tinha reservado para pagar as pensões de seus empregados estava aquém do que era necessário, necessidade essa que havia sido baseada no princípio arbitrário de que receberia uma taxa de retorno anual de 7,75% sobre os investimentos efetuados para esse fim. Na verdade, o retorno foi de apenas 7%, e essa diferença de menos de um ponto percentual se traduziria em quase US$14 bilhões a mais de dívida.

Se a Flórida recebesse apenas uma taxa de 5% de retorno sobre o investimento do dinheiro reservado para pagar essas pensões, isso resultaria em um deficit de quase cinco vezes mais do que o estado estimou oficialmente, com base em uma taxa de 7,75% de retorno. Como a Flórida tinha obtido, efetivamente, apenas uma taxa de 2,6% de retorno sobre tal investimento nos últimos dez anos, essas comparações mostram o enorme potencial de decepção ao preparar os orçamentos do governo, simplesmente mudando as suposições arbitrárias em que se baseiam essas previsões orçamentárias.

A Flórida não é um caso solitário. Como a revista britânica *The Economist* colocou, "quase todos os estados trabalham com uma taxa de desconto otimista para suas obrigações, fazendo com que os passivos pareçam menores do que são". Entre as razões: "Governadores e prefeitos há muito tempo oferecem gordas pensões para os funcionários públicos, comprando assim votos hoje e mandando a conta para os futuros contribuintes".

---

[5] No Brasil, o orçamento federal é elaborado pelo Poder Executivo e enviado para o Congresso para exame e aprovação. De qualquer maneira, ambos os poderes são formados por políticos eleitos, de modo que as premissas para a elaboração do orçamento são fornecidas por eles.

Capítulo 6

PROBLEMAS ESPECÍFICOS DA ECONOMIA NACIONAL

A demagogia sobrepuja os dados na formulação de políticas públicas.

Deputado Dick Armey

As decisões na Economia são fundamentais. Elas afetam o alcance do poder do governo e do crescimento de suas obrigações financeiras, incluindo — mas não se limitando — a dívida pública. Há também, por vezes, equívocos sobre a natureza do governo, levando a exigências irrealistas seguidas por denúncias precipitadas a respeito da "estupidez" ou "irracionalidade" dos funcionários públicos quando essas exigências não são atendidas. Entender muitas das questões da economia nacional requer alguma compreensão dos processos políticos tanto quanto dos processos econômicos.

O ESCOPO DO GOVERNO

Enquanto algumas decisões são claramente políticas e outras são nitidamente econômicas, existem grandes áreas nas quais as escolhas podem ser feitas por um processo ou outro. Tanto o governo quanto o mercado podem fornecer moradia, transporte, educação e muitas outras coisas. Quanto àquelas decisões que podem ser feitas quer política, quer economicamente, é necessário não só decidir qual resultado específico seria preferível, mas também qual dos processos oferece a melhor perspectiva de realmente chegar a esse resultado. Este, por seu turno, requer a compreensão de como cada processo funciona na prática, no âmbito dos respectivos incentivos e restrições, em vez de como deveriam funcionar em condições ideais.

O público pode expressar seus desejos seja por escolhas feitas na cabine de votação, seja no mercado. No entanto, as opções políticas são postas à disposição com menos frequência e normalmente valem até a próxima eleição. Além disso, o processo político oferece opções embrulhadas em um "pacote", no qual se encontram todo o espectro das posições de um candidato sobre Economia, questões militares e ambientais e outros temas que devem ser aceitos ou rejeitados como um todo, em comparação com um outro "pacote" de posições de outro candidato a propósito da mesma série de questões. O eleitor pode preferir a posição de um candidato sobre algumas dessas questões e a posição de um outro candidato em outras questões, mas essa escolha não está disponível no dia da eleição. Por outro lado, os consumidores fazem suas escolhas no mercado todos os dias e podem comprar leite de uma empresa e queijo de outro fabricante, ou enviar algumas encomendas pelos Correios ou pelo Fedex. E podem mudar de ideia um dia ou uma semana mais tarde e fazer escolhas completamente diferentes.

Na prática, virtualmente ninguém gasta muito tempo e muita atenção para decidir se vota em um candidato em detrimento de outro, como geralmente acontece para se decidir entre um emprego e outro, ou alugar um apartamento ou comprar uma casa. Além disso, o público geralmente compra produtos prontos no mercado, mas pode escolher apenas entre promessas concorrentes na arena política. No mercado, os morangos ou o carro que você está considerando comprar estão bem diante de seus olhos quando você toma sua decisão, enquanto as políticas que um candidato promete seguir devem ser aceitas mais ou menos como questões de fé — e as eventuais consequências dessas políticas ainda mais. A especulação é apenas um aspecto de uma economia de mercado, mas é a essência das eleições.

Por outro lado, cada eleitor tem o mesmo e único voto no dia da eleição, ao passo que os consumidores têm muitas diferentes quantias de dinheiro com as quais expressam seus desejos no mercado. Todavia, essas diferenças de dinheiro podem se equilibrar um pouco ao longo da vida, conforme os mesmos indivíduos mudam de uma faixa de renda para outra no decorrer dos anos, não obstante as diferenças existentes em um determinado momento.

A influência da riqueza no mercado faz com que muitos prefiram as decisões na arena política, no pressuposto de que se constitui em um campo mais equitativo. Porém, entre as coisas que a riqueza compra, está uma maior e melhor educação, bem como mais tempo de lazer que pode ser dedicado a atividades políticas e ao domínio das tecnicalidades legais. Tudo isso se traduz em uma in-

Palavras de Despedida

fluência desproporcional das pessoas mais ricas no processo político, enquanto o fato de que aqueles que não são ricos muitas vezes têm mais dinheiro em termos agregados do que aqueles que são ricos pode dar às pessoas comuns mais peso no mercado do que na política ou arena jurídica, dependendo do assunto e das circunstâncias.

Com muita frequência, verifica-se uma tendência de considerar o governo como um ente decisor monolítico ou como a personificação do interesse público. Mas diferentes elementos dentro do governo respondem aos diferentes eleitores lá fora e, por essa razão, estão muitas vezes em oposição um com o outro, bem como por causa de atritos quanto à competência jurisdicional de cada um. Muitas das coisas feitas por funcionários do governo em resposta aos incentivos e restrições das situações particulares em que se encontram podem ser descritas como "irracionais" por observadores externos, mas são frequentemente mais racionais do que a suposição de que esses funcionários representam o interesse público personificado.

Os políticos gostam de vir em auxílio de determinados setores de atividade, profissões, classes ou grupos raciais ou étnicos, de quem podem esperar os votos ou apoio financeiro — e apresentam os benefícios a esses grupos como benefícios líquidos para o país. Tais tendências não estão confinadas a um determinado país, mas podem ser encontradas em modernos estados democráticos em todo o mundo. Como um escritor na Índia colocou:

> Os políticos não têm coragem de privatizar o enorme e deficitário setor público porque receiam perder o voto do trabalho organizado. Eles resistem ao desmantelamento dos subsídios para energia, fertilizantes e água porque temem perder o voto crucial dos setores ruralistas. Eles não vão tocar nos subsídios alimentares em virtude do voto massivo dos pobres. Não removerão os milhares de inspetores nos governos estaduais, que continuamente assediam as empresas privadas, porque não querem alienar os votos dos funcionários públicos. Enquanto isso, essas benesses atrapalham as finanças estaduais e aumentam nosso vergonhoso deficit fiscal. A menos que o deficit fique sob controle, a nação não será mais competitiva; nem a taxa de crescimento subirá para 8% a 9%, que é a necessária para criar empregos e melhorar as chances de a maioria do nosso povo concretizar suas capacidades em um tempo razoavelmente curto.

Ainda que tais problemas possam ser particularmente agudos na Índia, não se limitam de forma alguma à Índia. Em 2002, o Congresso dos Estados Unidos aprovou um projeto de lei de subsídios agrícolas — com apoio bipartidário[1] — que se estimou custar para a família americana média mais de US$4.000 nos preços inflacionados dos alimentos durante a década seguinte. Problemas financeiros enormes foram criados no Brasil por proventos de aposentadoria generosos para os funcionários públicos que os deixam em melhor condição econômica do que quando estavam na ativa.

Uma das pressões sobre os governos em geral, e os governos eleitos em particular, é a de "fazer alguma coisa" — mesmo quando não há nada que possam fazer que possa melhorar as coisas, e que muito do que podem fazer corre o risco de piorar a situação. Processos econômicos, como outros processos, demandam tempo, mas os políticos podem não estar dispostos a dar a esses processos o tempo para completarem seu curso, especialmente quando seus adversários políticos estão defendendo soluções rápidas, como controles de preços e salários durante a administração Nixon ou restrições ao comércio internacional durante a Grande Depressão dos anos 1930.

No século XXI, é praticamente impossível politicamente para qualquer governo norte-americano permitir que uma recessão vá avante, na medida em que durante os governos norte-americanos, em mais de 150 anos antes da Grande Depressão, ocorreu o que houve nas administrações tanto do presidente republicano Herbert Hoover e depois do democrata Presidente Franklin D. Roosevelt, que intervieram em uma escala sem precedentes. Hoje, assume-se como amplamente axiomático que o governo deve "fazer alguma coisa" quando a economia entra em recessão. Muito raramente, alguém vai comparar o que realmente acontece quando o governo faz alguma coisa com o que aconteceu quando o governo não fez.

A Grande Depressão

A quebra do mercado acionário de outubro de 1929 e a subsequente Grande Depressão da década de 1930 são frequentemente vistas como exemplos do fracasso do capitalismo de mercado, mas de modo algum é certeza de que a quebra da Bolsa fez com que o desemprego em massa fosse inevitável. Nem a história mostra melhores resultados quando o governo decide "fazer alguma coisa" em comparação com o que acontece quando o governo não faz nada.

---

[1] NRT: Nos EUA, embora existam diversos partidos registrados, em nível nacional apenas dois partidos dominam o congresso e o poder executivo: o Partido Republicano e o Partido Democrata.

Palavras de Despedida

Embora o desemprego tenha aumentado na esteira da queda recorde do mercado de ações em 1929, a taxa de desemprego atingiu um pico de 9% dois meses após o incidente, e então começou a apresentar uma tendência geral de diminuição, caindo para 6,3% em junho de 1930. O desemprego nunca alcançou o patamar de 10% em qualquer um dos 12 meses após o crash da bolsa de 1929. Mas, depois de uma série de importantes e inéditas intervenções governamentais, a taxa de desemprego subiu para mais de 20% por 35 meses consecutivos.

Essas intervenções tiveram início na presidência de Herbert Hoover com as tarifas Smoot-Hawley de 1930 — as tarifas mais altas em mais de um século — que visavam reduzir as importações de modo a aumentar a penetração de mercado dos produtos americanos, e aumentar o número de empregos para os trabalhadores americanos. Era uma crença plausível, como tantas coisas feitas pelos políticos parecem plausíveis. Mas uma declaração pública, assinada por várias centenas de economistas nas principais universidades em todo o país, advertia contra essas tarifas, afirmando que o projeto de lei Smoot-Hawley não só não conseguiria reduzir o desemprego, como seria contraproducente.

Nada disso, no entanto, dissuadiu o Congresso de aprovar essa legislação ou o presidente Hoover de sancioná-la em junho de 1930. Em cinco meses, a taxa de desemprego, que declinava, inverteu a tendência e chegou a dois dígitos pela primeira vez na década de 1930 e nunca caiu abaixo desse nível em nenhum mês durante o restante da década, na medida em que intervenções maciças do governo, uma após a outra, provaram ser inúteis ou agiram em sentido contrário.

Historicamente, o que se poderia dizer quanto a um governo que tenha se recusado a "fazer alguma coisa" para combater a desaceleração da economia? Uma vez que a ampla intervenção federal sob o presidente Hoover não tinha precedente, todo o período entre a fundação da nação em 1776 e a quebra da Bolsa em 1929 foi essencialmente uma era de "não fazer nada", em termos de intervenção federal para combater uma recessão.

Nenhuma crise econômica nessa longa era foi tão catastrófica quanto a Grande Depressão da década de 1930 acabaria se tornando após a forte intervenção do governo sob as administrações Hoover e Roosevelt. Houve, contudo, uma desaceleração da economia em 1921, que inicialmente foi mais grave do que a crise instalada nos doze meses imediatamente após a quebra da Bolsa de outubro de 1929. O desemprego no primeiro ano da administração do presidente Warren G. Harding foi de 11,7%. Entretanto, Harding não fez nada, a não ser reduzir os gastos do governo proporcionalmente ao declínio das receitas tributárias — o oposto do que viria a ser defendido pelos economistas keynesianos. Em seguida, o desemprego anual caiu para 6,7%, e no ano seguinte para 2,4%.

Mesmo após se fixar como um axioma político, após a Grande Depressão da década de 1930, que o governo deve intervir quando a economia desacelera, houve uma ocasião em que isso foi ignorado. Quando, em 1987, o mercado acionário quebrou o recorde de declínio em um só dia desde 1929, o presidente Ronald Reagan, apesar da indignação da mídia, deixou a economia se recuperar por conta própria. E a economia de fato se recuperou sozinha, ocorrendo aquilo que, mais tarde, passados 20 anos, *The Economist* caracterizou como "uma combinação invejável de crescimento estável e baixa inflação".

Esses não foram experimentos controlados, é claro, e quaisquer conclusões devem ser sugestivas em vez de definitivas. Mas, pelo menos, o registro histórico põe em xeque se uma quebra do mercado de ações obrigatoriamente leva a uma depressão longa e profunda. E também põe em causa a questão maior se foi o mercado ou o governo quem falhou na década de 1930, e se uma política de "fazer alguma coisa" deve produzir um resultado melhor do que uma política de "não fazer nada".

Política Monetária

Até mesmo uma instituição nominalmente independente como o Federal Reserve dos Estados Unidos opera sob a ameaça implícita de uma legislação nova que pode contrariar as políticas existentes e reduzir sua futura independência. Em 1979, o renomado economista Arthur F. Burns, um ex-presidente do Federal Reserve, comentou sobre os esforços do Federal Reserve sob sua presidência para tentar lidar com uma inflação crescente. Conforme o Federal Reserve "se mantinha testando e sondando os limites de sua autonomia", disse ele, "repetidamente provocava violentas críticas, tanto do Executivo como do Congresso e, portanto, teve de dedicar grande parte de sua energia para afastar uma legislação que poderia destruir qualquer esperança de acabar com a inflação".

Mais importante do que os problemas que as políticas monetárias podem causar é a dificuldade de elaboração de quaisquer políticas com resultados previsíveis em circunstâncias complexas, quando as reações de milhões de outras pessoas à percepção de uma política podem ter consequências tão graves como a própria política. Problemas econômicos de fácil solução enquanto exercícios teóricos podem ser muito mais desafiadores no mundo real. Estimar dimensões não é uma tarefa fácil. As previsões da inflação do Federal Reserve durante os

Palavras de Despedida

anos 1960 e 1970, sob a chefia de William McChesney Martin e de Arthur F. Burns, subestimaram o quanto a inflação estava se agravando. E, durante os comandos subsequentes de Paul Volcker e Alan Greenspan, o Federal Reserve superestimou quais seriam as taxas de inflação.

Mesmo uma política monetária bem-sucedida está envolta em incertezas. A inflação, por exemplo, foi reduzida de perigosos 13% ao ano em 1979 para pouco significativos 2% em 2003, mas isso foi feito por uma série de ações monetárias de tentativa e erro, com algumas se provando eficazes, outras não — e todas com repercussões dolorosas sobre a viabilidade das empresas e sobre o desemprego entre os trabalhadores. Como o Federal Reserve restringiu a oferta de moeda e crédito no início de 1980 no intuito de conter a inflação, o desemprego aumentou, enquanto as quebras e solicitações de recuperações judiciais das empresas aumentavam para níveis não vistos em décadas.

Ao longo desse processo, o presidente do Federal Reserve, Paul Volcker, foi demonizado na mídia e a popularidade do presidente Ronald Reagan, que o apoiava, despencou. Mas pelo menos Volcker tinha uma vantagem negada ao professor Burns, a de ter o apoio da Casa Branca. Todavia, nem mesmo aqueles que tinham fé de que a política monetária do Federal Reserve estava no rumo certo para lidar com a inflação galopante tinham como saber quanto tempo isso levaria — ou se a paciência do Congresso terminaria antes disso, levando a uma legislação que restringiria a independência do Fed como autoridade monetária. Um dos diretores do Federal Reserve nesse período relatou, mais tarde, suas próprias reações:

> As palmas das minhas mãos ficavam suadas? Eu ficava acordado à noite? A resposta é sim. Eu conversava com aquele pessoal o tempo todo, construtoras de imóveis, e distribuidores de automóveis, e outros. Não é tão ruim quando um cara se levanta e grita: "Você é um FDP, você está nos matando". O que realmente me atingiu foi quando aquele homem se levantou e disse, muito tranquilamente: "Diretor, eu sou uma concessionária de automóveis há trinta anos, trabalhei duro para construir esse negócio. Na próxima semana, estou fechando as portas". Então ele se sentou. Isso realmente mexe com você.

As tensões vividas por aqueles que tiveram a responsabilidade de lidar com o problema da inflação no mundo real estavam em nítido contraste com a serena autoconfiança de muitos economistas nos anos anteriores, os quais acreditavam que a Economia tinha chegado a um ponto em que os economistas já não lidariam de uma forma geral com problemas de recessão ou inflação, mas se ocupariam tão somente em "ajustar" a economia em tempos normais. As recomendações e as políticas de tais economistas confiantes tiveram muito a ver com a criação da inflação que o Federal Reserve estava agora enfrentando. Mais tarde, Robert J. Samuelson, economista e colunista, comentou:

> Para avaliar a qualidade de nossas projeções econômicas é preciso lembrar as lições da Grande Inflação. Sua relevância recorrente é que era uma ferida autoinfligida: algo que fizemos para nós mesmos com a melhor das intenções e no mais impecável dos conselhos. Seus padrinhos intelectuais eram, sem exceção, homens de inteligência impressionante. Eles foram credenciados por algumas das universidades mais recomendadas do país: Yale, MIT, Harvard, Princeton. Mas sua elevada condição intelectual não tornou suas ideias menos impraticáveis ou destrutivas. Os estudiosos podem ter uma visão limitada, configurada por suas próprias agendas políticas ou pessoais. Como os políticos, eles podem também ansiar pelo poder e celebridade da arena pública. Mesmo se suas intenções são puras, suas ideias podem ser equivocadas. O pedigree acadêmico, sozinho, não é garantia de conhecimento e sabedoria útil.

OBRIGAÇÕES DO GOVERNO

Além dos gastos correntes do governo, há várias obrigações legais que geram gastos futuros. Essas obrigações são especificadas e quantificadas no caso de títulos do governo que devem ser trocados por quantias diversas de dinheiro em diversas datas futuras. Outras obrigações são de prazo indeterminado, tais como pagar subsídios de desemprego ou agrícolas aos que vierem a se qualificar legalmente no futuro. É difícil estimar essas obrigações, uma vez que dependem de coisas fora do controle do governo, como o nível de desemprego e o tamanho das safras.

Outras obrigações governamentais de prazo indeterminado também de difícil estimativa são as "garantias" de empréstimos feitos por terceiros a tomadores privados, ou garantias a quem emprestar para governos estrangeiros. Parece que tais garantias não custam nada, contanto que os empréstimos sejam reembolsados — e o fato de que nada custam aos contribuintes é susceptível de ser alardeado na mídia pelos que as defendem, que podem realçar que empresas e empregos foram salvos sem nenhuma despesa para o governo. Mas, em ocasiões imprevisíveis, os empréstimos não são quitados e, então, enormes quantias de dinheiro dos contribuintes são gastas para cobrir uma dessas garantias supostamente sem custo.

Palavras de Despedida

Quando o governo dos Estados Unidos assegurava aos depositantes em associações de poupança e empréstimo que seus depósitos seriam cobertos pelo seguro do governo, isso parecia não custar nada até que essas instituições sofreram perdas de mais de US$500 bilhões — a espécie de custos incorridos ao se lutar uma guerra por vários anos — e seus depositantes foram reembolsados pelo governo federal quando essas empresas colapsaram.

Entre as maiores obrigações de muitos governos estão as pensões que foram prometidas aos futuros aposentados. Essas são mais previsíveis, dada a dimensão do envelhecimento da população e suas taxas de mortalidade, mas o problema aqui é que muitas vezes não há dinheiro suficiente para cobrir as pensões prometidas. Tal problema não é peculiar a um determinado país, mas aflige inúmeras nações ao redor do mundo, já que em todos os lugares os políticos eleitos e seus apaniguados se beneficiam nas urnas com a promessa de pensões às pessoas que votam, mas perderiam os votos aumentando a carga tributária o suficiente para compensar o que seria o custo de resgatar suas promessas. É mais fácil deixar que os futuros administradores públicos descubram como lidar com o deficit financeiro que virá quando chegar a hora de realmente pagar as pensões prometidas.

A diferença entre os incentivos políticos e os incentivos econômicos é demonstrada pela diferença entre as pensões e rendas do governo e as oferecidas pelas companhias de seguros. Os programas de governo podem dizer-se análogos às atividades das companhias de seguros, proclamando-se como um "seguro social", mas sem de fato ter os mesmos incentivos, obrigações legais ou resultados que as companhias de seguros privadas que vendem suas apólices. A diferença mais fundamental entre os dois sistemas é que o destas empresas cria riqueza real pelo investimento dos prêmios, enquanto o do governo não gera nenhuma riqueza real, mas simplesmente usa os prêmios correntes da população ativa para pagar as pensões correntes para a população aposentada.

O que isso significa é que uma companhia privada investe os prêmios que coleta — criando fábricas, edifícios de apartamentos ou outros bens tangíveis cujos rendimentos mais tarde pagarão àqueles cujo dinheiro foi usado para criar esses ativos. Mas os planos de pensão do governo, tais como o de seguridade social nos Estados Unidos, simplesmente repassam os prêmios à medida que são recebidos. Grande parte desse dinheiro é usada para pagar as pensões aos aposentados atuais, mas o restante do dinheiro costuma ser utilizado no financiamento de outras atividades do governo, que vão desde guerras até gastos extravagantes do Congresso. Não há, nesse processo, a criação de riqueza que possa ser utilizada no futuro para pagar as pensões daqueles que estão, hoje,

Economia Básica - Volume II

sustentando o sistema. Ao contrário, parte da riqueza paga pelos trabalhadores atuais para financiar esse sistema é desviada para financiar seja lá o que for que o Congresso escolhe gastar.

A ilusão de investimento é mantida oferecendo títulos da Seguridade Social do governo em troca do dinheiro recolhido a partir das contribuições dos atuais segurados e gasto em outros programas governamentais. Mas esses títulos representam igualmente ativos não tangíveis. Eles simplesmente prometem pagar o dinheiro a ser arrecadado dos futuros contribuintes. O país como um todo não fica um centavo mais rico com a emissão desses papéis, então não há nenhuma analogia possível com os investimentos privados que criam riqueza tangível. Se essas obrigações não existissem, então os futuros contribuintes ainda teriam que completar a diferença, pois os futuros prêmios da Seguridade Social são insuficientes para pagar as pensões dos aposentados futuros. Isso é exatamente o mesmo que acontece quando há títulos. Os procedimentos contábeis podem fazer parecer que há um investimento quando o sistema de Seguridade Social detém títulos do governo, mas a realidade econômica é que nem o governo nem ninguém pode gastar e guardar o mesmo dinheiro.

O que possibilitou que a Seguridade Social — e os planos de pensão governamentais semelhantes em outros países — adiassem o dia do julgamento é que uma relativamente pequena geração na década de 1930 foi seguida por uma geração muito maior nos anos 1940 e 1950 (a chamada "baby boom"). Porque essa nova geração auferia rendimentos muito mais elevados e, portanto, pagava prêmios muito maiores ao sistema de Seguridade Social, as pensões prometidas aos aposentados da geração anterior poderiam ser facilmente honradas. Não só puderam cumprir as promessas feitas à geração de 1930, como benefícios adicionais lhes foram concedidos, com vantagens políticas óbvias derivadas dessas benesses.

Com o passar do tempo, no entanto, um declínio na taxa de natalidade e um aumento na expectativa de vida reduziu a proporção de pessoas que contribuíam em relação às que usufruíam do dinheiro do sistema. Ao contrário dos planos de previdência privada, em que os prêmios pagos por uma geração criam a riqueza que mais tarde vai pagar por suas próprias pensões, o sistema previdenciário do governo paga as pensões da geração aposentada com os prêmios pagos pela geração atualmente trabalhando. É por esse motivo que a mudança da composição demográfica da população é prejudicial somente a esta última.

Os planos de pensão do governo permitem que os políticos atuais façam promessas que esperam que os futuros governos mantenham. Essas são as condições

Palavras de Despedida

políticas quase ideais para a produção de benefícios generosos — e de futuras crises financeiras decorrentes dessa prodigalidade. Tais incentivos e resultados não são uma exclusividade dos Estados Unidos. Os países da União Europeia também enfrentam enormes passivos financeiros conforme o tamanho de suas populações de aposentados continua a crescer, não só absolutamente, mas também em relação ao tamanho das populações na ativa cujos impostos pagam as pensões previdenciárias. Além disso, as pensões nos países da União Europeia tendem a ser mais prontamente disponíveis do que nos Estados Unidos.

Na Itália, por exemplo, os homens que trabalham se aposentam em média com 61 anos de idade, e aqueles cujos empregos são definidos como "árduos" — mineiros, motoristas de ônibus e outros — se aposentam aos 57 anos. O custo dessa generosidade consome 15% do Produto Interno Bruto do país, e a dívida pública da Itália em 2006 foi de 107% do PIB. Tardiamente, a Itália *aumentou* a idade mínima de aposentadoria para 59 anos. Como a França, a Alemanha e outros países europeus começaram a reduzir a generosidade de suas políticas de pensões governamentais, os protestos políticos levaram até mesmo reformas modestas a serem adiadas ou retiradas da pauta. Mas o custo financeiro e político dessa sistemática das pensões do governo não foi pago pela geração de políticos que criaram essas políticas, décadas antes.

Os governos locais operam em grande parte com o mesmo conjunto de incentivos políticos que os governos nacionais, por isso não é de estranhar que as autoridades políticas locais e das empresas controladas ou regulamentadas por governos locais muitas vezes têm pensões muito generosas. Os funcionários da Long Island Rail Road, em Nova York, uma empresa pública, não só se aposentam na casa dos 50 anos, mas em sua grande maioria também recebem pagamentos por deficiências físicas, além de suas pensões, ainda que grande parte deles não tenha feito qualquer alegação de deficiência quando na ativa, mas apenas depois de se aposentar. Em 2007, por exemplo, "94% dos funcionários de carreira da Long Island Rail Road que se aposentaram depois dos 50 anos de idade receberam, em seguida, benefícios por deficiência", de acordo com o *New York Times*. Longe de refletir os riscos de executar o trabalho, essas alegações de deficiência de pós-aposentadoria são parte de toda uma teia de misteriosas regras empregatícias constantes em contratos sindicalizados que permitem que os empregados recolham o pagamento de dois dias para cada dia de trabalho e que um engenheiro recolha "cinco vezes seu salário-base" em um ano e, posteriormente, sejam classificados como deficientes após a aposentadoria, segundo o *New York Times*.

Economia Básica - Volume II

No Brasil, as pensões do governo já estão somando mais dinheiro do que as contribuições, e seus deficit são especialmente elevados nas pensões dos funcionários públicos sindicalizados. Em outras palavras, a iminente crise financeira que os governos americanos e europeus temem e estão tentando evitar já atingiu o Brasil, no qual as aposentadorias dos servidores públicos têm sido descritas, segundo a *The Economist*, como "a mais generosa do mundo":

> Os funcionários públicos não se limitam a se aposentar com o salário integral; eles têm, com efeito, um aumento de salário, porque param de contribuir para o sistema. A maioria das mulheres se aposenta do serviço público em torno de 50 anos de idade, e os homens um pouco acima disso. A viúva de um soldado herda sua pensão e a deixa como legado para suas filhas.

Dado que os funcionários públicos do Brasil são um grupo de interesse especial, organizado e sindicalizado, essa prodigalidade é politicamente compreensível. A questão é se o público eleitor, no Brasil e em outros lugares, vai entender as consequências econômicas bem o suficiente para evitar as crises financeiras a que essa generosidade sem financiamento pode levar em nome da "seguridade social". Essa consciência está começando a nascer em pessoas em alguns países. Na Nova Zelândia, por exemplo, uma pesquisa revelou que 70% dos neozelandeses com idade inferior a 45 anos acredita que as pensões que haviam sido prometidas não estarão lá quando se aposentarem.

De uma forma ou de outra, o dia do juízo parece estar se aproximando em muitos países para programas descritos como "seguros sociais", mas que, na verdade, nada têm de seguros. Planos de aposentadoria mais generosos não só não criam riqueza, como podem de fato diminuir a taxa na qual a riqueza é criada, permitindo que as pessoas se aposentem enquanto ainda são capazes de trabalhar e, assim, aumentar a produção do país. Por exemplo, enquanto 62% das pessoas entre 55 e 64 anos no Japão, e 60% nos Estados Unidos, ainda estão trabalhando, apenas 41% das pessoas nessa faixa etária ainda estão na ativa nos países da União Europeia.

Não é apenas a idade em que as pessoas se aposentam que varia de país para país. As pensões pagas, em comparação com o quanto ganhavam durante o trabalho, também variam muito de um país para outro. Enquanto as pensões nos Estados Unidos representam cerca de 40% do salário de antes do afastamento e as do Japão, menos de 40%, as pensões na Holanda e na Espanha chegam a cerca de 80% e, na Grécia, a 96%. Não há dúvida de que tem algo a ver com quando as pessoas escolhem parar de trabalhar. E também tem algo a ver com as crises financeiras que atingiram alguns países da União Europeia no início do século XXI.

Conquanto os Estados Unidos há muito tenham ficado para trás das nações industriais europeias em benefícios fornecidos ou impostos pelo governo ou seus mandatários, nos últimos anos nota-se que estão elevando tais benefícios rapidamente. Benefícios de seguro-desemprego, que costumavam deixar de ser pagos após 26 semanas nos Estados Unidos, foram estendidos para 99 semanas. Outras alternativas ao trabalho também aumentaram sua participação — pensões vinculadas a deficiências físicas sob o manto do "seguro" social, por exemplo:

> Apenas três milhões de americanos receberam cheques de invalidez relacionados com o trabalho da Seguridade Social em 1990, um número que tinha mudado apenas modestamente na década anterior ou um pouco mais. Daí em diante, o número de pessoas que recebiam tal benefício aumentou, passando de 5 milhões em 2000, para 6,5 milhões até 2005, aumentando para quase 8,6 milhões hoje.

IMPERFEIÇÕES — DO MERCADO E GOVERNAMENTAIS

As imperfeições do mercado — incluindo coisas como custos e benefícios externos, assim como monopólios e cartéis — têm levado muitos a ver intervenções governamentais como necessárias e positivas. Entretanto, as imperfeições do mercado devem ser sopesadas contra as imperfeições do governo cujas intervenções são prescritas. Ambos, mercados e governos, devem ser examinados em termos de incentivos e restrições.

Os incentivos voltados para as empresas governamentais tendem a resultar em formas muito diferentes de exercício de suas funções, em comparação com a forma como as coisas são feitas em uma economia de livre mercado. Depois da nacionalização dos bancos na Índia em 1969, por exemplo, dívidas incobráveis aumentaram a ponto de chegar a 20% de todos os empréstimos pendentes. O nível de eficiência também sofreu: um empresário indiano informou que "minha mulher leva meia hora para fazer um depósito ou retirar dinheiro de nossa filial local". Além disso, a propriedade e o controle do governo levaram à influência política nas decisões para quem os empréstimos bancários deveriam ser feitos:

Economia Básica - Volume II

Certa vez, tive a chance de conhecer o gerente de uma das agências rurais de um banco nacionalizado [...] Ele era um jovem sincero, profundamente preocupado, e queria desabafar sobre seus problemas do dia a dia. Nem ele nem sua equipe, ele me disse, decidiam quem se qualificava para um empréstimo. Os políticos locais, invariavelmente, tomavam essa decisão. Os tomadores de empréstimo eram, também invariavelmente, comparsas dos chefes políticos e não tinham a intenção de devolver o dinheiro. Diziam-lhe que tal e tal pessoa era para ser tratada como um "pobre merecedor". Sem exceção, eram todos ricos.

A nacionalização dos bancos na Índia não era simplesmente uma questão de transferir a propriedade de uma empresa para o governo. Essa transferência mudou todos os incentivos e restrições do mercado para o âmbito da política e da burocracia. Os objetivos proclamados, ou mesmo as esperanças sinceras, daqueles que geraram essa transferência, muitas vezes culminaram por significar muito menos do que os incentivos alterados e restrições. Esses incentivos e restrições foram alterados novamente depois que a Índia passou a permitir a atuação de bancos privados no país. Como o *Wall Street Journal* reportou, "a crescente classe média do país está levando a maior parte de seus negócios para os bancos privados de alta tecnologia", e, com isso, "deixando os bancos estaduais com as empresas menos rentáveis e os piores mutuários". As pessoas no setor privado podiam não ser muito diferentes daquelas no governo, mas operavam sob muitos diferentes incentivos e restrições.

Nos Estados Unidos, o controle político das decisões de investimento dos bancos tem sido menos abrangente, porém mudou os rumos que os investimentos teriam considerando tão somente o livre mercado. Como o *Wall Street Journal* publicou:

> Os órgãos reguladores, cuja aprovação é necessária para as fusões, estão agindo mais duramente com relação ao desempenho de bancos e instituições financeiras de poupança e empréstimo com base na Community Reinvestment Act, uma lei que os obriga a conceder empréstimos em todas as comunidades onde eles obtêm depósitos. Pouca atenção a esse dispositivo pode retardar ou mesmo inviabilizar um acordo, e o contrário pode acelerar a aprovação e calar os protestos dos grupos comunitários.

Em outras palavras, pessoas sem conhecimento nem experiência em instituições financeiras — políticos, burocratas e ativistas — de uma comunidade são capazes de influenciar onde os investimentos serão efetuados. Porém, quando as instituições financeiras começaram a ter grandes perdas em 2007 e 2008 nos empréstimos "subprime" (empréstimos concedidos a juros mais altos para

Palavras de Despedida

pessoas cuja classificação de risco é mais baixa, ou seja, são operações cujo risco de crédito é alto) — o Citigroup perdeu mais de US$40 bilhões — os políticos raramente se responsabilizaram por ter forçado essas instituições a emprestar para pessoas cujo crédito era arriscado demais. Muito ao contrário, os políticos que mais tinham induzido as concessões de empréstimos foram os mesmos que, agora, defendiam "soluções" modernas para enfrentar a crise, com base em sua experiência em comitês bancários do Congresso e, portanto, de presumida experiência em lidar com questões financeiras.

Eis como um empresário na Índia colocou: "Os indianos aprenderam com a própria e dolorosa experiência que o Estado não funciona em nome do povo. Mais frequentemente do que não, ele trabalha em nome de si mesmo". Do mesmo modo que as pessoas em outras esferas da vida e em outros países ao redor do mundo. O problema é que esse fato nem sempre é reconhecido quando as pessoas procuram o governo para corrigir erros e satisfazer desejos de uma forma que pode não ser sempre possível.

Quaisquer que sejam os méritos ou deméritos de uma particular política econômica do governo, a alternativa pelo mercado é muito nova em termos históricos, e a combinação de democracia e livre mercado ainda mais recente e mais rara. Como um observador na Índia colocou:

> Nós tendemos a esquecer que a democracia liberal com base no livre mercado é uma ideia relativamente nova na história humana. Em 1776, houve uma liberal democracia — os Estados Unidos; em 1790, havia três delas, incluindo a França; em 1848, havia apenas cinco; em 1975, ainda somavam apenas 31. Hoje, 120 de cerca de 200 países pretendem ser democracias, com mais de 50% da população do mundo residindo neles (embora a Freedom House [uma organização sem fins lucrativos americana dedicada à promoção da democracia e do livre mercado] contabilize apenas 86 países como verdadeiramente livres).

Nos lugares onde há governos eleitos, as autoridades políticas preocupam-se em ser reeleitas — o que equivale dizer que os erros não podem ser admitidos e revertidos tão facilmente como ocorreria se se tratasse de uma empresa privada que opera em um mercado competitivo, preocupada que o negócio sobreviva financeiramente. Ninguém gosta de admitir que está sendo enganado, mas, de acordo com os incentivos e restrições de ganhos e perdas, muitas vezes não há escolha senão reverter o curso dos acontecimentos antes que perdas financeiras representem o perigo de falência. Na política, todavia, os custos dos erros do governo muitas vezes são pagos pelos contribuintes, enquanto a admissão dos custos de erros seria paga pelos gestores eleitos.

Tendo em conta tais incentivos e restrições, a relutância dos funcionários do governo de admitir erros e revertê-los é perfeitamente racional do ponto de vista desses funcionários. Por exemplo, no caso do Concorde, cuja fabricação coube a um consórcio de empresas privadas e dos governos britânico e francês, ficou claro desde o início que os custos de aviões de passageiros supersônicos beberrões de combustível seriam tão elevados que haveria pouca esperança de os recuperar por meio das tarifas que os passageiros estariam dispostos a pagar. A Boeing caiu em si, preferindo absorver as perdas de seus esforços iniciais como um mal menor, do que continuar a acumular prejuízos ainda maiores com a conclusão do projeto. Mas os governos britânico e francês, uma vez publicamente comprometidos com a ideia do Concorde, foram em frente em vez de admitir que era uma má ideia.

O resultado líquido foi que os contribuintes britânicos e franceses durante anos subsidiaram um empreendimento comercial utilizado em grande parte por passageiros muito ricos, porque o preço das passagens do Concorde, apesar de ser muito maior que o de outros jatos voando as mesmas rotas, ainda não cobria por inteiro os custos. No fim das contas, com as aeronaves envelhecidas, o plano foi interrompido, porque suas enormes perdas tornaram-se tão amplamente conhecidas que teria sido politicamente difícil, se não impossível, obter apoio público para mais gastos do governo para substituir aviões que nunca haviam sido economicamente viáveis.

Embora muitas vezes se fale de "o governo" como se fosse uma única coisa, ele é, de fato, algo fragmentado em interesses diferentes e em conflito em determinado momento; além disso, sua composição consiste de pessoas completamente diferentes ao longo do tempo. Assim, aqueles que puseram fim ao caro experimento Concorde não eram os mesmos que implementaram o projeto. É sempre mais fácil admitir os erros de outra pessoa — e ganhar o crédito por corrigi-los.

Em um mercado competitivo, os custos dos erros podem rapidamente tornar-se tão grandes que não há escolha senão admitir os próprios erros e mudar de rumo antes que a falência paire no horizonte. Como o dia do acerto de contas chega mais cedo em mercados do que no governo, não há apenas mais pressão para admitir erros no setor privado, há mais pressão para, antes de tudo, evitar cometer erros. Quando as propostas de novos empreendimentos são apresentadas nesses diferentes setores, as feitas por funcionários do governo só precisam convencer um número suficiente de pessoas no intuito de que sejam bem-sucedidas dentro do espaço de tempo que lhes importa — geralmente até a próxima eleição. Em um mercado competitivo, contudo, as propostas devem convencer

Palavras de Despedida

aquelas pessoas em particular cujo próprio dinheiro está em jogo e que, por conseguinte, têm todo o incentivo para organizar a melhor avaliação possível do futuro antes de prosseguir.

Não é de surpreender que esses dois processos podem produzir conclusões muito diferentes a respeito das mesmas situações. Assim, quando a proposta de construção de um túnel sob o Canal da Mancha estava sendo considerada, os governos britânico e francês projetaram custos e ganhos que fizeram com que parecesse um bom investimento, pelo menos o suficiente para tornar o empreendimento politicamente palatável para o público britânico e francês. Enquanto isso, as empresas que executavam o serviço de travessia marítima do Canal da Mancha, obviamente, pensavam o contrário, pois passaram a investir em mais e maiores balsas, o que poderia ter sido um suicídio financeiro se o túnel sob o canal justificasse ser o tipo de sucesso projetado pelas autoridades políticas, segundo as quais as pessoas optariam pela rota submarina no lugar das balsas.

Só depois de anos de construção e mais outros anos de operação ficou claro o resultado econômico do projeto do túnel — e as autoridades públicas britânicas e francesas inicialmente responsáveis pelo empreendimento já estavam fora da cena política há muito tempo. Em 2004, *The Economist* relatou:

> "Sem dúvida, o túnel da Mancha não teria sido construído se soubéssemos desses problemas", disse Richard Shirrefs, presidente-executivo da Eurotunnel esta semana. Poucas pessoas estão usando a ligação submarina entre Inglaterra e França, que completou dez anos, cujo faturamento sequer paga os juros sobre seus inflacionados custos de construção, que deixaram a Eurotunnel com [US$11,5 bilhões] em dívidas. Então, assim como aconteceu com o supersônico Concorde, os contribuintes estão sendo solicitados a socorrer outro fiasco do transporte anglo-francês [...]. Nada disso é uma surpresa para os céticos do túnel — que, como os do Concorde, foram completamente ignorados.

Embora esses exemplos envolvam os governos britânico e francês, incentivos e restrições semelhantes — e semelhantes resultados — aplicam-se a muitos governos em todo o mundo.

Às vezes, no entanto, a memória curta do público eleitor pode poupar as autoridades eleitas das consequências de ter defendido uma política que fracassou ou foi silenciosamente abandonada. Por exemplo, nos Estados Unidos, os estados e o governo federal impuseram impostos sobre a gasolina, cuja arrecadação seria voltada à construção e manutenção de estradas — e que mais tarde foi desviada para outras finalidades. Em 2008, o Congresso americano aprovou uma lei para gastar centenas de bilhões com a finalidade de impedir as instituições financeiras de entrar em colapso. Porém, antes que o ano terminasse, os funcionários do Departamento do Tesouro encarregados de liberar a ajuda financeira admitiram abertamente que muito desse dinheiro foi desviado para socorrer outras empresas em outros setores de atividade.

Nada disto é novo ou se restringe aos Estados Unidos. Já em 1776, Adam Smith advertia que um fundo reservado pelo governo britânico para pagar a dívida nacional era "um expediente óbvio e fácil" de ser "mal aplicado" para outros fins.

PARTE II: A ECONOMIA INTERNACIONAL

Capítulo 7

COMÉRCIO INTERNACIONAL

Fatos são coisas teimosas; e quaisquer que sejam nossos desejos, nossas inclinações ou os ditames de nossas paixões, eles não podem alterar o estado dos fatos e das provas.

John Adams

Ao discutir o histórico acordo North American Free Trade Agreement de 1993 (NAFTA), o *New York Times* relatou:

> Há uma abundância de evidências sugerindo que os empregos estão cruzando as fronteiras tão rapidamente que os EUA podem ser declarados vencedores ou perdedores na batalha por empregos em decorrência do tratado comercial.

Colocar a questão nesses termos é cometer a falácia central de muitas discussões de comércio internacional partindo do princípio de que um país deverá ser um "perdedor" se outro país for um "vencedor". Mas o comércio internacional não é uma competição de soma zero. Ambos os lados devem ganhar ou não faria sentido continuar a negociação. Também não é necessário que os especialistas ou funcionários do governo determinem se os dois lados estão ganhando. A maior parte do comércio internacional, como também ocorre no comércio interno, é efetuada por milhões de indivíduos, cada um dos quais pode determinar se o item adquirido vale o que custa e é preferível ao que é disponibilizado por terceiros.

Quanto aos postos de trabalho, antes de o acordo de livre comércio NAFTA entre os Estados Unidos, Canadá e México entrar em vigor, houve terríveis previsões de "um som gigante de sucção" provenientes dos empregos transferidos dos Estados Unidos para o México devido aos salários mais baixos deste país. Na realidade, o número de empregos americanos *aumentou* após o acordo, e a taxa de desemprego nos Estados Unidos decresceu ao longo dos sete anos subsequentes de 7% para menos de 4%, o menor nível em décadas. No Canadá, a taxa de desemprego passou de 11% para 7% no mesmo intervalo de tempo.

Por que ocorreu algo tão radicalmente diferente do que foi previsto? Vamos voltar à estaca zero. O que acontece quando um determinado país, isoladamente, torna-se mais próspero? Ele tende a comprar mais, porque tem mais com que comprar. E o que acontece quando se compra mais? Há mais postos de trabalho criados para os trabalhadores que produzem os bens e serviços adicionais.

Para dois países o princípio permanece o mesmo. De fato, isso se dá com qualquer número de países. Aumentar prosperidade geralmente significa aumentar o emprego.

Não existe um número *fixo* de empregos pelo qual os países devem lutar. Quando as nações se tornam mais prósperas, todas tendem a criar mais empregos. A única questão é se o comércio internacional tende a tornar os países mais prósperos.

Temia-se que o México, principalmente, levasse empregos dos Estados Unidos quando as barreiras comerciais fossem reduzidas, pois os salários são muito mais baixos lá. Nos anos pós-Nafta, os empregos de fato aumentaram aos milhões no México — ao mesmo tempo em que os trabalhos foram aumentando aos milhões nos Estados Unidos. Ambos os países registraram um incremento em seu comércio internacional, com aumentos especialmente expressivos nos produtos abrangidos pelo NAFTA.

Não é difícil entender os fatos básicos sobre o comércio internacional. O que é difícil de desembaraçar são todos os equívocos e jargões que tão frequentemente atravancam as discussões. À Suprema Corte de Justiça dos EUA, Oliver Wendell Holmes disse: "É preciso pensar nas coisas, em vez de nas palavras". Em lugar nenhum isso é mais importante do que quando se discute o comércio internacional, em que tantas palavras enganosas e emocionais são utilizadas para descrever e confundir coisas que não são muito difíceis de compreender em si mesmas.

Por exemplo, a terminologia utilizada para descrever um excedente de exportação como um saldo "favorável" (ou "positivo") do comércio e um excedente de importação como "desfavorável" (ou "negativo") da balança comercial remonta há séculos. Ao mesmo tempo, era amplamente aceito que importar mais do que foi exportado empobrecia a nação, porque a diferença entre importações e exportações tinha de ser paga em ouro, e a perda de ouro era vista como uma perda de riqueza nacional. No entanto, em 1776, a obra clássica de Adam Smith, *A*

Palavras de Despedida

Riqueza das Nações, argumentava que a verdadeira riqueza de uma nação consiste de seus produtos e serviços, e não de sua oferta de ouro.

Em pleno século XXI, muitas pessoas ainda têm que se compenetrar de todas as implicações dessa colocação. Se os bens e serviços disponíveis para a população americana são maiores como resultado do comércio internacional, então, os americanos são mais ricos, não mais pobres, independentemente da existência de um "deficit" ou um "excedente" na balança de comércio internacional.

Aliás, durante a Grande Depressão da década de 1930, houve nos Estados Unidos um excedente de exportação — um saldo comercial "favorável" — em cada ano dessa década desastrosa. Mas o que pode ser mais relevante é que importações e exportações foram acentuadamente menores do que haviam sido durante a década próspera de 1920. Essa contração no comércio internacional decorreu do aumento das barreiras tarifárias ao redor do mundo, com os países mantendo-se fora do comércio internacional na tentativa de salvar postos de trabalho em suas próprias economias nacionais durante um período de amplo desemprego.

Tais políticas foram consideradas por muitos economistas como tendo causado desnecessária piora e prolongamento da depressão mundial. A última coisa que se precisa quando a renda nacional real está declinando é uma política que a faça cair mais rápido ao negar aos consumidores os benefícios de poder comprar o que quiserem com o menor preço disponível.

Palavras escorregadias são exímias em fazer da má notícia uma boa notícia e vice-versa. Por exemplo, o tão lamentado deficit comercial internacional dos EUA encolheu em índices recordes na primavera de 2001, e a revista *BusinessWeek* relatava sob a manchete: "Um Deficit Comercial Menor é Bom para os EUA". Contudo, isso aconteceu enquanto o estoque do mercado caía, o desemprego subia, os lucros corporativos murchavam e a produção total da economia americana decrescia. A suposta "boa" notícia sobre o comércio internacional decorria de importações reduzidas durante tempos econômicos instáveis. Tivesse o país ingressado em uma depressão profunda, a balança comercial internacional poderia ter desaparecido completamente, mas felizmente os americanos foram poupados de muitas "boas" notícias.

Assim como os Estados Unidos tinham um saldo "favorável" do comércio exterior em cada ano da Grande Depressão da década de 1930, tornou-se uma "nação devedora" recorde durante a década de expansão da prosperidade de 1990. Obviamente, essas palavras não podem ser levadas por seu valor de face como indicadores do bem-estar econômico de um país. Nós precisaremos examinar mais de perto o contexto em que essas palavras são ditas.

AS BASES DO COMÉRCIO INTERNACIONAL

Embora o comércio internacional aconteça pela mesma razão que outros comércios — porque ambos os lados ganham — é necessário compreender porque ambos os países ganham, especialmente porque há tantos políticos e jornalistas alegando o contrário.

Os economistas geralmente agrupam as razões pelas quais os países ganham com o comércio internacional em três categorias: vantagem absoluta, vantagens comparativas e economias de escala.

Vantagem Absoluta

É óbvio o motivo pelo qual os americanos compram bananas cultivadas no Caribe. As bananas podem ser cultivadas nos trópicos a custo muito menor do que em locais onde estufas e outros meios artificiais de manutenção de calor se fariam necessários. Nos países tropicais, a natureza oferece gratuitamente o calor que as pessoas têm de proporcionar por meios dispendiosos em climas mais frios, tais como ocorre nos Estados Unidos. Por isso, compensa para os americanos comprar bananas cultivadas nas regiões tropicais em vez de as cultivar a custos mais elevados dentro dos EUA.

Às vezes, as vantagens que um país tem sobre outro, ou sobre o resto do mundo, são extremas. O cultivo de café, por exemplo, requer uma peculiar combinação de condições climáticas — quente, mas não muito, com a luz solar não batendo nas plantas diretamente o dia inteiro, nem com pouca ou demasiada umidade e em alguns tipos de solos mas não em outros. Juntar esses e outros requisitos para o cultivo ideal de café reduz drasticamente o número de lugares que são mais adequados para produzir esse grão.

No início do século XXI, mais da metade do café em todo o mundo era cultivado em apenas três países — Brasil, Vietnã e Colômbia. Isso não significa que outros países eram completamente incapazes de ter cafezais. É que a quantidade e qualidade do café que a maioria dos países poderia produzir não valeria os recursos que exigiriam, pois o produto pode ser comprado naqueles três países a um custo menor.

Às vezes, uma vantagem absoluta consiste simplesmente em estar localizado no lugar certo ou falar a linguagem certa. Na Índia, por exemplo, há uma diferença de 12 horas em relação aos EUA, o que significa que uma companhia americana que necessita de serviços de computação 24h por dia pode envolver uma empresa de informática na Índia para ter técnicos indianos disponíveis quando lá é dia e nos EUA é noite. Uma vez que são muitas as pessoas na Índia que falam inglês e nesse país estão 30% de todos os engenheiros de software do mundo, essa combinação de circunstâncias dá à Índia uma grande vantagem na competição por serviços de computação no mercado americano. Da mesma forma, os países da América do Sul fornecem frutas e legumes para os países da América do Norte quando é inverno no hemisfério norte e verão no hemisfério sul.

Esses são, todos, exemplos do que os economistas chamam de "vantagem absoluta" — um país, graças a um certo número de razões, pode produzir algumas coisas mais barato ou melhor do que outro. Essas razões podem ser devidas ao clima, geografia, ou a uma combinação de habilidades de suas respectivas populações. Os estrangeiros que compram tais produtos se beneficiam dos custos mais baixos, enquanto o próprio país, obviamente, se beneficia do maior mercado para seus produtos ou serviços, e, às vezes, do fato de que parte dos insumos necessários à produção deles são gratuitos, como o calor nos trópicos ou os solos ricos em nutrientes em vários lugares ao redor do planeta.

Há uma outra razão mais sutil, mas ao menos igualmente importante, para o comércio internacional. Trata-se do que os economistas chamam de "vantagem comparativa".

Vantagem Comparativa

Para ilustrar o que se entende por vantagem comparativa, suponha que um país é tão eficiente que é capaz de produzir *qualquer coisa* mais barato que um país vizinho. Há algum benefício que o país mais eficiente pode ganhar com a negociação com seu vizinho?

Há.

Por quê? Porque ser capaz de produzir *qualquer coisa* de forma mais barata não é o mesmo que ser capaz de produzir *tudo* mais barato. Quando há recursos escassos que têm usos alternativos, produzir mais de um produto significa produzir menos de algum outro produto. A questão não é simplesmente de quanto é o custo, em dinheiro ou recursos, para produzir cadeiras ou aparelhos de televisão em um país em comparação com outro país, mas quantas cadeiras custa produzir um aparelho de televisão, quando os recursos são transferidos de um produto para o outro.

Se esse trade-off é diferente entre dois países, então o país que pode obter mais aparelhos de televisão renunciando à produção de cadeiras pode se beneficiar de negociar com o país que recebe mais cadeiras por não produzir aparelhos de televisão. Um exemplo numérico pode ilustrar este ponto.

Suponha que um trabalhador americano médio produza 500 cadeiras por mês, enquanto um trabalhador canadense produz em média 450, e que um trabalhador americano pode produzir 200 televisores por mês enquanto um trabalhador canadense produz 100. As tabelas a seguir ilustram qual seria a produção sob essas condições se ambos os países fabricassem os dois produtos contra cada país produzindo apenas um deles. Em ambas as tabelas, assumimos as mesmas respectivas produções por trabalhador e o mesmo número total de trabalhadores — 500 — dedicados à produção desses produtos em cada país:

PRODUTOS	TRABALHADO-RES AMERICANOS	PRODUÇÃO AMERICANA	TRABALHADORES CANADENSES	PRODUÇÃO CANADENSE
cadeiras	200	100.000	200	90.000
TVs	300	60.000	300	30.000

Com ambos os países fabricando ambos os produtos, sob as condições especificadas, a produção combinada teria chegado a um total de 190.000 cadeiras e 90.000 televisores por mês a partir de um total de mil trabalhadores.

E se os dois países se especializassem, com os Estados Unidos colocando todos os seus trabalhadores que fabricam cadeiras na produção de aparelhos de televisão, e o Canadá fazendo o inverso? Então, *com a mesma produção por trabalhador* como antes em cada país, eles podem agora produzir um total maior dos dois produtos com os mesmos mil trabalhadores:

PRODUTOS	TRABALHADORES AMERICANOS	PRODUÇÃO AMERICANA	TRABALHADORES CANADENSES	PRODUÇÃO CANADENSE
cadeiras	0	0	500	225.000
TVs	500	100.000	0	0

Palavras de Despedida

Sem nenhuma mudança na produtividade dos trabalhadores em qualquer dos países, a produção total agora é maior com o mesmo número de trabalhadores, sendo 100.000 aparelhos de televisão, em vez de 90.000, e 225.000 cadeiras em vez de 190.000. Isso ocorreu porque cada país produz agora aquilo em que tem uma vantagem comparativa, tendo ou não uma vantagem absoluta.

Os economistas diriam que os Estados Unidos têm uma "vantagem absoluta" na produção de ambos os produtos, mas que o Canadá tem uma "vantagem comparativa" na produção de cadeiras. Ou seja, o Canadá sacrifica menos aparelhos de televisão ao transferir recursos para a produção de cadeiras do que os Estados Unidos com tal mudança. Sob essas condições, os americanos podem obter mais cadeiras por meio da produção de aparelhos de televisão, negociando-os com os canadenses por cadeiras, em vez de as fabricar diretamente. Por outro lado, os canadenses podem obter mais aparelhos de televisão por meio da produção de cadeiras e trocá-las por aparelhos de televisão fabricados nos EUA em vez de os produzir internamente.

Só não haveria nenhum ganho comercial se os Estados Unidos produzissem tudo mais eficientemente do que o Canadá *na mesma porcentagem para cada produto*, uma vez que não haveria, então, nenhuma vantagem comparativa. Tal situação é praticamente impossível no mundo real.

Princípios semelhantes aplicam-se em nível pessoal na vida cotidiana. Imagine, por exemplo, que você é um cirurgião especializado em cirurgia ocular que financiou seus estudos na faculdade lavando carros. Agora que você tem um carro de sua preferência, você deve lavá-lo você mesmo ou contratar alguém — mesmo que sua experiência anterior lhe permita fazer o trabalho em menos tempo do que a pessoa que você contratar? Obviamente, não faz sentido para você financeiramente, ou para a sociedade em termos sobretudo de bem-estar, que você possa gastar seu tempo cobrindo de espuma um automóvel em vez de estar em uma sala de operação salvando a visão de alguém. Em outras palavras, mesmo que você tenha uma "vantagem absoluta" nas duas atividades, sua vantagem comparativa no tratamento de doenças dos olhos é muito maior.

A chave para compreender os exemplos individuais e o do comércio internacional é a realidade econômica básica da escassez. O cirurgião tem apenas 24 horas no dia, como todo mundo. O tempo que ele utiliza fazendo uma coisa é o tempo gasto longe de fazer outra coisa. O mesmo é verdadeiro para os países, que não têm uma quantidade ilimitada de mão de obra, tempo ou outros recursos, e assim devem fazer uma coisa tendo o custo de não fazer uma outra. Esse é o real significado de custos econômicos — *alternativas perdidas* (no sentido de que uma determinada escolha representa uma renúncia a todas as outras) que se aplica a uma economia, seja ela capitalista, socialista, feudal, ou o que for — e às transações nacionais ou internacionais.

Os benefícios proporcionados pelas vantagens comparativas são particularmente importantes em países mais pobres. Alguém colocou desta forma:

> Vantagem comparativa significa que há um lugar ao sol no livre comércio para cada nação, não importa quão pobre ela seja, porque as pessoas de todas as nações podem produzir alguns produtos de um modo relativamente mais eficiente do que produzem outros produtos.

A vantagem comparativa não é apenas uma teoria, mas um fato muito importante na história de muitas nações. Passou-se mais de um século desde que a Grã-Bretanha produzia o bastante para alimentar sua população. Os britânicos têm sido capazes de se alimentar o suficiente, de lá para cá, somente porque o país tem concentrado seus esforços na produção daquilo em que possui uma vantagem comparativa, como na manufatura, transporte e serviços financeiros — usando os ganhos para comprar alimentos de outros países. Com isso, os consumidores britânicos acabaram melhor alimentados e com mais bens manufaturados do que se o país produzisse totalmente a comida de que necessita.

Uma vez que os custos reais de tudo o que é produzido são as outras coisas que poderiam ter sido produzidas com os mesmos esforços, custaria muito aos britânicos transferir recursos tanto da indústria quanto do comércio em quantidade capaz de fazer com o que o país se tornasse autossuficiente em alimentos. Para eles, é melhor obter comida de algum outro país cuja vantagem comparativa esteja na agricultura, *ainda que os agricultores desse país possam não ser tão eficientes quanto os agricultores britânicos.*

Tal trade-off não se limita às nações industrializadas. Quando o cacau começou a ser cultivado em fazendas da África Ocidental, que, por fim, produziria mais da metade da oferta mundial, os agricultores africanos reduziram a quantidade de alimentos que plantavam no intuito de ganhar mais dinheiro com o plantio de árvores de cacau em suas terras, em vez de culturas alimentares. Como resultado, os ganhos acumulados lhes permitiram viver importando alimentos produzidos em outros lugares. Esses alimentos incluíam não apenas carne e vegetais cultivados na região, mas também arroz e conservas de peixe e frutas importados, estes últimos itens sendo considerados artigos de luxo, na época.

Economias de Escala

Embora a vantagem absoluta e a vantagem comparativa sejam as principais razões dos benefícios do comércio internacional, não são as únicas. Às vezes, um determinado produto requer um investimento tão enorme em máquinas, na engenharia necessária para criar a maquinaria e o produto, bem como no desenvolvimento de uma força de trabalho especializada, que a produção resultante pode ser vendida a um preço baixo o suficiente para ser competitivo apenas quando uma quantidade muito expressiva é produzida, em decorrência das economias de escala.

A produção mínima que viabiliza economicamente, ou seja, em termos de custo, a fabricação de automóveis é estimada entre 200.000 e 400.00 unidades por ano. Produzir em quantidades tão grandes não é um problema sério em um país do tamanho e riqueza dos Estados Unidos, no qual cada um dos três grandes fabricantes domésticos — Ford, General Motors e Chrysler — teve ao menos um modelo com vendas de mais de 400.000, como faz a Toyota, sendo que a caminhonete Ford F-Series chegou a mais de 800.000 unidades vendidas anualmente. Mas em um país com uma população muito menor — a Austrália, por exemplo — não há como vender, dentro do país, um número suficiente de carros para cobrir os elevados custos de desenvolvimento completo dos automóveis e estabelecer preços competitivos para enfrentar os automóveis produzidos em quantidades muito maiores nos Estados Unidos ou no Japão.

O maior número de carros de qualquer determinada marca vendido na Austrália equivale a apenas cerca de metade da quantidade necessária para colher todos os benefícios de custo das economias de escala. Embora o número de automóveis por habitante seja maior na Austrália do que nos Estados Unidos, a população americana é mais de uma dúzia de vezes superior à australiana.

Mesmo aqueles carros fabricados na Austrália foram desenvolvidos em outros países — Toyota e Mitsubishi no Japão e modelos Ford e General Motors nos Estados Unidos. Eles são essencialmente carros japoneses ou americanos fabricados na Austrália, o que significa que as empresas do Japão e Estados Unidos já pagaram os enormes gastos de engenharia, pesquisa e outros custos relativos à criação desses veículos. Mas o mercado australiano não é grande o suficiente para obter economias de escala que possibilitem produzir automóveis australianos originais a partir do zero a um custo que os capacitaria a competir no mercado com os carros importados.

Não obstante se tratar de um país moderno e próspero, cuja produção *per capita* é maior do que a da Grã-Bretanha, Canadá ou Estados Unidos, a Austrá-

Economia Básica - Volume II

lia tem um poder de compra total que corresponde a 1/5 do Japão e a 1/17 dos Estados Unidos.

As exportações habilitam alguns países a alcançar economias de escala que não seriam possíveis contando unicamente com o mercado interno. Há algumas companhias que exportam mais do que vendem dentro das fronteiras de seus respectivos países. Por exemplo, a Heineken não depende do pequeno mercado holandês para comercializar suas cervejas, uma vez que vende para 170 outros países. A Nokia vende seus telefones globalmente, não se restringindo à sua Finlândia natal. A respeitada revista britânica *The Economist* vende três vezes mais exemplares nos Estados Unidos do que na Grã-Bretanha. Toyota, Honda e Nissan, todas elas, auferem a maioria de seus lucros na América do Norte, e o conjunto das indústrias de automóveis japoneses começou em 2006 a fabricar mais carros fora do Japão do que no próprio Japão. Pequenos países como Coreia do Sul e Taiwan dependem do comércio internacional para escoarem muitos produtos a uma escala muito superior ao que pode ser vendido no mercado interno.

Em suma, o comércio internacional é necessário para que muitos países alcancem economias de escala que lhes permitam vender a preços competitivos em relação aos produtos similares no mercado mundial. Para alguns produtos que exigem enormes investimentos em equipamentos e pesquisas, apenas alguns poucos grandes e prósperos países poderiam obter os níveis de produção necessários para pagar por todos esses custos de vendas somente no mercado doméstico. O comércio internacional cria uma maior eficiência, permitindo mais economias de escala em todo o mundo, mesmo em países cujos mercados internos não são grandes o suficiente para absorver toda a produção das indústrias de fabricação em massa, bem como tirar partido de cada vantagem absoluta ou comparativa do país.

Como em outros casos, às vezes podemos compreender os benefícios de uma maneira particular de fazer as coisas, vendo o que acontece quando elas são feitas de forma diferente. Por muitos anos, a Índia protegeu as pequenas empresas e manteve barreiras contra as importações que poderiam competir com elas. Porém, o levantamento das restrições de importação no final do século XX e início do século XXI mudou tudo isso. Como a *Far Eastern Economic Review* colocou:

> O pesadelo da indústria de brinquedos indiana vem na forma de uma boneca de plástico muito simplesinha. Ela é feita na China, canta uma canção do popular filme Hindi, e custa cerca de 100 rúpias (US$2,00). Os pais indianos já compraram o jogo em mercados de todo o país, deixando as empresas de brinquedos locais petrificadas. Igualar a rapidez, escala e tecnologia envolvidas

na produção da boneca — resultando em seu preço ínfimo — está além de suas capacidades [...]. Em áreas como brinquedos e sapatos, a China desenvolveu grandes economias de escala, enquanto a Índia tem mantido seus produtores artificialmente pequenos.

Os problemas econômicos dos fabricantes de brinquedos na Índia sob o livre comércio são ofuscados pelos problemas muito mais graves criados pelas anteriores restrições à importação que obrigaram centenas de milhões de pessoas de um país muito pobre a pagar preços desnecessariamente inflacionados para uma ampla gama de produtos devido a políticas que protegem os pequenos produtores da concorrência de produtores maiores no país e no estrangeiro. Felizmente, décadas de tais políticas finalmente ficaram para trás na Índia na última década do século XX.

RESTRIÇÕES AO COMÉRCIO INTERNACIONAL

Embora existam muitas vantagens para o mundo como um todo e para os países individualmente decorrentes do comércio internacional, assim como ocorre com todas as formas de maior eficiência econômica, seja em casa ou no exterior, ele desloca o que for menos eficiente. Do mesmo modo que o advento do automóvel causou sérios prejuízos aos produtores de equipamentos ligados ao transporte animal, e a propagação de cadeias de supermercados gigantes levou muitas lojas de bairro e mercearias de pequeno porte a abandonarem o negócio, também a importação de produtos em que outros países têm uma vantagem comparativa gera perdas de receitas e postos de trabalho da indústria doméstica.

A despeito de possibilitar ganhos econômicos que tipicamente ultrapassam as perdas, politicamente é quase inevitável que haverá reclamações em alto e bom som e solicitações para que o governo proteja a indústria local contra a concorrência estrangeira por meio de várias restrições às importações. Muitas das falácias de mais longa vida na Economia vieram das tentativas de justificar essas restrições ao comércio internacional. Ainda que Adam Smith tenha refutado a maioria delas mais de dois séculos atrás, no que se refere às preocupações dos economistas, tais falácias permanecem politicamente vivas e potentes hoje.

Há aqueles que argumentam, por exemplo, que os países ricos não podem competir com os países cujos salários são muito mais baixos. Os países mais pobres, por outro lado, podem dizer que precisam proteger suas "indústrias nascentes" da concorrência com as nações industriais mais desenvolvidas até que as indústrias locais adquiram a experiência e know-how para competir em igualdade de condições. Em todos os países, há queixas de que outras nações não estão sendo "justas" em suas leis sobre importação e exportação. Uma queixa frequentemente ouvida de injustiça, por exemplo, é que alguns países "despejam" seus produtos no mercado internacional a preços artificialmente baixos, perdendo dinheiro no curto prazo a fim de obter uma maior quota de mercado que mais tarde vai explorar, elevando os preços assim que alcançar uma posição monopolista.

Nas complexidades da vida real, raramente qualquer argumento é 100% correto ou 100% errado todo o tempo. Quando se trata de argumentos para as restrições de comércio internacional, no entanto, a maioria dos argumentos são falaciosos a maior parte do tempo. Vamos examiná-los um de cada vez, começando com a falácia dos altos salários.

A Falácia dos Altos Salários

Em um país próspero como os Estados Unidos, uma falácia que soa muito plausível é que os bens norte-americanos não podem competir com os bens produzidos por trabalhadores de baixa renda nos países mais pobres, alguns dos quais recebem uma fração do que os trabalhadores americanos ganham. Mas, por plausível que isso possa parecer, tanto a História como a Economia a refutam. Historicamente, os países de altos salários exportaram para países de baixos salários durante séculos. A República Holandesa deteve a liderança no comércio internacional por quase um século e meio — da década de 1590 aos anos 1740 — e tinha alguns dos trabalhadores mais bem pagos do mundo. A Grã-Bretanha foi o maior exportador mundial no século XIX e seus salários eram muito mais elevados do que os níveis salariais em muitos, se não a maioria, dos países para os quais vendia seus produtos.

Por outro lado, a Índia teve salários muito mais baixos do que os vigentes em países mais industrializados como o Japão e os Estados Unidos, mas por muitos anos ela restringiu as importações de automóveis e outros produtos feitos no Japão e nos Estados Unidos, porque os produtores nacionais da Índia não podiam competir em preço ou qualidade com tais produtos importados. Depois de

Palavras de Despedida

uma flexibilização das restrições ao comércio internacional, mesmo a principal empresa industrial indiana, a Tata, teve de se preocupar com as importações da China, apesar dos maiores salários dos trabalhadores chineses em comparação com os trabalhadores na Índia:

> [...] o grupo Tata criou um escritório especial para educar as diferentes partes de seu império de negócios em expansão sobre a possível próxima remoção de restrições à importação. Jiban Mukhopadhyay, conselheiro econômico do presidente do grupo, lidera a operação. Na gaveta da escrivaninha, ele mantém uma gravata de seda comprada em uma viagem à China. Os gestores que frequentam os seminários da OMC (Organização Mundial do Comércio) são convidados a adivinhar o preço dela. "Apenas 85 rúpias", ressalta. "Uma similar feita na Índia custaria 400 rúpias".

Economicamente, a falha fundamental no argumento dos altos salários é que ele confunde salários com custos de mão de obra — e custos de mão de obra com custos totais. As taxas salariais são medidas por hora de trabalho. Os custos da mão de obra são medidos por unidade de produção. Os custos totais incluem não só o custo da mão de obra, mas também o custo de capital, matérias-primas, transporte e outras coisas necessárias na fabricação e entrega do produto acabado no mercado.

Quando os trabalhadores em um país próspero recebem salários duas vezes maiores que os de trabalhadores em um país mais pobre, e sua produção por hora é o triplo, então o país com salários elevados é o que tem os mais baixos custos de mão de obra por unidade produzida. Ou seja, é mais barato obter uma determinada quantidade de trabalho realizado no país mais próspero simplesmente porque leva menos mão de obra, embora individualmente os trabalhadores ganhem mais. Os trabalhadores mais bem pagos podem ser mais eficientemente organizados e geridos, ou ter mais ou melhores máquinas para trabalhar, ou trabalhar em empresas ou setores com maiores economias de escala. Muitas vezes, os custos de transporte são mais baixos no país mais desenvolvido, de modo que os custos totais de entrega do produto ao mercado são menores.

Há, afinal, razões pelas quais um país é mais próspero do que outro — e muitas vezes a razão é que eles são mais eficientes na fabricação e distribuição dos produtos por uma série de motivos. Em resumo, os níveis salariais mais elevados por unidade de tempo não são os mesmos que os custos mais elevados por unidade de produção. Pode até não significar maiores custos de mão de obra por unidade produzida — e, claro, os custos de mão de obra não são os únicos custos.

Economia Básica - Volume II

Uma empresa de consultoria internacional determinou que a produtividade média da mão de obra nos setores modernos na Índia corresponde a 15% da existente nos Estados Unidos. Em outras palavras, se você contratou um trabalhador médio indiano e lhe pagou 1/5 do que pagou a um trabalhador médio americano, isso lhe custaria *mais* para obter uma determinada quantidade de trabalho feito na Índia do que nos Estados Unidos. Pagar 20% do que um trabalhador americano ganha, para alguém que produz apenas 15% do que um trabalhador americano produz aumentaria seus custos de mão de obra.

Nada disso significa que nenhum país de baixos salários jamais ganha postos de trabalho às expensas de um país com salários elevados. Se a diferença de produtividade é menor que a diferença de salários, como no caso dos programadores de computador especializados e falantes do idioma inglês, então muita programação de computadores por parte dos americanos será feita na Índia. Todas as outras formas de vantagem comparativa também significam uma mudança de postos de trabalho para os países que fazem certas coisas com vantagens específicas. Mas isso não implica uma perda *líquida* de empregos na economia como um todo, não mais do que outras formas de maior eficiência, no mercado interno ou internacionalmente, implicam uma perda líquida de empregos na economia. As perdas de emprego são bastante reais para aqueles que as sofrem, quer sejam devidas à concorrência nacional ou internacional, mas restrições nos mercados domésticos ou internacionais geralmente custam empregos em termos líquidos porque reduzem a prosperidade da qual a procura de bens e de mão de obra depende.

Os custos do trabalho são apenas parte da história. Os custos de capital e de gestão são uma parte considerável do custo de muitos produtos. Em alguns casos, os custos de capital excedem os custos do trabalho, especialmente em setores de atividade caracterizados por custos fixos elevados, tais como geração de energia elétrica e ferrovias, que requerem grandes investimentos em infraestrutura. Um país próspero geralmente tem maior abundância de capital, e, por causa da oferta e da procura, o capital tende a ser mais barato do que em países mais pobres, onde o capital é mais escasso e tem uma correspondente taxa de retorno maior.

A história do início da industrialização da Rússia na época dos czares ilustra como a oferta de capital afeta o custo do capital. Quando a Rússia começou um programa de industrialização em larga escala na década de 1890, os investidores estrangeiros podiam obter um retorno de 17,5% ao ano em seus investimentos — até que foram tantos investindo na Rússia que a taxa de retorno diminuiu ao longo dos anos, ficando abaixo de 5% até 1900. Os países mais pobres com

Palavras de Despedida

altos custos de capital teriam dificuldade em competir com os países ricos, com menores custos de capital, mesmo se tivessem uma vantagem real dos custos de mão de obra, algo que muitas vezes não acontece.

Em um determinado momento, sem dúvida é verdade que alguns segmentos econômicos serão prejudicados pela concorrência de produtos importados, assim como são negativamente afetados por qualquer outra fonte de produtos mais baratos ou melhores, nacional ou estrangeira. Essas outras fontes de maior eficiência operam a todo instante, forçando as empresas e setores a se modernizar, reduzir ou sair do negócio. Porém, quando isso ocorre em função de estrangeiros, pode ser representado politicamente como um caso de "nós contra eles", quando na verdade se trata da velha história de específicos interesses domésticos contra os consumidores.

Poupando Empregos

Durante os períodos de desemprego elevado, os políticos estão especialmente sujeitos a serem fortemente pressionados para vir em socorro de setores específicos que estão perdendo dinheiro e empregos, e restringir as importações que concorrem com eles. Um dos exemplos mais trágicos de tais restrições ocorreu durante a depressão mundial da década de 1930, quando as barreiras tarifárias proliferaram pelo planeta. O resultado líquido foi que as exportações mundiais em 1933 foram apenas 1/3 do que haviam sido em 1929. Assim como o livre comércio fornece benefícios econômicos a todos os países simultaneamente, do mesmo modo as restrições comerciais reduzem a eficiência de todos os países ao mesmo tempo, diminuindo os padrões de vida, sem produzir o aumento do emprego que se esperava.

Essas restrições comerciais generalizadas internacionalmente foram estimuladas pela lei de tarifas Smoot-Hawley nos Estados Unidos em 1930, que aumentou as tarifas americanas sobre as importações que registravam níveis elevados. Outros países retaliaram com severas restrições sobre suas importações de produtos norte-americanos. Além disso, as mesmas pressões políticas em ação nos Estados Unidos faziam-se sentir em outros lugares, uma vez que parece plausível para muitas pessoas proteger os empregos no país reduzindo as importações. O resultado final foi que severas restrições comerciais internacionais foram aplicadas por muitos países para muitos outros países, não apenas para os Estados Unidos. As consequências econômicas líquidas foram bem diferentes do que se esperava — mas foram precisamente o que havia sido previsto por mais de mil economistas que assinaram um apelo público contra os aumentos de tarifas, dirigido ao senador Smoot, ao congressista Hawley e ao presidente Herbert Hoover. Entre outras coisas, eles disseram:

> A América tem agora de enfrentar o problema do desemprego. Os proponentes de tarifas mais elevadas afirmam que um aumento nas taxas vai criar empregos para os que estão inativos. Isso não é verdade. Não podemos aumentar o emprego pela restrição do comércio.

Esses mil economistas — entre os quais se encontravam muitos dos principais professores de Economia em Harvard, Columbia e Chicago — predisseram com exatidão as tarifas de "retaliação" contra produtos americanos por outros países. Eles também previram que "a vasta maioria" dos agricultores norte-americanos, que estavam entre os mais fortes apoiadores das tarifas, sairiam perdendo em termos líquidos, na medida em que os outros países restringiriam suas importações de produtos agrícolas americanos. Todas essas predições foram cumpridas: o desemprego piorou e as exportações agrícolas despencaram, junto com um declínio geral no comércio internacional dos Estados Unidos.

A taxa de desemprego nos Estados Unidos era de 6% em junho de 1930, quando as tarifas Smoot-Hawley entraram em vigor — abaixo de seu pico de 9% em dezembro de 1929. Um ano depois, o desemprego era de 15%, e no ano seguinte atingiu 26%. Tudo isso não tem de ser atribuído às tarifas. Mas todo o objetivo daquelas tarifas era reduzir o desemprego[1].

Em um determinado momento, uma tarifa protecionista ou outra restrição à importação pode proporcionar alívio imediato para um determinado setor de atividade e, assim, ganhar o apoio político e financeiro das corporações e sindicatos daquele segmento econômico. Mas, como muitos benefícios políticos, ele vem em detrimento de outros que não podem ser tão organizados, tão visíveis, ou com tanta capacidade de se fazer ouvir.

Quando o número de postos de trabalho na indústria siderúrgica norte-americana caiu de 340.000 para 125.000 durante a década de 1980, o impacto devastador foi uma grande notícia econômica e política. Também levou a uma

---

[1] Um estudo de caso poderia ser feito mostrando que as tarifas Smoot-Hawley tiveram mais a ver com o desemprego massivo da década de 1930 do que o provocado pela quebra da Bolsa em 1929, como muitas vezes se tem apontado. Enquanto a taxa de desemprego subiu após o incidente no mercado acionário, a taxa de desemprego não chegou a 10% durante qualquer um dos 12 meses seguintes à quebra. Mas o desemprego atingiu 11,6% apenas cinco meses após as tarifas da Smoot-Hawley — e em sua trajetória alcançou níveis ainda mais elevados, nunca ficando aquém de 11,6% até mais de oito anos mais tarde. Richard K. Vedder e Lowell E. Gallaway, *Out of Work*, edição de 1993, p. 77.

Palavras de Despedida

variedade de leis e regulamentos concebidos para reduzir a quantidade de aço importado que competia com o aço produzido internamente. Naturalmente, essa redução na oferta levou a preços mais elevados do produto nos Estados Unidos e, portanto, aumentou os custos para todas as outras indústrias americanas que fabricavam produtos derivados de aço, de automóveis a plataformas de petróleo.

Todos os produtos em cuja fabricação havia a presença de aço estavam agora em desvantagem na concorrência com produtos similares estrangeiros, tanto dentro dos Estados Unidos como nos mercados internacionais. Estimou-se que as tarifas de aço ocasionaram US$240 milhões em lucros adicionais para as empresas siderúrgicas e salvaram 5.000 empregos na indústria do aço. Ao mesmo tempo, as indústrias americanas que fabricavam produtos feitos a partir desse aço artificialmente mais caro deixaram de ganhar o equivalente a US$600 milhões e perderam 26.000 postos de trabalho como resultado das tarifas. Em outras palavras, tanto a indústria americana e os trabalhadores norte-americanos como um todo estavam em pior situação, em termos líquidos, como resultado das restrições à importação de aço.

Da mesma forma, um estudo sobre as restrições à importação de açúcar nos Estados Unidos indicou que, embora elas tenham salvado empregos no setor açucareiro, custaram três vezes mais empregos no segmento de confeitaria, por causa do alto custo do açúcar utilizado na fabricação de doces. Algumas empresas americanas se mudaram para o Canadá e México, porque os custos do açúcar eram menores em ambos os países. Em 2013, o *Wall Street Journal* noticiava que a "Atkinson Candy transferiu 80% de sua produção de doces de peppermint para uma fábrica na Guatemala que havia inaugurado em 2010". De 2000 a 2012, o preço médio do açúcar nos Estados Unidos era mais que o dobro do preço vigente no mercado mundial, de acordo o *Wall Street Journal*.

As restrições ao comércio internacional se constituem em mais um exemplo da falácia da composição, a crença pela qual o que é verdadeiro para uma parte é verdadeiro para o todo. Não há dúvida de que um setor ou profissão em particular pode ser beneficiado por restrições ao comércio internacional. A falácia está em crer que isto significa que a economia como um todo é beneficiada, no que diz respeito aos postos de trabalho ou aos lucros.

"Indústrias Nascentes"

Um dos argumentos para as restrições de comércio internacional que os economistas desde há muito reconhecem como válido, pelo menos em teoria, é o de

Economia Básica - Volume II

proteger "indústrias nascentes"[2] *temporariamente* até que possam desenvolver as habilidades e experiência necessárias para competir com concorrentes estrangeiros já estabelecidos há bastante tempo. Uma vez alcançado esse ponto, a proteção (mediante tarifas, quotas de importação, ou o que for) pode ser retirada e o setor de atividade fica por sua conta para enfrentar a concorrência do mercado.

Na prática, contudo, um segmento econômico em sua infância raramente tem suficiente musculatura política — os votos dos empregados, as contribuições de campanha dos empregadores, os governos locais dependentes dos impostos que recolhe delas — para obter proteção contra a concorrência estrangeira. Por outro lado, um setor de atividade antigo e ineficiente que já viu melhores dias pode muito bem reter alguma força política para manter e obter uma legislação protecionista e de subsídios do governo para se preservar — em detrimento dos consumidores, contribuintes, ou ambos.

Defesa Nacional

É improvável que mesmo os maiores defensores do livre comércio queiram depender de importações de equipamentos e suprimentos militares de nações que poderiam transformar-se, em algum momento, em inimigos. Portanto, suprimentos de munições e armas de guerra devem ser obtidos, de uma forma ou de outra, no mercado doméstico, de maneira a assegurar que os fornecedores estarão disponíveis em caso de necessidade de garantir a defesa nacional.

Um dos casos raros na história em que um povo dependeu de potenciais inimigos para seus suprimentos militares ocorreu na América colonial, pois os indígenas americanos obtinham armas e munições com os colonizadores europeus. Quando a guerra eclodiu entre eles, os índios podiam vencer a maioria das batalhas e ainda assim perderam a guerra quando começou a lhes faltar as balas, disponíveis apenas pelos colonos brancos. Como armas e munição eram produtos da civilização europeia, os índios não tinham escolha a não ser contar com essa fonte. Mas os países que podem escolher quase invariavelmente preferem ter seus próprios fornecedores nacionais das coisas que são essenciais para sua própria sobrevivência nacional.

Desafortunadamente, a expressão "essencial para a defesa nacional" pode ter — e tem tido — seu sentido ampliado para incluir produtos apenas remota,

---

[2] A expressão "indústrias nascentes" está consagrada pelo uso, porém, o termo "indústria" tem sentido mais amplo, referindo-se a um setor de atividade econômica e não apenas a uma empresa industrial.

tangencial ou ficticiamente, relacionados com a defesa militar. Rotulados como itens de defesa nacional por razões puramente de interesse próprio, tais produtos podem adquirir proteção contra a competição internacional. Em resumo, embora o argumento de restrições comerciais internacionais como questão de defesa nacional possa ser válido, se é ou não válido para um determinado setor em um determinado país e em um determinado momento depende das reais circunstâncias daquele país e daquela ocasião.

Diferentes países estrangeiros podem representar diferentes probabilidades de se tornarem inimigos futuros, de modo que os perigos de depender de fornecedores estrangeiros de equipamento militar variam de acordo com os países específicos envolvidos. Em 2004, por exemplo, o Canadá foi o maior parceiro externo dos contratos do Pentágono — US$601 milhões — seguido pela Grã-Bretanha e Israel, não sendo provável que algum dos três países declare guerra aos Estados Unidos.

Às vezes, não é a importação dos próprios bens físicos, mas a exportação da tecnologia incorporada aos bens que representa uma ameaça militar. Na década de 1990, as normas que proibiam a venda de produtos americanos que utilizavam avançada tecnologia de computação para a China foram revogadas, apesar das objeções das autoridades militares dos EUA. Os militares desejavam manter tais restrições porque a tecnologia avançada permitiria que os militares chineses adquirissem a capacidade de aprimorar a precisão dos mísseis nucleares em atingir cidades americanas. Não foram os economistas, mas os políticos que suspenderam tais restrições ao comércio internacional. Os economistas há muito reconheceram na defesa nacional, naquilo em que se aplica, uma exceção válida ao livre comércio, muito embora a lógica da defesa nacional tenha sido invocada em muitos casos em que não é aplicável.

"Dumping"

Um argumento comum para a proteção governamental contra um concorrente em outros países é que a competição não está sendo "justa", com o fornecedor estrangeiro praticando "dumping", isto é, colocando seus produtos em massa no mercado a preços inferiores aos custos de produção. O argumento é que isso está sendo feito para expulsar os produtores nacionais do negócio, deixando o produtor estrangeiro livre para tomar conta do mercado doméstico e, em seguida, aumentar os preços para níveis monopolistas. Em resposta a tal arrazoado, os governos aprovam leis "antidumping", que proíbem, restringem ou tributam

Economia Básica - Volume II

pesadamente a importação de produtos de empresas estrangeiras declaradas culpadas dessa prática.

Tudo nesse argumento depende da veracidade da alegação de que o produtor estrangeiro de fato vende as mercadorias abaixo de seus custos de produção. Na prática, a determinação pelas agências governamentais do custo de produção não é fácil até mesmo para uma empresa que opera dentro do mesmo país. Para os agentes públicos na Europa, tentar determinar os custos de produção de uma empresa localizada no sudeste da Ásia é algo ainda mais problemático, especialmente quando estão investigando simultaneamente muitas acusações de dumping envolvendo muitas outras empresas espalhadas por todo o mundo. A facilidade fica por conta de os produtores domésticos proporem a imposição de restrições quando as importações estão tirando alguns de seus clientes.

Dadas as incertezas na determinação do custo, o caminho de menor resistência dos agentes públicos em face da acusação "de dumping" é aceitar a solicitação. As autoridades da União Europeia, por exemplo, declararam que um produtor de "mountain bikes" na Tailândia estava exportando essas bicicletas para a Europa abaixo do custo de produção porque ele estava cobrando menos para as bicicletas na Europa do que na Tailândia. No entanto, uma vez que existem economias de escala, os custos do produtor tailandês ao vender um grande número dessas bicicletas na Europa não eram tão altos quanto os custos de outros produtores ao comercializar um número muito inferior desse produto no mercado interno da Tailândia, onde havia muito menos demanda para tal item de luxo em uma população mais pobre e menor.

Na verdade, os custos próprios desse produtor tailandês com a venda de um pequeno número de "mountain bikes" na Tailândia eram provavelmente mais elevados por bicicleta do que os custos da venda de um grande número delas em grandes encomendas para a Europa. Vender bicicletas na Europa a preços inferiores aos que os produtores de bicicletas cobravam na Tailândia não significa necessariamente vender abaixo do custo de produção para o enorme mercado europeu.

Essa não é uma situação pontual. A União Europeia tem aplicado leis antidumping contra roupa de cama do Egito, antibióticos da Índia, calçados provenientes da China, fornos de micro-ondas da Malásia, e glutamato monossódico do Brasil, entre outros produtos de outros lugares. E também a União Europeia não é a única a tomar medidas assim. Os Estados Unidos impuseram leis antidumping ao aço do Japão, alumínio da Rússia e carrinhos de golfe da Polônia, entre outros produtos. Sem qualquer base séria para determinar os

Palavras de Despedida

custos de produzir essas coisas, as agências governamentais dos EUA confiam na "melhor informação disponível" — que é muitas vezes fornecida por aquelas empresas americanas que estão tentando impedir a entrada de produtos estrangeiros concorrentes.

Seja qual for a teoria por trás das leis antidumping, na prática elas são parte do arsenal de proteção aos produtores domésticos em detrimento dos consumidores domésticos. Além disso, mesmo a teoria não é isenta de problemas. A teoria do dumping é uma versão internacional da teoria do "preço predatório", cujos problemas foram discutidos no Capítulo 8 do volume 1 desta obra. É fácil acusar a prática de preços predatórios, mas difícil de provar ou refutar, em nível nacional ou internacional. Onde o viés político aponta no sentido de aceitar tal demanda, não são necessárias provas.

Tipos de Restrições

Tarifas são impostos sobre as importações, que servem para elevar os preços dos produtos importados e, assim, permitir que os produtores nacionais cobrem preços mais altos para competir com produtos que poderiam ser mais baratos em face da concorrência estrangeira. Da mesma forma, quotas de importação restringem as empresas estrangeiras de competir em igualdade de condições com os produtores nacionais. Apesar de tarifas e quotas poderem ter idênticos resultados econômicos finais, esses efeitos não são óbvios para o público. Assim, enquanto uma tarifa de US$10 em aplicativos importados possibilita que os produtores nacionais de aplicativos cobrem US$10 a mais do que poderiam de outra forma, sem perder negócios para produtores estrangeiros, uma limitação adequada da quota do número de aplicativos importados também pode elevar o preço em US$10 por seu efeito sobre oferta e procura. Neste último caso, todavia, de modo algum é tão fácil para o eleitorado ver e quantificar os efeitos. O que isso pode significar politicamente é que uma restrição de quotas, que aumenta o preço dos aplicativos em US$15, é posta em prática pelos agentes públicos tão facilmente quanto uma tarifa de US$10.

Às vezes, essa abordagem é sustentada por afirmações de que esta ou aquela nação estrangeira está sendo "injusta" em suas restrições sobre as importações provenientes dos Estados Unidos. Mas a triste verdade é que praticamente todos os países impõem restrições "injustas" à importação, geralmente em resposta a interesses particulares internos. No entanto, as escolhas só podem ser feitas entre alternativas realmente disponíveis. As restrições de outros países ao nosso privam a eles e a nós de alguns dos benefícios do comércio internacional. Se fizermos o mesmo em resposta, ainda mais benefícios serão perdidos para ambos. Se nós "deixarmos para lá", as perdas serão minimizadas para os dois lados.

Ainda mais eficazes, porque dissimuladas, são as restrições ao comércio internacional das regras de saúde e segurança aplicadas às importações — regras que frequentemente vão muito além do necessário para a saúde ou segurança. Meros requisitos burocráticos podem também crescer até o ponto em que o tempo necessário para os cumprir acrescenta custos proibitivos, especialmente para as importações de perecíveis. Se demora uma semana para que seus morangos cheguem na alfândega, já não é possível enviá-los. Todas essas medidas, que têm sido desenvolvidas pelos países ao redor do mundo, aliadas às vantagens políticas das quotas de importação, tornam difícil de quantificar precisamente seu efeito sobre os preços ao consumidor, por maior que ele possa ser.

MUDANÇAS NAS CONDIÇÕES

Com o tempo, as vantagens comparativas se alteram, fazendo com que os polos internacionais de produção mudem de país para país. Por exemplo, quando o computador era um produto novo e exótico, muito de seu desenvolvimento precoce e produção ocorreu nos Estados Unidos. Depois que a tecnologia transformou os computadores em um produto amplamente utilizado, muitas pessoas já sabiam como produzi-los. Os Estados Unidos mantiveram sua vantagem comparativa quanto aos softwares de computador, mas as máquinas em si agora podiam ser facilmente montadas nos países além-mar mais pobres — e foram. Até mesmo os computadores vendidos dentro dos Estados Unidos sob nomes de marcas americanas eram muitas vezes fabricados na Ásia. No início do século XXI, a revista *The Economist* relatou que "Taiwan fabrica a maioria dos componentes de computador do mundo". Esse padrão ampliou-se para além dos Estados Unidos e Taiwan, como a *Far Eastern Economic Review* informou: "As empresas asiáticas dependem muito das empresas americanas, japonesas e europeia como fontes dominantes da nova tecnologia", enquanto os fabricantes asiáticos trabalham com "margens de lucro apertadas devido às robustas taxas de licenciamento cobradas pelas empresas de marcas globais".

A indústria de softwares para computadores nos Estados Unidos não poderia ter se expandido tanto e com tanto sucesso se a maioria dos engenheiros de computação americanos e os técnicos tivessem ficado comprometidos com

Palavras de Despedida

a produção de máquinas que poderiam, e foram, tão facilmente fabricadas em algum outro país. Uma vez que a mesma força de trabalho norte-americana não pode estar em dois lugares ao mesmo tempo, ela se transferiria para onde sua vantagem comparativa é maior apenas se o país "perdesse empregos" onde não tem vantagem comparativa. É por isso que os Estados Unidos puderam ter níveis sem precedentes de prosperidade e de rápido crescimento do emprego na mesma ocasião em que as manchetes da mídia anunciavam regularmente acordos de dispensas de dezenas de milhares de trabalhadores em alguns segmentos econômicos americanos e de centenas de milhares em outros.

Independentemente do setor ou do país, se um milhão de novos e bem remunerados empregos são criados em empresas espalhadas por todo o país como resultado do livre comércio internacional, isso pode ter menos peso político do que se meio milhão de empregos são perdidos em um segmento em que sindicatos e associações de empregadores são capazes de levantar um clamor popular. Quando os milhões de novos postos de trabalho representam algumas dezenas de postos de trabalho aqui e ali, em inumeráveis empresas espalhadas por toda a nação, não há concentração suficiente de interesse econômico e político com força para instaurar uma contracampanha com influência comparável. Portanto, as leis são muitas vezes elaboradas para restringir o comércio internacional em benefício de algum eleitorado concentrado e influente, mesmo que tais restrições possam causar muito mais perdas de postos de trabalho em todo o país.

A transferência direta de empregos específicos para um outro país — "externalização ou terceirização" — desperta muita atenção política e da mídia, como quando os "call centers" (centrais de atendimento ao cliente) americanos ou britânicos foram transferidos para a Índia, onde indianos falantes da língua inglesa atendiam aos telefonemas efetuados para a loja de departamentos Harrod's em Londres ou às ligações para empresas de computadores norte-americanos solicitando informações técnicas que eram respondidas por engenheiros de software na Índia. Há até mesmo uma empresa na Índia chamada TutorVista que monitora estudantes americanos por telefone, utilizando 600 monitores na Índia para lidar com 10.000 assinantes nos Estados Unidos.

Aqueles que condenam os números de empregos transferidos para outro país quase nunca consideram se há perdas *líquidas* de postos de trabalho. Enquanto muitos empregos americanos foram "terceirizados" para a Índia e outros países, muitos outros países "terceirizaram" empregos para os Estados Unidos. A empresa alemã Siemens emprega dezenas de milhares de norte-americanos nos Estados Unidos, assim como as montadoras japonesas Honda e Toyota. A partir

Economia Básica - Volume II

de 2006, 63% dos automóveis de marcas japonesas vendidos nos Estados Unidos foram fabricados nos Estados Unidos. O número total de americanos empregados por empresas multinacionais estrangeiras é calculado em milhões.

Quantos postos de trabalho estão sendo terceirizados em uma direção, em comparação aos que estão indo no rumo oposto, é algo que se altera com o decorrer do tempo. Entre 1977 e 2001, o número de empregos criados nos Estados Unidos por empresas multinacionais estrangeiras cresceu 4,7 milhões, e o número de postos de trabalho criados em outros países por empresas multinacionais americanas aumentou apenas 2,8 milhões. Porém, durante a última década daquele período, mais empregos americanos foram enviados ao exterior por empresas multinacionais americanas do que foram criados empregos nos Estados Unidos por multinacionais estrangeiras. A direção da terceirização é volátil e imprevisível, e a diferença líquida no número de postos de trabalho é pequena em comparação com o emprego total do país. Além disso, tais comparações deixam de lado os empregos criados na economia como um todo decorrentes de uma maior eficiência e riqueza proporcionadas pelas transações internacionais.

Mesmo um país que, pela terceirização, está perdendo empregos para outros países em termos líquidos, pode, contudo, ter mais postos de trabalho do que teria sem a terceirização. Isso porque o aumento da riqueza advindo das transações internacionais significa crescimento da demanda por bens e serviços em geral, incluindo bens e serviços produzidos pelos trabalhadores em indústrias genuinamente nacionais.

O livre comércio pode ter um amplo apoio entre os economistas, mas entre o público em geral o apoio é consideravelmente menor. Uma pesquisa internacional realizada pela revista *The Economist* encontrou mais pessoas a favor do protecionismo do que do livre comércio na Grã-Bretanha, França, Itália, Austrália, Rússia e Estados Unidos. Parte da razão é que o público não tem ideia de quanto o protecionismo custa e quão pouco benefício líquido produz. Estima-se que o conjunto de medidas protecionistas em vigor nos países da União Europeia não salva mais do que um total de 200.000 empregos — a um custo de US$43 bilhões. Isso representa cerca de US$215.000 por ano para cada trabalho salvo.

Em outras palavras, se o mercado da União Europeia fosse 100% aberto ao livre comércio internacional, cada trabalhador que perdeu o emprego como resultado da concorrência estrangeira poderia receber US$100.000 por ano em compensações e os países da União Europeia ainda estariam em melhor situação. Alternativamente, é claro, os trabalhadores deslocados poderiam simplesmente encontrar outros empregos. Sejam quais forem as perdas que podem ocorrer no

Palavras de Despedida

processo, não se pode começar a compará-las com os custos elevados de mantê-los trabalhando onde estão. Isso porque os custos não são se restringem apenas aos salários, mas aos ainda maiores custos de produção de maneiras menos eficientes, utilizando-se recursos escassos que seriam mais produtivos em outro lugar. Em outras palavras, o que os consumidores perdem excede em muito o que os trabalhadores ganham, piorando a situação da sociedade como um todo.

Outra razão para o apoio público ao protecionismo é que muitos economistas não se preocupam em responder nem aos interesses especiais nem àqueles que se opõem ao livre comércio por razões ideológicas. Os argumentos de ambos foram, essencialmente, refutados séculos atrás, e agora são considerados dentro da Economia como questões superadas. Por exemplo, já em 1828, o economista britânico Nassau W. Senior escrevia que "altos salários, em vez de prevenir nossos fabricantes de competir com países estrangeiros, são, na verdade, uma consequência necessária da própria causa que nos permite competir com eles [...] ou seja, a produtividade superior da mão de obra inglesa". Mas o desdém dos economistas para falácias há longo tempo refutadas permitiu somente que veementes e articuladas vozes ficassem mais ou menos livres para monopolizar a opinião pública, a qual raramente ouve mais do que um lado da questão.

Um dos poucos economistas contemporâneos de destaque que se incomodam em responder aos argumentos protecionistas é Jagdish Bhagwati, um economista reconhecido internacionalmente que concordou em debater publicamente com Ralph Nader. Eis sua experiência:

> Confrontados com os críticos do livre comércio, os economistas geralmente reagem com desprezo e indiferença, recusando-se a entrar na arena pública para debater com os críticos. Eu debati publicamente com Ralph Nader no campus da Universidade de Cornell há alguns anos. O debate foi à noite, e à tarde dei uma palestra técnica sobre livre comércio para os alunos de pós-graduação em Economia. No final dela, perguntei quantos estavam indo para o debate, e nem uma mão foi levantada. Por que, eu perguntei. A reação típica foi: Por que desperdiçar tempo? Como consequência, dos quase mil estudantes que lotavam o teatro onde o debate foi realizado, a maioria era contrária ao livre comércio, todos apoiando o Sr. Nader.

A palavra de ordem "globalização" foi cunhada para descrever a importância crescente do comércio internacional e da interdependência econômica global, e devido a ela muitos tendem a ver o comércio internacional e as transações financeiras internacionais como algo novo — permitindo que interesses específicos e ideólogos joguem com o medo do público do desconhecido.

Entretanto, o termo "globalização" também abrange mais que simplesmente o livre comércio entre as nações. Há embutido nele as regras institucionais que regem a redução das barreiras comerciais e a movimentação de dinheiro. Entre as organizações internacionais envolvidas na criação dessas regras estão o Banco Mundial, o Fundo Monetário Internacional e a Organização Mundial do Comércio. Tais regras são assuntos legítimos de controvérsia, embora nem todas elas tratem do livre comércio.

Capítulo 8

TRANSFERÊNCIAS INTERNACIONAIS DE RENDA

O setor financeiro é o mais cosmopolita do mundo,
porque seu produto, o dinheiro, é mais portátil e
mais amplamente utilizado do que qualquer outro.

Michael Mandelbaum

As transferências de riqueza entre as nações assumem muitas formas. Indivíduos e empresas em um país podem investir diretamente em empreendimentos de outro país. Em 2012, os americanos, por exemplo, investiram US$329 bilhões diretamente em outros países e US$168 bilhões vieram na contramão, com os EUA se constituindo na fonte e no destino de mais investimento estrangeiro do que qualquer outra nação. Os cidadãos de um determinado país podem também colocar seu dinheiro em bancos de outro país, que por sua vez concedem empréstimos a particulares e empresas, de modo que essa é uma maneira indireta de investimento estrangeiro. Uma outra opção é comprar os títulos emitidos por um governo estrangeiro. Dos títulos emitidos pelos EUA, 46% estão em posse de pessoas de outros países.

Além dos investimentos de vários tipos, há ainda as remessas de pessoas que vivem em países estrangeiros para membros da família em seus países de origem. Em 2012, aproximadamente 250 milhões de migrantes em todo o mundo remeteram cerca de US$410 bilhões. Em 2011, uma pesquisa no México constatou que 20% das 112 milhões de pessoas naquele país receberam dinheiro de familiares morando nos Estados Unidos, um montante de quase US$23 bilhões. E não se trata de um fenômeno recente ou restrito aos mexicanos. Imigrantes vindos da Índia enviaram US$64 bilhões e imigrantes provenientes da China remeteram US$62 bilhões para seus respectivos países de origem em 2011. O

Economia Básica - Volume II

impacto econômico de o dinheiro ser enviado para países pobres é significativo. A respeito, o *Wall Street Journal* reportou:

> O dinheiro enviado do exterior é responsável por cerca de 60% dos rendimentos das famílias mais pobres na Guatemala, e tem ajudado a reduzir o número de pessoas que vivem na pobreza em 11 pontos percentuais em Uganda e 6 pontos percentuais em Bangladesh, de acordo com estudos do Banco Mundial.

O dinheiro enviado para o Líbano é igual a 22% do PIB do país. As remessas para a Moldávia equivalem a 23% do PIB, e, para o Tajiquistão, a 35%. As remessas internacionais há muito tempo desempenham um papel especialmente importante para pessoas pobres em países pobres. Voltando à década de 1840, as remessas dos imigrantes irlandeses na América a seus familiares na Irlanda possibilitaram que muitos deles não só sobrevivessem à fome que atingia a Irlanda, mas também emigrassem para os Estados Unidos.

Outras transferências internacionais de riqueza não têm sido tão benignas. Em séculos passados, potências imperiais simplesmente transferiam vastas quantidades de riqueza tomadas das nações que conquistavam. Alexandre, o Grande, saqueou os tesouros dos persas derrotados. A Espanha usurpou toneladas de ouro e prata dos povos indígenas do Hemisfério Ocidental e os forçou a escavar minas para obter mais. Júlio César foi um dos muitos conquistadores romanos a marchar em triunfo pela cidade eterna exibindo as riquezas e escravos que trazia de suas vitórias no exterior. Em época mais recente, nações prósperas e agências internacionais transferiram parte de sua riqueza para os países mais pobres sob o título geral de "ajuda externa".

Nada disso é muito complicado — desde que nos lembremos da admoestação de Oliver Wendell Holmes de que "é preciso pensar nas coisas, em vez de nas palavras". Quando se trata de comércio internacional e transferências internacionais de riqueza, as coisas são relativamente simples, mas as palavras são muitas vezes escorregadias e enganosas.

INVESTIMENTOS INTERNACIONAIS

Teoricamente, espera-se que os investimentos fluam a partir de onde o capital é abundante para onde é carente, assim como a água busca nivelar-se. Em um mundo perfeito, as nações ricas investiriam muito de seu capital em países mais pobres, nos quais o capital é mais escasso e, portanto, oferecem uma maior

Palavras de Despedida

taxa de retorno. Contudo, no mundo altamente imperfeito em que vivemos, isso não é de maneira nenhuma o que geralmente acontece. Por exemplo, de um total mundial de cerca de US$21 trilhões em empréstimos bancários internacionais em 2012, apenas cerca de US$2,5 trilhões foram para países pobres — *menos de 12%*. De quase US$6 trilhões em valores mobiliários internacionais, menos de US$400 bilhões foram para países desfavorecidos, menos de 7%. Em suma, os países ricos tendem a investir em outros países ricos.

Há razões para isso, assim como, para começar, existem razões pelas quais alguns países são ricos e outros pobres. O maior impedimento ao investimento em qualquer país é o perigo de nunca o receber de volta. Os investidores são cautelosos com governos instáveis, cujas mudanças de políticas ou de mandatários criam o risco de que as condições em que o investimento foi feito podem mudar — com a mudança mais drástica sendo o confisco pelo governo ou "nacionalização", como é chamado politicamente. Corrupção muito difundida é outro entrave para o investimento, assim como para a atividade econômica em geral. Países que ocupam os postos mais elevados nos rankings internacionais de corrupção, como Nigéria ou Rússia, não são susceptíveis de atrair investimentos internacionais na escala que seus recursos naturais ou outro potencial econômico podem justificar. Por outro lado, os principais países em termos de baixos níveis de corrupção são todos países prósperos, nações em sua maioria europeias ou de origem europeia, além do Japão e Cingapura. Como observado no Capítulo 3 deste volume, o nível de honestidade em um país tem implicações econômicas muito sérias.

Mesmo deixando de lado o confisco e a corrupção, muitos países mais pobres "não permitem que capital vá e venha livremente", de acordo com *The Economist*. Para início de conversa, é menos provável que o capital entre nos lugares em que não pode sair facilmente. Não é a pobreza desses países, como tal, que impede os investimentos. Quando Hong Kong era uma colônia britânica, começou muito pobre e cresceu a ponto de se tornar uma potência industrial, chegando a ter um comércio internacional mais amplo que um enorme país como a Índia. Entradas maciças de capitais ajudaram a desenvolver Hong Kong, que, funcionando sob a segurança das leis britânicas, tinha baixas alíquotas de impostos e permitia alguns dos mais livres fluxos de capital e comércio do mundo.

Da mesma forma, a Índia continua sendo hoje um país muito pobre, mas, após o afrouxamento dos controles governamentais sobre a economia indiana, o investimento tem aumentado, especialmente na região de Bangalore, onde uma concentração de engenheiros de softwares para computadores tem atraído in-

Economia Básica - Volume II

vestidores do Vale do Silício, na Califórnia, iniciando, de fato, um novo Vale do Silício na Índia.

Simples e diretos como os princípios básicos das transferências internacionais de riqueza podem ser, palavras e regras contábeis podem fazer parecer que tudo é mais complicado. Se os americanos compram mais produtos japoneses do que os japoneses compram produtos americanos, então o Japão recebe dólares americanos para cobrir a diferença. Como os japoneses não recolhem esses dólares como lembrança, costumam investi-los na economia americana. Na maioria dos casos, o dinheiro nunca sai dos Estados Unidos. Os japoneses simplesmente compram bens de capital — o Rockefeller Center, por exemplo — em vez de bens de consumo. Os dólares americanos são inúteis para os japoneses se eles não os gastam em alguma coisa.

Grosso modo, o comércio internacional tem de se equilibrar. Mas isso acontece naquilo que as convenções contábeis internacionais sobre importações e exportações denominam "balança comercial", mas não nas coisas que absolutamente não se movem, como o Rockefeller Center. Entretanto, convenções contábeis e realidades econômicas podem ser coisas muito diferentes.

Durante alguns anos, o carro mais vendido na América foi um Honda ou um Toyota, mas nenhum automóvel feito em Detroit foi o carro mais vendido no Japão. O resultado líquido é que as montadoras japonesas recebem bilhões em dinheiro americano e o Japão geralmente tem um excedente líquido em seu comércio com os Estados Unidos. Mas o que os fabricantes dos veículos Honda e Toyota fazem com o dinheiro americano? Uma das coisas é construir fábricas nos Estados Unidos, empregando milhares de trabalhadores americanos para produzir seus carros mais perto de seus clientes, de modo a que a Honda e a Toyota não têm de pagar o custo do transporte de carros ao longo de todo o Oceano Pacífico.

Seus funcionários americanos recebem salários tão altos que eles têm, repetidamente, votado contra a adesão a sindicatos em eleições com voto secreto. Em 29 de julho de 2002, o décimo milionésimo Toyota foi construído nos EUA. Olhando para as *coisas*, em vez de palavras, há pouco aqui que cause alarme. O que assusta as pessoas são as palavras e as regras contábeis que produzem números para caber nas palavras.

A produção total de um país consiste de bens e serviços — casas e cortes de cabelo, salsichas e cirurgias — mas o equilíbrio da balança de comércio internacional consiste unicamente de bens físicos transportáveis. A economia americana produz mais serviços do que bens, por isso não surpreende que os

Palavras de Despedida

Estados Unidos importam mais bens do exportam — e exportam mais serviços do que importam. O know-how e a tecnologia americana são usados por muitos outros países que, naturalmente, pagam aos EUA por esses serviços. Por exemplo, a maioria dos computadores pessoais do mundo funcionam em sistemas operacionais criados pela Microsoft Corporation. Mas os pagamentos externos à Microsoft e outras empresas americanas pelos serviços que prestam não são contados na balança de comércio internacional, uma vez que o comércio inclui apenas produtos, não serviços.

Trata-se tão somente de uma convenção contábil. Todavia, a "balança comercial" americana é relatada na mídia como se essa imagem parcial fosse toda a imagem, e a palavra emocionalmente explosiva "deficit" dispara todos os alarmes. No entanto, há com frequência um excedente substancial ganho pelos Estados Unidos proveniente de seus serviços, que, logicamente, é omitido na balança comercial. Em 2012, por exemplo, os Estados Unidos arrecadaram US$124 bilhões apenas em royalties e licenciamentos, e mais de US$628 bilhões de todos os serviços fornecidos a outros países. O último equivale a mais que o dobro do Produto Interno Bruto do Egito ou da Malásia.

Eis o comentário do *Wall Street Journal* sobre o deficit comercial:

> Na lista de matérias econômicas com que se preocupar, "o deficit comercial" ocupa a posição de número 75 — a menos que os políticos reajam a ele impondo novas barreiras comerciais ou desvalorizem a moeda.

Com deficit comerciais, como acontece com muitas outras coisas, o que importa não é o tamanho em termos absolutos, mas o tamanho em relação à economia como um todo. Os Estados Unidos têm o maior deficit comercial do mundo, mas também têm a maior economia do mundo. O deficit comercial americano foi pouco menor que 5% do PIB do país em 2011 — menos da metade daquele da Turquia e menos de 25% da Macedônia.

Quando você conta todo o dinheiro e recursos que entram e saem de um país por todas as razões, então você não está mais falando sobre a "balança comercial", mas sobre o "balanço de pagamentos" — independentemente de se tratarem de transações de bens ou serviços. Não obstante não induza a erro tanto quanto a balança comercial, isso ainda está longe de ser a história toda, e não tem nenhuma conexão necessária com a saúde da economia. Ironicamente, um dos raros excedentes no balanço de pagamentos dos Estados Unidos no final do século XX foi seguido pela recessão de 1992. A Alemanha tem obtido regularmente excedentes de exportação, mas ao mesmo tempo sua economia teve taxas de crescimento mais lentas e níveis de desemprego mais elevados do que os Estados Unidos. A Nigéria tem com frequência obtido superavit anuais no comércio internacional e é um dos países mais pobres do mundo.

Isso não quer dizer que os países com balanças comerciais ou de pagamentos superavitárias estejam em desvantagem econômica. Ocorre que esses números, em si, não indicam necessariamente a prosperidade ou pobreza de qualquer economia.

Os dados sobre os investimentos estrangeiros também podem produzir palavras enganosas. Segundo as regras contábeis, quando as pessoas em outros países investem nos Estados Unidos, isso faz dos EUA um "devedor" para essas pessoas, porque os americanos lhes devem o dinheiro que enviaram para os EUA, pois não se tratou de um presente. Quando as pessoas em muitos países ao redor do mundo se sentem mais seguras colocando seu dinheiro em bancos americanos ou investem em empresas americanas, em vez de confiar em seus próprios bancos e corporações, então, grandes somas de dinheiro do exterior rumam em direção aos Estados Unidos.

Os estrangeiros investiram US$12 bilhões em empresas norte-americanas em 1980 e esse fluxo foi crescendo ao longo dos anos até chegar a mais de US$200 bilhões por ano em 1998. No início do século XXI, os Estados Unidos recebiam mais que o dobro do investimento estrangeiro em comparação com qualquer outro país. Em 2012, os estrangeiros compraram mais US$400 bilhões em ativos nos Estados Unidos do que os americanos adquiriram no exterior. Esse montante de recursos excede o Produto Interno Bruto de muitos países. A maior parte desse dinheiro (60%) vem da Europa e outros 9% do Canadá — juntos somam mais de 2/3 de todo o investimento estrangeiro nos Estados Unidos. Países prósperos tendem a investir em outros países prósperos.

Olhando em termos de *coisas*, não há nada de errado com isso. Ao criar mais riqueza nos Estados Unidos, tais investimentos geraram mais empregos para os trabalhadores americanos e mais bens para os consumidores americanos, bem como proporcionaram um rendimento para os investidores estrangeiros. Olhando em termos de *palavras*, entretanto, isso significou uma dívida crescente junto aos estrangeiros.

Quanto mais próspera e segura a economia norte-americana, mais os estrangeiros se tornam propensos a enviar seu dinheiro para os Estados Unidos, e quanto maior o deficit do balanço anual de pagamentos americano, mais crescem os "débitos" internacionais acumulados. Por isso, não é de todo surpreendente que a longa prosperidade da economia dos EUA na década de

Palavras de Despedida

1990 foi acompanhada por níveis recordes de deficit e dívidas internacionais. Os Estados Unidos estavam onde a ação estava, e era lá que muitos estrangeiros queriam que seu dinheiro estivesse, a fim de entrar em ação. Isso não quer dizer que as coisas não podem ser diferentes para outros países em diferentes circunstâncias.

Alguns outros países prósperos investem mais no exterior do que o contrário. França, Grã-Bretanha e Japão, por exemplo, aplicam centenas de bilhões de dólares a mais em outros países do que os outros países neles. Não há nada de intrinsecamente errado em ser um país credor, assim como não há algo intrinsecamente errado em ser uma nação devedora. Tudo depende de circunstâncias, oportunidades e constrangimentos específicos que cada país enfrenta. A Suíça, por exemplo, tem um investimento líquido em outros países maior que seu próprio PIB. Na qualidade de um dos principais centros financeiros do globo, vastas somas de dinheiro vêm para a Suíça e, se a Suíça não pode encontrar boas oportunidades de investimento internamente, pois seu mercado doméstico é pequeno para tamanha montanha de dinheiro, faz todo o sentido procurá-las em outros países.

A questão é que nem deficit internacionais nem excedentes são inevitáveis consequências de qualquer prosperidade ou pobreza, e nem as palavras, por si mesmas, dizem muito sobre o estado da economia de um país. A palavra "dívida" abrange muitos diferentes tipos de transações, algumas das quais podem, de fato, representar problemas, e algumas, não. Toda vez que você depositar US$100 em um banco, a dívida dele aumenta em US$100, porque ainda é o seu dinheiro e o banco deve isso a você. Algumas pessoas podem assustar-se se forem informadas de que o banco em que eles mantêm as economias de sua vida a cada dia se endivida mais e mais. Mas tais preocupações seriam completamente desnecessárias se a dívida crescente do banco significa apenas que muitas outras pessoas também estão depositando seu dinheiro no mesmo banco.

Por outro lado, se você simplesmente comprar coisas a crédito, então isso é uma dívida que você espera pagar — e, se você assumir dívidas além de seu bolso, pode estar em apuros. Entretanto, não se constitui em problema algum para o banco se alguém deposita milhões nele, apesar de que isso aumenta sua dívida. Pelo contrário, os administradores do banco provavelmente ficariam deliciados em obter esses milhões, com os quais poderiam conceder mais empréstimos e ganhar mais juros.

Na maior parte de sua história, os Estados Unidos têm sido uma nação devedora e, igualmente, com o mais alto padrão de vida do mundo. Um dos

Economia Básica - Volume II

fatores responsáveis pelo desenvolvimento da economia americana, que transformou o país de uma pequena nação agrícola em um gigante industrial, foi o afluxo de capital da Europa Ocidental em geral e da Grã-Bretanha em particular. Esses vastos recursos permitiram que os Estados Unidos construíssem canais, fábricas e ferrovias transcontinentais para unir o país economicamente. A partir dos anos 1890, por exemplo, os investidores estrangeiros possuíam 20% das ações da Baltimore & Ohio Railroad, mais de 1/3 das ações da New York Central, mais da metade das ações da Pennsylvania Railroad, e quase 2/3 de ações da Illinois Central.

Ainda hoje, quando empresas multinacionais americanas possuem enormes montantes de ativos em outros países, os estrangeiros são proprietários de mais ativos nos Estados Unidos do que os americanos possuíram no exterior por mais de um quarto de século, a começar em 1986.

Obviamente, os investidores estrangeiros nunca teriam enviado o dinheiro para a América a menos que esperassem obtê-lo de volta com juros e dividendos. Igualmente, é óbvio, os empresários norte-americanos nunca teriam concordado em pagar juros e dividendos a menos que esperassem que esses investimentos produzissem retornos grandes o suficiente para cobrir esses pagamentos e ainda deixar um lucro para as empresas americanas. Tais investimentos comumente resultaram em grande parte como planejado, por gerações a fio. Mas isso significava que os Estados Unidos eram oficialmente uma nação devedora por gerações a fio. Os Estados Unidos se tornaram uma nação credora em consequência dos empréstimos concedidos aos governos europeus durante a I Guerra Mundial. Desde essa ocasião, os EUA têm alternado essa condição, em um momento ou outro. Mas, seja como for, isso não passa de detalhes não determinantes da prosperidade ou dos problemas econômicos americanos.

Ainda que os investimentos estrangeiros tenham desempenhado um papel importante no desenvolvimento de setores específicos da economia americana, especialmente no desenvolvimento precoce da indústria e infraestrutura, não há necessidade de exagerar sua importância em termos gerais, mesmo no século XIX. Para a economia americana como um todo, estima-se que o investimento estrangeiro financiou cerca de 6% de toda a formação de capital nos Estados Unidos no século XIX. As ferrovias tiveram um papel excepcional, atraindo a maioria absoluta dos investimentos estrangeiros em ações e títulos de empresas americanas.

Em vários outros países, o papel relativo dos investidores estrangeiros tem sido muito maior do que nos Estados Unidos, apesar de a economia ameri-

Palavras de Despedida

cana, graças a seu grande tamanho, receber mais investimentos estrangeiros em valores absolutos. No início do século XX, por exemplo, os investidores estrangeiros eram proprietários de 20% da economia australiana e de metade da economia argentina.

Nem a economia doméstica nem a economia internacional são um processo de soma zero, em que alguns devem perder para que outros vençam. Todos podem ganhar quando os investimentos geram uma economia em crescimento. Há um bolo maior, de que todos podem obter fatias maiores. A infusão maciça de capital estrangeiro contribuiu para fazer dos Estados Unidos a nação industrial líder no mundo em 1913, quando os americanos produziam mais de 1/3 de todos os bens manufaturados no planeta.

A despeito dos receios em alguns países de que os investidores estrangeiros levam consigo grande parte da riqueza nacional, deixando a população local empobrecida, não há provavelmente nenhum outro país na história que supere os EUA nas enormes quantidades de riqueza que os estrangeiros levaram embora. Por esse raciocínio, os americanos deveriam ser algumas das pessoas mais pobres do mundo, em vez de, consistentemente, usufruir de um dos mais elevados padrões mundiais de vida. A razão para tal prosperidade é que as transações econômicas não são uma atividade de soma zero. Elas criam riqueza.

Em alguns países menos afortunados, as mesmas palavras usadas em um contexto contábil, especialmente "dívida" — podem ter uma realidade econômica muito diferente por trás delas. Por exemplo, quando as exportações não cobrem o custo das importações e não há know-how de tecnologia de ponta para exportar, o governo pode solicitar dinheiro de algum outro país ou de alguma agência internacional a fim de cobrir a diferença. Essas são dívidas genuínas e são causa de uma preocupação genuína. Mas o simples fato de haver um grande deficit comercial ou de pagamentos não gera, por si só, uma crise, embora a retórica política e jornalística possa transformar essa situação em algo alarmante para o público.

À espreita, lá no fundo de um muito confuso pensamento sobre o comércio internacional e transferências internacionais de riqueza, está o pressuposto implícito de uma competição de soma zero, em que alguns podem ganhar somente se outros perdem. Assim, por exemplo, houve quem alegasse que as corporações multinacionais lucram por "explorar" os trabalhadores do Terceiro Mundo. Se assim for, é difícil de explicar por que a grande maioria dos investimentos americanos em outros países vão para países mais ricos, nos quais os níveis salariais são elevados, e não para os países mais pobres, cujos salários são uma fração daqueles pagos em nações mais prósperas.

No período de 1994 a 2002, por exemplo, mais investimentos diretos dos EUA em países estrangeiros foi para o Canadá e para os países europeus do que o restante do mundo combinado. Além disso, os investimentos norte-americanos em áreas realmente mais pobres como a África Subsaariana e as regiões mais pobres da Ásia representaram cerca de 1% de todo o investimento dos americanos no estrangeiro. Ao longo dos anos, a maioria dos postos de trabalho criados no exterior pelas empresas multinacionais americanas foram criados em países com altos salários.

Assim como os investimentos estrangeiros americanos vão, predominantemente, para as nações prósperas, também os Estados Unidos são o maior receptor mundial de investimentos internacionais, apesar dos altos salários dos trabalhadores americanos. Tata, um dos maiores conglomerados da Índia, comprou o hotel Ritz-Carlton em Boston e a fabricante e distribuidora de bebidas e chás Tetley Tea na Grã-Bretanha, entre suas muitas participações internacionais, não obstante tais participações em nações ocidentais exigirem que a Tata Industries pague salários muito maiores que os vigentes em sua Índia natal.

Por que companhias que buscam o lucro investem muito mais onde terão de pagar altos salários aos trabalhadores em países industrializados ricos, em vez de baixos salários para uma mão de obra menos preparada no Terceiro Mundo? Por que eles estão, supostamente, deixando escapar oportunidades de ouro para "explorar" os trabalhadores mais pobres? Exploração pode ser uma explicação intelectualmente conveniente, emocionalmente satisfatória e politicamente cômoda das diferenças de renda entre nações ou entre grupos dentro de uma determinada nação, mas não adiciona a característica de reunir os fatos sobre onde as empresas com fins lucrativos investem mais de seu dinheiro, dentro ou fora do país. Além disso, mesmo internamente nos países pobres, as pessoas mais desfavorecidas são, tipicamente, aquelas que menos entram em contato com as empresas multinacionais, com frequência porque estão distantes dos portos e outros centros de negócios.

As corporações multinacionais americanas, sozinhas, já empregaram mais de 30 milhões de pessoas em todo o mundo. Porém, em função do padrão de seus investimentos internacionais, relativamente poucos desses postos de trabalho são susceptíveis de estarem em países mais pobres, onde são mais necessários. Em alguns casos, uma empresa multinacional pode, de fato, investir em um país do Terceiro Mundo, onde os salários locais são suficientemente baixos para com-

Palavras de Despedida

pensar a menor produtividade dos trabalhadores e/ou os custos mais elevados de frete em um sistema de transporte menos desenvolvido e/ou as propinas que têm de ser pagas aos funcionários do governo para operar em muitos desses países.

Vários reformadores ou movimentos de protesto de estudantes universitários e outros nos países ricos podem indignar-se com os baixos salários e as aviltantes condições de trabalho nessas empresas do Terceiro Mundo. Contudo, se esses movimentos de protesto politicamente bem-sucedidos forçarem uma melhoria nos salários e condições de trabalho nesses países, o resultado líquido pode ser que um número ainda menor de empresas estrangeiras investirá no Terceiro Mundo e menos trabalhadores locais terão lugares para trabalhar. Como as corporações multinacionais normalmente pagam cerca do dobro dos salários locais em países pobres, a perda desses postos de trabalho pode se traduzir em mais sofrimento para os trabalhadores do Terceiro Mundo, ainda que seus pretensos benfeitores no Ocidente congratulem-se por terem acabado com a "exploração".

REMESSAS E CAPITAL HUMANO

Mesmo em uma época de investimentos internacionais girando trilhões de dólares, outros tipos de transferências de riqueza entre as nações continuam a ser significativos. Entre eles se incluem as remessas, a ajuda estrangeira e as transferências de capital humano na forma das competências e empreendedorismo dos emigrantes.

Remessas

Emigrantes que se mudaram para países estrangeiros com a finalidade de trabalhar lá, muitas vezes enviam dinheiro de volta aos familiares como forma de ajuda. Durante os séculos XIX e início do XX, imigrantes italianos homens foram particularmente conhecidos por suportar terríveis condições de vida em vários países ao redor do mundo, até mesmo alimentando-se parcamente, a fim de enviar dinheiro para suas famílias na Itália. A maioria das pessoas que, para não morrer de fome, fugiu da Irlanda durante a década de 1840 viajou por todo o Atlântico com as passagens pagas pelas remessas de membros de suas famílias já vivendo nos Estados Unidos. O mesmo se poderia dizer dos judeus que emigraram da Europa Oriental para os Estados Unidos em anos posteriores.

No século XXI, as remessas estão entre as principais fontes de dinheiro de fora fluindo para os países mais pobres. Em 2009, por exemplo, as remessas em todo o mundo para esses países eram mais de duas vezes e meia o valor de toda a ajuda externa.

Ao mesmo tempo, também chineses vivendo na Malásia, Indonésia e outras nações do Sudeste Asiático enviavam dinheiro para seus parentes na China. Políticos e jornalistas nesses países com frequência criticavam asperamente os chineses imigrantes, afirmando que tais remessas empobreciam os países que os acolhiam para beneficiar a China. Na realidade, os chineses criaram muitos dos empreendimentos — e às vezes setores inteiros — em todas essas nações do Sudeste Asiático. O que eles remetiam de volta para a China era uma fração da riqueza que haviam criado e adicionado à riqueza dos países onde estavam morando.

Acusações semelhantes foram feitas contra libaneses na África Ocidental, indianos e paquistaneses na África Oriental, e outros grupos ao redor do mundo. A falácia subjacente em cada caso estava em ignorar a riqueza criada por esses grupos, de modo que os países para os quais emigraram tinham mais, e não menos, riqueza em consequência da presença desses grupos ali. Às vezes, a hostilidade gerada contra esses imigrantes levou à saída ou expulsão deles do país, muitas vezes seguidas de declínios econômicos nos países de onde se foram.

Emigrantes e Imigrantes

As pessoas são uma das maiores fontes de riqueza. Setores de atividade inteiros foram criados e economias foram transformadas pelos imigrantes.

Historicamente, não foi de todo incomum que uma determinada etnia ou grupo de imigrantes criasse ou dominasse um segmento econômico. Imigrantes alemães fundaram as cervejarias líderes nos Estados Unidos no século XIX, e a maioria das principais marcas de cerveja norte-americana no século XXI ainda são produzidas em fábricas de cerveja criadas por pessoas de ascendência alemã. A mais famosa cerveja da China — a Tsingtao — também é de origem alemã, e há cervejarias germânicas na Austrália, no Brasil e na Argentina. Não havia relógios sendo fabricados em Londres até que os huguenotes fugidos da França levaram com eles, para a Inglaterra e Suíça, a habilidade de fabricá-los, colocando essas nações entre os líderes relojoeiros no mundo. Por outro lado, a França enfrentou o aumento da concorrência em uma série de setores de atividade que

Palavras de Despedida

uma vez dominava, porque os huguenotes que fugiram da perseguição na França fundaram empresas concorrentes em países vizinhos.

Entre as fontes vitais das competências e empreendedorismo por trás da ascensão, primeiro da Grã-Bretanha, e depois dos Estados Unidos, para a condição de nação industrial e comercial líder no mundo, estavam os numerosos grupos de imigrantes que se estabeleceram nesses países, muitas vezes para escapar da perseguição ou indigência em suas terras nativas. Produtos como lã, linho, algodão, seda, papel e indústrias de vidro beneficiaram-se da revolução provocada por trabalhadores e empresários estrangeiros na Inglaterra, enquanto os judeus e os lombardos desenvolviam as instituições financeiras britânicas. Os Estados Unidos, como um país povoado em sua esmagadora maioria por imigrantes, tinham ainda mais ocupações e segmentos econômicos criados ou dominados por grupos específicos de imigrantes. Os primeiros pianos construídos na América colonial saíram das mãos de alemães — que também foram pioneiros na fabricação desses instrumentos musicais na Rússia czarista, Inglaterra e França — e as empresas fundadas por eles continuaram a produzir os principais pianos americanos, como o Steinway, no século XXI.

Talvez em grau ainda maior, os países da América Latina dependeram dos imigrantes — especialmente imigrantes de outros países que não os conquistadores Espanha e Portugal das terras que hoje compõem a América Latina. De acordo com o ilustre historiador francês Fernand Braudel, foram esses imigrantes que "criaram os modernos Brasil, Argentina e Chile". Entre os estrangeiros que possuem ou dirigem mais da metade de setores de atividade específicos em determinados países, cabe citar os libaneses na África Ocidental, os gregos no Império Otomano, os alemães no Brasil, os indianos em Fiji, os britânicos na Argentina, os belgas na Rússia, os chineses na Malásia, e muitos outros. E isso não é algo do passado. Das lojas de donuts na Califórnia, 80% são de propriedade de pessoas de ascendência cambojana.

Ao longo da história, as perdas econômicas nacionais decorrentes da emigração têm sido tão marcantes quanto os ganhos que os imigrantes recebem. Após os mouros serem expulsos da Espanha no início do século XVII, um clérigo espanhol perguntou: "Quem vai fazer os sapatos agora?". Essa foi uma questão que poderia ter sido melhor colocada *antes* que os mouros fossem expulsos, especialmente porque esse clérigo em particular tinha apoiado as expulsões. Alguns países exportaram capital humano em larga escala — por exemplo, quando seus jovens com formação escolar completa emigram porque outros países oferecem melhores oportunidades. A revista *The Economist* informou que mais de 60%

dos recém-formados ou universitários de Fiji, Trinidad, Haiti, Jamaica e Guiana passaram a viver em países pertencentes à Organização para a Cooperação e Desenvolvimento. Para a Guiana, esse índice chegou a 83%.

Embora não seja fácil quantificar o capital humano, a emigração nessa escala de pessoas formadas representa uma grave perda de riqueza nacional. Um dos exemplos mais marcantes de perdas de um país devido às pessoas que o deixaram foi a Alemanha nazista, cujas políticas antissemitas levaram muitos judeus cientistas a fugir para a América, onde desempenharam um papel importante ao fazer dos Estados Unidos o primeiro país a dispor de uma bomba atômica. Assim, o Japão, aliado da Alemanha, pagou um preço ainda maior para as políticas que levaram à maciça emigração judaica da Europa dominada pelos nazistas.

Seria equivocado, todavia, avaliar o impacto econômico da imigração apenas em termos de suas contribuições positivas. Os imigrantes também trouxeram doenças, criminalidade, conflitos internos e terrorismo. Também não se pode colocar os imigrantes em um só bloco. Quando apenas 2% dos imigrantes do Japão nos Estados Unidos são beneficiários da previdência social, enquanto 46% dos imigrantes do Laos o fazem, não há um padrão único aplicável a todos imigrantes. Existem disparidades semelhantes em índices de criminalidade e em outros fatores negativos e positivos que imigrantes de diferentes países trazem para os Estados Unidos e para outros países em outras partes do mundo. Rússia e Nigéria são geralmente classificados entre os países mais corruptos do mundo e imigrantes originários dessas nações tornaram-se notórios por suas atividades criminosas nos Estados Unidos. Tudo depende de quais imigrantes se está falando, de que países se está falando e de que períodos da história.

Imperialismo

A pilhagem de uma nação ou povo por outro tem sido muito comum ao longo da história humana.

Embora o imperialismo se constitua em uma das maneiras em que a riqueza pode ser transferida de um país para outro, há também razões não econômicas para o imperialismo persistir mesmo quando havia custos líquidos de conquistar um país. Os líderes militares podem querer estabelecer bases estratégicas, tal como os britânicos em Gibraltar ou os americanos em Guantánamo, em Cuba. Os missionários do século XIX instavam o governo britânico a dominar vários países na África onde havia muito trabalho missionário — tais apelos sendo muitas vezes contestados por chanceleres do Tesouro, que compreen-

Palavras de Despedida

deram que a Grã-Bretanha nunca conseguiria trazer riqueza suficiente desses países pobres para pagar os custos de estabelecer e manter regimes coloniais lá.

Alguns indivíduos, como Cecil Rhodes, puderam enriquecer na África, mas os custos para os contribuintes britânicos até superaram a fabulosa fortuna de Rhodes. O moderno imperialismo europeu foi, em geral, muito mais impressionante quanto ao tamanho dos territórios controlados do que em termos da importância econômica desses territórios. Quando os impérios europeus estavam em seu apogeu no início do século XX, a Europa Ocidental, com menos de 2% da área terrestre do mundo, controlava outros 40% de territórios ultramarinos. No entanto, a maioria das principais nações industriais enviava apenas porcentagens triviais de suas exportações ou investimentos para as colônias conquistadas no Terceiro Mundo e as importações vindas delas eram igualmente pouco significativas em relação ao que essas nações industriais produziam ou compravam de outros países industriais.

Mesmo em seu auge, no início do século XX, o Império Britânico investiu mais nos Estados Unidos do que em toda a Ásia e África juntas. Muito simplesmente, há mais riqueza a ser feita a partir de países ricos do que de países pobres. Por razões semelhantes, durante a maior parte do século XX, os Estados Unidos investiram mais no Canadá do que na Ásia e África juntas. Somente as prósperas nações asiáticas, em ascensão industrial na última parte do século XX, atraíram mais investidores americanos do que outra parte do mundo. Depois que o preço mundial do petróleo disparou no início do século XXI, os investimentos estrangeiros alagaram os países produtores de petróleo do Oriente Médio. O *Wall Street Journal* estampou, a propósito disso: "No geral, o investimento direto estrangeiro no Oriente Médio árabe chegou a US$19 bilhões no ano passado [2006], acima dos US$4 bilhões em 2001". O investimento internacional, de modo geral, continua a ir para onde já existe riqueza.

Talvez a evidência mais forte contra o significado econômico das colônias no mundo moderno é que a Alemanha e o Japão perderam-nas todas como resultado de sua derrota na II Guerra Mundial — e, posteriormente, ambos os países se recuperaram, alcançando níveis sem precedentes de prosperidade. A necessidade de colônias era uma política particularmente eficaz no período pré-guerra do Japão, um país carente de recursos naturais em seu próprio território. Porém, depois que seus sonhos de glória militar terminaram em derrota e devastação, o Japão simplesmente passou a comprar quaisquer recursos naturais de que precisava dos países que os tinham, e prosperou ao fazê-lo.

O imperialismo muitas vezes levou muito sofrimento aos povos vencidos. Mas, pelo menos no mundo industrial moderno, o imperialismo raramente tem sido uma importante fonte de transferências internacionais de riqueza.

Em que pese os investidores tenderem a investir em nações mais prósperas, fazendo a si mesmos e a essas nações mais ricas, algumas pessoas têm retratado os investimentos em países pobres como sendo uma maneira de torná-los ainda mais pobres. O conceito marxista de "exploração" foi aplicado internacionalmente no livro de Lênin *Imperialism*, no qual os investimentos por nações industriais em países não industriais foram tratados como sendo economicamente equivalentes às pilhagens efetuadas pelos conquistadores imperialistas anteriores. Tragicamente, no entanto, é precisamente nos países menos desenvolvidos, onde pouco ou nenhum investimento estrangeiro aconteceu, que a pobreza é ainda pior.

Da mesma forma, os países pobres cujo comércio internacional era pouco representativo como porcentagem de suas economias nacionais geralmente tinham menores taxas de crescimento econômico do que os países pobres nos quais o comércio internacional desempenha um papel econômico mais relevante. Com efeito, durante a década de 1990, aqueles países apresentaram declínio em suas economias, enquanto nestes últimos, mais "globalizados", houve crescimento econômico.

Os indivíduos ricos de países pobres frequentemente investem em países mais ricos, onde seu dinheiro encontra mais segurança quanto a convulsões políticas e confiscos. Ironicamente, os países mais pobres estão ajudando, assim, as nações industriais mais ricas a se tornarem ainda mais ricas. Enquanto isso, sob a influência das teorias do imperialismo econômico que mostravam os investimentos internacionais como o equivalente às pilhagens imperialistas, os governos de muitos países mais pobres adotam políticas que desencorajam os estrangeiros a investir lá.

No final do século XX, contudo, as dolorosas consequências econômicas de tais políticas tornaram suficientemente evidentes para muitas pessoas no Terceiro Mundo que alguns governos — na América Latina e na Índia, por exemplo — passaram a se afastar dessas políticas visando obter alguns dos benefícios recebidos por outros países que haviam deixado a pobreza rumo à prosperidade, com a ajuda de investimentos realizados por empresas de outros países.

As realidades econômicas finalmente romperam as visões ideológicas, embora gerações tenham sofrido privações desnecessárias antes que princípios e fatos econômicos básicos fossem finalmente acatados. Uma vez que os mercados

Palavras de Despedida

nesses países foram abertos aos bens e investimentos estrangeiros, ambos vieram. Ainda que possam parecer pequenos em comparação com os realizados em outros países prósperos, os investimentos de países prósperos em países pobres são de grande importância no Terceiro Mundo, precisamente por causa da pobreza desses países. A partir de 1991, as empresas estrangeiras possuíam 27% dos negócios na América Latina e, uma década depois, 39%.

Muitas falácias econômicas derivam de uma concepção da atividade econômica como sendo uma competição de soma zero, em que um ganha o que outro perde. Por seu turno, esse pensamento muitas vezes decorre de se ignorar o fato de que a riqueza é *criada* no decurso da atividade econômica. Se pagamentos aos investidores estrangeiros empobrecessem uma nação, então os Estados Unidos teriam uma das populações mais pobres do mundo, porque os estrangeiros levaram US$543 bilhões da economia americana em 2012 — um número superior ao PIB da Argentina ou da Noruega. Dado que a maior parte desse dinheiro consistia de ganhos de ativos que os estrangeiros detinham nos Estados Unidos, os americanos já haviam obtido os benefícios da riqueza adicional que esses ativos tinham ajudado a criar, e simplesmente partilharam parcela dessa riqueza adicional com os estrangeiros que haviam contribuído para criá-la.

Uma variante do tema da exploração é a alegação de que o livre comércio internacional aumenta a desigualdade entre nações ricas e pobres. A evidência para essa conclusão incluiu dados estatísticos do Banco Mundial mostrando que a relação entre os rendimentos das 20 nações com maior renda e os das 20 nações de renda mais baixa aumentou de 23:1 em 1960 para 36:1 até 2000. Mas tais estatísticas são grosseiramente enganosas porque nem as 20 principais nações nem as 20 nações inferiores eram as mesmas em 2000 e em 1960. Ao se comparar as *mesmas* 20 nações em 1960 e em 2000, verifica-se que a relação entre a renda das mais prósperas e a das mais pobres *declinou* de 23:1 para menos de 10:1. O comércio internacional expandido é uma das maneiras de as nações mais pobres escaparem das últimas posições do nível de renda.

É claro que é também possível obter tecnologia estrangeira, máquinas e especialização pagando por essas coisas com receitas de exportação. Quanto mais pobre é um país, maiores as dificuldades domésticas para se desenvolver economicamente. "Vamos morrer de fome, mas vamos exportar", declarou um ministro czarista — a quem era improvável que morresse de fome. A mesma filosofia seria empregada mais tarde, embora não anunciada, durante a época da União Soviética, quando a industrialização da economia era fortemente dependente das

Economia Básica - Volume II

importações financiadas pelas exportações de alimentos e outros recursos naturais. Segundo dois economistas soviéticos, escrevendo muitos anos depois:

> Durante o primeiro Plano Quinquenal, 40% das receitas de exportação vieram de embarques de grãos. Em 1931, 1/3 das máquinas e equipamentos importados no mundo foi comprado pela U.R.S.S. De todos os equipamentos colocados em operação nas fábricas soviéticas durante esse período, de 80% a 85% foram adquiridos no Ocidente.

Na ocasião, entretanto, o crescimento do complexo industrial estatal soviético foi proclamado como um triunfo do comunismo, embora, de fato, representasse uma importação de tecnologia capitalista às custas de poupar na alimentação da União Soviética. A alternativa de permitir o investimento estrangeiro não foi considerada em uma economia controlada por um governo que rejeitava o capitalismo.

Ajuda Externa

O que é chamado de "ajuda externa" nada mais é que transferências de riqueza a partir do estrangeiro por organizações não governamentais, bem como por agências internacionais, aos governos dos países mais pobres. O termo "ajuda" assume *a priori* que tais transferências de fato auxiliam a economia dos países mais pobres a se desenvolver. Em alguns casos ela faz, mas em outros a ajuda externa simplesmente permite que os políticos de plantão se enriqueçam por meio de fraudes e, distribuindo liberalidades como estratégia política, favoreçam outras pessoas em troca de sua manutenção no poder. Como é uma transferência de riqueza para os governos, e, portanto, se distingue dos investimentos em empresas privadas, a ajuda externa tem encorajado muitos países a criar empresas administradas pelo governo que fracassam e a construir palácios, praças ou outras coisas destinadas a impressionar os espectadores em vez de produzir coisas que aumentem o nível de vida material do país beneficiário.

Talvez o mais famoso programa de ajuda externa tenha sido o Plano Marshall, que transferiu riqueza dos Estados Unidos para vários países da Europa Ocidental após o fim da II Guerra Mundial. O Plano Marshall teve muito mais êxito do que muitas tentativas posteriores de o imitar pelo envio de ajuda externa para países do Terceiro Mundo. A aflição econômica da Europa Ocidental decorreu da devastação física causada pela guerra. Uma vez as pessoas alimentadas e a infraestrutura reconstruída, a Europa Ocidental simplesmente retomou as

Palavras de Despedida

atividades industriais que tinha implementado antes — na verdade, nas quais havia sido pioneira.

Isso era totalmente diferente de tentar criar todas as habilidades industriais que faltavam nas nações mais pobres, não industriais. O que precisava ser reconstruído na Europa foi o capital físico. Mas no Terceiro Mundo era necessário mais capital humano. Este último se mostrou mais difícil de construir, assim como a vasta gama de habilidades necessárias em uma economia moderna tinha levado séculos para se desenvolver na Europa.

Nem mesmo os enormes e altamente visíveis fracassos e os resultados contraproducentes da ajuda externa não interromperam sua continuidade e expansão. A enormidade de recursos monetários dispensados por instituições de ajuda externa, como o Fundo Monetário Internacional e o Banco Mundial, dão aos diretores dessas agências enorme influência sobre os governos dos países mais pobres, independentemente do sucesso ou fracasso dos programas que sugerem ou impõem como condicionantes para receber o dinheiro. Em suma, não há um resultado econômico final que balize os responsáveis pela ajuda a determinar quais ações, políticas, organizações ou indivíduos podem sobreviver ao processo de eliminação que decorre da concorrência no mercado.

Além da "ajuda externa" proporcionada pelas agências internacionais, há também subvenções diretas de governo para governo em forma de dinheiro, remessas gratuitas de alimentos e empréstimos que são disponibilizados em condições mais favoráveis do que as encontradas nos mercados financeiros, e que são de tempos em tempos "perdoados" em função da inadimplência ou "rolados" mediante novos e maiores empréstimos. Desse modo, empréstimos do governo norte-americano para o governo da Índia, e empréstimos do governo britânico para uma série de governos do Terceiro Mundo foram simplesmente cancelados, convertendo-os em presentes.

Às vezes, um país mais rico assume toda uma sociedade pobre e a subsidia intensamente, como os Estados Unidos fizeram na Micronésia. A ajuda americana é tanta que muitos micronésios abandonaram as atividades econômicas às quais se dedicavam antes, como a pesca e a agricultura. Se e quando os americanos decidirem encerrar essa ajuda, não é de todo certo que as habilidades e a experiência anteriores do povo local permanecerão disseminadas o suficiente entre as gerações vindouras, a ponto de lhes permitir alcançar a autossuficiência novamente.

Os resultados benéficos da ajuda externa costumam ser divulgados pelas agências nacionais ou internacionais que a financiam, enquanto as falhas ficam por conta da crítica, de modo que o efeito líquido não é imediatamente óbvio. Um dos principais economistas desenvolvimentistas de seu tempo, o falecido professor Peter Bauer, da London School of Economics, argumentou que, no todo, "é mais provável que a ajuda oficial retarde o desenvolvimento do que o promova". Se essa conclusão controversa é aceita ou rejeitada, o que é mais fundamental é que termos como "ajuda externa" não estão autorizados a insinuar um resultado que pode ou não vir a ser apoiado em fatos e análises.

Outra frase que pressupõe um resultado que pode ou não pode de fato se materializar é "países em desenvolvimento" para as nações mais pobres, que podem ou não podem estar se desenvolvendo tão rápido quanto as nações mais prósperas, e em um certo número de casos realmente retrocederam economicamente ao longo dos anos.

Muitos países do Terceiro Mundo têm fontes internas de riqueza consideráveis que não são totalmente utilizadas por um motivo ou outro — e essa riqueza muitas vezes excede em muito qualquer ajuda externa que esses países já receberam. Em vários países pobres, muito — se não a maioria — da atividade econômica é informal ou ocorre em um "mercado paralelo", porque os custos da documentação, corrupção e atrasos burocráticos necessários para obter permissão legal para executar um negócio ou administrar a vida doméstica fogem ao alcance financeiro de grande parte da população. Essas pessoas podem operar negócios que vão desde o comércio ambulante até fábricas, ou construir casas para si ou para outrem, sem oficializar essas atividades econômicas.

De acordo com a revista *The Economist*, em uma típica nação africana, somente uma em cada dez pessoas trabalha em uma empresa legalmente estabelecida ou mora em uma casa cujos direitos de propriedade são oficialmente reconhecidos como tal. No Egito, por exemplo, por volta de 4,7 milhões de casas foram construídas ilegalmente. No Peru, o valor total de todos os imóveis não legalmente abrangidos por direitos de propriedade foi estimado em mais de uma dúzia de vezes o montante de todos os investimentos estrangeiros diretos já feitos no país em toda sua história. Situações análogas foram encontradas na Índia, no Haiti e em outros países do Terceiro Mundo. Em resumo, muitos países pobres já criaram quantidades substanciais de riquezas físicas não legalmente reconhecidas que, assim, deixam de ser tomadas como base no cálculo de projetos financeiros de investimentos ou empréstimos bancários das instituições financeiras, investidores ou outros credores, na medida em que existem patrimônios que podem ser utilizados para embasar empreendimentos que constroem mais riquezas em países onde os sistemas de direitos de propriedade funcionam melhor.

Palavras de Despedida

As consequências econômicas dos gargalos legais em muitos países pobres podem ser muito negativas, pois impedem que muitas empresas já existentes, representando vastas quantidades de riqueza em termos agregados, se desenvolvam além da pequena escala em que se encontram. Muitas corporações gigantes americanas começaram como empresas muito pequenas, não muito diferentes das que são abundantes em países do Terceiro Mundo hoje. Os fundadores da Levi's, Macy's, Saks e Bloomingdale's iniciaram a vida como mascates, por exemplo.

Embora tais empresas possam começar com pequenas poupanças individuais ou talvez empréstimos de familiares ou amigos, no final das contas sua expansão para grandes empresas geralmente requer a mobilização do dinheiro de inúmeros estranhos que estão dispostos a se tornar investidores. Mas o sistema de direitos de propriedade que torna isso possível não tem sido tão acessível às pessoas comuns em países do Terceiro Mundo, em contraposição ao que ocorre nos Estados Unidos.

Um banco americano que não está disposto a investir em um pequeno negócio pode, no entanto, interessar-se em emprestar dinheiro ao dono em troca de uma hipoteca sobre a sua casa — mas a casa deve primeiro ser legalmente reconhecida como propriedade da pessoa que solicita o empréstimo. Após a empresa se tornar um grande sucesso, outros estranhos podem, então, emprestar dinheiro com base no lastro representado pelos ativos em crescimento ou investir diretamente como acionistas. Mas tudo isso depende de um sistema de direitos de propriedade confiável e acessível, que é capaz de mobilizar mais riqueza dentro do mesmo país pobre do que eventuais transferências de outras nações ou de agências internacionais como o Banco Mundial ou o Fundo Monetário Internacional.

Muitas pessoas julgam quanto de ajuda está sendo oferecida aos países mais pobres pelo montante absoluto das transferências de riqueza do governo de uma nação doadora para os países mais pobres, ou pela porcentagem da renda nacional enviada na forma de transferências de governo para governo como "ajuda externa". Mas se estima que 90% das transferências de riqueza para as nações mais pobres efetuadas pelos Estados Unidos ocorrem na forma de doações filantrópicas privadas, investimentos em empresas ou remessas de cidadãos de países do Terceiro Mundo que vivem nos Estados Unidos. A partir de 2010, por exemplo, a assistência oficial ao desenvolvimento dos Estados Unidos para as nações do Terceiro Mundo foi de US$31 bilhões, mas os particulares americanos, a título de filantropia, enviaram US$39 bilhões para essas nações, enquanto os fluxos de capitais privados americanos para o Terceiro Mundo somaram US$108 bilhões e as remessas dos Estados Unidos para esses países chegaram a US$100 bilhões.

As pessoas que mensuram as contribuições de uma nação doadora para os países mais pobres unicamente pela quantidade de "ajuda externa" oficial por vezes apontam que, apesar de a "ajuda externa" dos Estados Unidos ser a maior do mundo, está também entre as de menor porcentagem da renda dos americanos. Porém, isso ignora o imensamente maior volume de transferências da riqueza de americanos para os países pobres em formas não governamentais. Desde o início do século XXI, a maioria das transferências de riqueza dos países prósperos em geral para países em pior condição tem sido efetuada de outras maneiras que não as denominadas como "ajuda externa".

Uma questão muito maior é o grau em que tais transferências internacionais de centenas de bilhões de dólares têm realmente beneficiado os países destinatários. Essa é uma questão muito mais difícil de responder. Todavia, dados os incentivos diferentes daqueles que envolvem o envio de riqueza em formas alternativas, a "ajuda externa" oficial pode ter os menores incentivos para assegurar que a riqueza recebida será usada para aumentar a produção do país beneficiário e, assim, aumentar o nível de vida da população em geral dessas nações.

O SISTEMA MONETÁRIO INTERNACIONAL

A riqueza pode ser transferida de um país para outro na forma de bens e serviços, mas, de longe, as maiores transferências são feitas na forma de dinheiro. Assim como uma unidade monetária estável facilita a atividade econômica de um país, também a atividade econômica internacional é facilitada quando são estáveis as relações entre a moeda de um país e a de outro. Não se trata, simplesmente, da maior ou menor dificuldade de converter dólares em ienes ou euros em um dado momento. Uma questão muito mais relevante é saber se um investimento feito hoje nos Estados Unidos, no Japão ou na França será reembolsado uma década ou mais a partir de agora em dinheiro com o mesmo poder de compra.

Quando as moedas oscilam uma em relação à outra, quem quer que se envolva em transações internacionais se torna um especulador. Mesmo um turista americano que compra lembranças no México terá de esperar até que a conta do cartão de crédito chegue para descobrir quanto o item que lhe custou 30 pesos valerá em dólares americanos. Isso poderá ser maior ou menor do que

Palavras de Despedida

ele imaginava. Quando milhões de dólares são investidos no exterior, a estabilidade das várias moedas é urgentemente importante. É importante não apenas para aqueles cujo dinheiro está diretamente em jogo, mas importante também na manutenção dos fluxos de comércio e investimento que afetam o bem-estar material da população em geral dos países envolvidos.

Durante a era do padrão ouro, que começou a se desestabilizar no período da I Guerra Mundial e foi abandonado durante a Grande Depressão da década de 1930, várias nações fizeram com que suas moedas nacionais fossem equivalentes a um determinado montante de ouro. Um dólar americano, por exemplo, podia sempre ser trocado por uma quantidade fixa de ouro do governo dos EUA. Ambos, americanos e estrangeiros, poderiam fazer isso. Portanto, qualquer investidor estrangeiro que colocava seu dinheiro na economia americana sabia de antemão que poderia contar com essa faculdade no caso de seu investimento dar certo. Sem dúvida isso teve muito a ver com a grande quantidade de capital aplicado nos EUA vindo da Europa e que ajudou a desenvolver o país a ponto de o levar à liderança entre as nações industrializadas.

Outras nações cujas moedas eram resgatáveis em quantidades fixas de ouro também tornavam suas economias locais mais seguras para os investidores nacionais e estrangeiros. Além disso, suas moedas também eram fixadas automaticamente em relação ao dólar e às outras moedas de outros países que utilizavam o padrão ouro. Como o economista monetarista Robert Mundell, vencedor do prêmio Nobel, colocou: "moedas eram apenas nomes para pesos específicos de ouro". Durante essa época, o famoso financista J.P. Morgan podia dizer que "o dinheiro é ouro, e nada mais". Com isso, reduziam-se os riscos de comprar, vender ou investir nos países estrangeiros vinculados ao padrão ouro, uma vez que as flutuações da taxa de câmbio não ameaçavam as transações com outros países.

O fim do padrão ouro levou a várias tentativas de estabilização das moedas internacionais, umas em relação às outras. Alguns países fizeram suas moedas equivalerem a um número fixo de dólares, por exemplo. Várias nações europeias se uniram para criar sua própria moeda internacional, o euro, e o iene japonês tem sido outra moeda estável amplamente aceita em transações financeiras internacionais. No outro extremo, situam-se vários países sul-americanos, cujas moedas flutuaram descontroladamente em valor, com taxas de inflação anuais às vezes chegando a dois ou a até três dígitos.

Essas flutuações monetárias repercutiram sobre coisas reais como produção e emprego, uma vez que é difícil planejar e investir quando há muita incerteza sobre se o dinheiro vai valer a pena, mesmo quando o investimento é bem-su-

Economia Básica - Volume II

cedido. Os problemas econômicos da Argentina e Brasil foram particularmente notáveis tendo em conta o fato de que são países ricamente dotados de recursos naturais e têm sido poupados da destruição das guerras que tantos outros países em outros continentes sofreram no decorrer do século XX.

Com a expansão das transferências eletrônicas de dinheiro, as reações a qualquer mudança da moeda nacional em termos de confiabilidade podem ser virtualmente instantâneas. Qualquer governo que seja tentado a seguir o caminho da inflação sabe que o dinheiro pode bater as asas e deixar a economia em, literalmente, um instante. A disciplina que isso impõe é diferente daquela da época do padrão ouro, mas só se saberá se é igualmente eficaz quando as pressões econômicas futuras colocarem o sistema monetário internacional sob um teste real.

Como em outras áreas da economia, é necessário acautelar-se contra palavras emocionalmente carregadas que podem confundir mais do que esclarecer. Entre os termos amplamente utilizados na discussão dos valores relativos das diferentes moedas nacionais estão os muito frequentes "forte" e "fraco". Assim, quando o euro foi introduzido pela primeira vez como uma unidade monetária nos países da União Europeia e seu valor caiu de US$1,18 para US$0,83, se disse que isso era um "enfraquecimento" em relação ao dólar. Mais tarde, a paridade subiu, chegando a US$1,16 no início de 2003, e foi dito então ter ocorrido um "fortalecimento". As palavras podem ser inofensivas se entendermos o que elas significam ou não, mas enganosas se tomarmos suas conotações pelo valor de face.

Algo que uma moeda "forte" *não* significa é que as economias que usam essa moeda são necessariamente melhores. Às vezes, ocorre o oposto. Uma moeda "forte" significa que os preços das exportações de países que usam essa moeda subiram de preço para as pessoas em outros países. Assim, o aumento do valor do euro em 2003 foi responsabilizado por uma série de empresas europeias pela queda das exportações para os Estados Unidos, pois, como os preços de seus produtos aumentaram em dólares, menos americanos os compraram. Enquanto isso, o "enfraquecimento" da libra esterlina do Reino Unido teve efeitos opostos. A revista *BusinessWeek* relatou:

> Fabricantes em dificuldades da Grã-Bretanha adoram ver a libra caindo. Assim, receberam calorosamente o recuo de 11% na taxa de câmbio da libra esterlina face ao euro em relação ao ano passado. [...] Com a libra se enfraquecendo frente ao euro, os produtos britânicos tornam-se mais competitivos no continente, que é de longe seu maior mercado de exportação. E isso aumenta os lucros das empresas quando os rendimentos na zona do euro são convertidos em libras esterlinas.

Assim como uma moeda "forte" nem sempre é algo bom, nem sempre é ruim. Nos países que usam o euro, as empresas que tomam emprestado dos americanos têm um ônus menor sobre essa dívida e, portanto, fica mais fácil pagar quando menos euros são necessários para enviar de volta os dólares emprestados. Quando a coroa norueguesa subiu seu valor em relação à coroa sueca, bastava que os noruegueses que viviam perto da fronteira da Suécia a cruzassem para poupar 40% ao comprar mantimentos no país vizinho. O ponto aqui é, simplesmente, que palavras como "forte" e "fraco" para as moedas nos dizem pouco, por si só, sobre as realidades econômicas, que têm de ser examinadas direta e especificamente, em vez de depender de suas conotações emocionais.

É também preciso notar que uma dada moeda pode crescer e decrescer ao mesmo tempo. Por exemplo, no período de dezembro de 2008 a abril de 2009, o dólar americano foi crescendo relativamente à coroa sueca e ao franco suíço enquanto caía relativamente à libra britânica e ao dólar australiano.

Capítulo 9

DISPARIDADES INTERNACIONAIS DE RENDA

*Em todo o mundo, existem desigualdades
flagrantes de renda e riqueza. Elas ofendem a
maioria de nós. Poucos podem fracassar ao serem
movidos pelo contraste entre o luxo usufruído por
alguns e a pobreza opressiva sofrida por outros.*

Milton e Rose Friedman

Qualquer estudo das atividades econômicas internacionais inevitavelmente se depara com as enormes diferenças de renda e riqueza entre as nações. No início do século XIX, por exemplo, havia quatro países dos Bálcãs cuja renda média *per capita* era de apenas 25% daquela dos países industrializados da Europa Ocidental. Dois séculos mais tarde, havia ainda diferenças econômicas de similar magnitude entre os países da Europa Ocidental e vários países dos Bálcãs e da Europa Oriental. O Produto Interno Bruto (PIB) *per capita* da Albânia, Moldávia, Ucrânia e Kosovo era inferior a 25% do PIB *per capita* da Holanda, Suíça ou Dinamarca — e menos de 20% do PIB *per capita* da Noruega.

Disparidades semelhantes são comuns na Ásia, onde o PIB *per capita* da China é inferior a 25% do Japão, enquanto o da Índia mal passa de 10% do PIB *per capita* do Japão. O PIB *per capita* da África Subsaariana é inferior a 10% do PIB *per capita* das nações da zona do euro.

Muitos veem nessas disparidades algo tanto enigmático quanto perturbador, especialmente ao contemplar o destino das pessoas nascidas em pobreza tão extrema, cujas chances de uma vida satisfatória parecem muito remotas. Entre as muitas explicações para essa situação dolorosa, há algumas que são emocionalmente mais satisfatórias ou politicamente mais populares do que outras. Mas uma questão mais fundamental poderia ser: houve alguma vez qualquer chance realista de que as nações do mundo teriam perspectivas semelhantes de desenvolvimento econômico?

Inúmeros fatores contam para o desenvolvimento econômico. Em função de todas as possíveis combinações e permutações entre esses fatores, a probabilidade de ocorrência de uma que produzisse resultados ainda que aproximadamente iguais para todos os países ao redor do mundo seria uma coincidência impressionante. Podemos, no entanto, analisar alguns desses fatores a fim de obter alguns insights sobre certas causas dessas diferenças.

FATORES GEOGRÁFICOS

Se os seres humanos são distribuídos em países, raças ou outras categorias, a geografia é apenas uma das razões pelas quais jamais houve equanimidade entre benefícios econômicos diretos ou oportunidades de desenvolvimento do capital humano. Praticamente nenhum dos fatores geográficos que promovem a prosperidade econômica e o desenvolvimento humano são igualmente disponíveis em todas as partes do mundo.

Para começar com o mais básico, a terra não é igualmente fértil em todos os lugares. Os solos excepcionalmente férteis que os cientistas chamam molissolos são distribuídos pelo mundo em um padrão muito desigual. Grandes concentrações desses solos ricos são encontradas no Centro-Oeste e estados das planícies superiores americanas, estendendo-se a partes do Canadá, e uma vasta área desses solos se espalha em toda a extensão territorial da Eurásia, a partir da parte sul da Europa Oriental para o nordeste da China. Uma menor concentração desses solos está localizada na zona temperada da América do Sul, no sul da Argentina, sul do Brasil e Uruguai.

Embora encontrados em várias partes das zonas temperadas do Hemisfério Norte e do Hemisfério Sul, tais solos raramente são encontrados nos trópicos. As terras da África Subsaariana têm múltiplas e severas deficiências que levam a rendimentos de colheita que são uma fração daqueles da China ou dos Estados Unidos. Em muitas partes da África, o terreno é raso, com pouco espaço para as raízes das plantas se aprofundarem e recolherem nutrientes e água. A secura de grande parte da África inibe o uso de fertilizantes para compensar os nutrientes que faltam no solo, pois os adubos utilizados sem o volume de água adequado podem diminuir, em vez de aumentar, o crescimento das culturas. Na África tropical, nos locais em que existem terras úmidas do tipo que na Ásia é cultivado

Palavras de Despedida

com sucesso, o plantio é menos frequente em decorrência de haver doenças perigosas como a malária e a cegueira dos rios (doença tropical que atinge os olhos causada por parasitas).

Mesmo dentro de um determinado país, como a China, há muitas variedades de solos — predominantemente ricos, como os solos negros no Nordeste, e menos férteis, como as terras vermelhas no sudeste, o solo é de um tipo frequentemente encontrado em zonas tropicais e subtropicais do mundo. Não só a fertilidade da terra varia muito em diferentes regiões do mundo, como também varia ao longo do tempo. Solos duros em partes da Europa *tornaram-se* férteis depois que foram desenvolvidas maneiras de arar a terra com a tração animal (cavalos e bois), mas esses terrenos eram muito menos férteis nos séculos anteriores, quando foram utilizados métodos mais primitivos, eficazes somente em solos mais leves. Algo muito semelhante se passou na Ásia: "As terras agrícolas japonesas eram originalmente muito inferiores àquelas do norte da Índia; hoje, são muito superiores".

A confiabilidade do regime de chuvas, bem como os índices pluviométricos, diferem nas várias regiões do mundo, e nem toda a terra absorve e retém a água da chuva igualmente. O solo Loess[1], como o que existe no norte da China, pode absorver e reter muito mais água da chuva do que os solos calcários em partes dos Bálcãs, nos quais a água escoa mais rapidamente, deixando menos umidade atrás de si para ajudar no crescimento das colheitas. Nos desertos do mundo, é evidente, há pouca chuva. Em alguns lugares, como na Europa Ocidental, a chuva cai mais ou menos uniformemente ao longo do ano, enquanto que em outros lugares, tais como a África Subsaariana, há longos períodos de seca seguidos de chuvas torrenciais que podem lavar o chão.

Durante os muitos séculos em que a agricultura era a mais importante atividade econômica no mundo, não havia nenhuma maneira possível de produzir resultados econômicos semelhantes por toda parte, seja em termos de um padrão geral de vida, seja em termos da capacidade de desenvolver e sustentar grandes comunidades urbanas dependentes da agricultura local para se alimentar. Dado o grande papel das cidades no progresso econômico e no desenvolvimento de uma ampla gama de habilidades, uma escassez urbana pode afetar negativamente não só as condições econômicas correntes, mas também o progresso econômico futuro.

---

[1] N.E.: Loess é um sedimento fértil de coloração amarela. É formado por sedimentos depositados pelo vento, encontrado em parte da Europa e na China, onde fica o Rio Amarelo, importante na cultura do arroz.

Economia Básica - Volume II

Coisas fundamentais como a luz do sol e a chuva variam muito de um lugar para outro. A média de horas anuais de sol em Atenas é quase o dobro da de Londres, e em Alexandria mais que o dobro. Mesmo dentro de um país, diferentes lugares podem ter quantidades de chuva muito diferentes. Na Espanha, por exemplo, a precipitação anual varia de menos de 300mm a pouco mais de 1.500mm.

A luz solar tem efeitos positivos e negativos sobre a agricultura, promovendo a fotossíntese e, ao mesmo tempo, fazendo evaporar a água que as plantas precisam para sobreviver. Em várias terras no entorno do Mediterrâneo, a forte insolação do verão evapora mais água do que cai nessa época do ano. Assim, a irrigação pode ser necessária para a agricultura em lugares que não seriam classificados como áridos se avaliados apenas pelos índices pluviométricos anuais, uma vez que a maioria da chuva ocorre no inverno nessa parte do mundo. Em outras áreas do planeta, há muito mais chuva no verão do que no inverno. Em ambas as situações, isso limita quais tipos de plantios podem ser cultivados com êxito em locais particulares.

O ponto mais relevante aqui é que o efeito de diferentes fatores geográficos, tais como sol e chuva, não pode ser considerado isoladamente, pois suas interações, tanto quanto o "timing", são cruciais. As possíveis combinações e permutações desses aspectos são exponencialmente maiores do que se esses fatores forem considerados isoladamente, conduzindo a grandes variações de resultados econômicos em locais que, à primeira vista, parecem semelhantes quando a interação de fatores não é levada em consideração. Isso se aplica não só para variações na terra, mas também para variações dos cursos de água, e não só quanto aos efeitos na agricultura, mas também nas cidades, indústrias e comércio.

Nenhum dos valiosos recursos naturais da terra — minério de ferro, carvão, petróleo ou muitos outros — espalha-se uniformemente sobre o planeta. Não somente determinados recursos naturais tendem a se concentrar em certos locais, como o petróleo no Oriente Médio, mas o conhecimento de como extrair e processar tais recursos se desenvolve em épocas diferentes, de modo que qualquer um deles torna-se um recurso valioso em diferentes países e em diferentes períodos da história. Embora os imensos depósitos de petróleo no Oriente Médio estejam lá há milhares de anos, o petróleo tornou-se um recurso valioso somente depois que a ciência e tecnologia desenvolveram-se a tal ponto que o tornaram indispensável para as nações industriais do mundo, abrindo caminho para que grandes quantidades de riqueza fossem transferidas dessas nações para o Oriente Médio para pagar pelo petróleo que existe ali.

Além de recursos naturais como a terra e os minerais que ela esconde, que podem contribuir diretamente para a prosperidade e desenvolvimento econômico, existem outros fatores geográficos que contribuem indiretamente, mas de forma importante, pela facilitação de diversas atividades econômicas. Entre eles estão os cursos de água navegáveis e os animais, que permitem tanto as viagens quanto o cultivo da terra.

Vias Navegáveis

Há razões econômicas pelas quais a maioria das cidades ao redor do mundo estão localizadas ao lado de vias navegáveis, quer sejam rios, portos ou lagos. Algumas das cidades mais famosas estão situadas ou próximas da foz de grandes rios que desembocam no oceano (Nova York, Londres, Xangai, Roterdã), outras estão localizadas ao lado de enormes lagos ou mares interiores (Genebra, Chicago, Odessa, Detroit) e algumas em grandes portos que deságuam em mar aberto (Sydney, São Francisco, Tóquio, Rio de Janeiro).

Entre as causas econômicas estão os custos de transporte. O transporte terrestre é muito mais caro que o transporte fluvial ou marítimo, especialmente nos milênios anteriores ao surgimento dos veículos automotores, menos de dois séculos atrás. Mesmo hoje em dia, pode custar mais transportar uma carga cem quilômetros por terra do que enviá-la a mil quilômetros por água. Em 1830, uma carga que custava mais de US$30 para enviar a quase 500km por via terrestre poderia ser enviada a uma distância dez vezes maior pelo Oceano Atlântico por apenas US$10. Dada a grande quantidade de coisas que têm de ser constantemente transportadas para as cidades, tais como alimentos e combustível, e o enorme montante de produção de uma cidade, que deve ser transportada para fora para ser comercializada em outros lugares, não causa estranheza alguma que tantas cidades estejam localizadas próximas ou ao lado de vias navegáveis.

Os benefícios de dispor de vias navegáveis não são de forma nenhuma uniformemente distribuídos em todo o mundo, quer em termos do número de rios e portos ou da adequação deles ao transporte de cargas. A navegabilidade dos rios é limitada pelo formato das terras através das quais eles fluem. A Europa Ocidental, por exemplo, é atravessada por rios fluindo delicadamente em largas planícies costeiras no nível do mar aberto que fornecem acesso a países de todo o mundo. Em contraste, a maior parte da África Subsaariana, com exceção de estreitas planícies costeiras, fica a mais de 300m de altitude e boa parte a mais de 600m de altura. E as bordas junto ao mar das estreitas planícies costeiras da

Economia Básica - Volume II

África frequentemente se constituem em escarpas íngremes que bloqueiam a penetração para o interior dos navios vindos do mar aberto, e impedem os barcos do interior do continente de atingir a costa.

Por causa da formação física da terra, os rios na África Subsaariana mergulham de uma altura de 300m ou mais, formando cascatas e cachoeiras em seu caminho para o mar. O enorme rio Zaire, por exemplo, começa a pouco mais de 1400m acima do nível do mar e, assim, tem um longo caminho descendente antes de finalmente desembocar no Atlântico. Tais rios são navegáveis apenas em trechos limitados, geralmente por barcos de menor tamanho, e muitas vezes somente em determinados períodos do ano em decorrência dos padrões de precipitação pluviométrica mais esporádicos na região, em comparação com os padrões mais uniformes de chuva no oeste da Europa. Durante a estação seca, mesmo em um grande rio africano como o Níger, a vazão da água em uma área maior do que o Texas se dá, em certos pontos, a uma profundidade inferior a 1m. Já no auge da estação chuvosa, o Níger tem sido caracterizado como "um lago móvel de 30km de largura". Embora o rio Zaire despeje mais água no mar do que o Mississipi, o Yangtzé, o Reno ou muitos outros grandes rios comercialmente navegáveis do mundo, o extenso curso acidentado do Zaire rumo ao mar, repleto de corredeiras, cascatas e cachoeiras, impossibilita qualquer volume comparável de tráfego de carga. Os navios provenientes do Atlântico que adentram o rio Zaire não podem ir muito longe no interior do país antes de serem impedidos por uma série de cataratas. Nem o comprimento de um rio, nem mesmo seu volume de água dizem nada sobre seu valor econômico como uma artéria de transporte.

À semelhança de outros rios africanos, há no Zaire muitos quilômetros de trechos para transportes locais, mas eles não se constituem necessariamente de longos trechos *contínuos* que poderiam conectar por água o interior da África com o mar aberto e o comércio internacional. A extensão em que os rios africanos unem comunidades diferentes dentro do continente é também limitada pelas inúmeras cascatas e cachoeiras que determinam o quão longe um determinado navio pode ir.

Às vezes, pode-se tirar as cargas das canoas e contornar uma cascata ou corredeira, para recarregá-las na parte subsequente do trajeto. Mas isso não só limita o tamanho dos barcos utilizados e, portanto, o tamanho da carga, mas também eleva os custos em função do maior tempo e mão de obra necessários para levar uma carga até seu destino. O resultado líquido é que é economicamente viável transportar assim apenas cargas com um valor muito alto e de pequeno tamanho físico. Por outro lado, em algumas partes do mundo onde os rios fluem

Palavras de Despedida

continuamente por centenas de quilômetros através de planícies em nível, é economicamente viável transportar grandes cargas de valor relativamente baixo em proporção à sua massa e peso — como madeira, trigo ou carvão.

Do mesmo modo, portos não são tão comuns nem tão úteis em algumas partes do mundo como em outras. Embora a África tenha mais do que o dobro do tamanho da Europa, o litoral africano é mais curto do que o litoral europeu. Isso é possível só pelo contorno do litoral europeu, cujas voltas e vaivéns criam muito mais portos onde os navios podem atracar, ao abrigo das águas revoltas dos mares abertos.

Além disso, as águas profundas de muitos portos europeus significam que navios oceânicos de grande calado muitas vezes podem atracar encostados ao cais, como em Estocolmo ou Mônaco, ao passo que as águas costeiras rasas em grande parte da África Subsaariana fazem com que os grandes navios tenham que ancorar no mar e descarregar suas cargas em navios menores capazes de cruzar essas águas pouco profundas — um processo mais dispendioso e, com frequência, proibitivo. Durante séculos, o comércio entre a Europa e a Ásia ocorria em navios que navegavam em torno da África, geralmente sem parar.

Mesmo dentro da Europa, os rios e portos do Leste Europeu não são do mesmo tipo que os da Europa Ocidental. Como a Europa Ocidental é aquecida pela Corrente do Golfo que flui através do Oceano Atlântico, os rios e portos da Europa Ocidental não congelam tão frequentemente ou tão longamente quanto no inverno da Europa Oriental. Porém, mesmo quando os rios em ambas as partes da Europa estão fluindo, os da Europa Ocidental são os que mais frequentemente desembocam no mar aberto, possibilitando o acesso por navio a todos os continentes do mundo, ao passo que muitos rios na Europa Oriental têm sua foz em lagos, ou em mares interiores ou no Oceano Ártico, que fica mais distante do resto do mundo, isso quando a navegação não é impedida pelo gelo.

Na Europa Ocidental, o Reno, por exemplo, corre para o norte a partir da Suíça passando pela Alemanha, França e Holanda, e desemboca no Mar do Norte, uma vasta e uniforme extensão de água contígua ao Oceano Atlântico. Mas o Danúbio avança geralmente a sudeste através da Europa Oriental até o Mar Negro, um mar interior muito distante do Oceano Atlântico, o qual só pode ser alcançado navegando para o oeste através de todo o Mar Mediterrâneo antes de finalmente ganhar o Atlântico para ter acesso ao restante do planeta. Economicamente, os rios da Europa Oriental e Europa Ocidental não são, obviamente, equivalentes para fins de comércio exterior, por mais valioso que o Danúbio possa ser para o comércio entre as partes da Europa banhadas por ele.

Tampouco os rios que correm do sul da Europa para o Mediterrâneo são economicamente equivalentes aos rios do norte. Como um ilustre geógrafo colocou: "Os rios que correm ao norte dos Alpes eram incomparavelmente mais úteis do que os da bacia do Mediterrâneo. Sua vazão era mais regular; eles eram mais profundos, e a água rasa e o gelo raramente interrompiam a navegação por mais que curtos períodos". Ele também disse, a respeito das hidrovias da Europa:

> Apenas no sul da Europa a navegação fluvial foi de pouca ou nenhuma importância. Houve exceções, como o Pó e Guadalquivir, mas a maioria dos rios do Mediterrâneo eram muito caudalosos no inverno e quase secos no verão.

Quando se considera a profundidade dos rios, há ainda mais desigualdades economicamente relevantes. Embora o Nilo seja o rio mais longo do mundo, sua profundidade não era grande o suficiente para ser utilizado pelos maiores navios nos dias do Império Romano, e muito menos para os porta-aviões e outros navios gigantes de hoje. No entanto, um porta-aviões pode subir o rio Hudson e atracar junto ao cais no centro de Manhattan. Alguns dos rios em Angola são navegáveis apenas por barcos cujo calado[2] não exige mais de 2,5m de água. Durante a estação seca, mesmo um grande rio do oeste Africano como o Níger vai levar barcaças pesando não mais de 12 toneladas. Em contrapartida, navios pesando 10.000 toneladas são capazes de navegar quilômetros, rio acima do Yangtzé, na China, e embarcações menores bem mais longe ainda.

A China tem uma "imensa rede — única no mundo — de vias navegáveis formada pelo Yangtzé e seus afluentes", bem como um "litoral recortado", repleto de portos. As hidrovias contribuíram para o desenvolvimento da China como nação, inclusive durante os muitos séculos em que era a nação mais avançada do mundo.

No Japão, contudo, os rios são menores e seu curso se dá em áreas íngremes, tornando esses rios menos navegáveis dada a rápida vazão de suas águas até o mar. O Japão foi durante séculos um país pobre e subdesenvolvido antes de começar, na segunda metade do século XIX, a importar tecnologia moderna e de países mais favoravelmente situados geograficamente na Europa. Em 1886, o poder de compra *per capita* do Japão era 1/40 do poder de compra *per capita* do Reino Unido, e, em 1898, já havia subido para 1/6. Só no século XX o Japão

---

[2] N.E.: Calado é o nome dado à profundidade em que se encontra o ponto mais baixo da quilha de uma embarcação em relação à linha d'água (superfície da água).

Palavras de Despedida

passou a estar ao lado das nações tecnologicamente mais avançadas e economicamente mais prósperas do mundo.

Ao Japão faltavam as vantagens geográficas — como recursos naturais e redes de rios navegáveis fluindo mansamente sobre um território plano — que permitiram primeiro à China, e mais tarde à Europa Ocidental, tornarem-se as regiões tecnológica e economicamente mais desenvolvidas do mundo em suas respectivas épocas. Sem essas vantagens derivadas da geografia, o Japão tinha pouca chance de obter o tipo de avanços tecnológicos que desde cedo caracterizaram a China e, mais tarde, as civilizações ocidentais europeias. Mas a capacidade dos japoneses em incorporar a revolução industrial que se originou em outro lugar, dominar seus requisitos e, em seguida, explorar suas oportunidades, lhes possibilitou equiparar-se tecnologicamente às nações ocidentais e superar uma China que, ao longo dos séculos, foi perdendo dinamismo e a primazia tecnológica.

Dada a dependência que as cidades têm das vias navegáveis, dificilmente pode ser surpreendente que a Europa Ocidental tenha se tornado uma das regiões mais urbanizadas do mundo, e a África Subsaariana continue sendo uma das menos urbanizadas. Na Idade Média, a China teve cidades maiores do que qualquer uma na Europa. O que a urbanização significa em termos de pessoas e seus conhecimentos, habilidades e experiência — seu capital humano — é que primeiro os chineses, e posteriormente os europeus ocidentais, tiveram oportunidade para desenvolver as habilidades industriais, comerciais e financeiras, e caminhar nesse sentido com muito mais frequência e durante muito mais tempo do que os povos dos Bálcãs ou da África Subsaariana. Ao longo dos séculos, nos países ao redor do mundo, as realizações e avanços nos diversos campos de atividade têm sido muito maiores nas cidades do que entre um semelhante número de pessoas espalhadas pelo campo.

Aos benefícios econômicos diretos propiciados pelos baixos custos de transporte em vias navegáveis, deve ser adicionado o valor do maior capital humano resultante da exposição a um universo cultural mais amplo, que inclui os produtos, tecnologias e ideias dos vários países. Os benefícios econômicos dessa exposição a tal caldo de cultura podem muito bem igualar ou superar os benefícios econômicos proporcionados diretamente pelo comércio internacional.

Além de servirem como transporte, os rios disponibilizam a água necessária para saciar a sede de homens e animais e irrigar as culturas em regiões áridas. Os corpos d'água também fornecem alimentos diretamente, na forma de peixes e assemelhados. Nenhum desses papéis é desempenhado por eles da mesma forma em diferentes tempos e lugares.

As águas ao redor do mundo abrigam peixes e outras espécies de vida marinha em quantidades muito diferentes, de modo que a pesca tem sido um empreendimento muito mais florescente em alguns lugares do que em outros. A maioria dos países do Mediterrâneo, por exemplo, tiveram oportunidades muito menos produtivas para a pesca do que em outros locais nas costas do Atlântico na América do Norte ou na Europa. A plataforma continental que se estende para dentro do Oceano Atlântico cria um ambiente mais propício para uma abundante vida marinha em comparação com o Mar Mediterrâneo, onde ela não existe. Resumindo, as águas do mundo, como as terras, diferem umas das outras e em muitos diferentes aspectos, somando-se aos fatores que tornam improvável a ocorrência de resultados econômicos iguais.

Montanhas

As montanhas, assim como as hidrovias, ocasionaram efeitos econômicos diretos sobre as vidas de pessoas; e indiretos sobre a forma como essas pessoas se desenvolveram. Mas, ao contrário das hidrovias, os efeitos diretos e indiretos das montanhas tendem a ser negativos para aqueles que vivem nelas. Como o ilustre historiador francês Fernand Braudel salientou: "A vida na montanha tem ficado persistentemente atrás da vida na planície".

Esse padrão de defasagens econômicas e culturais entre montanheses em comparação com seus contemporâneos vivendo nas planícies é observado tanto nos Montes Apalaches da América como nas Montanhas Rif do Marrocos ou nas Montanhas Pindus da Grécia. Em tempos passados, havia um contraste semelhante entre as pessoas que viviam nas terras altas do Ceilão colonial e as pessoas da mesma raça que viviam nas terras baixas, o mesmo acontecendo entre os escoceses. Além disso, o contraste econômico e cultural entre os "highlanders" e os "lowlanders" escoceses (respectivamente, os que habitavam nas terras altas e nas terras baixas) persistiu, mesmo após ambos terem emigrado para a Austrália ou para os Estados Unidos — com os "lowlanders" sendo muito mais bem-sucedidos economicamente e socialmente mais integrados nesses dois países. Diferenças culturais desenvolvidas ao longo dos séculos não desaparecem do dia para a noite quando as pessoas se deslocam de um ambiente para outro, ou quando seu meio ambiente sofre alterações.

Palavras de Despedida

Na época anterior à modernização dos transportes e dos meios de comunicação, as comunidades que viviam nas montanhas tendiam a permanecer especialmente isoladas, tanto das comunidades das terras baixas como uma da outra. Ainda que tal isolamento não tenha sido hermético, a cultura das terras baixas tendia a atingir as "highlands" só muito tardiamente. Assim, a linguagem Vlach sobreviveu nas montanhas Pindus da Grécia por séculos depois que as pessoas em altitudes mais baixas falavam o grego, assim como os "highlanders" escoceses dialogavam entre si em gaélico quando os demais escoceses falavam inglês. O Islamismo se tornou a religião das pessoas que viviam nas montanhas Rif do Marrocos séculos depois que as pessoas que viviam no sopé delas já tinham se tornado muçulmanas.

Os desenvolvimentos tecnológicos, econômicos e outros tendem, da mesma forma, a alcançar as montanhas muito depois de se disseminar pelas terras baixas, de modo que os povos das montanhas desde há muito são conhecidos por sua pobreza e atraso — seja no Himalaia, nos Apalaches ou nas montanhas da Albânia, Marrocos ou outros lugares ao redor do mundo.

No passado, as aldeias nas montanhas Pindus da Grécia tiveram populações de menos de mil pessoas cada uma e, em tempos mais recentes, a média populacional permanente dessas aldeias não ultrapassa, geralmente, duas centenas de indivíduos. A linguagem Vlach ainda não havia desaparecido completamente dessas montanhas na década de 1990, embora utilizada usualmente por pessoas de idade, enquanto a geração mais jovem era educada em grego e se identificava como gregos. Nessas aldeias de montanha, havia lugares em que os deslocamentos eram muito lentos porque limitados a viajar a pé ou no lombo de burros, e algumas vilas só eram acessíveis a pé. Muitas aldeias nas montanhas Pindus têm, de tempos em tempos, sido isoladas do mundo exterior pela neve ou deslizamentos de terra.

Essas graves limitações geográficas não eram peculiares às montanhas Pindus. Condições semelhantes existiam em outras montanhas ao redor do planeta. Porém, como um estudo geográfico sobre as montanhas colocou: "Em ambientes mais acolhedores, como o noroeste da Europa ou o leste da América do Norte, tais restrições severas nunca existiram". Povos que vivem isolados nas montanhas nunca tiveram as mesmas oportunidades para se desenvolver e prosperar economicamente como as populações que vivem em "ambientes mais acolhedores". Nem o reassentamento dos povos das montanhas em terras mais promissoras abaixo delas tem se constituído sempre em uma opção viável, dada a ausência de habilidades, por vezes a linguagem, ou mesmo a falta de compreensão do modo de vida muito diferente das pessoas que vivem nas terras baixas[3].

No entanto, nem o isolamento geográfico, nem suas desvantagens econômicas e culturais ficam confinados às pessoas que vivem nas montanhas. Efeitos similares têm sido vistos onde a causa do isolamento foram ilhas situadas longe do continente mais próximo. Por exemplo, quando no século XV os espanhóis descobriram as Ilhas Canárias, encontraram caucasianos vivendo em condições idênticas às da idade da pedra.

Com frequência, as montanhas criam "ilhas" culturais em pleno continente, nas quais as pessoas nos vales entre montanhas tiveram pouca comunicação com as pessoas que vivem em outros desses vales montanhosos, talvez não muito longe em linha reta, mas de difícil acessibilidade pelo terreno montanhoso. Desertos, selvas, "rift valleys" (planícies circundadas por cadeias montanhosas que surgiram por movimentos das placas tectônicas) e outras barreiras geográficas podem igualmente criar o equivalente a "ilhas" no continente, onde as pessoas não têm contato com o mundo que as rodeia e são privadas dos benefícios econômicos e oportunidades para se desenvolver e aprender levadas pelo progresso a outros indivíduos e sociedades de outros lugares.

A pobreza de muitos povos da montanha muitas vezes os fazia colocar suas crianças para trabalhar em uma idade precoce, privando-as de uma educação que poderia pelo menos parcialmente romper o isolamento físico do resto do mundo. No século XIX e início do século XX a maioria das pessoas que vivia em várias comunidades montanhosas no entorno do Mediterrâneo era analfabeta. Assim, níveis mais baixos de capital humano foram adicionados às outras desvantagens mais diretas das comunidades montanhosas isoladas, tais como altos custos de transporte e elevados custos *per capita* de construção de sistemas de abastecimento de água e de esgotos, redes de fornecimento de energia elétrica, ferrovias e rodovias em comunidades distantes e de fraca densidade populacional.

As montanhas desempenham um papel econômico importante, não só na vida das pessoas que lá residem, mas também nas de outras pessoas afetadas indiretamente pela presença delas. Por exemplo, quando a neve nas montanhas derrete, abastece rios, córregos e lagos com água, de modo que esses corpos d'água não são totalmente dependentes das chuvas. Todavia, onde não há cadeias de montanhas, como na África Subsaariana, os cursos de água são, de

---

[3] Veja, por exemplo, a discussão sobre "caipiras urbanos" em Michael Harrington, *The Other America*, edição de 1962, pp. 96–100.

Palavras de Despedida

fato, totalmente dependentes das chuvas — e o regime de precipitação pluviométrica na África tropical faz com que rios e riachos diminuam sua vazão, podendo até mesmo secar durante meses até vir a próxima estação chuvosa.

Ainda que as montanhas tenham com frequência mantido as pessoas que vivem nelas atoladas na pobreza e atraso, muitas vezes trouxeram, ao mesmo tempo, prosperidade às populações que vivem em seus sopés pelo fornecimento de água para regiões que de outra forma seriam áridas. Sierra Nevada, na Espanha, e as montanhas Taurus, na Turquia, fornecem a água que irriga as áreas agrícolas das terras baixas, onde a precipitação por si só é insuficiente. Essa água não vem apenas da neve derretida das montanhas, mas também a partir da captação da água da chuva de imensas áreas montanhosas — filetes e pequenos córregos vão se juntando e descendo as terras montanhosas até se transformarem em rios que banham os terrenos agrícolas lá embaixo.

Animais

Grande parte do Hemisfério Ocidental parece ser geograficamente semelhante à Europa, mas em termos de terra, clima e vias navegáveis foi um cenário econômico profundamente diferente para os povos indígenas das Américas do Norte e do Sul antes da chegada dos europeus. Antes dessa vinda, bois, cavalos ou outros animais pesados de carga eram totalmente inexistentes em todo hemisfério ocidental.

O *modus operandi* que prevaleceu na economia europeia durante séculos teria sido impossível sem cavalos, e foi impossível no Hemisfério Ocidental antes que os europeus trouxessem esses animais através do Atlântico. Opções severamente limitadas significavam que o universo cultural no Hemisfério Ocidental foi por milênios muito mais estreito do que o disponível para as pessoas que viviam em grande parte da Europa, Ásia ou Norte da África. Os avanços ocorridos na Ásia, como a pólvora na China ou os assim chamados algarismos arábicos na Índia[4], puderam encontrar seu rumo em direção da Europa percorrendo milhares de quilômetros. Mas os povos indígenas que viviam na costa leste da América do Norte não tinham nem mesmo como saber da existência de povos indígenas que viviam na costa oeste, e muito menos como adquirir o conhecimento, habilidades ou tecnologia desenvolvidos em suas diferentes culturas.

---

[4] Os ocidentais batizaram-nos de algarismos arábicos porque os europeus encontraram pela primeira vez esses símbolos numéricos em uso entre os árabes, que os receberam da Índia.

Os grandes navios transoceânicos também facilitaram o comércio de bens e a transmissão de conhecimento entre europeus e asiáticos. Mas a carga e descarga desses enormes navios não seria efetuada de forma economicamente viável se não houvesse animais de grande porte para transportar as mercadorias de lugares distantes para os navios e vice-versa, em montante suficiente para lotar os porões das naus. Assim, o transporte fluvial no Hemisfério Ocidental era feito com embarcações menores, tais como canoas, cujo alcance economicamente viável e capacidade de carga na era pré-colombiana não eram, de forma alguma, comparáveis às dos navios da Europa ou aos navios ainda maiores da China naquela época.

Quando os invasores da Europa se depararam com os povos indígenas do Hemisfério Ocidental, houve um encontro entre raças cujos universos culturais tinham dimensões muito diferentes. Para começar, os europeus foram capazes de navegar para o outro lado do Atlântico mediante a elaboração de informações e tecnologias provenientes ao longo dos séculos da Ásia, do Oriente Médio e da África do Norte. O conhecimento dos europeus ocidentais foi preservado no alfabeto criado pelos romanos e escrito em papel inventado pelos chineses. Eles fizeram os cálculos de navegação marítima usando um sistema numérico que se originou na Índia, e prevaleceram na nova terra em conflitos armados utilizando a pólvora inventada na Ásia.

Quando os britânicos confrontaram-se com os iroqueses[5] ou os espanhóis com os incas, de nenhuma maneira isso se deu com base apenas no que cada cultura havia desenvolvido em si mesma. Os iroqueses não tinham sequer como saber da existência dos incas ou dos maias, muito menos de avançar sua cultura valendo-se das características da cultura desses outros povos.

A Austrália igualmente não tinha animais de carga antes da chegada dos europeus. Nem havia animais de fazenda, como vacas ou cabras, ou rebanhos de ovelhas ou gado. Dado que nessa vasta ilha continente, isolada no Pacífico Sul, grande parte de seu território é desértico e, portanto, pouco povoado, dificilmente pode ser surpreendente que os aborígenes australianos tenham sido considerados como um dos povos mais atrasados do mundo. O regime de chuvas em regiões áridas do interior é tão pouco confiável quanto em partes da África tropical. Em uma de suas publicações, a National Geographic Society colocou: "Anos sem chuva podem ser seguidos por verões diluvianos". Essas não são, cla-

---

[5] N.E.: Grupo nativo norte-americano que vivia em torno da região dos Grandes Lagos. Também conhecidos como Haudenosaunee.

Palavras de Despedida

ramente, condições propícias para a agricultura, ou mesmo para um crescimento espontâneo da vegetação.

Grande parte do solo na Austrália é de baixa fertilidade. Entretanto, recursos naturais valiosos são abundantes no país, que tem sido o maior exportador mundial de minério de titânio. Todavia, esse e outros produtos de mineração *tornaram-se* recursos naturais somente depois que os britânicos chegaram aplicando ciência e tecnologia modernas. Para os aborígenes, esses recursos tinham pouco ou nenhum valor. A orla costeira da Austrália, onde a maioria da população do país vive hoje, tem melhor terra e clima. Mas, mesmo lá, somente após os britânicos se estabelecerem, trazendo consigo a tecnologia ocidental, foi que a agricultura e a pecuária substituíram as sociedades do tipo caçador-coletor dos aborígenes. Ali, como em outros lugares, os europeus vieram armados com conhecimento e tecnologia reunidos a partir de um universo cultural muito mais amplo. A Geografia, sozinha, foi suficiente para manter os aborígenes distantes da igualdade econômica ou outros avanços.

Localização

A localização, como tal, pode afetar o destino de povos e nações inteiras, mesmo além das características geográficas particulares de um determinado lugar. Algo tão simples como o fato de que "os rios russos correm de norte a sul, e a maior parte do tráfego move-se de leste a oeste" significa que o valor econômico desses rios como vias de transporte fica bastante reduzido. Diferenças na localização também podem implicar em distinções climáticas que afetam o quanto uma certa via navegável está sujeita a ser congelada e, portanto, incapaz de transportar qualquer carga. No sul da Rússia, "as hidrovias permanecem operacionais nove meses do ano; no norte, unicamente seis semanas". A maior parte dos rios russos deságua no Oceano Ártico.

Embora o Volga seja, economicamente, o mais importante rio da Rússia em termos de carga transportada, existem dois outros rios mais caudalosos, cada um deles, que o Volga. Mas o Volga está localizado próximo a centros populacionais, indústrias e áreas agrícolas, e os outros não. Localização pode ser mais importante do que as características físicas de um rio — ou de montanhas ou outros acidentes geográficos.

A agricultura — talvez a mais inovadora mudança de vida na história da espécie humana — veio para a Europa proveniente do Oriente Médio em tempos remotos. Os europeus assentados a leste do Mediterrâneo, mais perto do Oriente

Médio, tomaram contato com esse avanço revolucionário, que deixava para trás a época da economia formada por caçadores-coletores, séculos antes dos europeus que viviam no norte da Europa. A agricultura, então, foi confinada em uma área necessária para produzir alimento capaz de sustentar um determinado número de pessoas e, portanto, tornou possível a formação de cidades.

As cidades eram comuns na Grécia antiga, mas raras no norte da Europa ou em muitas outras partes do mundo naquela época. Dessas antigas cidades gregas, vieram Sócrates, Platão, Aristóteles e outros que ajudaram a lançar os fundamentos intelectuais do pensamento ocidental e da civilização[6]. Os antigos gregos ocupavam-se com filosofia, literatura, geometria e arquitetura em um momento em que outros europeus tendiam a ficar ainda mais para trás deles em desenvolvimento cultural e tecnológico quanto mais longe da Grécia estavam localizados. Como um estudo acadêmico da evolução da Europa colocou, no século V a.C. "no Báltico, na Escandinávia e nos limites ultraperiféricos das Ilhas Britânicas, os povos da Idade da Pedra estavam começando a aprender os rudimentos da agricultura". Ainda mais ao norte, "caçadores e pastores ainda praticavam uma cultura que havia terminado dez mil anos antes no Sul da Europa".

Em uma época posterior, as pessoas localizadas na Europa Ocidental receberam os benefícios da civilização romana, o que não ocorreu com as pessoas de várias outras partes da Europa. O alfabeto romano, por exemplo, permitiu que os idiomas da Europa Ocidental desenvolvessem versões escritas séculos antes das línguas do Leste Europeu. Também em outras partes do mundo, a casualidade de estar próximo de uma civilização avançada, como a da China antiga, capacitou algumas raças ou nações a avançar muito além de outras raças ou nações não situadas perto de fontes comparáveis de progresso. Assim, coreanos e japoneses conseguiram adaptar a escrita chinesa para suas próprias línguas, alfabetizando-se muito antes de outros povos asiáticos que viveram em regiões remotas, distantes da China. Com a alfabetização, obviamente, abrem-se mais amplas perspectivas, econômicas e outras, que são negadas aos que permanecem analfabetos.

Estar no lugar certo na hora certa fez uma enorme diferença no destino econômico de povos inteiros. Além disso, o lugar certo tem variado muito em

---

[6] Ainda que a localização geográfica por si só não possa criar gênios, diferentes configurações geográficas podem fornecer oportunidades muito diferentes para um gênio surgir e se desenvolver. Poucos, se algum, dos indivíduos com reconhecidas realizações históricas têm se desenvolvido em aldeias isoladas nas montanhas. Pelo contrário, as realizações históricas foram em alto grau geograficamente concentradas em um dado tempo, apesar de tais concentrações mudarem ao longo dos séculos — porém, mais uma vez, raramente vindo de lugares geograficamente insulados.

diferentes períodos da história. Depois de muitos séculos, os povos do norte da Europa acabariam por ultrapassar os povos do sul da Europa econômica e tecnologicamente, assim como os japoneses igualmente ultrapassariam os chineses que por séculos estiveram muito à frente deles. As desigualdades econômicas entre os povos ou nações têm sido generalizadas em tempos antigos e tempos modernos, embora os padrões particulares dessas desigualdades tenham mudado drasticamente ao longo dos séculos.

CULTURAS

Se os seres humanos são divididos em países, tribos, raças ou outras categorias, a geografia é apenas uma das razões pelas quais eles nunca tiveram os mesmos benefícios econômicos diretos e as mesmas oportunidades para desenvolver seu próprio capital humano. As culturas são outras dessas razões. Locais abençoados com climas benéficos, vias navegáveis e outras vantagens naturais podem, no entanto, permanecer indigentes se a cultura dos povos que vivem lá apresenta muitos obstáculos para desenvolver os recursos com que a natureza os brindou. O que por vezes tem sido chamado de "viver em harmonia com a natureza" também pode ser chamado de estagnação na pobreza em meio à riqueza potencial. Outros povos de outras culturas, muitas vezes situados na mesma configuração geográfica, prosperam aproveitando os recursos disponíveis.

Culturas que promovem o estado de direito, em substituição aos poderes arbitrários exercidos pelos líderes, cada vez mais têm sido reconhecidas como os principais fatores promotores do desenvolvimento econômico. Assim também são as culturas nas quais a honestidade é altamente valorizada em princípio e na prática. Estudos internacionais das nações classificando-as em uma escala de honestidade mostram repetidamente que as nações mais corruptas estão quase sempre entre as mais pobres, mesmo quando ricas em recursos naturais, porque a corrupção generalizada pode tornar muito arriscado fazer os grandes investimentos necessários para o aproveitamento dos recursos naturais. Atitudes culturais em relação ao trabalho também afetam o desenvolvimento econômico e também têm variado durante séculos, mesmo no âmbito da civilização europeia, na qual as atitudes da elite na Inglaterra durante o reinado dos Tudors diferiam consideravelmente das atitudes entre as elites dos países da Europa continental naquela época:

Ao filho mais novo do senhor Tudor não era permitido vagar ociosamente na mansão real, um custo para a renda familiar parecido com o dos nobres empobrecidos do continente que eram muito orgulhosos para ir trabalhar. Ele estava longe de ganhar dinheiro no comércio ou na lei.

Às vezes, o progresso econômico depende de as pessoas em uma determinada cultura estarem em busca do progresso em vez de se contentar em fazer as coisas da forma como sempre foram feitas. A proporção da população que procura progredir e a proporção dos que estão satisfeitos com o jeito familiar de fazer as coisas podem diferir entre sociedades e dentro das sociedades, afetando assim as diferenças econômicas entre as regiões e nações. Nos Estados Unidos, por exemplo, o Sul de antes da Guerra Civil tendia a não avançar tão rápido quanto as outras partes do país:

> As técnicas da agricultura sulina têm mudado lentamente, ou nada. Assim, uma máquina elementar como o arado foi adotada apenas gradualmente e somente em lugares dispersos; tão tarde quanto 1856, muitos pequenos agricultores na Carolina do Sul ainda estavam usando a crua enxada colonial. Houve pouca mudança no descaroçador de algodão ou implementos agrícolas entre 1820 e a Guerra Civil.

O descaroçador de algodão, um fator econômico crucial no Sul de antes da Guerra Civil americana, foi inventado por um nortenho. Quando se tratava de invenções, apenas 8% das patentes americanas emitidas em 1851 foram concedidas para os moradores dos estados do Sul, cuja população branca era de aproximadamente 1/3 da população dos brancos do país. Mesmo na agricultura, a principal atividade econômica da região, apenas 9 das 62 patentes de implementos agrícolas foi para sulistas. As diferenças nos hábitos e atitudes são as diferenças em capital humano, o que pode significar diferenças nos resultados econômicos. A partir da época da Guerra Civil, o Norte produziu 14 vezes mais tecidos que o Sul, apesar do virtual monopólio do cultivo de algodão do Sul, e os nortistas também produziram 15 vezes mais ferro do que o Sul, 25 vezes em tonelagem de navios mercantes e 32 vezes o número de armas de fogo.

As vantagens de um universo cultural maior não terminam com os particulares produtos, tecnologias ou ideias provenientes de outras culturas. Observar recorrentemente como as coisas são feitas de forma diferente em outras sociedades, com melhores resultados em casos particulares, não somente traz esses produtos, tecnologias e ideias estrangeiras, mas também contraria a tendência humana normal à inércia que mantém os indivíduos e as sociedades fazendo as coisas da mesma velha forma familiar. Em outras palavras, uma determinada cultura pode desenvolver *sua própria e original maneira* de fazer as coisas como resultado de ver repetidamente como os outros têm feito outras coisas de forma diferente. Por outro lado, uma sociedade isolada do mundo exterior tem menos esporas incitando-a a repensar sua maneira tradicional de ver as coisas.

Capital Humano

A riqueza física pode ser altamente visível, mas o capital humano, invisível dentro cabeça das pessoas, muitas vezes é mais crucial para a prosperidade em longo prazo de uma nação ou um povo. John Stuart Mill usou esse fato para explicar por que as nações muitas vezes se recuperam, com uma velocidade surpreendente, das devastações físicas causadas por uma guerra: "O que o inimigo destruiu teria sido destruído em algum tempo pelos próprios habitantes" no curso normal de seu consumo, e exigiria ser recomposto. Dado o desgaste natural dos bens de capital, a reposição constante por equipamentos novos seria igualmente necessária. O que a guerra *não* destrói é o capital humano que, antes, havia criado o capital físico.

Mesmo as enormes devastações físicas da II Guerra Mundial, decorrentes de bombardeios e batalhas terrestres intensamente destrutivas, foram seguidas por uma rápida recuperação econômica no pós-guerra na Europa Ocidental. Essa recuperação foi frequentemente creditada ao auxílio dos Estados Unidos sob o Plano Marshall, mas o envio, mais tarde, de ajuda externa para muitos países do Terceiro Mundo não produziu um crescimento econômico tão dramático.

A diferença é que a Europa ocidental industrializada já havia desenvolvido ali o capital humano que produzira as modernas sociedades industriais antes de a guerra começar, mas os países do Terceiro Mundo ainda não tinham desenvolvido o capital humano, sem o qual o capital físico era com frequência de pouco ou nenhum uso quando foi doado como ajuda externa. O Plano Marshall facilitou a transição para a recuperação econômica em tempos de paz na Europa Ocidental, mas a ajuda externa não poderia criar a escala necessária de capital humano onde ele ainda não existe.

Do mesmo modo, confiscos de capital físico raramente produziram qualquer enriquecimento maior ou duradouro para aqueles que o fizeram — sejam eles governos do Terceiro Mundo confiscando ("nacionalizando") investimentos estrangeiros ou desordeiros urbanos saqueando lojas em seus bairros. Não confiscável por eles é o capital humano que criou as coisas físicas que foram tomadas.

Não obstante a gravidade das perdas sofridas por aqueles que foram destituídos de seus bens, seja por governos ou por multidões, as coisas físicas têm um prazo de duração limitado. Sem o capital humano necessário para criar seus substitutos, os ladrões não conseguem prosperar nos anos seguintes tanto quanto aqueles que foram roubados.

O capital humano também pode desempenhar um papel no argumento que, muitas vezes, tem sido colocado de que muitas das sociedades mais pobres localizam-se nos trópicos, e muitos dos povos mais prósperos situam-se em zonas temperadas. Muitas populações de zonas temperadas que passaram a viver nos trópicos com frequência prosperaram lá, como os chineses na Malásia e os libaneses na África Ocidental, e bem mais do que os habitantes locais. Ali, como em outros lugares, os efeitos de um ambiente geográfico particular podem ser tanto direto quanto indireto — apresentando oportunidades objetivas e ampliando ou restringindo o desenvolvimento do capital humano necessário para aproveitar ao máximo essas oportunidades.

Às vezes, as vantagens de um determinado contexto geográfico podem tornar desnecessário para a população que vive nesse cenário ter de desenvolver seu capital humano ao máximo. Por exemplo, uma terra tropical capaz de produzir culturas durante todo o ano pode fazer com que as pessoas de lá prescindam do mesmo senso de urgência sobre o tempo e os hábitos resultantes da autodisciplina econômica, que são vitais para a pura sobrevivência física em um clima em que as pessoas devem começar a arar a terra logo depois que ela descongela na primavera, se querem plantar e colher, durante a curta estação de crescimento característica de uma zona de clima temperado, o alimento que lhes permitirá viver durante todos os longos meses de inverno. Isso ocorreu ao longo de milênios antes que o transporte moderno tornasse economicamente viável trazer grandes quantidades de alimentos de outras terras ao redor do mundo.

A necessidade inevitável de armazenar o alimento para sobreviver ao inverno significa que, durante séculos, hábitos enraizados de poupança também foram essenciais para garantir a sobrevivência dos povos das zonas temperadas. Porém, nos trópicos, o desenvolvimento de tais hábitos não é sempre tão urgente. Além disso, a capacidade de armazenamento de grãos ou batatas para comer durante o inverno é muito maior em climas temperados do que a capacidade de armazenar banana, abacaxi ou outros alimentos tropicais em climas quentes[7]. O capital

---

[7] O imperativo para armazenar alimentos, a fim de sobreviver ao inverno, também fornece incentivos para transformar um produto perecível, como o leite, em um produto armazenável, como o queijo.

humano inclui não só informações, mas *hábitos,* e os hábitos necessários para a sobrevivência em algumas condições geográficas não são de modo algum os mesmos que em outras.

Como muitas outras coisas, uma abundância natural pode ter efeitos positivos e efeitos negativos. O ditado entre os tailandeses "arroz na terra e peixe na água" expressa uma confiança na fartura da natureza que era estranha para as pessoas que lutam para sobreviver nas muito diferentes condições geográficas do sul da China, onde a fome e as mortes por inanição eram perigos seculares, forçando as pessoas de lá a uma vida frugal, trabalhadora e engenhosa sob pena de extinção. Quando muitos daquela região migraram para ambientes geográficos mais promissores na Tailândia, Malásia ou Estados Unidos, essas qualidades — esses *hábitos,* esse capital humano — lhes permitiram prosperar, e, mesmo começando como imigrantes indigentes, progredirem mais do que as pessoas que estavam vivendo no mesmo ambiente antes deles.

Praticamente o mesmo ocorreu com imigrantes libaneses, judeus e outros, procedentes de muitos lugares ao redor do mundo, com pouco dinheiro no bolso, mas com muito capital humano que haviam desenvolvido em lugares de origem com condições de vida mais desafiadoras. Muitos outros grupos tiveram padrões similares como migrantes, dentro de seus próprios países:

> Conspícuos entre os grupos avançados, estão alguns cujas regiões de origem são inférteis e superpovoadas. Os tâmeis do Sri Lanka, os bamileques de Camarões, os cabiles berberes da Argélia, os kikuyu do Quênia, os toba batak da Indonésia, os ilocanos das Filipinas, os malaialis de Kerala, na Índia, e os ibos da Nigéria, todos vêm de regiões muito pobres, incapazes de manter suas populações, e todos têm taxas de migração anormalmente elevadas para áreas fora de suas regiões de origem, onde têm obtido até uma variedade de oportunidades no setor moderno.

A era do colonialismo europeu colocou a educação e habilidades industriais, comerciais e administrativas ocidentais ao alcance de grupos anteriormente entre os povos locais mais pobres, como os ibos na Nigéria e os tâmeis no Sri Lanka, que então passaram a se tornar mais prósperos do que outros que tinham sido mais prósperos antes. Os ressentimentos de sua ascensão, e as polarizações politizadas que se seguiram, levaram a guerras civis sangrentas em ambos países.

Isolamento Cultural

Um dos aspectos de uma cultura que pode ser muito importante por suas consequências econômicas é a vontade, ou falta de vontade, de aprender com

outras culturas. Isso pode variar grandemente de uma cultura para outra. A Grã-
-Bretanha e o Japão, por exemplo, evoluíram de sua anterior condição secular de
nações insulares menos desenvolvidas economicamente em relação a seus respectivos vizinhos continentais, quando finalmente se aproximaram deles, e os
ultrapassaram, em grande parte como resultado da absorção dos avanços culturais e econômicos de outros países e, em seguida, por os aprimorar ainda mais.
As culturas da Grã-Bretanha e do Japão, muito distintas uma da outra, eram,
por outro lado, semelhantes em sua receptividade às características de outras
culturas, incorporando-as às suas próprias. Essa receptividade aos progressos
feitos em outros lugares é ao menos parte da resposta a uma pergunta sobre a
Grã-Bretanha colocada por um estudioso italiano: "Como essa ilha periférica
passou de sua anterior miséria para dominar o mundo?"

A título de contraste, o Oriente Médio árabe — outrora uma cultura mais
avançada do que a da Europa — se tornou resistente a aprender com os outros,
perdeu a liderança, e então ficou para trás de outras nações que foram evoluindo
mais rapidamente. No mundo árabe de hoje — cerca de 300 milhões de pessoas
em 22 países — o número de livros traduzidos de outras línguas é de apenas 20%
do que é feito apenas na Grécia, com uma população de 11 milhões. Um estudo
das Nações Unidas mostrou que a proporção de livros traduzidos no mundo
árabe durante um período de cinco anos equivalia a menos de 1:1.000.000 de
árabes, enquanto na Hungria essa relação era de 519 livros traduzidos para cada
milhão de pessoas, e na Espanha 920 livros por milhão de pessoas.

Dito de outro modo, a Espanha traduz tantos livros para o espanhol anualmente como os árabes traduziram para o árabe em mil anos. O isolamento cultural pode ser um fator de diferenças de riqueza entre as nações, assim como o
isolamento geográfico[8]. Enquanto as pessoas altamente instruídas no mundo
árabe podem não exigir traduções para entender o que está escrito em outras
línguas, o mesmo não é verdade para as massas menos afortunadas.

Às vezes, o isolamento cultural se constituiu em uma decisão do governo,
como na China do século XV, época em que esse país era muito mais avançado
do que muitas outras nações. Deliberadamente, os governantes chineses escolheram afastar o país do que eles viam como bárbaros estrangeiros. No século
XVII, os governantes do Japão igualmente optaram por isolar seu país do resto

---

[8] Dado que muitas das elites nos países árabes falam inglês ou outros idiomas, elas têm acesso a um universo
cultural muito maior do que as massas. A falta de escritos traduzidos tem, portanto, tendência a aumentar as
desigualdades, econômicas e outras, dentro desses países, bem como aumentar as desigualdades econômicas
entre esses países e os do mundo ocidental.

Palavras de Despedida

do mundo. Centenas de anos depois, ambos os países ficaram chocados ao descobrir que algumas outras nações os tinham superado em muito nos aspectos tecnológicos, econômicos e militares durante seu isolamento autoimposto.

As culturas também desfavorecem a si mesmas quando limitam os segmentos de suas populações autorizados a desempenhar certas funções na economia ou na sociedade. Se as pessoas de determinados grupos pré-selecionados — definidos pela classe, casta, tribo, raça, religião ou sexo — exercem determinadas carreiras com exclusividade, essa distribuição cultural dos papéis econômicos pode diferir muito da distribuição individual dos talentos inatos. Assim, ao perder as potencialidades de muitos de seus próprios cidadãos, uma sociedade acaba tendo uma economia menos produtiva do que outras sociedades sem tais restrições autoimpostas sobre o desenvolvimento e uso dos talentos e potencialidades das pessoas.

A história está cheia de exemplos de sociedades cujas normas culturais confinaram setores específicos de sua população em funções específicas, ou até enviaram alguns de seus grupos mais produtivos para fora do país porque estes, vítimas de seu próprio sucesso, tornaram-se alvo de ressentimentos que resultaram em perseguição, violência popular ou expulsões definitivas. Outras sociedades cujas culturas foram menos restritivas ou repressivas muitas vezes se beneficiaram economicamente da chegada de refugiados com habilidades e talentos valiosos, ainda que vindos com pouco dinheiro no bolso.

A Inglaterra do século XVII, por exemplo, foi beneficiária da chegada de dezenas de milhares de huguenotes fugindo às perseguições na França. Os huguenotes fundaram a indústria relojoeira em Londres, e outros refugiados criaram outras empresas e indústrias na Grã-Bretanha. Da mesma forma, expulsões em massa de judeus da Espanha em 1492 — forçando-os a deixar para trás a maior parte de sua riqueza — levaram muitos deles a se estabelecer na Holanda, onde o capital humano que retiveram os ajudou a prosperar novamente, colaborando para tornar Amsterdã um dos grandes portos comerciais do mundo.

Ao longo dos séculos, dezenas de milhões de pessoas emigraram de várias partes da Europa para os Estados Unidos, seja para escapar de alguma perseguição ou apenas para buscar melhores e maiores oportunidades econômicas do que aquelas disponíveis para as pessoas comuns no Velho Continente. Diversos segmentos econômicos americanos foram criados, ou expandidos, por imigrantes sem nenhuma riqueza real ou distinção na Europa, mas que se tornaram titãs econômicos na América, ao transformar os EUA de um país predominantemente agrícola para a nação líder industrial do mundo.

Economia Básica - Volume II

O isolamento cultural assume muitas formas, gerando desvantagens econômicas e de outros tipos que diferem de grupo para grupo e de uma sociedade, nação ou civilização para outra. Diferentes níveis de isolamento cultural, dentro e entre as sociedades somam-se a fatores geográficos e outros que fazem da igualdade econômica entre grupos, sociedades, nações e civilizações uma improbabilidade.

Desenvolvimento Cultural

Uma vez que nem todas as culturas desenvolveram versões escritas de suas línguas simultaneamente, nota-se que em determinados períodos da história houve uma disponibilidade muito maior e mais variada de conhecimentos escritos em uma única língua do que em outra. Assim, no século XIX, tchecos, estonianos ou letões que queriam se tornar médicos, cientistas ou trabalhar em outras profissões que exigiam educação avançada, podiam encontrar mais facilmente os livros e cursos adequados disponíveis em alemão do que em seus próprios idiomas.

Embora tenha havido uma versão escrita da língua própria da Estônia antes do século XIX, a maioria das publicações nesse idioma "permaneceu religiosamente orientada" antes de 1850, e "a língua de trabalho de todas as pessoas educadas era o alemão". As pessoas instruídas na vizinha Letônia e na província da Boêmia do Império dos Habsburgos — entre outros lugares na Europa Oriental e do Báltico — foram, igualmente, educadas no idioma germânico.

Em Praga, o alemão era a língua das classes educadas, fossem elas etnicamente alemãs, tchecas ou judaicas. Da mesma forma, na cidade portuária báltica de Riga, no Império Russo, a maior parte da educação, no século XIX, era efetuada em alemão, mesmo que os alemães não representassem mais do que 25% da população local. Quando o governo czarista abriu uma universidade na Estônia, em 1802, a maior parte do corpo docente e discente eram alemães, e isso permaneceu assim durante a maior parte do século XIX. Não era apenas na educação formal, mas também em muitas diferentes habilidades manufatureiras, que os alemães eram mais avançados do que muitos dos povos da Europa Oriental. Os assentamentos agrícolas alemães ao longo do Volga e do Mar Negro na região do Império Russo eram mais produtivos e mais prósperos do que as fazendas da população local.

Havia uma história por trás de tais padrões. Como já vimos, as línguas europeias ocidentais desenvolveram a escrita séculos antes das línguas europeias

Palavras de Despedida

orientais em decorrência de sua dominação pelos romanos, a qual incluía a incorporação do alfabeto latino. Durante a Idade Média, não era incomum que em várias cidades da Europa Oriental os europeus ocidentais se constituíssem na maioria da população. Entre esses europeus ocidentais urbanos, muitos eram alemães, embora houvesse alguns judeus também. Mesmo quando os alemães não eram maioria entre os habitantes urbanos, muitas vezes eram a maioria das elites econômicas, tal como em Praga no Império dos Habsburgos ou em Riga, Talin e outras cidades do Império Russo no Báltico.

Enquanto os eslavos formavam, geralmente, a esmagadora maioria das pessoas nas zonas rurais do leste europeu, havia também enclaves de agricultores alemães nessas comunidades, muitas vezes deliberadamente recrutados pelos governantes, ansiosos em trazer pessoas de maiores habilidades para seus domínios de modo a aumentar a riqueza e poder das terras que governavam. Essa transferência de conhecimentos, tecnologia e experiência para a Europa Oriental também abriu a possibilidade de que os habitantes locais adquirissem alguns dos avanços culturais da Europa Ocidental.

De um ponto de vista estritamente econômico, essas injeções de capital humano na Europa Oriental contribuíram para ampliar as oportunidades para que os membros da população local avançassem economicamente por meio da aquisição do idioma e cultura alemães, como muitos deles fizeram. Porém, de um ponto de vista social e político, uma situação em que a minoria alemã dominava os negócios e as elites profissionais — quando as famílias alemãs em Praga muitas vezes tinham empregados domésticos tchecos, e poucos, se houvesse, entre os alemães trabalhavam em casas de famílias tchecas — ia alimentando ressentimentos étnicos e de identidade e, por fim, movimentos que expressavam politicamente esses ressentimentos. Semelhantes tensões e polarizações têm sido comuns em outros países nos quais um grupo imigrante trouxe mais capital humano do que existia na população local e era visivelmente mais próspero em decorrência disso — chineses no Sudeste Asiático, libaneses na África Ocidental, japoneses no Peru e indianos em Fiji, entre muitos outros.

Também dentro das fronteiras nacionais, grupos particulares têm migrado de uma região para outra, trazendo benefícios econômicos e, ao mesmo tempo, em virtude de suas maiores realizações econômicas, provocando ressentimentos por parte dos habitantes locais menos bem-sucedidos. Esses conflitos, que podem se exacerbar — alguns chegando a níveis de tragédia — observados a partir de um ponto de vista puramente econômico estão entre os muitos fatores complicadores que impedem regiões, raças e nações de obter não só resultados iguais como até o mesmo padrão de desigualdades ao longo do tempo.

Os líderes e porta-vozes de grupos retrógrados tendiam, com frequência, a culpar terceiros por seus atrasos, por vezes estabelecendo barreiras arbitrárias na forma de desmedidos requisitos de qualificação para admissão em instituições educacionais ou empregos. Esse ponto de vista foi resumido por um desses porta-vozes étnicos na Índia, que perguntou: "Nós não temos direito aos empregos só porque não somos qualificados?" e por um outro na Nigéria, que denunciou "a tirania das habilidades". Semelhantes respostas políticas às diferenças de sucesso têm sido comuns em outros países, com a minoria alemã sendo responsabilizada pelos atrasos dos tchecos na Boêmia do século XIX ou dos letões na Letônia, assim como fizeram os naturais de Fiji com relação à minoria indiana e os povos de vários países no Sudeste Asiático, que tendiam a culpar a minoria chinesa residente.[9]

Em outras palavras, as lideranças étnicas muitas vezes voltaram as pessoas contra as culturas que poderiam ajudar a promovê-las, e dissiparam suas energias opondo duas culturas e as pessoas que possuíam as vantagens de ambas. Essa postura não era, necessariamente, representativa de um caráter irracional de sua parte, cuja promoção de uma atitude de "nós contra eles" fez avançar suas carreiras, ainda que em detrimento dos interesses econômicos das pessoas que lideravam. Esse é um padrão que tem sido comum em vários tempos e lugares em todos os continentes habitados.

Foi a exceção que confirma a regra quando, no século XVIII, o grande filósofo David Hume pediu a seus companheiros falantes do Scots (uma variedade linguística do idioma alemão falada nas terras baixas da Escócia) que aprendessem a língua inglesa em prol de seu aprimoramento pessoal — algo que eles fizeram, e se desenvolveram rapidamente em muitos campos. E, em última análise, superaram os ingleses em engenharia e medicina — o que também foi a exceção e não a regra. Os japoneses do século XIX foram outra exceção. Uma vez terminado seu isolamento, os japoneses reconheceram abertamente sua larga defasagem em relação às nações ocidentais, e trouxeram especialistas da Europa e Estados Unidos para introduzir a tecnologia ocidental no Japão. No século XX, o Japão equiparou-se ao Ocidente em muitas áreas e o ultrapassou em outras. Mas, a partir do momento em que as forças navais norte-americanas sob o co-

---

[9] O próprio conceito de culpa parece questionável nesse contexto, pois ninguém pode escolher em que cultura nascer, nem em qual região geográfica ou período histórico.

Palavras de Despedida

mando do Comodoro Perry pressionaram o governo japonês a abrir seu país ao mundo exterior em 1853, o atraso dos japoneses era demonstrado em sua reação a um trem que Perry havia apresentado como um presente:

> A princípio, os japoneses observavam o trem a uma distância segura, com medo, e, quando o motor começou a se mover, proferiram gritos de espanto e prenderam a respiração.

> Em pouco tempo o estavam inspecionando, acariciando e montando nele, e assim permaneceram durante todo o dia.

Entretanto, a partir de tais níveis de atraso tecnológico, o Japão começou a importar maciçamente tecnologia e engenheiros europeus e americanos, e a aprender de forma generalizada o idioma inglês para se familiarizar diretamente com a ciência e tecnologia ocidentais. Lentamente no início, e mais rapidamente com a experiência que iam adquirindo, os japoneses evoluíram no século seguinte, alcançando a vanguarda da tecnologia mundial em muitos campos, e puderam construir trens que ultrapassaram qualquer um dos fabricados nos Estados Unidos.

Como um país com uma população quase inteiramente de uma única raça e sem história de ser um povo conquistado antes de 1945, o Japão não tinha, no século XIX, em que se basear para culpar os outros por seus atrasos. Nem seus líderes tentaram fazê-lo. Mas, como já dito, Escócia e Japão figuram como exceções, e daí sua espetacular ascensão para o sucesso econômico. Nos dois países, os recursos naturais eram escassos e ambos estavam, em séculos anteriores, pobres e atrasados. Nem tinham os mesmos pré-requisitos geográficos de alguns outros países para serem o berço de uma revolução industrial. Mas o fato é que, ao incorporarem o conhecimento adquirido dos avanços já realizados por outras pessoas vivendo em ambientes mais afortunados, os japoneses puderam transcender as desvantagens geográficas de seu próprio ambiente e passar à vanguarda da realização humana.

Da condição de países cultural e economicamente mais evoluídos não decorre, necessariamente, serem eles também os mais avançados do ponto de vista militar; aliás, sua prosperidade e a cultura que a gerou podem ser destruídas por povos militarmente mais poderosos e nem tão evoluídos. Ao invadir o Império Romano, os bárbaros destruíram a maior parte das instituições que haviam proliferado na cultura romana, deixando os povos agora órfãos vivendo, econômica e tecnologicamente, abaixo do nível que seus antepassados haviam alcançado sob o domínio romano.

Artefatos preservados da Europa medieval revelam que a qualidade da mão de obra envolvida tinha diminuído significativamente desde os dias do Império Romano. O aquecimento central, que fora introduzido na Grã-Bretanha na época da ocupação romana, tornou-se raro ou inexistente, mesmo entre a nobreza, nos séculos que sucederam a retirada dos antigos dominadores. As cidades medievais da Europa, incluindo a própria Roma, tinham populações muito menores e menos comodidades do que no tempo dos romanos. Ainda no início do século XIX, nenhuma cidade europeia dispunha de sistemas confiáveis de abastecimento de água como muitas cidades romanas tiveram mil anos antes. A história nem sempre se move em uma linha ascendente de progresso. Às vezes, os retrocessos podem ser profundos e duradouros.

POPULAÇÃO

As populações podem afetar os resultados econômicos em função de seu tamanho, características demográficas ou mobilidade, entre outros fatores. A concentração ou dispersão de uma população também podem afetar em muito o progresso econômico, o que muitas vezes varia com o grau de urbanização. Também a separação física ou social dos diferentes segmentos sociais da população de um país pode afetar a extensão de sua cooperação e a coordenação das atividades econômicas.

O Tamanho da População

O perigo da "superpopulação" tem sido uma preocupação recorrente, mesmo antes de o economista britânico Thomas Malthus levantar o alarme histórico no final do século XVIII de que os seres humanos ameaçavam ultrapassar o número de pessoas com abastecimento alimentar adequado. Em vários lugares e tempos ao longo da história, a extrema escassez de comida causou tragédias monumentais que alguns têm considerado como uma confirmação da teoria de Malthus.

No século XX, períodos de fome na União Soviética sob Stalin ceifaram milhões de vidas e, na China sob Mao, dezenas de milhões. Mas mesmo catástrofes dessa magnitude quase inimaginável não provam que a capacidade de fornecimento de alimentos do planeta é insuficiente para alimentar a população mundial. Penúrias alimentares em determinados países ou regiões devem-se muitas vezes a fatores específicos em ação no momento, tais como uma quebra de safra local ou a interrupção do transporte devido à guerra, condições climáticas ou outras razões. No caso da União Soviética, a fome se concentrou em uma região da Ucrânia — que era antes, e ainda hoje, um grande produtor e exportador de trigo.

Perdas de colheitas não são suficientes, por si sós, de trazer fome, a menos que alimentos de outras partes do mundo não consigam alcançar as áreas atingidas a tempo, e em escala suficiente, para afastar a fome generalizada ou as doenças a que as pessoas subnutridas tornam-se vulneráveis. Os países pobres que carecem de redes de transporte capazes de mover grandes quantidades de alimentos em um curto intervalo de tempo foram especialmente suscetíveis à fome. A revolução no transporte, modernizando-o, reduziu tais condições na maior parte do mundo, mas um país ou região isolada por razões políticas podem permanecer vulneráveis à fome, como na União Soviética sob Stalin e na China sob Mao. Depois de mudanças radicais no sistema econômico da China nas décadas seguintes à morte daquele líder, as estimativas dão conta de que, no início do século XXI, cerca de 25% dos adultos da China estava acima do peso.

Contrariamente à teoria malthusiana, poucos — se houver algum — países tiveram um padrão de vida mais alto quando sua população era metade do que é hoje. Estudos baseados em evidências mostram resultados empíricos muito diferentes daqueles projetados pelos defensores de teorias de "superpopulação". Por exemplo:

> Entre os anos 1890 e 1930, a área esparsamente povoada da Malásia, com aldeias e vilas de pescadores, foi transformada em um país com grandes cidades, extensas operações agrícolas e de mineração e intenso comércio. A população subiu em um ano e meio para cerca de seis milhões [...] A população tinha um padrão de vida material muito maior e vivia mais tempo do que a pequena população da década de 1890. Desde os anos 1950, o rápido aumento da população nas densamente povoadas Hong Kong e Cingapura tem sido acompanhado por grandes aumentos na renda real e salários. A população do mundo ocidental mais que quadruplicou desde meados do século XVIII. E estima-se que a renda real *per capita* cresceu em um fator de cinco ou mais.

Contudo, as teorias da "superpopulação" de pobres remanescem e têm ressurgências esporádicas na mídia e na política, bem como as teorias segundo as quais estamos esgotando vários recursos naturais. E os argumentos são semelhantes em ambos os casos. O fato indiscutível de que existem limites finitos para a quantidade de cada um dos recursos naturais tem levado à *non sequitur* (falácia em que a conclusão pode ser verdadeira, mas não decorre das premissas argumentativas) de que estamos nos aproximando desses limites. Da mesma forma, o fato indiscutível de que há limites finitos para o número de pessoas que o planeta pode alimentar tem levado ao *non sequitur* de que estamos nos aproximando desses limites.

Pobreza e fome em várias partes do mundo têm sido tomadas como provas da "superpopulação". Mas a pobreza e a fome têm sido muito mais comuns em regiões pouco povoadas como a África Subsaariana do que nas densamente povoadas Europa Ocidental ou Japão, que têm, cada uma, várias vezes o número de pessoas por km² do que na África Subsaariana. Os viajantes que percorriam o Leste Europeu durante a Idade Média frequentemente comentavam sobre a grande quantidade de terra não aproveitada nessa parte mais pobre da Europa. Assim como hoje há países pobres densamente povoados, como Bangladesh, há também países pobres pouco povoados como a Guiana, cuja densidade populacional é igual à do Canadá, que tem uma grande produção *per capita* e um dos mais altos padrões de vida no mundo.

Em suma, alta ou baixa densidade populacional não fazem, automaticamente, um país rico ou pobre. O que parece ser mais importante é não o número, mas a produtividade das pessoas, que é dependente de muitos fatores, incluindo seus próprios hábitos, habilidades e experiência. Na medida em que a densidade da população, como em comunidades urbanas, pode facilitar o desenvolvimento de capital humano, as pessoas em pequenas e isoladas sociedades tendem a não acompanhar o progresso geral dos outros.

Movimentos Populacionais

Conquanto povos em diferentes regiões do planeta possam viver em suas próprias regiões por milênios, com suas culturas e sociedades evoluindo, várias vezes acontece de se mudarem para outras partes do mundo, como conquistadores, imigrantes ou escravos. Alguns migraram isoladamente ou em famílias e outros migraram *em massa*, seja estabelecendo-se entre os habitantes já existentes, dominando-os ou expulsando-os da região, como os invasores vindos da Ásia nos séculos passados desencadearam deslocamentos populacionais na Europa Oriental e nos Bálcãs, ou como os invasores europeus viriam a deslocar as populações indígenas na América do Norte.

Nos primeiros anos da revolução industrial, quando a tecnologia avançou em decorrência do trabalho prático direto das pessoas nas fábricas, minas e outras instalações produtivas, em vez de utilizar o conhecimento científico como posteriormente, o fluxo migratório foi o principal meio de difusão de tecnologia, de seu local originário até outras nações e regiões. Assim, os aprimoramentos tecnológicos britânicos puderam se espalhar mais facilmente a um país de língua inglesa como os Estados Unidos do que para os países mais próximos do Velho Continente. O governo da Grã-Bretanha, onde começou a revolução industrial, tentou restringir o movimento dos trabalhadores britânicos a outros países com a intenção de proteger as vantagens tecnológicas da Grã-Bretanha. No entanto, como as melhorias tecnológicas tornaram-se cada vez mais uma questão de ciência aplicada, o conhecimento poderia mais facilmente se espalhar no papel, em vez de exigir o movimento físico de pessoas.

Melhorias no transporte e comunicações durante o século XIX também aceleraram a difusão dos progressos tecnológicos. Em 1914, os avanços britânicos na tecnologia se difundiram não só para os países vizinhos, mas em todo o continente europeu.

Em países de todo o mundo, o movimento dos povos é também um movimento de suas culturas. Isso pode resultar em substituição, implantação ou assimilação à cultura de destino dos migrantes. Essas perspectivas variadas adicionam mais combinações e permutações no conjunto de possibilidades que afetam o desenvolvimento econômico e social — fazendo com que a igualdade de desenvolvimento entre regiões, raças e nações seja ainda menos provável do que pelas diferenças geográficas ou culturais sozinhas.

Às vezes, os recém-chegados acabam adotando a cultura da sociedade local, começando com a língua, como a maioria dos milhões de imigrantes vindos para os Estados Unidos fizeram no século XIX e início do século XX. Em outros casos, todavia, como os europeus ocidentais que se estabeleceram na Europa Oriental durante a Idade Média, os migrantes mantiveram sua própria língua e cultura por séculos e, em certa medida, assimilaram culturalmente membros da população local. Isso era especialmente verdadeiro quando os povos que chegavam eram mais prósperos, mais qualificados e mais bem-educados.

Povos muito pobres em suas terras nativas às vezes podem prosperar em alguns outros países que têm uma posição geográfica mais promissora ou por outras vantagens que os migrantes têm que lhes permitem se beneficiar do capital humano em maior grau do que os habitantes locais. Por gerações, foi paradoxal que chineses e indianos prosperassem em quase todos os lugares ao redor do mundo, exceto na China e na Índia. Em 1994, os 57 milhões de chineses vivendo em outros países produziram tanta riqueza quanto um bilhão de compatriotas na China. Porém, as grandes reformas econômicas na China e na Índia, a partir do final do século XX, trouxeram taxas de crescimento econômico muito mais elevadas em ambas as nações, sugerindo que suas populações domésticas, bem como suas ramificações no exterior, tinham potencialidades que exigiam apenas um melhor cenário para aflorarem.

IMPERIALISMO

Tal como as culturas, também as conquistas transferiram riquezas entre as nações e povos. Durante o auge do império espanhol, mais de 200 toneladas de ouro foram enviadas a partir do Hemisfério Ocidental para a Espanha, e mais de 18.000 toneladas de prata. O rei Leopoldo da Bélgica também trouxe vastas riquezas do Congo Belga. Em ambos os casos — e em outros — os poderes imperiais extraíram enorme quantidades de riqueza de alguns povos conquistados, muitas vezes por meio do trabalho forçado desses povos. Como John Stuart Mill colocou, os conquistadores com frequência trataram os povos dominados como "mera sujeira sob seus pés". Essa foi uma verdade não só das conquistas europeias no Hemisfério Ocidental, África e Ásia, mas igualmente de conquistadores locais de outros povos locais em todos os lugares — da Ásia, do Oriente Médio e do Norte de África que invadiram a Europa nos séculos anteriores às invasões europeias de outros países.

De um ponto de vista estritamente econômico, colocando de lado as dolorosas implicações de tal comportamento para a natureza humana em geral, a questão é: Quanto essas conquistas e escravidões do passado explicam as disparidades econômicas entre as nações e os povos no presente?

Não há dúvida de que a Espanha, durante os séculos em que foi o país conquistador líder no mundo, destruiu civilizações — como a dos Incas e a dos Maias — e empobreceu povos inteiros no processo de enriquecimento próprio. O império espanhol no Hemisfério Ocidental estendia-se em terras contínuas a partir da ponta sul da América do Sul por todo o caminho até a Baía de São Francisco, incluindo também a Flórida, entre outros lugares, ao mesmo tempo em que governava partes da Europa e da Ásia e Filipinas. Mas também não há dúvida de que a Espanha é hoje um dos países menos relevantes da Europa Ocidental. Enquanto isso, europeus que nunca tiveram impérios, como a Suíça e a Noruega, têm maior padrão de vida do que a Espanha.

Embora a grande riqueza vertida para a Espanha a partir de suas colônias pudesse ter sido investida na construção do comércio e indústria do país, e desenvolvido a alfabetização e habilidades ocupacionais de seu povo, foi de fato em grande parte dissipada na importação e consumo de bens luxuosos e aventuras militares durante a "idade de ouro" da Espanha no século XVI. Ambos, luxos e guerra, beneficiaram principalmente a elite governante, deixando de serem destinados ao desenvolvimento do povo espanhol em geral. Em 1900, mais de metade da população da Espanha permanecia analfabeta. Em contraste, nesse mesmo ano, nos Estados Unidos, a maioria da população negra sabia ler e escrever, apesar de haverem conseguido a liberdade há menos de 50 anos. Um século mais tarde, a renda real *per capita* da Espanha era ligeiramente menor que a renda real *per capita* dos negros americanos.

Como muitos povos conquistadores, os espanhóis em sua "idade de ouro" desdenharam o comércio, a indústria e o trabalho — e suas elites viviam no luxo e para o lazer. Esse estilo de vida levou a uma fuga grande e contínua de metais preciosos da Espanha para outros países como pagamento das importações. Com isso, os estoques de prata da Espanha exauriam-se apenas algumas semanas após a chegada de navios carregados com esse metal precioso de suas colônias do Hemisfério Ocidental. Os próprios espanhóis diziam que o ouro lá era como chuva no telhado, que escorre imediatamente após cair.

Nem eram os espanhóis os únicos entre os grandes povos conquistadores a ter pouco para mostrar, economicamente, nos séculos subsequentes às suas conquistas históricas anteriores e exploração de outros povos. Os descendentes das vastas hordas de Genghis Khan que conquistaram a Ásia Central estão hoje entre os povos mais pobres do mundo. Assim como os muitos povos do Oriente Médio, que integravam um Império Otomano triunfante que se estendia por terras na Europa, Norte da África e Oriente Médio. Nem os descendentes dos povos do Império Mongol ou do Império Russo são particularmente prósperos.

A Grã-Bretanha pode parecer uma exceção, na medida em que já teve o mais extenso império de todos — abrangendo 25% das terras do planeta e 25% da raça humana — e hoje tem um alto padrão de vida. Entretanto, é questionável se houve no Império Britânico um saldo líquido positivo em relação ao relativamente breve período da história em que prevaleceu. Individualmente, britânicos como Cecil Rhodes enriqueceram nesse período, mas os contribuintes britânicos suportaram os pesados custos de conquistar e manter o império, incluindo o maior fardo mundial de gastos militares *per capita*.

Em sua era imperial, a Grã-Bretanha tinha também o maior comércio de escravos do mundo. Porém, mesmo se todos os lucros da escravidão tivessem sido investidos na indústria britânica, isso representaria menos de 2% dos investimentos domésticos do país durante essa época.

O registro econômico da escravidão em geral, como fonte de desenvolvimento econômico duradouro, é inexpressivo. A escravidão concentrou-se na parte sul dos Estados Unidos e na parte norte do Brasil — e, em ambos os casos, essas continuaram a ser as regiões menos prósperas e menos tecnologicamente avançadas destes países. Da mesma forma na Europa, onde a escravidão persistiu no Leste Europeu muito depois de extinta na Europa Ocidental, com esta última sendo, durante séculos, a parte do continente de crescimento mais rápido e mais próspera até os dias atuais. A escravidão continuou a existir no Oriente Médio e em partes da África Subsaariana muito tempo depois de banida do resto do mundo, mas tanto um como a outra são hoje lugares onde se observa mais pobreza do que realizações econômicas.

Em suma, transferências forçadas de riqueza de algumas nações ou povos para outras nações ou povos, seja pela conquista ou escravidão, podem ser expressivas sem produzir um desenvolvimento econômico duradouro. Um incomensurável sofrimento humano pode produzir pouco mais do que o enriquecimento transitório das elites contemporâneas, que vivem luxuosamente e investem pouco ou nada para o benefício das gerações futuras. O que foi dito da servidão na Rússia, de que basta colocar "muita riqueza nas mãos de uma nobreza perdulária", se aplicaria a outros sistemas de opressão, em outro lugar, que pouco ou nada contribuíram para o progresso econômico.

De um modo geral, não se pode dizer, inequivocamente, que o imperialismo, para os que foram conquistados, foi em termos líquidos uma vantagem ou uma perda econômica. Em alguns casos, isso foi claro, para um ou outro resultado. Mas mesmo onde houve benefícios de longo prazo para os descendentes dos povos conquistados, como nas nações da Europa Ocidental dominadas pelos romanos, as gerações que foram conquistadas e viviam sob o jugo romano não estavam necessariamente em melhor situação. No entanto, mesmo um patriota britânico como Winston Churchill disse: "Devemos Londres a Roma", porque os antigos bretões não haviam, eles mesmos, criado nada comparável. Seja como for, os sofrimentos e humilhações infligidos aos antigos bretões provocaram revoltas em massa que depuseram os romanos com massacres impiedosos que tiraram a vida de milhares de indivíduos.

O que pode ser dito do ponto de vista econômico é que há poucas evidências convincentes de que as atuais disparidades de renda e riqueza entre as nações pode ser explicada por uma história de exploração imperial. Havia geralmente

Palavras de Despedida

grandes disparidades econômicas ou outras *antes* das conquistas, e essa situação preexistente facilitou as ações de conquista em todo o mundo por nações de porte relativamente modesto, como Espanha e Grã-Bretanha, que dominaram terras e populações muito maiores que as suas próprias.

IMPLICAÇÕES

Tentar atribuir um peso relativo para cada um dos vários fatores por detrás das diferenças de ordem econômica seria um empreendimento ambicioso e arriscado. Até mesmo esboçar apenas alguns dos fatores individuais envolvidos no progresso econômico sugere que resultados econômicos iguais para diferentes regiões, raças, nações e civilizações são pouco prováveis em princípio, e raros empiricamente. Quando as várias interações desses fatores são consideradas, as chances de resultados iguais tornam-se ainda mais remotas, na medida em que o número de combinações e permutas aumenta exponencialmente. Por exemplo, regiões com rios semelhantes são susceptíveis de não terem consequências econômicas semelhantes se as terras através das quais correm os rios forem diferentes, ou as culturas das pessoas que vivem naquelas terras forem diferentes, ou a navegabilidade dos rios próximos aos mercados forem diferentes, ou de outras maneiras.

Interações são cruciais. Apesar da importância dos contextos geográficos em limitar ou estender oportunidades de desenvolvimento econômico, pode não haver determinismo geográfico, uma vez que são as *interações* do mundo físico com as mudanças do conhecimento humano e a variedade das culturas humanas que ajudam a determinar os resultados econômicos. A maior parte das substâncias encontradas na natureza que hoje consideramos serem recursos naturais, não o eram para o homem das cavernas, porque o conhecimento ainda não havia atingido o nível necessário para tornar essas substâncias úteis para fins humanos. Somente com a ampliação das fronteiras do conhecimento mais e mais substâncias iriam se *revelando* recursos naturais, em tempos e lugares imprevisíveis, mudando as vantagens e desvantagens geográficas relativas das diferentes regiões. Mesmo quando a geografia é imutável, suas consequências econômicas não são.

No entanto, o efeito das influências geográficas pode ser considerável em uma sequência de eventos que envolvem muitos outros fatores. Povos isolados geograficamente por séculos — seja nas montanhas dos Bálcãs ou nos Rift Valleys da África — tendem a ser culturalmente fragmentados também. Eles também podem tender a ter lealdades altamente localizadas ("tribalismo" ou "balcanização") o que dificulta as combinações com os outros visando formar unidades políticas maiores como Estados-nação. Por sua vez, suas individualmente pequenas sociedades podem permanecer vulneráveis a saqueadores, escravizadores ou conquistadores imperiais por séculos.

Culturas que se originaram em locais geograficamente isolados durante séculos não desaparecem rapidamente quando os métodos modernos de transporte e comunicações quebram o isolamento. Algumas pessoas definem o meio ambiente como os arredores físicos, geográficos ou socioeconômicos a partir de um determinado momento e lugar. Mas isso deixa de fora os padrões culturais herdados do passado, que podem diferir muito entre os grupos convivendo em um mesmo lugar e tendo as mesmas oportunidades, levando a resultados econômicos muito diferentes em cada um. Embora os filhos de italianos e de imigrantes judeus nos Estados Unidos vivessem, no início do século XX, em um ambiente muito semelhante, e muitas vezes frequentassem as mesmas escolas de bairro, vieram de culturas que colocam ênfase muito distinta na educação, e, com isso, essas crianças não tiveram desempenhos escolares semelhantes, ocasionando diferentes padrões econômicos quando adultos.

Até mesmo os relativamente poucos fatores individuais esboçados aqui mostram muitas complicações quando examinados em maior detalhe[10] — o que quer dizer que as variáveis envolvidas aumentarão exponencialmente para cada um desses fatores, tornando resultados iguais cada vez mais improváveis. Outros fatores não explorados aqui — tais como diferenças demográficas entre as regiões, raças, nações e civilizações — simplesmente adicionam complicações e desigualdades. Quando a diferença de idade média entre as nações, ou entre grupos ra-

---

[10] Mesmo que o advento da agricultura tenha sido um avanço que marcou época na evolução social da espécie humana, abrindo a possibilidade de sociedades maiores e mais complexas do que teria sido possível para os caçadores-coletores, a necessidade de reabastecer os nutrientes do solo utilizados pela agricultura era de nenhuma maneira imediatamente evidente para os primeiros agricultores. Mas aqueles agricultores que se estabeleceram onde rios inundavam a terra anualmente — automaticamente reabastecendo de nutrientes um determinado local com os nutrientes carregados de outros lugares — prosperaram por razões que os agricultores nem sequer precisavam entender.

Os métodos agrícolas disponíveis na época faziam o assentamento permanente de relativamente grandes populações ser impossível na maior parte da Terra. A terra poderia ser cultivada continuamente ao longo dos anos apenas em alguns vales de rios onde os alagamentos anuais fertilizavam os campos. Essas condições raras foram encontradas no vale dos rios Tigre e Eufrates, no que é hoje o Iraque. Isso criou uma grande desigualdade econômica entre aqueles afortunados o suficiente para viver naquela parte do mundo naquele tempo e a maioria das pessoas na maioria dos outros lugares, até que esses outros agricultores percebessem a necessidade da aplicação de fertilizante nas terras. Isso, então, fez a agricultura sedentária ser possível nos outros lugares — e significava que as sociedades sedentárias, incluindo as cidades, tornaram-se possíveis em todo o mundo.

Palavras de Despedida

ciais ou étnicos dentro de uma determinada nação, pode ser de dez ou vinte anos, a probabilidade de que diferentes povos tenham resultados econômicos ainda aproximadamente iguais, apesar de seus muitos anos de diferença na experiência econômica como adultos, é reduzida a ponto de desaparecer.

Embora se possa discernir padrões geográficos, culturais e outros por detrás de muitas das desigualdades econômicas entre os povos e as nações, o acaso, pura e simplesmente, também pode desempenhar um papel relevante. Decisões sábias, ou tolas, e erros cometidos pelas lideranças políticas ou militares de determinados povos em momentos cruciais da história podem definir o destino de nações, impérios e das gerações ainda por vir. A decisão dos líderes chineses, quando a China era a nação mais avançada do planeta, de isolar seu país do resto do mundo, fez o país perder a proeminência nos séculos que se seguiram.

O papel do acaso quando exércitos de força equivalente colidem nos caóticos campos de batalha pode ser a diferença entre vitória e derrota. "Pode acontecer qualquer coisa", como disse o duque de Wellington da batalha de Waterloo contra Napoleão, que ele venceu — e que determinou o destino das gerações vindouras da Europa. Tivessem a batalha de Tours em 732 ou o cerco de Viena em 1529 tomado rumo oposto, poderia haver hoje um mundo culturalmente muito diferente, com padrões econômicos muito diferentes.

Outros acasos incluem a grande vulnerabilidade biológica dos povos indígenas do Hemisfério Ocidental em relação às doenças trazidas pelos europeus, as quais muitas vezes chegaram a dizimar as populações nativas mais do que as armas. Como os europeus eram muito menos vulneráveis às doenças do Hemisfério Ocidental, os resultados de muitas das lutas entre as duas raças foram, essencialmente, predeterminados por microrganismos que nenhuma dessas raças sabia, na época, que existiam.[11] Consta que um padre espanhol, muito gentil, que viveu amigavelmente entre os povos nativos como missionário, foi provavelmente responsável por mais mortes entre eles do que o *Conquistador* mais brutal.

---

[11] O universo cultural muito maior dos europeus foi acompanhado por um muito maior universo de doenças, uma vez que as moléstias da Ásia poderiam viajar milhares de quilômetros para a Europa por terra ou por mar, tal como as mercadorias. Pragas da Ásia, do Oriente Médio ou do Norte da África poderiam matar muitas pessoas na Europa, mas os sobreviventes desenvolveriam resistência biológica para essas doenças vindas de longínquas regiões da Terra. Assim como os europeus que se mudaram para o Hemisfério Ocidental trouxeram em si muitas características culturais originadas fora da Europa, assim também foram portadores de doenças de vastas regiões dentro e fora da Europa. Enquanto isso, os povos indígenas do Hemisfério Ocidental estavam em ambientes onde as doenças eram muito menores para ocasionar resistência biológica, e foram dizimados por muitas das moléstias que os europeus transmitiam, mesmo quando os europeus não estavam sofrendo pessoalmente com elas.

Levando-se em conta que os padrões discerníveis nos âmbitos geográfico, cultural e outros apresentam maiores ou menores oportunidades para diferentes povos em diferentes lugares e tempos, bem como considerando que acasos, imprevisíveis como é de sua natureza, podem perturbar os padrões de vida existentes ou mesmo mudar o curso da história, não se pode assumir nem a igualdade de resultados econômicos nem a indefinida persistência de um padrão específico de desigualdades.

Como serão os séculos à frente ninguém pode saber. Mas muito pode depender de quão bem os muitos povos e seus líderes ao redor do mundo compreendam quais os fatores que promovem o crescimento econômico e quais os que o impedem.

PARTE III: QUESTÕES ECONÔMICAS ESPECIAIS

Capítulo 10

MITOS SOBRE OS MERCADOS

*Muitos homens acalentam por anos, como seu
hobby, a vaga sombra de uma ideia, muito sem
significado para ser positivamente falsa.*

Charles Sanders Peirce

T alvez o maior mito sobre mercados venha do próprio nome. Nós tende-
mos a pensar em um mercado como uma *coisa*, quando na verdade são
as *pessoas* que se envolvem em transações econômicas entre si nas condições
que a concorrência e as circunstâncias mútuas impõem. Um mercado, nesse
sentido, pode ser contrastado com o planejamento central ou a regulamentação
governamental. Muitas vezes, contudo, conceber o mercado como uma coisa é
considerá-lo como um mecanismo impessoal, quando de fato ele é tão pessoal
quanto as pessoas inseridas nele. Esse equívoco permite que terceiros tentem
tirar a liberdade dos indivíduos de transacionarem um com o outro em termos
mutuamente acordados, e de retratar essa restrição como se estivessem resga-
tando as pessoas dos "ditames" do mercado impessoal, quando, na realidade, as
estão sujeitando à sua vontade.

Há tantos mitos sobre os mercados que apenas uma amostra pode ser apresentada aqui. Por exemplo, é comum ouvir que a mesma coisa é vendida a preços
muito diferentes por diferentes vendedores, aparentemente contradizendo o pre-
ceito econômico da oferta e da procura. Normalmente, tais declarações envolvem
definir as coisas como sendo "as mesmas", quando na verdade não são. Outros
equívocos comuns envolvem o papel das marcas e nomes, e das organizações
sem fins lucrativos. Ainda que se constituam em uma pequena amostragem dos
mitos sobre preços e mercados, olhar para eles de perto pode ilustrar o quão fácil
é criar uma noção que aparenta ser plausível e fazê-la ser aceita por muitas pes-

soas inteligentes que simplesmente não se preocupam em examinar a lógica ou as provas ou mesmo em definir as palavras que eles usam.

Uma das razões para a sobrevivência dos mitos econômicos é que muitos economistas profissionais consideram tais crenças muito superficiais, ou mesmo uma rematada tolice, para que valha a pena se incomodar em refutá-las. Mas crenças rasteiras e até mesmo bobas têm às vezes se generalizado a ponto de poder se tornar a base para a elaboração de leis e políticas com consequências graves e, inclusive, catastróficas. Deixar tais mitos livres de impugnação é algo arriscado, por isso, examinar noções tolas pode ser um assunto muito sério.

PREÇOS

Parece haver quase tantos mitos sobre os preços, quanto há de preços. A maioria envolve ignorar o papel da oferta e da procura, mas alguns derivam de confundir preços com custos.

O Papel dos Preços

As razões para a existência de preços e o papel que desempenham na economia têm sido muitas vezes mal compreendidas. Um dos mais antigos e mais consequentes desses mitos é uma noção que pode ser resumida desta forma:

> Os preços equiparam-se aos pedágios cobrados para privatizar o lucro ou às barreiras que, novamente para privatizar o lucro, impedem o fluxo potencial de mercadorias de que as massas necessitam.

Apesar de essa noção parecer crua depois de examinar as muitas atividades econômicas coordenadas pelos preços, é uma ideia que inspirou movimentos políticos ao redor do mundo, os quais, em alguns casos, alteraram a história de nações inteiras. Esses movimentos — socialista, comunista, e outros — determinaram-se a acabar com o que viram como sendo um pagamento injustificado de lucros que desnecessariamente são adicionados aos preços dos bens e, consequentemente, restringem o padrão de vida das pessoas.

Implícita nessa visão é a suposição de que o montante recebido pelos empreendedores e investidores a título de rendimento do processo de produção excede o valor de qualquer contribuição que possam ter feito a esse processo. A

Palavras de Despedida

plausibilidade dessa crença e a convicção de que era verdadeira inspirou muitas pessoas de variadas ocupações a dedicar suas vidas — arriscando-as e, às vezes, até mesmo sacrificando-as — à causa de dar fim da "exploração". Mas o próprio êxito político da substituição de economias coordenadas pelos preços por economias coordenadas por decisões políticas coletivas levou a questão para além da esfera das crenças, situando-a no reino da evidência empírica. Ao longo do século XX, as provas cada vez mais deixavam dolorosamente claro que a eliminação da coordenação via preços e lucros não elevava o padrão de vida, mas tendia a situá-lo abaixo daquele vigente nos países em que os preços se mantiveram como método de alocação de recursos.

Durante décadas, e até mesmo gerações, muitos países se agarraram a seus pressupostos originais e às políticas baseadas neles, apesar de reveses econômicos que eram muitas vezes atribuídos a "dores de crescimento" a curto prazo de um novo sistema econômico ou a erros individuais pontuais, em vez de aos problemas inerentes à tomada de decisão coletiva por terceiros. Não obstante, até o final do século XX, mesmo os países socialistas e comunistas começaram a abandonar os empreendimentos econômicos de propriedade do governo, e todos, com exceção de alguns obstinados países, tinham começado a permitir que os preços funcionassem mais livremente em suas economias. Uma lição muito elementar sobre os preços havia sido aprendida ao custo muito alto de centenas de milhões de seres humanos.

Ninguém diria que os salários são apenas encargos arbitrários adicionados aos preços dos bens para o benefício financeiro dos trabalhadores, uma vez que é óbvio que não haveria produção sem esses trabalhadores, e que eles não produziriam a menos que fossem compensados. No entanto, demorou muito tempo para se pensar o mesmo sobre aqueles que geram os empreendimentos econômicos ou cujos investimentos pagam as estruturas e equipamentos utilizados em tais empresas. Se os pagamentos recebidos por aqueles que contribuíram dessa maneira eram desnecessariamente grandes, é uma questão a ser respondida verificando se aquelas mesmas contribuições estão disponíveis a partir de outros a um custo inferior. Essa é uma pergunta que aqueles que estão fazendo o pagamento têm todo o incentivo para ver respondida por fatos concretos antes de pôr a mão no bolso.

Preços Diferentes para a "Mesma" Coisa

Coisas fisicamente idênticas são, com frequência, vendidas por preços diferentes, normalmente por causa de condições complementares das mais diversas.

Quando os produtos são vendidos em lojas decoradas, com atendentes agradáveis, corteses e qualificados, e cujas políticas de devolução são amigáveis, é provável que custem mais do que produtos fisicamente idênticos comercializados em uma loja austera com uma política de não reembolso. Cartões de Natal geralmente podem ser comprados por preços muito mais baixos em 26 de dezembro do que em 24 de dezembro, ainda que sejam os mesmos que tinham grande demanda antes do Natal.

No norte da Califórnia, uma revista dedicada ao consumidor comparou o custo total de compra de um conjunto idêntico de itens alimentares, das mesmas marcas, em várias mercearias e lojas da região. Os custos totais variaram de US$80 a US$125. E, em três supermercados Safeway diferentes, variaram de US$98 a US$103.

Parte da razão para isso foi a variação no custo dos imóveis em comunidades distintas — os preços mais baixos foram de uma loja localizada na menos cara Fremont, e os mais elevados em uma loja de São Francisco, cujos preços imobiliários estão entre os mais altos dentre as grandes cidades do país. Os custos dos terrenos em que as lojas foram construídas eram diferentes, e esses custos tiveram que ser recuperados a partir dos preços cobrados de seus clientes.

Outro motivo para as diferenças de preços é o custo de estoque. A loja mais barata tinha apenas 49% dos itens da lista de compras em estoque em um determinado período de tempo, enquanto todas as três lojas Safeway tinham estocados mais de 75% dos artigos. As diferenças de preços refletiram diferenças nos custos de manter um estoque maior, mesmo quando as mercadorias eram fisicamente as mesmas.

Os custos dos clientes, medidos em termos de tempo gasto nas compras, também variaram. Essa variação se referia tanto ao tempo que um cliente levaria indo de loja em loja para encontrar todos os itens da lista de compras, quanto no tempo de espera na fila do caixa. Um supermercado premium foi classificado como "excelente" no tempo gasto no caixa por 90% de seus clientes, e uma das lojas de preço baixo mereceu um conceito semelhante de apenas 12% de seus clientes. Os consumidores levam em conta tempo e dinheiro, e aqueles que dão mais valor ao tempo mais frequentemente estão dispostos a pagar mais dinheiro para economizar esse tempo e a exasperação de esperar em longas filas ou ter de ir de loja em loja para comprar todos os itens relacionados em suas listas de compras. Em suma, pessoas comprando em diferentes supermercados pagam preços diferentes para coisas diferentes, embora superficialmente elas possam ser

Preços "Razoáveis" ou "Acessíveis"

Um elemento de retórica política de longa data tem sido a tentativa de manter os preços da habitação, cuidados médicos ou outros bens e serviços em nível "razoável" ou "acessível". Mas dizer que os preços devem ser razoáveis ou acessíveis é afirmar que as realidades econômicas têm de se ajustar ao nosso orçamento ou para o quanto estamos dispostos a pagar, e não o contrário. Porém, a quantidade de recursos necessários para fabricar e transportar as coisas que queremos é totalmente independente do que estamos dispostos ou somos capazes de pagar. É completamente desarrazoado esperar preços razoáveis. Claro, controles de preços podem ser impostos pelo governo, mas as consequências geralmente são perversas. Os subsídios também podem ser usados para manter os preços baixos, mas isso não altera em nada os custos de produção de bens e serviços. Significa apenas que parte desses custos são pagos em impostos.

Muitas vezes relacionada com a noção de preços razoáveis ou acessíveis é a ideia de manter os "custos" baixos mediante a aplicação de várias políticas governamentais. Mas preços não são custos. Preços são o que paga os custos. Sempre que os custos não são cobertos pelos preços que estão legalmente autorizados a serem cobrados, o fornecimento dos bens ou serviços simplesmente tende a diminuir em quantidade ou qualidade, sejam essas mercadorias apartamentos, medicamentos ou outras coisas quaisquer.

O custo da assistência médica não é reduzido em coisa alguma quando o governo impõe níveis salariais mais baixos para médicos ou hospitais. Os muitos recursos necessários para construir e equipar um hospital, ou para treinar um estudante de medicina para se tornar um médico, continuam os mesmos de antes. Países que impõem preços menores para tratamento médico acabaram com listas de espera para as consultas médicas e menos equipamentos modernos em seus hospitais. Recusar-se a pagar todos os custos não é o mesmo que diminuir os custos. Isso geralmente conduz a uma redução da quantidade ou qualidade dos produtos e serviços prestados, ou a ambos.

MARCAS

As marcas são muitas vezes pensadas para serem apenas maneiras de se poder cobrar um preço maior para um mesmo produto por convencer as pessoas pela publicidade que há uma diferença de qualidade, quando na verdade não existe tal diferença. Em outras palavras, algumas pessoas consideram as marcas uma inutilidade na perspectiva dos interesses do consumidor. O primeiro-ministro da Índia, Jawaharlal Nehru, certa vez perguntou: "Por que precisamos de dezenove marcas de pasta de dente?"

Na realidade, as marcas têm uma série de finalidades do ponto de vista do consumidor. Elas são uma maneira de economizar conhecimentos escassos, e de forçar os produtores a competir em qualidade e preço.

Quando você dirige em uma cidade em que nunca esteve antes e precisa abastecer seu carro ou deseja comer um hambúrguer, você não tem nenhuma maneira direta de saber a procedência da gasolina que algum frentista estranho no posto está colocando em seu tanque ou a qualidade do hambúrguer que outro estranho está preparando para você comer em uma lanchonete que nunca viu antes. Mas, se a bandeira do posto de abastecimento diz Petrobras e o logotipo do restaurante diz McDonald's, então você não precisa se preocupar com isso. Na pior das hipóteses, se algo terrível acontecer, você pode processar uma empresa multibilionária. Você sabe disso, a corporação sabe disso, e o distribuidor local sabe disso. Tal pensamento reduz a probabilidade de que algo terrível venha a ocorrer.

Por outro lado, imagine se você para em um posto sem bandeira ou de bandeira desconhecida e aquele estranho na bomba coloca um líquido em seu tanque que faz o motor do carro engasgar ou — pior ainda — se o hambúrguer sem nome que você comeu o envia para o hospital com intoxicação alimentar. Suas chances de processar a empresa ou seu proprietário com sucesso (talvez por um júri formado por seus amigos e vizinhos) pode ser consideravelmente menor. Além disso, mesmo se você ganhasse a ação, as chances de obter dinheiro suficiente para o compensar por todos os problemas por que passou são mais remotas do que se estivesse processando uma grande corporação.

Em uma economia cada vez mais global, europeus e americanos podem hesitar ante a possibilidade de comprar aparelhos de telecomunicação fabricados no outro lado do mundo, na Coreia do Sul. Mas a renomada marca Samsung faz com que seus produtos concorram, em Berlim ou Chicago, com os fabricados localmente. As empresas asiáticas, em geral, têm um histórico relativamente recente de divulgação ampla de suas marcas, e ainda gastam menos com isso do que outras empresas multinacionais. No entanto, marcas como Toyota, Honda e Nikon são reconhecidas em todo o mundo, e a companhia aérea Cathay Pacific e a cadeia de hotéis Xangri-Lá também estão se tornando mais conhecidas internacionalmente.

Marcas não são garantias. Mas reduzem o leque de incertezas. Se um logo de hotel diz Ritz-Carlton, as chances são de que você não precisará se preocupar se os lençóis da cama em seu quarto foram trocados desde a última noite em que alguém dormiu lá. Mesmo se você parar em um bar sujo e degradado em uma cidade estranha, você não tem receio de beber um refrigerante à venda, desde que seja uma garrafa ou lata de Coca-Cola ou Guaraná Antárctica. Imagine, contudo, se o proprietário desse pequeno local desagradável lhe oferecesse um refrigerante desconhecido fabricado por uma empresa menos conhecida ainda. Você teria a mesma confiança em beber?

Como tudo o mais na economia, as marcas têm ambos, benefícios e custos. Um hotel Ritz-Carlton pode cobrar mais pelo mesmo tamanho, qualidade e serviço de quarto em relação ao que você pagaria em algum hotel independente, comparável e gerenciado localmente *se você soubesse onde procurar*. Alguém que pernoita regularmente nessa cidade em viagens de negócios pode muito bem encontrar um hotel local desse tipo e usufruir dessa vantagem. Mas é tão racional para você basear-se em uma marca quando passar por essa cidade pela primeira vez, quanto é para o viajante regular voltar para onde sabe que terá as mesmas coisas por menos.

Como as marcas são um substituto para o conhecimento específico, a valia delas depende da quantidade de conhecimento que você já tem sobre o determinado produto ou serviço. Alguém muito bem informado sobre fotografia pode concluir com segurança um negócio envolvendo uma câmera ou lente com marca, ou até mesmo uma câmera ou lente de segunda mão. Mas para alguém cujo conhecimento de equipamentos de som é muito menor do que o conhecimento daquela pessoa sobre fotografia, pode ser aconselhável comprar somente marcas renomadas de novos equipamentos estéreos.

Muitos críticos de marcas argumentam que as principais marcas "são todas iguais". Mesmo quando é assim, as marcas ainda executam uma função valiosa. A questão não é se a sopa Knorr é melhor do que qualquer outra marca de sopa, mas se ambas são melhores do que seriam caso fossem vendidas anonimamente ou com rótulos genéricos. Se o rótulo da sopa Knorr estampasse apenas "Sopa de Legumes", "Canja de Galinha", ou "Minestrone[1]", sem nenhuma marca na etiqueta — as pressões sobre todos os produtores de sopas industrializadas para manter a segurança e a qualidade seriam menores.

As marcas nem sempre existiram. Nasceram, sobreviveram e se disseminaram por uma razão. Na Inglaterra do século XVIII, por exemplo, apenas alguns bens de luxo, como os móveis Chippendale, eram conhecidos pela marca do fabricante. Foi uma inovação quando Josiah Wedgwood assinou seu nome nas porcelanas que vendia e que, em última análise, se tornaram mundialmente famosas por sua qualidade e aparência. Nos Estados Unidos, nomes de marcas começaram a surgir em torno da época da Guerra Civil. Na América do século XIX, a maioria dos processadores de alimentos não colocavam nomes para identificar a comida que comercializavam — uma situação que fazia crescer a adulteração de alimentos. Quando Henry Heinz entrou nesse negócio vendendo alimentos processados não adulterados, identificou seus produtos com seu próprio nome, colhendo os benefícios da boa reputação conseguida junto aos consumidores, o que permitiu que sua empresa se expandisse rapidamente, e uma série de novos alimentos processados com seu nome foi prontamente aceita pelo público desde o início.

Em suma, o crescimento das marcas promoveu uma melhoria na qualidade, possibilitando que os consumidores distinguissem e escolhessem, forçando os produtores a assumir a responsabilidade pelo que produziam, colhendo as recompensas quando era bom e perdendo clientes quando não era. Normas de qualidade para hambúrgueres, milk-shakes e batatas fritas foram revolucionadas nos anos 1950 e 1960 pelo McDonald's, cujos métodos e máquinas foram posteriormente copiados por alguns de seus principais concorrentes. Com isso, os padrões de todo o segmento subiram a um patamar mais elevado porque o McDonald's gastou milhões pesquisando o crescimento, armazenamento e processamento de batatas. Além disso, o McDonald's estabeleceu uma política de visitas não anunciadas a seus fornecedores de batata, como fazia com seus fornecedores de carne, a fim de garantir que as especificações de qualidade estavam sendo respeitadas, e obrigou os laticínios a fornecer um leite de maior qualidade para seus milk-shakes.

Os concorrentes do McDonald's foram, naturalmente, forçados a fazer coisas semelhantes a fim de permanecer no ramo. Mais tarde, alguns puderam até

---

[1] N.E.: A minestrone é uma sopa italiana composta por uma variedade de legumes cortados além de arroz e macarrão, na maioria das vezes.

Palavras de Despedida

dizer que as principais cadeias de hambúrgueres são "todas iguais", mas todas se aprimoraram porque o McDonald's foi a primeira a colher os frutos de ter sua marca identificada na mente do público com produtos de maior qualidade do que os anteriormente encontrados à venda.

Mesmo quando, por lei, os vários tipos de produtos são feitos com a mesma fórmula, como ocorre com a aspirina, o controle de qualidade é melhorado quando o fabricante é identificado do que quando é anônimo. Além disso, as marcas mais conhecidas têm mais a perder se alguma impureza entra na aspirina durante a produção e provoca uma doença ou causa a morte de alguém. Isso é especialmente importante com alimentos e medicamentos.

Como muitas outras coisas, a importância das marcas pode ser percebida mais claramente vendo o que acontece na sua ausência. Em países onde não há marcas, ou apenas um produtor criado ou autorizado pelo governo, a qualidade do produto ou serviço tende a ser inferior. Durante os dias da União Soviética, a única companhia aérea do país, a Aeroflot, era notória pelo mau serviço e grosseria no tratamento aos passageiros. Após a dissolução da União Soviética, uma nova companhia aérea com financiamento privado começou a ter grande sucesso, em parte porque seus passageiros, com a mudança, apreciaram ser tratados como seres humanos. A gestão da nova companhia aérea declarou que sua política de recursos humanos não previa a contratação de ninguém que já tivesse trabalhado na Aeroflot.

Quando se tratava de produtos de consumo, os consumidores soviéticos tentaram compensar a falta de marcas pelo desenvolvimento de seus próprios métodos de tentar descobrir onde um determinado produto era fabricado. Como *The Economist* relatou:

> Na antiga União Soviética, onde todos os produtos eram supostamente os mesmos, os consumidores aprenderam a ler os códigos de barras como substitutos das marcas no intuito de verificar se as mercadorias eram provenientes de fábricas de confiança.

Para todos os efeitos, os consumidores soviéticos criaram, onde não existiam, marcas *de facto* para seu próprio benefício, demonstrando que as marcas têm valor tanto para os consumidores quanto para os produtores.

Entre os ativos de uma empresa — seu dinheiro, máquinas, imóveis, estoques e outros bens tangíveis — sua marca pode ser o grande trunfo, embora intangível. Estima-se que o valor da empresa Coca-Cola no mercado excede o valor de seus ativos tangíveis em mais de US$100 bilhões e que US$70 bilhões desse montante decorrem do valor de sua marca. Eis aí um grande incentivo para manter a qualidade e segurança a fim de sustentar o valor financeiro desse ativo.

ORGANIZAÇÕES SEM FINS LUCRATIVOS

Vimos que o papel das empresas com fins lucrativos é melhor entendido quando são reconhecidas como empreendimentos sujeitos a lucros e perdas, com todas as pressões e incentivos criados por essas duas potencialidades, que forçam essas empresas a responder aos comentários daqueles que usam seus produtos ou serviços, bem como a reagir ao feedback de quem investiu o capital que possibilitou o negócio e cujas aplicações recorrentes são necessárias para a continuidade de sua existência e prosperidade. Da mesma forma, as que são chamadas de "organizações sem fins lucrativos" podem ser melhor entendidas quando vistas como instituições que estão dispensadas, em diferentes graus, da necessidade de responder ao feedback daqueles que usam seus produtos e serviços, ou cujo dinheiro permitiu que fossem fundadas e continuassem operando.

A tendência de quem administra qualquer organização — com ou sem fins lucrativos, militar, religiosa, educacional ou de outra natureza — é usar os recursos da organização para se beneficiar de uma forma ou de outra, mesmo em detrimento dos objetivos declarados da organização. Até onde essa tendência pode ir pode ser limitado por poderosos interesses externos dos quais a organização depende para sua existência, tais como investidores que, ou receberão um retorno satisfatório sobre o investimento ou levarão seu dinheiro para outro lugar, e clientes que receberão um produto ou serviço que desejam a um preço que estão dispostos a pagar ou, igualmente, usarão seu dinheiro em outro lugar. No caso de organizações sem fins lucrativos, tais interesses de fora não são tão decisivos.

Isso não significa que as organizações sem fins lucrativos (OSFL) têm ilimitados recursos monetários ou não precisam se preocupar em gastar mais do que recebem. Significa, no entanto, que, com todo o dinheiro que têm, tais organizações estão sob pouca pressão para alcançar o máximo possível de suas metas institucionais com os recursos à sua disposição. Entre os que fornecem esses recursos, incluem-se o público em geral, que não pode acompanhar de perto o que acontece com seus donativos, e aqueles cujos aportes financeiros ajudam essas instituições, que igualmente não podem monitorar suas aplicações. Muitas, às vezes a maior parte, dessas doações foram efetuadas por pessoas agora mortas, que, assim, não podem fiscalizá-las.

Palavras de Despedida

As OSFL têm outras fontes de renda, incluindo taxas daqueles que usam seus serviços, tais como visitantes de museus e audiências de orquestras sinfônicas. Essas taxas são, na realidade, a principal fonte dos mais de 2 trilhões de dólares em receitas recebidas anualmente pelas organizações sem fins lucrativos nos Estados Unidos. No entanto, essas taxas não cobrem plenamente os custos dos bens e serviços fornecidos por elas.

Em outras palavras, os destinatários recebem produtos e serviços que custam mais para produzir do que estão pagando, e alguns os recebem gratuitamente. Tais beneficiários subsidiados não podem exercer o mesmo grau de influência ou de pressão sobre uma OSFL que pode ser exercido pelos clientes de uma empresa de lucros e perdas, uma vez que estes últimos pagam o custo total de tudo o que recebem — e continuarão a fazê-lo apenas até quando julgarem valer a pena ao comparar o que podem obter com o mesmo dinheiro em outro lugar.

Os bens ou serviços de uma organização sem fins lucrativos podem valer o que custam para os destinatários — às vezes nada — sem valer o que custa produzi-los. Dizendo de outro modo, uma empresa restringida por considerações de lucros e perdas não pode continuar a utilizar recursos que têm um valor maior em usos alternativos em outros setores econômicos, mas uma organização sem fins lucrativos pode, uma vez que não necessita recuperar, a partir dos beneficiários de seus produtos e serviços, o custo total dos recursos que utiliza. Quando as OSFL fazem doações de dinheiro, os destinatários não estão em posição de influenciar a forma como a instituição benemérita opera, como os clientes de organizações com fins lucrativos podem e fazem.

Quando as OSFL servem como intermediários na transferência de órgãos humanos, como fígados e rins doados para serem transplantados em pacientes doentes, elas podem impor regras arbitrárias que nem os médicos nem os pacientes estão em posição de desafiar.

Em geral, aqueles que dirigem organizações sem fins lucrativos estão em uma posição, relativamente àqueles que utilizam seus produtos e serviços, muito semelhante à de um proprietário durante uma escassez de moradias: há um excedente de candidatos. Nessas condições, em que nem os desejos dos atuais usuários das OSFL, nem os desejos originais daqueles que as dotaram de recursos financeiros no passado têm a espécie de alavancagem que clientes e investidores têm sobre uma empresa com fins lucrativos, os indivíduos responsáveis por uma instituição sem fins lucrativos em uma determinada época podem substituir por suas próprias metas os objetivos ostensivos da instituição ou de seus fundadores.

Economia Básica - Volume II

Costuma-se dizer, por exemplo, que Henry Ford e John D. Rockefeller dariam voltas no túmulo se soubessem o que está sendo financiado hoje em dia pelas fundações que levam seus nomes. Embora não se tenha certeza absoluta, o que se sabe é que Henry Ford II demitiu-se do conselho de administração da Fundação Ford em protesto contra o que a fundação estava fazendo com o dinheiro deixado por seu avô. Mais geralmente, é agora amplamente reconhecida a dificuldade de estabelecer uma fundação para servir a um determinado propósito e esperar que ela se atenha a ele depois que o dinheiro entrou no caixa, e especialmente após o falecimento dos doadores originais. Muito dinheiro pode ser dissipado na criação de um ambiente de trabalho luxuoso nas instalações da instituição, ou na organização de conferências vistosas em hotéis e resorts elegantes, no país ou no exterior.

Os objetivos da organização podem inclinar-se em direção aos dos seus administradores atuais, ou para decisões e atividades que lhes vão granjear visibilidade pública e aplausos, ou para nada relacionado ao propósito original para o qual a organização sem fins lucrativos foi fundada, ou até mesmo de sua apregoada finalidade atual. O escritor britânico Peter Hitchens observou que a chefia da Igreja da Inglaterra "estava cada vez mais a serviço do interesse de seus próprios empregados" em vez de voltada ao benefício dos fiéis ou do país. Adam Smith fez semelhantes acusações contra as universidades que recebiam dotações no século XVIII.

Smith advertiu que acadêmicos em cargos administrativos de faculdades e universidades financiadas por doações podiam exercê-los em proveito próprio, sendo "muito indulgentes uns com os outros" de modo que cada acadêmico "consentiria que seu colega negligenciasse seu dever, desde que ele mesmo o fizesse". As queixas generalizadas de hoje em dia de que os professores favorecem a pesquisa em detrimento do ensino, e às vezes deixam de lecionar em favor do lazer ou outras atividades, sugerem que o princípio subjacente não mudou muito em mais de duzentos anos. Nos EUA, mandatos vitalícios são comuns em faculdades e universidades sem fins lucrativos, mas é algo praticamente desconhecido em empresas que necessitam enfrentar a concorrência do mercado, incluindo instituições de ensino com fins lucrativos, como a Universidade de Phoenix.

Instituições acadêmicas, hospitais e fundações são geralmente organizações sem fins lucrativos nos Estados Unidos. Entretanto, as OSFL abrangem uma ampla série de empreendimentos e também podem se vincular em atividades normalmente envolvidas com empresas com fins lucrativos, como a venda de laranjas Sunkist ou a publicação da revista *Smithsonian*. Em qualquer atividade

Palavras de Despedida

que se envolvem, as OSFL não sofrem as mesmas pressões para obter "o maior valor por seu tostão", como são as empresas em que ganhos e perdas determinam sua sobrevivência. Isso afeta a eficiência, não só no estrito sentido financeiro, mas também no sentido mais amplo de alcançar os objetivos declarados das instituições. Faculdades e universidades, por exemplo, podem se tornar disseminadoras de visões ideológicas específicas que possam estar em voga ("politicamente correto") e inibidoras de pontos de vista alternativos, mesmo que os objetivos da educação fossem melhor servidos expondo os alunos a uma numerosa gama de ideias contrastantes e argumentativas[2].

As políticas de emprego das OSFL são mais liberais que as das empresas que operam na esperança de obter lucro e sob a ameaça de sofrer perdas. Antes da II Guerra Mundial, os hospitais estavam entre os empregadores norte-americanos, a despeito de seus propósitos declarados de prestar o melhor serviço contratando os médicos mais qualificados, mesmo quando esses médicos fossem negros ou judeus. As OSFL também se encontram entre as instituições de maior discriminação racial daquela época.

O mesmo aconteceu com o mundo acadêmico sem fins lucrativos, em que o primeiro professor negro não foi empossado em uma grande universidade até 1948. Todavia, havia centenas de químicos negros que trabalhavam para empresas do ramo com fins lucrativos, anos antes que fossem contratados negros para ensinar química em faculdades sem fins lucrativos.

Da mesma forma, médicos negros e judeus praticavam com sucesso no âmbito da atividade privada longos anos antes que pudessem exercer a medicina em muitos hospitais sem fins lucrativos. Independentemente dos fins para os quais o dinheiro foi doado às OSFL, ele é efetivamente gasto a critério de pessoas que podem usá-lo para seus próprios interesses, vantagens, preconceitos ou vieses políticos.

O desempenho das OSFL lança luz sobre o papel do lucro quando se trata de eficiência. Se aqueles que concebem o lucro como simplesmente uma carga desnecessária adicionada ao custo de produção de bens e serviços estão corretos, então as OSFL deveriam ser capazes de produzir os bens e serviços a um custo

---

[2] John Stuart Mill assinalou esse fato em seu ensaio *On Liberty*, em 1859: "Aquele que conhece apenas seu próprio lado do caso, sabe pouco dele [...] Também não é o suficiente que ele deveria ouvir os argumentos dos adversários de seus próprios professores, tal como apresentados por eles, e acompanhados do que oferecem como refutações. Essa não é a maneira de fazer justiça aos argumentos, ou colocá-los em contato real com sua própria mente. Ele deve ser capaz de os ouvir a partir de pessoas que realmente acreditam neles; que os defendem seriamente, e dão seu máximo por eles. Ele deve conhecê-los em sua forma mais plausível e convincente [...]"

menor e vendê-los a um preço inferior. Ao longo dos anos, isso deveria levar os empreendimentos sem fins lucrativos a conquistar os clientes das empresas que buscam o lucro, substituindo-as cada vez mais na economia.

Não só as OSFL comumente não atraem os clientes das empresas com fins lucrativos, como o oposto tem acontecido cada vez mais: as OSFL têm visto mais e mais de suas próprias atividades econômicas assumidas por empresas com fins lucrativos. Faculdades e universidades são apenas um exemplo. Com a passagem do tempo, inúmeras atividades administradas por instituições acadêmicas sem fins lucrativos — livrarias universitárias, refeitórios e outros serviços auxiliares — têm passado para a gestão de empresas com fins lucrativos capazes de fazer um trabalho melhor ou mais barato, ou ambos. A *The Chronicle of Higher Education* relatou:

> Follet administra a Stanford Bookstore. Aramark prepara as refeições na Universidade de Yale. E Barnes & Noble gere a Harvard Coop.
>
> As mais prestigiadas universidades — e muitas outras na academia — cada vez mais terceirizam partes de suas operações nos campi.

Segundo o *The Chronicle of Higher Education*, "O dinheiro é a razão nº 1 pela qual as faculdades alienam uma operação". Em outras palavras, as empresas comerciais não só executam tais serviços a custos mais baixos, elas auferem lucros suficientes para pagar às faculdades mais do que essas OSFL poderiam obter administrando as mesmas operações em seus próprios campi. Por exemplo, a Universidade da Carolina do Sul "raramente ganhava US$100.000 por ano" com sua livraria da faculdade, mas a Barnes & Noble lhe pagou US$500.000 por ano para gerir a mesma livraria. Isso implica que a Barnes & Noble deve ter ganho ainda mais dinheiro a fim de remunerar a Universidade da Carolina do Sul, mais do que a universidade conseguia obter operando a livraria.

Às vezes, a razão pela qual muitas operações nos campi são mais rentáveis sob gestão comercial é que as empresas com fins lucrativos reduzem o desperdício com a contratação de funcionários que, em função da sazonalidade das livrarias em faculdades — nas quais as grandes vendas de livros estão concentradas no início de cada período letivo — ficam ociosos no restante do ano. Outros motivos incluem mais experiência em marketing. Na livraria da Universidade da Geórgia, por exemplo, 70% dos livros estavam armazenados no estoque quando a universidade tinha sua própria livraria, mas depois que Follet assumiu, 70% dos livros eram exibidos nas prateleiras, onde a visibilidade ampliava a possibilidade de serem vendidos.

Palavras de Despedida

No Oriente Médio, o primeiro kibutz foi fundado em 1910 como uma comunidade sem fins lucrativos de pessoas fornecendo bens e serviços umas às outras e compartilhando sua produção em bases igualitárias. Em 2007, seus membros escolheram deixar de ser uma OSFL e igualitária — e, nessa época, havia 61% de kibutzim em Israel. Um fator que pesou nessa decisão foi que os jovens tendiam a deixar o kibutz e ir viver no setor orientado pelo mercado da economia. Em suma, mesmo as pessoas que cresceram sob a filosofia de uma instituição sem fins lucrativos como o kibutz optaram por se juntar à economia de mercado.

Apesar de uma tendência nos meios de comunicação de tratar as instituições sem fins lucrativos como fontes de informação desinteressadas, essas organizações, que dependem de doações recorrentes do público, são motivadas a terem atitudes alarmistas que assustam seus doadores, deixando-os predispostos a abrir suas carteiras. Por exemplo, uma OSFL que emite regularmente advertências sobre riscos para a saúde no meio ambiente admitiu não ter um único médico ou cientista em seu pessoal. Outras OSFL que são financeiramente dependentes de contribuições contínuas, na medida em que são obsequiadas com grandes doações, têm incentivos semelhantes para alarmar seus respectivos públicos sobre várias questões sociais, políticas ou outras, e pouca disposição para se dedicarem a verificar a consistência de tais alarmes.

Capítulo 11

VALORES "NÃO ECONÔMICOS"

Cuidado com as pessoas que moralizam sobre grandes questões; moralizar é mais fácil do que enfrentar fatos.

John Corry

Não obstante da Economia decorram muitos insights, e apesar de ela facilitar a visão do que se esconde detrás de algumas noções populares que parecem plausíveis mas não resistem a uma análise mais aprofundada, são muitos os que a chamam de "a ciência desânimo", porque joga água fria em muitas noções atraentes e excitantes — porém falaciosas — sobre como o mundo pode ser organizado. Um dos últimos refúgios de alguém cujo projeto ou teoria de estimação são expostos como um disparate econômico é dizer: "Tudo bem quanto à Economia, mas há também valores *não econômicos* a considerar". Presumivelmente, supõe-se que isso abranja preocupações mais nobres e muito acima do nível do crasso materialismo.

Claro que existem valores não econômicos. Na verdade, existem *somente* valores não econômicos. Economia não é um valor em si mesmo. É apenas uma maneira de pesar um valor contra o outro. A Economia não diz que você deve fazer o máximo de dinheiro possível. Muitos professores de Economia podem ganhar mais dinheiro no setor privado. Muitas pessoas com conhecimento de armas de fogo poderiam provavelmente ganhar mais dinheiro trabalhando como pistoleiros profissionais para o crime organizado. Mas a Economia não exorta ninguém a fazer tais escolhas.

Adam Smith, o pai da Economia do *laissez-faire*,[1] doou somas de seu próprio dinheiro para as pessoas menos afortunadas, embora o tenha feito tão discretamente que o fato foi descoberto apenas após sua morte, quando seus registros pessoais foram examinados. Henry Thornton, um dos principais economistas monetaristas do século XIX e banqueiro de profissão, doava regularmente mais da metade de sua renda anual antes de se casar e ter uma família para sustentar — e continuou a fazer grandes doações para causas humanitárias depois, incluindo o movimento pela abolição da escravidão.

As primeiras bibliotecas públicas em Nova York não foram estabelecidas pelo governo, mas pelo empresário industrial Andrew Carnegie, que também criou a fundação e a universidade que levam seu nome. O mesmo fez John D. Rockefeller com respeito à criação de uma fundação, da Universidade de Chicago e de muitas outras empresas filantrópicas. No outro lado do mundo, o Instituto Tata em Mumbai foi fundado pelo líder industrial da Índia, J.R.D. Tata, como um empreendimento acadêmico, enquanto outro líder de uma família empresarial, Birlas, organizou numerosas instituições religiosas e sociais em toda a Índia.

Os Estados Unidos, tidos como o exemplo perfeito do capitalismo aos olhos de muitas pessoas ao redor do mundo, são o único a ter centenas de faculdades, hospitais, fundações, bibliotecas, museus e outras instituições criadas pelas doações de particulares, muitos deles indivíduos que ganharam dinheiro no mercado e, em seguida, utilizaram grande parte dele — por vezes, a maioria — para ajudar os outros. Em 2007, a revista *Forbes* listava uma dúzia de americanos que tinham doado vários milhares de milhões de dólares cada um para filantropia. A maior dessas doações, no montante de US$ 42 bilhões, foi de Bill Gates — 42% de sua riqueza total. Em termos relativos, a maior doação foi de Gordon Moore, um bilionário americano — 63% do que possuía. Para a população americana como um todo, a quantidade de doações privadas por pessoa é várias vezes a da Europa. A porcentagem da produção do país que é doada a causas filantrópicas é mais de três vezes maior do que na Suécia, França ou Japão.

O mercado como mecanismo para a atribuição de recursos escassos entre usos alternativos é uma coisa; o que se escolhe fazer com a riqueza resultante é outra.

O tom elevado da conversa sobre "valores não econômicos" muitas vezes se resume a que algumas pessoas não querem ver sopesados seus próprios especí-

---

[1] N.E.: Expressão que simboliza o liberalismo econômico, segundo o qual o capitalismo deve funcionar sem interferência do Estado.

Palavras de Despedida

ficos valores. Se a questão for salvar Mono Lake (lago californiano ecologicamente importante) ou preservar um edifício histórico, elas não querem que isso seja posto em termos de custos — o que quer dizer, em última análise, avaliar em função de todas as outras coisas que podem ser feitas com os mesmos recursos. Para essas pessoas, não é um ponto a ser considerado a quantidade de crianças do Terceiro Mundo que poderiam ser vacinadas contra doenças fatais com o dinheiro que é gasto para salvar Mono Lake ou preservar um edifício histórico. Deveríamos vacinar as crianças *e* salvar Mono Lake *e* preservar o edifício histórico — bem como fazer inúmeras outras coisas boas, segundo esse modo de olhar o mundo.

Para as pessoas que pensam — ou melhor, reagem — dessa forma, a Economia é na melhor das hipóteses um incômodo que as impede de fazer o que em seus corações deve ser feito. Na pior das hipóteses, a economia é tida como olhando o mundo de maneira desnecessariamente estreita, se não moralmente deformada. Tais avaliações nada nobilitantes da Economia devem-se ao fato fundamental de que ela se trata de um estudo sobre a utilização de recursos escassos que têm usos alternativos. Poderíamos, todos, sermos mais felizes em um mundo onde não houvesse tais restrições para nos forçar a escolhas e trade-offs que preferiríamos não enfrentar. Mas esse não é o mundo em que os seres humanos vivem — ou estão vivendo desde que a história é a história.

A Política tem sido chamada, às vezes, de "a arte do possível", mas a frase se aplica com muito mais precisão à Economia. A Política permite que as pessoas votem no impossível, o que pode ser uma das razões pelas quais os políticos são com frequência mais populares do que os economistas, que se mantêm lembrando as pessoas de que não há almoço grátis nem "soluções", mas apenas trade-offs. No mundo real em que as pessoas vivem, e é provável que assim seja nos séculos vindouros, trade-offs são inevitáveis. Mesmo se nos recusamos a fazer uma escolha, as circunstâncias se encarregarão de fazê-la para nós, na medida em que ficamos desprovidos de recursos para muitas coisas importantes que poderíamos ter tido se tivéssemos tomado o cuidado de ponderar as alternativas.

SALVAR VIDAS

Talvez os argumentos mais fortes para "valores não econômicos" sejam aqueles que envolvem vidas humanas. Muitas leis, políticas ou dispositivos altamente dispendiosos concebidos para proteger o público de perigos letais são defendidos com a alegação de que "se salvarem apenas uma vida humana" já valeriam a pena, custe o que custar. Poderosos como apelo moral e emocional, tais pronunciamentos não podem resistir a um escrutínio em um mundo onde os recursos escassos têm usos alternativos.

Um desses usos alternativos é salvar outras vidas humanas de outras maneiras. Poucas coisas salvam tantas vidas quanto simplesmente o crescimento da riqueza. Um terremoto forte o suficiente para matar uma dúzia de pessoas na Califórnia vai matar centenas em alguns países menos abastados e milhares em uma nação do Terceiro Mundo. A maior riqueza permite que a Califórnia construa edifícios, pontes e outras estruturas capazes de suportar tensões muito maiores do que estruturas similares podem suportar nos países mais pobres. Os indivíduos feridos em um terremoto na Califórnia podem ser levados muito mais rapidamente para muito mais hospitais melhor equipados e com maior número de pessoal médico mais altamente treinados. Essa é apenas uma das inúmeras maneiras em que a riqueza salva vidas.

Desastres naturais de todos os tipos ocorrem em países ricos e pobres — os Estados Unidos lideram o mundo em tornados, por exemplo — mas suas consequências são muito diferentes. A Swiss Reinsurance Company informou que os maiores custos financeiros de desastres naturais em 2013 foram na Alemanha, República Tcheca e França. Mas nesse mesmo ano os maiores custos de desastres naturais em vidas humanas estavam todos em países do Terceiro Mundo — Filipinas e Índia. Graças ao alto custo da assistência médica e das medidas preventivas contra as doenças, como estações de tratamento de água e sistemas de esgoto sanitário, os países do Terceiro Mundo sofrem muito mais de doenças, incluindo algumas já praticamente erradicadas nos países ricos. O resultado líquido é a menor expectativa de vida nas nações mais pobres.

Há disponíveis vários cálculos de quanto um aumento na renda nacional salva em vidas humanas. Seja qual for o número correto — X milhões para salvar uma vida —, qualquer coisa que impeça a renda nacional de subir naquele montante custou uma vida. Se os custos de uma específica lei de segurança, política ou dispositivo somam $5X$ milhões, quer diretamente, quer pelo seu efeito inibidor sobre o crescimento econômico, então já não pode ser dito que valeu a pena "se salvou uma só vida humana", porque ela faz isso à custa de outras 4 vidas humanas. Não há como escapar dos trade-offs, uma vez que os recursos são escassos e têm usos alternativos.

Há mais envolvido do que salvar vidas de maneiras alternativas. Há também a questão de quantas vidas estão sendo salvas e a que custo. Alguns poderiam dizer que não há limite no valor que deve ser colocado em uma vida humana. Mas, por mais nobres que essas palavras possam soar, no mundo real ninguém concordaria em gastar metade da produção anual de uma nação para manter uma pessoa viva por mais 30 segundos. Contudo, essa seria a implicação lógica da alegação de que uma vida tem um valor infinito.

Quando olhamos para além das palavras e miramos o comportamento, as pessoas não agem como se considerassem até mesmo suas próprias vidas como tendo um valor infinito. Por exemplo, as pessoas ocupam empregos que causam risco à vida, como pilotos de teste ou especialistas em explosivos, quando esses empregos pagam um salário alto o suficiente para que elas se sintam compensadas pelo risco. As pessoas até arriscam suas vidas para fins puramente recreativos, tais como paraquedismo, rafting ou alpinismo.

Usando vários indicadores do valor que as pessoas colocam em suas próprias vidas em vários países, um estudo da Harvard Law School estima que o americano médio estima sua vida em US$7 milhões, o canadense médio em US$4 milhões, enquanto no Japão esse valor é de quase US$10 milhões. Seja qual for a validade ou exatidão desses números específicos, os resultados gerais parecem indicar que as pessoas, de fato, não se comportam como se suas próprias vidas tivessem um valor infinito — e, presumivelmente, elas valorizam suas próprias vidas pelo menos tanto quanto valorizam a vida de outras pessoas.

O custo de salvar uma vida varia de acordo com o método utilizado. Vacinar crianças contra doenças mortais em países do Terceiro Mundo custa pouco por criança e salva muitas vidas, incluindo décadas de vida por criança. Enquanto isso, um transplante de coração em um homem de oitenta anos de idade é extremamente caro e pode produzir apenas uma quantidade limitada de vida adicional, mesmo que a cirurgia de transplante seja completamente bem-sucedida, uma vez que a esperança de vida de um octogenário não é, em qualquer caso, muito grande.

Se a vida não tem um valor infinito, então não pode ser verdade que se algum dispositivo, lei ou política "salvar apenas uma vida" valerão a pena o que quer que possam custar. Certamente não pode ser verdade se o custo de salvar uma vida represente sacrificar outras vidas.

MERCADOS E VALORES

Não é incomum o mercado ser acusado de obstruir os valores morais ou sociais. Por exemplo, colunistas do *San Francisco Chronicle* referem-se a "quão amoral o mercado pode ser" ao explicar por que o abastecimento de água gerenciado pela cidade de Stockton, Califórnia, não poderia ser confiado à iniciativa privada. "A água é uma mercadoria tão essencial à vida que não pode ser confiada ao mercado", escreveu o *Chronicle*, citando o prefeito de Stockton. No entanto, todos os dias, a comida, essencial à vida, é fornecida por empresas privadas. Além disso, a maioria dos novos medicamentos que salvam vidas são desenvolvidos em economias de mercado, especialmente nos Estados Unidos, e não nas economias administradas pelo governo.

Quanto aos sistemas de água de gestão privada, eles já existem na Argentina. A revista *The Economist* informou sobre os resultados dessa privatização:

> As ligações às redes de água e esgoto aumentaram, especialmente entre as famílias mais pobres: a maioria das famílias mais ricas e as famílias no centro da cidade já estavam ligadas [...] Antes de a privatização realmente se iniciar, em 1995, as taxas de mortalidade infantil caíam no mesmo ritmo em municípios que, por fim, privatizariam e os que não o fariam. Depois de 1995, a queda acelerou-se nos municípios em que houve a privatização [...] A queda foi concentrada em mortes por doenças infecciosas e parasitárias, o tipo mais provável de ser afetado pela qualidade da água e disponibilidade. As mortes por outras causas não declinaram.

Na Grã-Bretanha, a privatização do abastecimento de água na Inglaterra levou a contas de água mais baixas, maior volume de água potável de qualidade, menor infiltração, e a uma rede coletora de esgotos em conformidade com as regulamentações ambientais em uma maior porcentagem de tempo do que na Escócia, onde o governo administrava o sistema de água. Essa evidência pode ser sugestiva, em vez de conclusiva, mas aqueles que defendem o controle político do abastecimento de água raramente veem a necessidade de qualquer prova em tudo. Com frequência, para muitas pessoas, as consequências empíricas importam menos do que crenças e atitudes profundamente arraigadas. Em matérias urgentes ou menos urgentes, muitos acreditam que aqueles que detêm o poder político são mais qualificados para tomar decisões morais do que as partes privadas diretamente interessadas.

Palavras de Despedida

Tais atitudes são internacionais. Um empresário na Índia relatou sua experiência com um ministro do governo de lá:

> Eu tinha argumentado que a redução do imposto especial de consumo reduziria os preços ao consumidor de xampus, cremes para a pele e outros produtos de higiene pessoal, o que por sua vez aumentaria sua demanda. As receitas fiscais, assim, aumentariam, embora a alíquota do imposto pudesse ser menor. As mulheres indianas não precisam de batons e cremes para o rosto, arguiu o ministro. Eu respondi que todas as mulheres queriam ficar bonitas.

> "Um creme para o rosto não vai fazer nada para uma cara feia. Esses são luxos dos ricos", disse ele. Eu protestei, dizendo que mesmo uma menina da vila usava um colar de plantinhas para parecer bonita.

> "Não, é melhor deixar um rosto com a natureza", disse ele, impaciente.

> "Senhor", eu supliquei, "como você pode decidir o que ela quer? Afinal, é o dinheiro suado dela".

> "Sim, e eu não quero que ela o desperdice. Deixe-a comprar comida. Não quero que as empresas multinacionais enriqueçam vendendo cremes para o rosto de indianos pobres."

A ideia de que terceiros podem impor melhores decisões morais muitas vezes inclui a ideia de que podem definir o que são "luxos dos ricos", quando é precisamente o progresso das economias de livre mercado que transformou muitos luxos dos ricos em comodidades comuns às pessoas em geral, incluindo os pobres. Apenas no século XX, automóveis, telefones, refrigeradores, televisores, aparelhos de ar-condicionado e computadores pessoais, tudo isso passou de luxos dos ricos para itens comuns em todo o espectro dos norte-americanos e entre milhões de pessoas em muitas outras economias de mercado. Os primeiros aparelhos de videocassete eram vendidos por US$30.000 cada um antes que o progresso tecnológico, experiências de tentativa e erro e as economias de escala trouxessem o preço para baixo enquadrando-o no orçamento da maioria dos americanos.

Nos séculos passados, até mesmo coisas como laranjas, açúcar e cacau eram luxos dos ricos na Europa. Não só as definições de terceiros do que é um luxo dos ricos não levam em conta tais mudanças, como a asfixia dos livres mercados por tais pessoas podem permitir que tais coisas permaneçam luxos exclusivos por mais tempo do que seria de outra forma.

Mercados e Ganância

Aqueles que condenam a ganância podem dar as mãos aos "valores não econômicos". Mas a altiva conversa sobre "valores não econômicos" muito frequentemente equivale a tentativas muito egoístas de ter seus próprios valores subsidiados por outros, obviamente, às expensas dos valores dessas outras pessoas. Um exemplo típico disso apareceu em uma correspondência enviada à revista especializada no setor jornalístico *Editor & Publisher*. Essa carta foi escrita por um colunista de jornal que criticou "os requisitos de lucros anuais enfrentados pelos jornais", devido "às demandas de analistas financeiros sem rosto de Wall Street que parecem, de onde eu me sento, insensíveis às peculiaridades do jornalismo impresso".

A despeito do artifício retórico de descrever algumas das partes envolvidas na questão em termos menos humanos ("analistas financeiros sem rosto de Wall Street"), eles são, todos, pessoas e todos eles têm seus próprios interesses, que devem ser mutuamente reconciliados de uma forma ou de outra, se os que fornecem o dinheiro que permite que os jornais circulem devem estar dispostos a continuar a fazê-lo. Embora cada uma das pessoas que trabalham em Wall Street possa controlar milhões de dólares, isso não significa que se trata, absolutamente, de seu próprio dinheiro, pessoalmente falando. Muito dele vem da poupança, ou do dinheiro pago por fundos de pensão, por milhões de outras pessoas, muitas das quais têm rendimentos bastante modestos.

Se "as peculiaridades do jornalismo impresso" — assim definidas — dificultam o ganho do elevado retorno sobre os investimentos em jornais ou cadeias de jornais que podem ser obtidos em outros setores da economia, por que os trabalhadores cujos fundos de pensão serão necessários para garantir sua velhice subsidiariam cadeias de jornais ao aceitar uma menor taxa de retorno sobre o dinheiro investido em tais corporações? Uma vez que muitos editores e colunistas ganham muito mais dinheiro do que muitas das pessoas cujos pagamentos aos fundos de pensão abastecem os jornais para que possam operar, pareceria especialmente estranho esperar que pessoas com rendimentos mais baixos subsidiem pessoas com ganhos maiores — professores e mecânicos, por exemplo, subsidiando editores e repórteres.

Por que deveriam os analistas financeiros, na condição de intermediários que lidam com os fundos de pensão e outros investimentos de grande número de pessoas, trair essas pessoas, que têm confiado suas poupanças ao cuidado deles, aceitando um retorno dos jornais menor do que aquele disponível em outros setores da economia? Se o bom jornalismo, assim definido, resulta em menores taxas de retorno sobre o dinheiro investido em cadeias de jornais, os custos específicos envolvidos na publicação de jornais, sejam quais forem, devem ser suportados por qualquer número de pessoas que se beneficiam dos jornais. Os leitores podem pagar preços mais altos pelos exemplares; colunistas, editores e repórteres podem aceitar salários mais baixos; ou os anunciantes podem pagar mais, por exemplo.

Por que o sacrifício forçado de mecânicos, enfermeiros, professores etc., em todo o país cuja poupança e fundos de pensão pessoal fornecem o dinheiro que cadeias de jornais adquirem com a venda de ações e títulos das empresas? Por que outros setores da economia que estão dispostos a pagar mais para a utilização desses fundos podem ser privados de tais recursos para o bem de um determinado setor?

O ponto aqui não é a forma de resolver os problemas financeiros do setor de jornais, mas mostrar quão diferentes as coisas ficam quando consideradas em termos da alocação de recursos escassos que têm usos alternativos. Essa realidade econômica fundamental é obscurecida pela retórica emocional que ignora os interesses e valores de muitas pessoas, resumidos por intermediários antipáticos tais como analistas financeiros "insensíveis", enquanto os interesses concorrentes são expressos em termos idealistas, como a qualidade jornalística. Os analistas financeiros podem ser tão sensíveis para as pessoas que estão servindo quanto outros são para interesses muito diferentes que representam.

Muitas vezes, o que os críticos do mercado querem são exonerações especiais para indivíduos ou grupos particulares, sejam eles jornais, grupos étnicos, classes sociais ou outros — sem reconhecer que essas dispensas ocorrerão, inevitavelmente, à custa de outros indivíduos ou grupos, que são ou arbitrariamente ignorados ou resumidos em termos impessoais como "o mercado". Por exemplo, um repórter do *New York Times*, escrevendo sobre os problemas de uma mulher de meia-idade, de baixa renda, disse que "se a fábrica tivesse deixado Caroline trabalhar no turno de dia, seu problema teria desaparecido". Porém, ele lamentou: "salários e horário são definidos pelo mercado, e você não pode esperar magnanimidade do mercado".

Aqui, novamente, o conflito inevitável entre o que uma pessoa quer e o que outra pessoa quer é apresentado em palavras que reconhecem como um ser humano apenas um dos lados dessa equação. A maioria das pessoas prefere trabalhar de dia do que à noite, mas se Caroline fosse transferida para o turno do dia, alguém teria de ser transferido para o turno da noite. Quanto à "magnanimidade", o que isso significaria a não ser forçar alguém a arcar com os custos dessa

Economia Básica - Volume II

mulher? O que é ser magnânimo quando alguém que não está pagando custo nenhum — neste caso, o repórter do *New York Times* — exige que outro alguém seja sobrecarregado com os custos?

Seja no setor privado, seja no setor público, sempre há valores que algumas pessoas pensam ser dignos o suficiente para que outras pessoas paguem por eles — mas que não são dignos o suficiente para que elas mesmas paguem por eles. Em nenhum lugar a ponderação de alguns valores contra outros valores são mais frequentemente obscurecidos pela retórica do que quando se discute políticas de governo. Tributar excessivamente o que as outras pessoas ganham, a fim de financiar suas próprias aventuras morais por meio de programas sociais, é muitas vezes descrito como esforço humanitário. Mas permitir aos outros a mesma liberdade e dignidade como a si mesmo, de modo que eles possam fazer suas próprias escolhas com aquilo que ganham, é considerado favorecer a "ganância". A ganância pelo poder não é menos perigosa do que a ganância por dinheiro e, historicamente, tem derramado muito mais sangue no processo.

Mercados e moralidade

Seja para avaliar os efeitos das economias de mercado, ou de governo, ou de outras instituições, é um desafio fazer uma distinção clara entre os resultados que emergem dessas instituições e os resultados causados por essas instituições. Porque uma determinada instituição ou processo *conduz* determinado resultado não significa que ela (ou ele) *causou* esse resultado. Lojas em bairros de baixa renda muitas vezes cobram preços mais elevados do que em outros bairros, mas as causas desses preços mais altos são os custos mais elevados de fazer negócios nesses bairros, não as altas taxas de lucros resultantes de aumentos de preços arbitrários pelas lojas. Muitas empresas e profissões, de fato, evitam bairros de baixa renda porque os ganhos em perspectiva geralmente não são tão bons lá.

O mesmo princípio aplica-se a muitas outras instituições, seja em uma economia de mercado, uma economia socialista, uma agência do governo ou outras. Alguns hospitais têm taxas de mortalidade mais elevadas do que os outros precisamente porque eles têm os melhores médicos e tecnologia mais avançada — e, portanto, tratam os pacientes com os mais difíceis problemas médicos e de maior risco de vida com os quais outros hospitais simplesmente não estão equipados para lidar. Um hospital que trata principalmente das pessoas com infecções de rotina ou braços quebrados pode muito bem ter uma taxa de mortalidade mais baixa do que um hospital que realiza operações delicadas como cirurgia cerebral

Palavras de Despedida

ou transplantes de coração. As taxas de mortalidade mais elevadas em hospitais mais avançados transmitem uma realidade que não *causaram*.

Da mesma forma, tudo o que acontece em uma economia de mercado, ou uma economia socialista, ou em uma agência do governo, não é necessariamente causado por essas instituições. Tudo depende das circunstâncias concretas da situação específica. Isso afeta não só perguntas sobre o nexo de causalidade, mas também questões morais. Diferenças de renda, por exemplo, podem ser consequência de barreiras criadas contra alguns grupos ou resultantes de fatores inerentes aos próprios grupos, tais como média de idade, anos de escolaridade e outros fatores que variam de um grupo para outro.

A maioria das pessoas, no mundo ocidental pelo menos, provavelmente consideraria barreiras arbitrárias contra determinados grupos algo moralmente errado e que deve ser eliminado. Mas tal consenso não é igualmente provável se as diferenças de renda devem-se a diferenças de idade — um fator nivelador ao longo da vida, uma vez que todos nós gastamos a mesma quantidade de tempo com 20, 30 ou 40 anos de idade, mesmo que não tenhamos todos *simultaneamente* as mesmas idades quando as estatísticas são coletadas. Também não há consenso provável sobre se as diferenças de renda resultam de diferenças comportamentais dos indivíduos escolhidos, como abandonar a escola ou se drogar, uma vez que muitas pessoas não sentem nenhuma obrigação de subsidiar esse tipo de comportamento.

Em suma, decisões morais dependem de realidades factuais. Entretanto, pessoas com diferentes valores morais podem tomar decisões diferentes sobre os mesmos fatos. Portanto, a questão política muitas vezes se resume em saber se algumas pessoas sentem que seus valores morais devem ser impostos a outras pessoas com diferentes valores morais pelo poder do governo. As economias de mercado permitem que os indivíduos tomem decisões por si mesmos, com base em seus próprios valores morais ou outras considerações pessoais — e, ao mesmo tempo, o mercado os obriga a pagar os custos que suas decisões geram. A questão é, portanto, não se os valores morais devem orientar as economias de mercado, mas os valores morais *de quem*, se houver, devem ser impostos ou subsidiados por outros.

Muitos cujo senso de moralidade é ofendido por grandes disparidades econômicas entre os indivíduos, grupos e nações tendem a ver as causas dessas diferenças como "vantagens" ou "privilégios" que algumas pessoas têm em relação aos outros. Mas é crucial para fazer uma distinção entre realizações e privilégios.

Não se trata simplesmente de uma questão de semântica. Privilégios existem à custa dos outros, mas realizações adicionam benefícios aos outros.

Poucos de nós podem ter tido seja qual foi a combinação de fatores que possibilitou a Thomas Edison fazer da eletricidade uma parte importante da vida de milhões de pessoas. Mas um grande número de pessoas em todo o mundo se beneficiou das realizações de Edison, tanto em seu próprio tempo como nas gerações que se seguiram. Qualquer que tenha sido a fonte das realizações de Edison, todos nós estamos nos beneficiando dessas realizações, como já todos nos beneficiamos das realizações dos irmãos Wright, e de outros que adicionaram toda uma nova dimensão à vida humana.

Da mesma forma para os cientistas, cujo trabalho levou à cura ou prevenção de doenças incapacitantes, como a poliomielite, ou de doenças letais como a malária. Incluem-se também os líderes empresariais que, simplesmente encontrando maneiras melhores de produzir bens e serviços, ou de os entregar aos consumidores a um custo menor, contribuíram para o aumento dos padrões de vida em todo o mundo.

Todas essas coisas, e mais, criam disparidades econômicas entre os indivíduos, grupos e nações com diferentes realizações. Isso pode parecer moralmente ofensivo para alguns observadores. Mas, também aqui, as decisões morais exigem uma compreensão exata dos fatos e causas, bem como uma clara distinção entre privilégios e realizações. Decisões morais, e políticas, fundamentadas nessas decisões, não podem ser feitas com base em simples estatísticas, visões e retórica — não se o objetivo é fazer com que a vida humana seja melhor, materialmente ou de outra forma, em vez de satisfazer as emoções de alguém em desrespeito às consequências reais para os outros.

O julgamento moral de que a vida não é "justa" para indivíduos, grupos ou nações, no sentido de proporcionar a todos os mesmos fatores que promovem a prosperidade econômica ou outros benefícios, é aquele que pode ser compartilhado por pessoas com diferentes valores morais ou ideológicos.

Como já foi observado no Capítulo 8 deste volume, nem a geografia, nem a cultura nem a história ofereceram igualdade de oportunidades a todos os indivíduos, grupos ou nações. Nem quaisquer outros fatores como a demografia ou a política. Nas palavras do ilustre historiador econômico David S. Landes, "a natureza, como a vida, é injusta". Mas nem todas as fontes de injustiça — no sentido de chances de vida muito diferentes — têm dimensões morais: "Ninguém pode ser elogiado ou responsabilizado pela temperatura do ar, ou o volume e o momento das chuvas, ou o relevo da terra".

Palavras de Despedida

Há, é claro, decisões de cursos e ações para os quais os seres humanos podem ser julgados moralmente ou responsabilizados legalmente. Mas apenas olhar para os fatos nus das disparidades estatísticas não nos diz como as coisas são e muito menos que ações tomadas agora podem ser ou serão eficazes. Isso porque não precisamos apenas de fatos, mas de análise, quer da economia, história, política ou da natureza humana.

Nós também precisamos ter em mente uma distinção moral clara entre fazer as coisas que nos permitem descarregar nossos sentimentos reprimidos e fazer as coisas que possam realmente ajudar aqueles que foram infelizes nas circunstâncias em que nasceram. Transferir renda ou riqueza é relativamente fácil. Contudo, desenvolver o capital humano entre os que ficaram para trás é muito mais eficaz, ainda que também muito mais difícil. Afinal, a renda ou a riqueza que é transferida tem um tempo limitado antes de se esvair, e o progresso econômico contínuo depende de ter o capital humano para repor essa renda e riqueza que vai sendo consumida. Decisões morais não podem ser dissociadas das consequências que criam.

A moralidade não é um luxo, mas uma necessidade, porque nenhuma sociedade pode formar um conjunto apenas pela força. Mesmo ditaduras totalitárias promovem uma ideologia com seu tipo particular de moralidade, porque não há como um aparelho de governo com poderes difusos e cruéis de repressão e terror ser suficiente por si só para criar ou manter uma sociedade funcional. Porém, mesmo que princípios morais sejam necessários para qualquer sociedade, eles raramente são suficientes. Aplicar os princípios morais a uma economia requer conhecimento e compreensão dessa economia e uma capacidade de "pensar nas coisas, em vez de nas palavras", como disse o juiz Oliver Wendell Holmes certa vez.

Caso contrário, tentativas de ajudar "os pobres", por exemplo, podem não simplesmente falhar, mas ser contraproducentes, se não pudermos distinguir as pessoas que são genuína e duradouramente pobres das pessoas que são simplesmente jovens em início de carreira em empregos de entrada no mercado de trabalho que eles vão em breve superar à medida que adquirem o capital humano que é valioso para eles mesmos e para a sociedade. Disponibilizar benesses para "os pobres" pode causar um curto-circuito nesse processo, tornando desnecessário, para muitas pessoas, trabalhar, e leis de salário-mínimo podem dificultar a procura de trabalho para os jovens, custando a eles tanto o pagamento no momento quanto a aquisição de capital humano no futuro. Da mesma forma, a necessidade de "pensar nas coisas, em vez de nas palavras" faz da distinção entre privilégio e realização não simplesmente uma questão de semântica, mas uma necessidade urgente de clareza na tomada de decisões morais. Privilégios, que prejudicam os outros, devem ser diferenciados de realizações, que beneficiam os outros e fazem avançar a sociedade como um todo.

Capítulo 12

A HISTÓRIA DA ECONOMIA

Tenho certeza de que o poder dos interesses escusos
é imensamente exagerado em comparação com o
avanço gradual das ideias.

John Maynard Keynes

Durante milhares de anos as pessoas têm falado e escrito sobre questões econômicas, e por isso não é possível fixar uma data específica de quando a Economia ganhou o *status* de uma disciplina em separado. A Economia moderna é muitas vezes datada de 1776, quando Adam Smith escreveu seu clássico *A Riqueza das Nações*, mas já havia livros substanciais dedicados à Economia pelo menos um século antes. Em seu tempo, Smith conheceu, durante uma viagem à França, alguns membros de uma escola de economistas franceses denominados fisiocratas que havia, alguns anos antes, escrito seu próprio tratado sobre Economia. O que diferenciou *A Riqueza das Nações* foi que essa obra se tornou a base de toda uma escola de economistas que continuou e desenvolveu as ideias de Smith ao longo das próximas duas gerações, incluindo figuras líderes como David Ricardo (1772–1823) e John Stuart Mill (1806–1873), com a influência de Adam Smith em certa medida persistindo até os dias de hoje. Tal comentário não poderia ser feito sobre nenhum economista anterior, apesar de muitas pessoas terem tratado do assunto com conhecimento e perspicácia em épocas anteriores.

Mais de dois mil anos atrás, Xenofonte, um pupilo de Sócrates, analisou as políticas econômicas da antiga Atenas. Na Idade Média, as concepções religiosas de um preço "justo" ou "correto", e a proibição da usura, levaram Tomás de Aquino (que seria posteriormente declarado santo pela Igreja Católica) a analisar as consequências econômicas desses dogmas e as exceções que poderiam, portanto, ser moralmente aceitáveis. Por exemplo, Aquino argumentou que vender algo por mais do que foi pago por ele poderia ser feito "legalmente" quando o vendedor "aprimorou a coisa de alguma forma", ou como compensação para o risco, ou devido aos custos de transporte. Outra maneira de dizer a mesma coisa é que muito do que parece puro aproveitamento de outras pessoas é de fato, muitas vezes, uma compensação pelos vários custos e riscos incorridos no processo de trazer produtos para os consumidores ou emprestar dinheiro aos que o solicitam.

Embora os economistas já tenham se afastado da noção medieval de um preço justo e equitativo, esse conceito ainda hoje remanesce no fundo de muitos pensamentos de pessoas que afirmam que as coisas estão sendo vendidas por mais ou por menos de seu valor "real", e os indivíduos sendo pagos por mais ou por menos do que "realmente" valem, bem como em noções emocionalmente poderosas, mas empiricamente indefinidas como preços "aviltantes" ou "escorchantes".

O processo evolutivo, a partir dos escritos pontuais de indivíduos mais ou menos isolados, passou, com o tempo, a incluir escolas de pensamento mais ou menos coerentes, com as pessoas escrevendo sob um leque comum de pressupostos — os escolásticos medievais, dos quais Tomás de Aquino foi um exemplo de destaque, os mercantilistas, os economistas clássicos, os keynesianos, a "Escola de Chicago", e outras. Indivíduos fundiram-se em várias escolas de pensamento mesmo antes de a Economia se tornar uma profissão no século XIX.

OS MERCANTILISTAS

Uma das primeiras escolas de pensamento sobre Economia consistia de um grupo de escritores chamados de mercantilistas, que floresceu a partir do século XVI até o século XVIII. Em uma variada coleção de escritos, que vão de folhetos populares a um tratado com múltiplos volumes de Sir James Steuart, em 1767, os mercantilistas defendiam políticas que permitissem que a uma nação exportasse mais do que importava, causando uma entrada líquida de ouro para cobrir a diferença. Esse ouro era equiparado à riqueza. Vieram dessa escola de pensamento as práticas atuais referindo-se a uma balança comercial como sendo "favorável" se houver um excedente de exportação, e "desfavorável" se houver um excedente de importações — embora, como vimos em capítulos anteriores, não haja nada inerentemente mais benéfico em um do que no outro, tudo dependendo das circunstâncias.

As abordagens dos pioneiros incluem ambiguidades inevitáveis e equívocos — e na Economia não foi diferente. Alguns dos erros dos mercantilistas, em grande parte depurados do trabalho dos economistas modernos, ainda vivem nas crenças populares e na retórica política. No entanto, há coerência nos escritos dos mercantilistas, se entendermos seus fins, bem como suas concepções do mundo.

Os propósitos dos mercantilistas não eram os mesmos dos economistas modernos. Eles estavam preocupados em aumentar o poder de suas próprias respectivas nações em relação às outras. Seu objetivo não era a alocação de recursos escassos de maneira a maximizar o nível de vida das pessoas em geral — mas o de ganhar ou manter uma vantagem competitiva nacional na riqueza agregada e poder sobre outras nações, de modo a prevalecer na guerra, se houvesse uma guerra, ou a dissuadir os potenciais inimigos pela obviedade de sua riqueza ser voltada para fins militares, se necessário. Uma grande reserva de ouro era ideal para tais finalidades.

No ano de 1664, na Inglaterra, em um típico escrito mercantilista, o livro de Thomas Mun, *Treasure by Forraign Trade* declarou a regra primordial da política econômica: "Vender mais anualmente para o estrangeiro e consumir o mínimo deles em valor". Por outro lado, a nação deve tentar produzir domesticamente "as coisas que agora trazemos do estrangeiro e nos causam grande empobrecimento". Os mercantilistas focavam-se no poder relativo dos governos nacionais, com base na riqueza disponível para uso de seus respectivos governantes.

Os mercantilistas de maneira alguma se preocupavam com o padrão médio de vida da população como um todo. Assim, a repressão dos salários pelo controle do governo era considerada por eles como uma forma de reduzir os custos das exportações, gerando um excedente de exportações em relação às importações, o que traria ouro. Pela mesma razão, a promoção do imperialismo e até mesmo a escravidão eram aceitáveis para alguns mercantilistas. A "nação" para eles não significava toda a população de um país. Assim, Sir James Steuart poderia escrever, em 1767, de "uma nação inteira alimentada e provida gratuitamente" por meio da escravidão. Embora os escravos fossem, obviamente, parte da população, não eram considerados parte da nação.

A ECONOMIA CLÁSSICA

Adam Smith

Quase uma década depois do tratado mercantilista de Sir James Steuart, foi publicada *A Riqueza das Nações*, de Adam Smith, que se constituiu em um golpe histórico contra as teorias mercantilistas e toda a concepção mercantilista presente no mundo. Smith concebeu a nação como todas as pessoas que vivem nela. Assim, você não pode enriquecer uma nação mantendo os salários baixos a fim de exportar. "Nenhuma sociedade pode ser florescente e ser feliz se a maioria de seus membros são pobres e miseráveis", disse Smith. Ele também rejeitou a noção de atividade econômica como sendo um processo de soma zero, em que uma nação perde o que outra nação ganha. Para ele, todas as nações poderiam avançar ao mesmo tempo em termos de prosperidade de seus respectivos povos, apesar de o poder militar — uma grande preocupação dos mercantilistas — ser, naturalmente, relativo e uma competição de soma zero.

Em suma, os mercantilistas estavam preocupados com a *transferência* de riqueza, seja por excedentes de exportação, imperialismo ou escravagismo — todos esses meios beneficiando alguns em detrimento de outros. Adam Smith estava preocupado com a *criação* de riqueza, que não é um processo de soma zero. Smith rejeitou a intervenção do governo na economia para ajudar os mercadores — a origem do nome "mercantilismo" — e, em vez disso, defendia o livre mercado em linha com os economistas franceses, os fisiocratas, que cunharam o termo *laissez-faire*. Smith censurava severa e repetidamente a legislação de interesse especial para ajudar "os mercadores e fabricantes", a quem caracterizava como pessoas cujas atividades políticas foram concebidas para enganar e oprimir o público. No contexto da época, *laissez-faire* era uma doutrina que se opunha ao favorecimento das empresas pelo governo.

A diferença mais fundamental entre Adam Smith e os mercantilistas é que Smith não considerava ouro como sendo riqueza. O próprio título de seu livro — *A Riqueza das Nações* — levantou a questão essencial do que consiste a riqueza. Smith argumentou que a riqueza consistia nos produtos e serviços que determinam o padrão de vida das pessoas — as pessoas como um todo, que para Smith constituíam a nação. Ele rejeitou tanto o imperialismo quando o escravagismo por razões econômicas, bem como morais, dizendo que as "grandes frotas e exércitos" necessários para o imperialismo "não adquirem nada que possa compensar as despesas de manutenção". *A Riqueza das Nações* encerrava pedindo à Grã-Bretanha que desistisse de sonhos imperialistas. Quanto à escravidão, Smith considerou-a economicamente ineficiente e moralmente repugnante, e rejeitou com desprezo a ideia de que os escravos africanos eram inferiores às pessoas de ascendência europeia.

Embora Adam Smith seja hoje muitas vezes considerado como uma figura "conservadora", ele na verdade atacou muitas das ideias e interesses dominantes de sua época. Além disso, a ideia de um sistema que espontaneamente se au-

Palavras de Despedida

toequilibra — a economia de mercado — pela primeira vez desenvolvido pelos fisiocratas e que mais tarde passou a fazer parte da tradição da Economia clássica de Adam Smith, representou um ponto de partida radicalmente novo, não só na análise do nexo de causalidade social, mas também por reduzir o papel das elites políticas, intelectuais, ou outras como guias ou controladoras das massas.

Durante séculos, figuras intelectuais marcantes, de Platão em diante, discutiram quais políticas líderes sábios podem impor para o benefício da sociedade de várias maneiras. Mas, na economia, Smith argumentava que os governos estavam dando "uma desnecessária atenção maior" a coisas que funcionariam melhor se deixadas sozinhas para serem resolvidas pelos indivíduos que interagiam uns com os outros e acomodando-se mutuamente. A intervenção do governo na economia, que para o mercantilista Sir James Steuart era o papel de um "estadista" sábio, Smith via como noções e ações de políticos "engenhosos", que mais criavam do que resolviam problemas.

Ainda que *A Riqueza das Nações* não tenha sido o primeiro tratado sistemático sobre Economia, tornou-se o alicerce de uma tradição conhecida como Economia clássica, que se baseou no trabalho de Smith no século seguinte. De qualquer forma, nem todos os tratados anteriores foram mercantilistas. As obras de Richard Cantillon na década de 1730 e de Ferdinando Galiani em 1751, por exemplo, apresentavam análises econômicas sofisticadas, e a de François Quesnay, *Tableau Économique*, em 1758, continha ideias que inspiraram a escola de transição mais significativa representada pelos economistas chamados fisiocratas. Mas, como já observado, esses pioneiros anteriores não criaram nenhuma escola duradoura de economistas líderes em gerações posteriores que se basearam em seu trabalho, como ocorreu com Adam Smith.

Aqui e ali surgiram, na história, diversos economistas que produziram trabalhos à frente de suas épocas, mas que atraíram pouca atenção e tiveram poucos seguidores — e que se perderam na noite dos tempos até que foram redescobertos por gerações posteriores de estudiosos e considerados pioneiros em seu campo. O matemático francês Augustin Cournot, por exemplo, elaborou análises matemáticas de princípios econômicos em 1838 que não se tornaram parte das ferramentas de trabalho dos economistas até quase um século mais tarde, quando foram desenvolvidas de forma independente por economistas de uma época posterior.

Uma das consequências das teorias econômicas de Adam Smith, engendradas em oposição às teorias dos mercantilistas, foi a ênfase em minimizar o papel do dinheiro na economia. Essa ênfase persistiu durante toda a era da economia clássica, que durou quase um século. Compreensível, na medida em que a crítica aos mercantilistas era dirigida contra o protagonismo excessivo do papel do ouro, que era dinheiro em muitas economias, as declarações dos economistas clássicos de que o dinheiro era apenas um "véu" — obscurecendo mas não essencialmente mudando as atividades econômicas reais subjacentes — foram muitas vezes mal compreendidas por aqueles que as liam. Os principais economistas clássicos entendiam que as contrações na oferta de moeda poderiam reduzir a produção e, consequentemente, aumentar o desemprego em um determinado momento[1]. Mas isso nem sempre foi claro para seus leitores, e a própria atenção dos economistas clássicos raramente se prendia nessa direção.

David Ricardo

Entre os seguidores de Adam Smith estava o grande economista clássico David Ricardo, o principal economista do início do século XIX que, entre outras coisas, desenvolveu a teoria das vantagens comparativas no comércio internacional. Além de suas contribuições substanciais para a análise econômica, Ricardo criou uma nova abordagem e estilo ao escrever sobre a Economia. *A Riqueza das Nações*, de Adam Smith, era repleta de comentários de ordem social e observações filosóficas, e terminava com uma forte sugestão de que a Grã-Bretanha não devia tentar reter suas colônias americanas que se rebelaram no mesmo ano em que seu tratado foi publicado. Por outro lado, *Principles of Political Economy*, de David Ricardo, em 1817, foi a primeira das grandes obras clássicas de Economia dedicada à análise de princípios de economia perenes, afastando-se de comentários sociais, políticos e filosóficos, e enfatizando esses princípios mais do que questões políticas imediatas. Isso não quer dizer que Ricardo não tinha interesse em questões sociais ou morais. Algumas de suas análises inspiraram-se em problemas econômicos específicos enfrentados pela Grã-Bretanha na esteira das guerras napoleônicas, mas os princípios derivados delas não se limitaram a esses problemas ou época mais do que a lei da gravidade de Newton restringiu-se à queda de maçãs. As questões políticas contemporâneas simplesmente não eram o objeto ou tema de seu *Principles of Political Economy*. O que Ricardo trouxe para a Economia era um sistema mais estreitamente focado na análise, usando termos bem definidos e análise mais firmemente fundamentada.

---

[1] Este ponto é desenvolvido nas páginas 34 a 42 do meu livro *On Classical Economics*.

Palavras de Despedida

David Ricardo não era, no entanto, simplesmente uma máquina raciocinando. Em suas ações pessoais e correspondência privada, Ricardo mostrou ser um homem de elevados padrões morais e preocupações sociais. Quando se tornou um membro do Parlamento, ele escreveu a um amigo:

> Meu desejo é jamais pensar nos sorrisos dos grandes e poderosos como incitação suficiente para me desviar do caminho reto da honestidade e das convicções de minha própria mente.

Como um membro do Parlamento, Ricardo viveu para seus ideais. Ele votou repetidamente contra os interesses dos ricos proprietários de terras, embora ele próprio o fosse, e a favor de reformas eleitorais que poderiam ter lhe custado o assento no Parlamento[2].

O que hoje chamamos de "Economia" já foi chamado de "economia política" durante grande parte do século XIX. Quando os economistas clássicos se referiam à "economia política", eles queriam dizer a Economia do país como um todo — a política — como forma de distinguir da Economia da família, ou o que pode hoje ser chamado de "economia doméstica". A expressão "economia política" *não* implica um amálgama entre Economia e Política, como alguns a têm usado em tempos mais recentes.

Os princípios da Economia não brotam na primavera, não são especialmente pré-fabricados, nem um lance de inspiração ou genialidade. Em vez disso, pensadores profundos e conscienciosos em gerações sucessivas foram pouco a pouco tateando o caminho em direção a algum tipo de entendimento tanto do mundo real das atividades econômicas quanto dos conceitos intelectuais que possibilitariam o estudo sistemático dessas coisas. A análise da oferta e da procura que pode ser ensinada a alunos principiantes de hoje em uma semana levou ao menos um século para emergir das controvérsias entre pensadores do início do século XIX como David Ricardo, Thomas Malthus e Jean-Baptiste Say.

Em uma das muitas cartas entre Ricardo e seu amigo Malthus, discutindo questões econômicas ao longo dos anos, Ricardo disse em 1814: "Às vezes eu suspeito que não damos o mesmo significado à palavra demanda". Ele estava certo; eles não davam[3]. Transcorreriam décadas depois que ambos os homens tinham saído de cena até que o termo fosse compreendido e definido com pre-

---

[2] Mas, por mais que ele exemplificasse princípios morais em suas ações, Ricardo estava "acima das frases untuosas que custam tão pouco e rendem amplos retornos". J.A. Schumpeter, History of Economic Analysis, p. 471n.

[3] Para esclarecer as diferenças, consulte as páginas 69 a 71 do meu livro *On Classical Economics*.

cisão suficiente para dizer o que significa para os economistas hoje em dia. O que pode se parecer com pequenos passos lógicos, visto em retrospectiva, pode ser um longo e demorado processo de tentativa e erro na criação e refinamento de conceitos e definições para expressar ideias em termos claros e inequívocos de modo a permitir que questões de fundo sejam debatidas em termos que as partes em oposição podem concordar, para que eles possam, pelo menos, discordar em substância, em vez de se frustrarem com a semântica.

Lei de Say

Um dos conceitos fundamentais da Economia, sobre o qual controvérsias se alastraram no início do século XIX e foram retomadas a partir de John Maynard Keynes, em 1936, tem sido chamada de Lei de Say. Batizada com o nome do economista francês Jean-Baptiste Say (1767–1832), embora outros economistas tenham desempenhado um papel no seu desenvolvimento, a Lei de Say começou como um princípio relativamente simples cujos corolários e extensões foram se tornando cada vez mais complexos nas mãos de seus defensores e críticos durante a polêmica travada entre os dois grupos, nos séculos XIX e XX.

Em essência, a Lei de Say foi uma resposta aos perenes medos populares de que a crescente produção de uma economia poderia alcançar o ponto em que excederia a capacidade das pessoas de a adquirir, levando a bens não vendidos e a trabalhadores desempregados. Esses receios foram expressos não só antes do tempo de Jean-Baptiste Say, mas também muito tempo depois. Como vimos no Capítulo 2, um dos escritores mais vendidos da década de 1960 alertou para "uma ameaçadora superabundância de alimentos, amenidades e inutilidades da vida" que teria se tornado "um grande problema nacional". O que a Lei de Say em seu sentido mais básico argumentava era que a produção e a geração de renda real para a fabricar não eram processos independentes um do outro. Portanto, se a produção de um país era grande ou pequena, a renda gerada na produção seria suficiente para comprá-la. A Lei de Say foi muitas vezes expressa como propondo que "a oferta cria sua própria demanda". Em outras palavras, não há limite inerente sobre quanto uma economia pode produzir e comprar.

Ele mesmo se perguntou: "Caso contrário, como poderia ser possível que agora se compra e vende na França cinco ou seis vezes as muitas mercadorias, em relação ao miserável reinado de Carlos VI?" Uma ideia similar tinha sido expressa ainda mais cedo por um dos fisiocratas, de que a demanda agregada "não tem limites conhecidos". Isso, naturalmente, não exclui a possibilidade de que,

Palavras de Despedida

a partir de um determinado momento, os consumidores ou investidores podem optar por não exercer toda a demanda agregada que tinham em seu poder. A Lei de Say se opunha, de fato, ao recorrente medo popular de que o rápido crescimento da produção em termos absolutos, em função do surgimento da indústria moderna, chegaria a um ponto em que a produção se tornaria tão grande que seria impossível comprar tudo.

Como frequentemente acontece na história das ideias, um conceito inicialmente muito simples viu-se estendido em tantas direções por seus defensores, e envolvido em tantas controvérsias por seus adversários, que os significados e as distorções proliferaram, mesmo quando os economistas em ambos os lados — incluindo praticamente todos os principais economistas do início do século XIX — eram pensadores sérios e inteligentes que simplesmente não se entendiam. Isso aconteceu, em parte, porque a economia ainda não havia atingido a fase em que os termos em discussão ("demanda", por exemplo) têm definições rigorosas acordadas por todos[4]. Não obstante os alunos de épocas subsequentes considerem tedioso o processo de definição rigorosa, a história da Economia — e de outras disciplinas — torna dolorosamente evidentes as consequências desconcertantes de tentar discutir questões substantivas sem ter a certeza de que os termos significam a mesma coisa para todos aqueles que os usam.

ECONOMIA MODERNA

Hoje pensamos a Economia como uma profissão com departamentos acadêmicos, revistas especializadas e organizações profissionais como a American Economic Association. Mas tais elementos são desenvolvimentos relativamente tardios, em termos históricos.

Séculos antes de a Economia se tornar uma disciplina à parte, até mesmo filósofos, de Aristóteles a David Hume, escreviam com conhecimento de causa sobre questões econômicas, assim como teólogos como Tomás de Aquino e membros da nobreza, como Sir James Steuart. Porém, mesmo depois que alguns escritores começaram a se especializar em Economia, não passaram de imediato a ganhar a vida como economistas. Adam Smith, por exemplo, era professor de filosofia, e alcançou notoriedade por seu livro *Theory of Moral Sentiments* quase

---

[4] Uma discussão mais ampla dessas controvérsias pode ser encontrada em Thomas Sowell, *On Classical Economics* (New Haven: Yale University Press, 2006), pp. 23–34.

vinte anos antes de alcançar a fama duradoura em decorrência de *A Riqueza das Nações*. David Ricardo era um corretor aposentado, rico e independente, quando seus escritos o fizeram o economista líder de seu tempo. Quando Thomas R. Malthus foi nomeado professor de história e economia política em 1805, tornou-se o primeiro economista acadêmico na Grã-Bretanha e provavelmente no mundo. A essa altura, a Grã-Bretanha produzia a maioria dos principais economistas do planeta, e continuaria a fazê-lo no restante do século XIX.

Com exceção de Malthus, a maioria dos principais economistas britânicos da primeira metade do século XIX não obtinha a maior parte de sua renda do ensino ou escrevendo sobre Economia. A Economia era uma especialidade, mas ainda não uma carreira. Nem era uma especialidade para ter suas próprias revistas profissionais. A maioria dos artigos analíticos principais sobre Economia durante a primeira metade do século XIX foram publicados nos periódicos sobre atividades intelectuais da época, como a *Edinburgh Review*, a *Quarterly Review* ou a *Westminster Review*, na Grã-Bretanha, ou a *Revue Encyclopédique* ou a *Annales de Législation et d'Économie Politique*, na França. A primeira revista acadêmica dedicada exclusivamente à Economia foi a *Quarterly Journal of Economics*, publicada pela primeira vez em Harvard, em 1886. Muitos outros desses periódicos foram então criados em muitos países no século XX. Aqueles que escreviam para essas revistas eram economistas predominantemente acadêmicos, com os americanos agora juntando-se aos economistas britânicos, austríacos e outros entre os líderes da profissão. O primeiro professor de Economia nos Estados Unidos foi nomeado por Harvard em 1871 e o primeiro doutor em Economia foi premiado pela mesma instituição, quatro anos depois.

A partir de *Principles of Economics*, de Alfred Marshall, de 1890 em diante, a Economia começou cada vez mais a ser vista como profissão e ensinada aos estudantes com gráficos e equações, embora apresentações puramente verbais não tenham desaparecido completamente até hoje. Foi na segunda metade do século XX que as análises matemáticas em economia começaram a substituir as análises inteiramente verbais nas principais revistas e livros acadêmicos. Embora a análise econômica predominantemente matemática possa ser encontrada já em Augustin Cournot na década de 1830, Cournot foi um desses pioneiros cujo trabalho não causou nenhum impacto sobre os economistas dominantes de seu tempo, de modo que muito do que ele disse teve de ser redescoberto, gerações depois, como se Cournot nunca tivesse existido.

Palavras de Despedida

A Revolução "Marginalista"

Um dos divisores de água no desenvolvimento da análise econômica no século XIX foi a aceitação generalizada entre os economistas de uma teoria dos preços com base nas demandas dos consumidores, e não apenas nos custos dos produtores. Foi revolucionária não apenas como uma teoria do preço, mas também na introdução de novos conceitos e novos métodos de análise que se espalharam para outros ramos da economia. A economia clássica tinha considerado a quantidade de trabalho e outros insumos como fatores cruciais na determinação do preço do produto. Karl Marx estendeu essa linha de pensamento a seu extremo lógico com sua teoria da exploração da mão de obra, a qual era vista como, em última instância, a fonte da riqueza e, portanto, como a fonte determinante da renda e da riqueza das classes não trabalhadoras, como capitalistas e latifundiários[5].

Embora a teoria do custo de produção de valor houvesse prevalecido na Inglaterra desde o tempo de Adam Smith, uma teoria totalmente diferente tinha a preferência na Europa continental, onde o valor derivava da utilidade dos bens para os consumidores, ou seja, o fator determinante da demanda de um bem dependia de quão útil ele era na percepção do consumidor. Smith, no entanto, descartou essa teoria, dizendo que a água era obviamente mais útil do que diamantes, uma vez que não se poderia viver sem água, mas muitas pessoas viviam sem diamantes — e ainda assim diamantes eram vendidos por muito mais do que a água. Mas, nos anos 1870, surgiu uma nova concepção, a partir de Carl Menger na Áustria e W. Stanley Jevons na Inglaterra, baseando os preços na utilidade dos bens para os consumidores — e, mais importante, aprimorando e definindo mais estritamente os termos do debate, ao mesmo tempo em que introduzia novos conceitos na Economia em geral.

O que Adam Smith havia comparado foi a utilidade *total* da água *versus* a utilidade *total* dos diamantes. Em outras palavras, ele estava perguntando se nós estaríamos pior *sem* água ou *sem* diamantes. Nesse sentido, a utilidade total da água, obviamente, excedia em muito a utilidade total dos diamantes, pois a água era uma questão de vida ou morte. Mas Menger e Jevons olharam a questão sob um novo ângulo — uma maneira nova de ver as coisas que poderia ser aplicada a muitas outras análises em Economia, além da teoria dos preços.

---

[5] Não obstante sua importância na história mundial e sua relevante influência intelectual e política sobre o século XX, Karl Marx, no que se refere a seu trabalho em Economia, contribuiu pouco no desenvolvimento dessa disciplina. Mesmo aqueles economistas que são marxistas costumam usar outros conceitos econômicos em seu trabalho profissional.

Antes de mais nada, Menger e Jevons conceberam a utilidade como algo inteiramente subjetivo. Ou seja, não havia nenhum modo absoluto de declarar que uma coisa era mais útil do que outra, porque a demanda de cada consumidor era baseada no que cada consumidor considerava útil — e a demanda do consumidor era o que afetava os preços. Mais fundamentalmente, *a utilidade varia*, inclusive para o mesmo consumidor, dependendo da quantidade de bens e serviços que o consumidor já tem.

Carl Menger assinalou que a quantidade de alimentos necessária para sustentar a vida é extremamente valiosa para todos. Além da quantidade de alimento necessária para evitar morrer de fome, ainda havia o valor dos montantes adicionais necessários para a saúde, embora não tão elevado quanto o da quantidade necessária para evitar a morte, e ainda havia algum valor para os alimentos a serem consumidos apenas pelo prazer de os saborear. Mas, afinal, "a satisfação da necessidade de comida é tão completa que cada ingestão adicional de alimentos não contribui nem para a manutenção da vida, nem para a preservação da saúde — nem mesmo para dar prazer ao consumidor". Em suma, o que importava para Menger e Jevons era a utilidade incremental, o que Alfred Marshall viria a chamar de utilidade "marginal" das unidades adicionais consumidas.

Retornando ao exemplo da água e dos diamantes de Adam Smith, a utilidade relativa que importava era a utilidade *incremental* ou marginal de ter outro litro de água comparado com outro quilate de diamantes. Dado que a maioria das pessoas já é amplamente suprida de água, a utilidade marginal de outro quilate de diamantes seria maior — e isso é o que conta para que um quilate de diamantes seja vendido por mais que um litro de água. Esse raciocínio dirimiu a diferença entre a teoria do custo de produção do valor na Inglaterra e a teoria da utilidade do valor na Europa continental, com os economistas em ambos os lugares, e em outras partes do mundo, agora aceitando a teoria da utilidade marginal do valor.

Em essência, a mesma análise e conclusões de Carl Menger na Áustria, em 1871, em seu livro *Principles of Economics*, surgiu ao mesmo tempo na Inglaterra no livro *The Theory of Political Economy*, de W. Stanley Jevons. O que Jevons também viu, no entanto, foi a forma como o conceito de utilidade incremental foi prontamente expresso em gráficos e cálculo diferencial, fazendo com que o argumento fosse mais visivelmente aparente e mais logicamente rigoroso do que na apresentação puramente verbal de Menger. Isso preparou o palco para a disseminação de conceitos incrementais ou marginais para outros ramos da Eco-

Palavras de Despedida

nomia, tais como a teoria da produção ou a teoria do comércio internacional, em que gráficos e equações poderiam mais compacta e inequivocamente transmitir conceitos como economias de escala ou vantagem comparativa.

A isso se denominou, muito apropriadamente, "revolução marginalista", a qual marcou uma ruptura com os métodos e conceitos dos economistas clássicos. A revolução marginalista propiciou o aumento do uso da matemática na Economia para, por exemplo, expressar variações de custos em curvas e analisar as taxas de variação dos custos com o cálculo diferencial. Contudo, a matemática não era imprescindível para a compreensão da nova teoria da utilidade do valor, pois Carl Menger não usou um único gráfico ou equação em seus *Principles of Economics*.

Embora Menger e Jevons tenham sido os fundadores da escola da utilidade marginal na Economia, e pioneiros na introdução de conceitos marginais em geral, foi o monumental livro-texto *Principles of Economics* de Alfred Marshall, publicado em 1890, que sistematizou muitos aspectos da economia em torno desses novos conceitos e lhes deu a forma básica vigente na Economia atual. Jevons havia sido especialmente cuidadoso ao rejeitar a noção de que o valor depende do trabalho, ou do custo de produção em geral, mas insistiu que a utilidade era o fator crucial. Alfred Marshall, no entanto, disse:

> É tão razoável discutir se é a lâmina inferior ou a superior de uma tesoura aquela que corta um pedaço de papel, quanto se o valor é regido pela utilidade ou pelo custo de produção.

Em outras palavras, era a *combinação* da oferta (dependente do custo de produção) e da demanda (dependente de utilidade marginal) que determinava os preços. Com esta e com outras maneiras, Marshall reconciliou as teorias dos economistas clássicos com as teorias marginalistas posteriores para produzir o que ficou conhecido como a Economia neoclássica. Seu *Principles of Economics* tornou-se texto de referência e permaneceu assim na primeira metade do século XX, contabilizando oito edições[6].

Não foi surpreendente que Alfred Marshall tenha conseguido conciliar grande parte da economia clássica com os novos conceitos de utilidade marginal. Marshall conhecia matemática profundamente e começou a aprender Economia lendo *Principles of Political Economy,* de Mill. Em 1876, ele o chamou de "o livro

---

[6] *Principles of Economics* de Marshall ainda estava sendo usado como livro-texto de Economia quando eu era estudante de graduação na Universidade de Columbia, no ano letivo 1958–1959.

pelo qual a maioria dos economistas ingleses vivos foram educados". Antes disso, Alfred Marshall havia sido um estudante de filosofia, e um crítico das desigualdades econômicas na sociedade, até que alguém lhe disse que ele precisava entender de Economia antes de fazer tais julgamentos. Após fazer isso, e observar as circunstâncias sob uma ótica muito diferente, sua constante preocupação com os pobres levou-o a mudar de carreira e se tornar um economista. Mais tarde, disse que aos reformadores sociais eram necessários um "coração quente" e uma "cabeça fria". Na medida em que ele estava decidindo qual carreira seguir, "a crescente urgência de estudos econômicos como um meio para o bem-estar do ser humano crescia em mim".

Teoria do Equilíbrio

O aumento da utilização de gráficos e equações em Economia facilitou a ilustração das coisas como os efeitos da escassez e de excedentes levando os preços a subir ou cair. Facilitou também as análises das condições em que os preços nem subiriam nem declinariam — o que tem sido chamado de condições de "equilíbrio". Além disso, o conceito de "equilíbrio" é aplicado a muitas coisas além de preços. Exemplificando, poderia haver equilíbrio em empresas em particular, em setores de atividade inteiros, na economia nacional ou no comércio internacional.

Muitas pessoas não familiarizadas com a Economia têm considerado essas condições de equilíbrio como irrealistas, de uma forma ou de outra, porque muitas vezes elas parecem diferentes do que geralmente é observado no mundo real. Mas isso não é de surpreender, uma vez que o mundo real raramente está em equilíbrio, na Economia ou em outros campos. Por exemplo, embora seja verdade que "a água procura nivelar-se" isso não significa que o Oceano Atlântico tem uma superfície lisa feito vidro. Ondas e marés estão entre as formas que a água procura seu próprio nível, assim como cachoeiras, e todas essas coisas estão em movimento o tempo todo. A teoria do equilíbrio permite analisar o que o movimento será, como em várias situações de desequilíbrio encontradas no mundo real.

Da mesma forma, os alunos de uma faculdade de medicina estudam o funcionamento mais ou menos ideal de várias partes do corpo em equilíbrio saudável, mas não porque as partes do corpo sempre funcionam idealmente em equilíbrio saudável — mesmo porque, se isso fosse verdade, não haveria, então, para início de conversa, nenhuma razão para ter escolas médicas. Em outras palavras,

Palavras de Despedida

é importante estudar o equilíbrio para entender o que acontece quando as coisas *não* estão em equilíbrio, de uma maneira ou de outra.

Em Economia, o conceito de equilíbrio não se aplica apenas em análises de empresas, setores ou mercados de trabalho específicos, mas também na economia como um todo. Em outras palavras, não se trata apenas do equilíbrio de preços ou salários, mas também do equilíbrio da renda nacional e da balança comercial. A análise das condições de equilíbrio e desequilíbrio em determinados mercados tornou-se conhecida como "microeconomia", enquanto análises de mudanças na economia como um todo — tais como inflação, desemprego ou o sobe e desce da produção total — ficou conhecido como "macroeconomia". Entretanto, essa divisão conveniente negligencia o fato de que todos esses elementos de uma economia afetam uns aos outros. Ironicamente, foram dois economistas soviéticos, vivendo em um país com uma economia de não mercado, que notaram um fato crucial sobre as economias de mercado quando disseram: "Tudo está interligado no mundo dos preços, de modo que a menor mudança em um elemento é repassada em cascata para milhões de outras pessoas".

Por exemplo, quando, nos EUA, o Federal Reserve aumenta a taxa de juros sobre o dinheiro emprestado a fim de reduzir o perigo de inflação, tal medida pode levar os preços das casas a cair, a poupança a subir e as vendas de automóveis a diminuir, entre muitas outras repercussões sobre toda a economia. Observar todas essas repercussões na prática é virtualmente impossível, e até mesmo analisá-las em teoria é um desafio tamanho que os economistas que o fizeram ganharam prêmios Nobel[7]. A análise dessas complexas interdependências — micro ou macroeconômicas— é chamada de teoria do "equilíbrio geral". Em seu livro *History of Economic Analysis*, J.A. Schumpeter escreveu que reconhecer que "essa interdependência que tudo permeia" é o "fato fundamental" da vida econômica.

A figura marcante na teoria do equilíbrio geral foi o economista francês Léon Walras (1834–1910), cujas complexas equações simultâneas essencialmente criaram esse ramo da Economia no século XIX. Porém, no século XVIII, outro francês, François Quesnay (1694–1774), já engatinhava em direção a alguma noção de equilíbrio geral com uma complexa tabela de linhas interconectadas ligando diversas atividades econômicas umas com as outras. Karl Marx,

---

[7] NRT: Tecnicamente não há um prêmio Nobel de economia. O Prêmio Nobel tradicional é concedido anualmente, desde 1895, pela Fundação Nobel para pesquisadores e figuras proeminentes das áreas de física, química, medicina, literatura e figuras que foram relevantes para a paz mundial. O aludido prêmio Nobel de economia é concedido pelo Banco da Suécia desde 1969. Ele apenas faz referência à figura de Alfred Nobel.

Economia Básica - Volume II

no segundo volume de *O Capital*, estabeleceu, mais adiante, várias equações que mostram como partes específicas de uma economia de mercado afetam muitas outras partes dessa economia. Em outras palavras, Walras tinha antecessores, como só acontece com a maioria dos grandes descobridores, mas ele ainda era a figura símbolo nesse campo.

Ainda que a teoria do equilíbrio geral seja algo que pode ser deixado para estudantes avançados de Economia, tem algumas implicações práticas que podem ser compreendidas por todos. Essas implicações são especialmente importantes porque os políticos muitas vezes anunciam um "problema" econômico específico que eles se dispõem a "resolver", sem dar a mínima atenção à forma como as repercussões de sua "solução" vão reverberar por toda a economia, com consequências que podem apequenar os efeitos de sua "solução".

Por exemplo, leis que fixam um limite máximo para a taxa de juros que pode ser cobrada sobre determinados tipos de empréstimos ou de empréstimos em geral podem reduzir a quantidade de empréstimos que são feitos, e mudar a qualificação creditícia das pessoas que podem obter esses empréstimos — os indivíduos de menor renda, em especial, sendo afastados — bem como afetar o preço dos títulos corporativos e as reservas conhecidas de recursos naturais[8], entre outras coisas. Praticamente nenhuma transação econômica ocorre isoladamente, por mais que possa ser vista isoladamente por aqueles que pensam em termos de criar "soluções" em particular para "problemas" em particular.

Economia Keynesiana

Os mais importantes novos desenvolvimentos da Economia no século XX derivaram do estudo das variações na produção nacional dos tempos de bonança para os períodos de depressão. A Grande Depressão da década de 1930 e suas trágicas consequências sociais ao redor do mundo levaram a uma importante e duradoura ênfase nas tentativas de determinar como e por que tais calamidades aconteceram e o que poderia ter sido feito sobre elas[9]. O livro *The General Theory of Employment Interest and Money*, de John Maynard Keynes, de 1936, tornou-se o mais famoso e mais influente livro de Economia do século XX. Em meados

---

[8] Para uma discussão mais aprofundada sobre a Grande Depressão, veja o Capítulo 13 do primeiro volume deste livro.

[9] John Maynard Keynes escreveu em 1930: "O mundo tem sido lento para perceber que nós estamos vivendo este ano na sombra de uma das maiores catástrofes econômicas da história moderna.". John Maynard Keynes, *Essays in Persuasion*, edição de 1952, p. 135.

Palavras de Despedida

do século, era a ortodoxia prevalecente nos principais departamentos de Economia do mundo — com a notável exceção da Universidade de Chicago e alguns poucos outros departamentos de Economia em outras universidades, em grande parte dominadas por ex-alunos de Milton Friedman e outros economistas da "Escola de Chicago".

À preocupação tradicional da Economia com a alocação de recursos escassos que têm usos alternativos, Keynes adicionou como uma das principais preocupações naqueles períodos quais proporções substanciais de recursos de uma nação — incluindo trabalho e capital — não estão sendo alocadas. Isso foi certamente verdade para o momento em que *General Theory*, de Keynes, foi escrita — a Grande Depressão dos anos 1930, quando muitas empresas produziram bem abaixo de sua capacidade normal e 25% dos trabalhadores americanos estavam desempregados.

Enquanto produzia sua obra magna, Keynes disse, em uma carta a George Bernard Shaw: "Acredito que estou escrevendo um livro sobre a teoria econômica que revolucionará — não, eu suponho, de uma só vez, mas no decorrer dos próximos dez anos — a forma como o mundo pensa sobre os problemas econômicos". Ambas as previsões provaram ser precisas. Não obstante, as políticas contemporâneas do New Deal nos Estados Unidos foram baseadas em decisões *ad hoc*, em vez de algo tão sistematizado como a Economia Keynesiana. Mas, na profissão de economista, as teorias de Keynes não só triunfaram como se tornaram a ortodoxia dominante.

A Economia Keynesiana oferecia não só uma explicação econômica das mudanças na produção agregada e no emprego, mas também uma base racional para a intervenção do governo no sentido de restaurar uma economia atolada em uma depressão. Em vez de esperar o mercado para ajustar e restaurar o pleno emprego por conta própria, os keynesianos argumentaram que os gastos do governo poderiam produzir o mesmo resultado, mais rapidamente e com menos efeitos colaterais dolorosos. Embora Keynes e seus seguidores reconhecessem que gastos do governo implicavam o risco de inflação, especialmente quando o "pleno emprego" se tornasse uma política oficial, era um risco que consideravam aceitável e administrável, dada a alternativa de desemprego na escala ocorrida durante a Grande Depressão.

Mais tarde, após a morte de Keynes em 1946, pesquisas empíricas surgiram sugerindo que os formuladores de políticas econômicas poderiam de fato escolher em um menu de trade-offs entre taxas de desemprego e taxas de inflação, no que foi chamado de "Curva de Phillips", em homenagem ao economista A.W. Phillips, da London School of Economics, que desenvolvera essa análise.

Economia Pós-keynesiana

A Curva de Phillips foi talvez o ponto alto da Economia Keynesiana. No entanto, a Escola de Chicago começou a desconstruir as teorias keynesianas em geral, e em especial a Curva de Phillips, tanto analiticamente como por estudos empíricos. Os economistas da Escola de Chicago consideravam o mercado mais racional e mais ágil do que os keynesianos presumiam — e o governo menos ainda, pelo menos no sentido de promover o interesse nacional mais que as carreiras dos políticos. A essa altura, a Economia tornou-se tão profissionalizada e tão matemática que o trabalho de seus principais estudiosos não era mais algo que a maioria das pessoas, ou mesmo a maioria dos estudiosos fora da Economia, poderia acompanhar. O que poderia ser acompanhado, todavia, foi a lenta erosão da ortodoxia keynesiana, especialmente depois que o aumento simultâneo da inflação e do desemprego para níveis elevados durante a década de 1970 minou a possibilidade de o governo fazer um trade-off entre os dois, como sugerido pela Curva de Phillips.

O Prêmio Nobel de Economia de 1976, ganho pelo professor Milton Friedman, da Universidade de Chicago, marcou o crescente reconhecimento dos economistas não keynesianos e antikeynesianos, como os da Escola de Chicago. Na última década do século XX, uma parcela desproporcional dos Prêmios Nobel em Economia coube a economistas da Escola de Chicago, seja dos membros da universidade local, seja de outras instituições. Contudo, a contribuição keynesiana não desapareceu, com muitos dos conceitos e insights de John Maynard Keynes tendo agora se tornado parte do cabedal de conhecimento dos economistas de todas as escolas de pensamento. Quando a foto de John Maynard Keynes apareceu na capa da revista Time, em 31 de dezembro de 1965, foi a primeira vez que alguém que já não estava entre nós foi homenageado dessa maneira. Nas páginas internas da revista, lia-se:

> A *Time* cita Milton Friedman, nosso principal economista não keynesiano, dizendo: "Somos todos keynesianos agora". O que Friedman realmente disse foi: "Somos todos keynesianos agora e mais ninguém é keynesiano", significando que, embora todos tenhamos absorvido parcela substancial do que Keynes ensinou, ninguém mais acreditava em tudo.

Em que pese a tentação de pensar na história da Economia como a história de uma sucessão de grandes pensadores que avançaram quantitativa e qualitativamente na análise nesse campo, raramente esses pioneiros criaram análises perfeitas. As lacunas, falta de clareza, erros e deficiências, comuns a pioneiros em tantas áreas, o eram igualmente na Economia. Clarificar, reparar e sistematizar mais rigorosamente o que os gigantes da profissão criaram exigiu a dedicação de muitos outros, que se não tiveram o gênio dos próceres, são os que, individualmente, viram certos e muitos aspectos mais claramente do que o fizeram os grandes pioneiros.

David Ricardo, por exemplo, é certamente uma figura muito mais marcante na história da Economia do que foi seu obscuro contemporâneo Samuel Bailey, mas houve uma série de coisas que Bailey expressa mais claramente em sua análise da Economia Ricardiana do que o próprio Ricardo. Da mesma forma, no século XX, a Economia Keynesiana começou a ser desenvolvida e apresentada com conceitos, definições, gráficos e equações não encontrados em nenhum dos escritos de John Maynard Keynes, que levaram outros economistas a estender a análise da Economia Keynesiana em escritos acadêmicos, e sua apresentação aos estudantes em livros didáticos, utilizando dispositivos que o próprio Keynes nunca usou ou concebeu.

O PAPEL DA ECONOMIA

Entre as questões frequentemente levantadas sobre a história da análise econômica estão: (1) A Economia é científica ou apenas um conjunto de opiniões e preconceitos ideológicos? E (2) As ideias econômicas refletem as circunstâncias e acontecimentos ao redor e mudam em função dessas circunstâncias e eventos?

Análise Científica

Não há dúvida de que os economistas, como indivíduos, têm suas próprias respectivas preferências e preconceitos, algo peculiar a todas as pessoas, incluindo matemáticos e físicos. Mas a razão pela qual a Matemática e a Física não são consideradas fruto de meras opiniões subjetivas e noções preconceituosas é que existem nessas disciplinas *procedimentos* aceitos para testar e comprovar as crenças. É precisamente porque os cientistas são individualmente susceptíveis de ter preconceitos que os cientistas em geral buscam criar e acordar sobre métodos

Economia Básica - Volume II

e procedimentos científicos imparciais, de modo que preconceitos individuais podem ser impedidos ou expostos.

Na Economia, a preferência dos economistas keynesianos pela intervenção do governo, e a dos economistas da Universidade de Chicago em confiar nos mercados em vez de no governo, pode ter influenciado suas respectivas reações iniciais à análise e aos dados da Curva de Phillips, por exemplo. Mas o fato de que ambos, os economistas keynesianos e os economistas da Escola de Chicago, compartilharam um conjunto comum de procedimentos analíticos e empíricos em seu trabalho profissional lhes permitiu chegar a conclusões comuns na medida em que mais dados foram sendo obtidos ao longo do tempo, minando a Curva de Phillips.

Controvérsias têm ocorrido na ciência, mas o que faz um determinado campo científico não é a unanimidade automática sobre questões específicas, mas um conjunto de procedimentos aceitos em comum a fim de resolver as diferenças sobre questões em que há dados suficientes disponíveis. A teoria da relatividade de Einstein não foi inicialmente acatada pela maioria dos físicos, nem Einstein quis aceitá-la sem alguns testes empíricos. Quando o comportamento da luz durante um eclipse do sol proporcionou um teste para sua teoria, os resultados inesperados convenceram outros cientistas de que ele estava certo. Um importante historiador da ciência, Thomas Kuhn, argumentou que o que distingue a ciência de outras áreas é que as teorias mutuamente contraditórias não podem coexistir indefinidamente na ciência, mas que uma deve prevalecer e as outras desaparecer quando um número suficiente de dados corretos se tornam disponíveis.

Assim, a teoria do flogisto de combustão (as substâncias combustíveis teriam o elemento fogo em sua composição) deu lugar à teoria de combustão via oxigênio, e a teoria de Ptolomeu da astronomia deu lugar à teoria de Copérnico. A história das ideologias, no entanto, é bastante diferente da história da ciência. Ideologias mutuamente contraditórias podem coexistir durante séculos, sem que a possibilidade de conciliação de suas diferenças esteja à vista, ou seja, talvez, até mesmo concebível[10].

O que os cientistas compartilham não é simplesmente um acordo sobre várias conclusões, mas, mais fundamentalmente, um acordo sobre as maneiras de testar e verificar as conclusões, começando com uma definição cuidadosa e rigorosa dos termos utilizados. A importância crucial de definições em Economia tem sido demonstrada, por exemplo, pelas falácias que resultam quando debates

---

[10] Esse tema é explorado em meu livro *A Conflict of Visions*.

Palavras de Despedida

populares sobre as políticas econômicas usam um termo vago como "salários" para se referir a coisas diferentes como remuneração por unidade de tempo, rendimentos agregados dos trabalhadores e custo de mão de obra por unidade de produção[11]. Como observado no Capítulo 7, um país próspero, com salários mais elevados por unidade de tempo pode ter custos de trabalho por unidade de produção mais baixos do que um país do Terceiro Mundo, onde os trabalhadores não ganham tanto.

Representações matemáticas de argumentos, na ciência ou na Economia, não só os deixam mais compactos, facilitando o acompanhamento de suas complexidades, em relação a uma apresentação verbal, mas também pode fazer com que suas implicações fiquem mais evidentes e suas falhas mais difíceis de esconder. Por exemplo, ao preparar, em 1931, um artigo acadêmico que se tornou referência na Economia, sendo reeditado por décadas após vir a público, o professor Jacob Viner, da Universidade de Chicago, instruiu um desenhista sobre a forma como ele queria certas curvas complexas de custo. O desenhista respondeu que era impossível desenhar um dos conjuntos de curvas com o qual o professor Viner queria ilustrar a análise em seu artigo com todas as características que Viner tinha especificado.

Como o professor Viner mais tarde reconheceu, ele pediu algo que era "tecnicamente impossível e economicamente inadequado", porque alguns dos pressupostos em sua análise eram incompatíveis com alguns de seus outros pressupostos. A falha se tornou evidente em uma apresentação matemática do argumento, enquanto suposições mutuamente incompatíveis podem coexistir indefinidamente em uma apresentação verbal imprecisa.

A análise sistemática de termos cuidadosamente definidos e o teste sistemático de teorias contra as evidências empíricas são, todos, partícipes de um estudo científico em muitos campos. Claramente, a Economia avançou nesse sentido ao longo dos séculos. No entanto, a Economia é científica apenas no sentido de ter alguns dos procedimentos da ciência. Mas a incapacidade de conduzir expe-

---

[11] Como vimos no Capítulo 3, durante a Grande Depressão dos anos 1930, sucessivas administrações norte-americanas de ambos os partidos políticos procuraram manter altas taxas de salário por unidade de tempo como uma forma de manter o "poder de compra" do trabalho — o qual depende dos rendimentos agregados dos trabalhadores. Mas, entre os economistas, keynesianos e não keynesianos, entendeu-se que o número de trabalhadores empregados foi afetado pela taxa de salário por unidade de tempo, de modo que os salários mais elevados podem significar menos pessoas empregadas — e aqueles que não ganham nada reduzem o poder de compra. Uma falácia comum em debates populares do comércio internacional é que os países com altos "salários" — ou seja, salários por unidade de tempo — não podem competir com países que têm baixos "salários", no pressuposto de que os países de altos salários terão aumento dos custos de produção.

Economia Básica - Volume II

riências controladas impede suas teorias de ter a precisão e recorrência muitas vezes associada à ciência. Por outro lado, existem outros campos com uma base científica reconhecida que também não permitem experiências controladas, a Astronomia sendo um exemplo e a Meteorologia, outro. Além disso, há diferentes graus de precisão entre estes campos.

Na Astronomia, por exemplo, um eclipse pode ser previsto no exato segundo em que ocorrerá com antecedência de séculos, mas os meteorologistas têm uma alta taxa de erros ao prever o tempo de uma semana à frente.

Embora ninguém questione os princípios científicos da Física em que a previsão do tempo se baseia, a incerteza sobre a forma como as inúmeras combinações de fatores se reunirão em um determinado lugar em um determinado dia faz com que *estimar* a ocorrência de um evento particular naquele dia seja muito mais arriscado do que *prever* como esses fatores interagem caso estejam todos presentes.

Presumivelmente, se um meteorologista soubesse de antemão exatamente quando uma massa de ar quente e carregada de umidade se movendo para cima a partir do Golfo do México encontraria uma massa de ar frio e seco se movendo para baixo do Canadá, ele seria capaz de afirmar, com certeza, que choveria ou nevaria em St. Louis, uma vez que bastaria aplicar os princípios da Física a essas circunstâncias particulares. Não se trata de que aqueles princípios são incertos, mas sim de verificar, entre todas as variáveis existentes, aquelas cujo comportamento determinará quais desses princípios se aplicam em um determinado lugar em um determinado momento.

O que é cientificamente conhecido é que a colisão de ar seco frio e ar quente e úmido não produz dias ensolarados e tranquilos. O que é desconhecido é se essas massas de ar específicas chegarão a St. Louis ao mesmo tempo ou uma após a outra — ou nenhuma delas passará por lá. É aí que as probabilidades estatísticas são calculadas para saber se elas continuarão se movendo em suas velocidades atuais e sem mudar de direção.

Em princípio, a Economia se parece muito com a Meteorologia. Não há exemplo na história em que um governo aumentou a oferta de moeda em dez vezes em um ano sem que os preços subissem. E ninguém espera que algum dia haverá. Os efeitos do controle de preços na criação de escassez, mercados negros, declínio da qualidade do produto e uma redução de serviços auxiliares, têm igualmente sido notavelmente semelhantes, no Império Romano sob Diocleciano, em Paris durante a Revolução Francesa ou no mercado imobiliário de Nova York com o atual controle de aluguéis. Também não há nenhuma diferença fundamental em saber se o preço que está sendo controlado é o de moradias, alimentação ou assistência médica.

Controvérsias entre os economistas causam notícia, mas isso não significa que não existem princípios estabelecidos nesse campo, mais do que qualquer controvérsia entre os cientistas significa que não existe tal coisa como princípios estabelecidos de Química ou Física. Em ambos os casos, polêmicas raramente envolvem prever o que *aconteceria* sob determinadas circunstâncias, mas estimar o que *vai* de fato ocorrer em circunstâncias em que há muitas combinações e permutações de fatores para o resultado ser totalmente previsível. Em suma, essas controvérsias normalmente não envolvem desacordo sobre princípios fundamentais na área, mas sobre como todas as tendências e condições vão se reunir para determinar quais desses princípios se aplicam ou predominam em um determinado conjunto de circunstâncias.

Pressupostos e Análise

Entre as muitas objeções feitas contra a Economia, encontram-se as alegações de que ela é "simplista", ou que assume muito interesse próprio e racionalidade materialista, ou que os pressupostos por detrás de suas análises e previsões não são uma representação verdadeira do mundo real.

Implícito no termo "simplista" é que uma explicação não é apenas simples, mas *muito* simples. Isso só levanta a questão: Muito simples para o quê? Se os fatos, consistentemente, se dão da maneira como a explicação prevê, então, obviamente não foi tão simples elaborá-la — especialmente se os fatos *não* ocorrem da maneira como uma explicação mais complicada ou que soasse mais plausível previa. Em resumo, se uma explicação qualquer é ou não muito simples é uma questão empírica que não pode ser decidida com antecedência pela forma como uma explicação se pareça — plausível, complexa ou matizada — mas só pode ser determinada depois de se examinar provas concretas sobre quão bem suas previsões se revelaram[12].

Uma tentativa relacionada ao método de determinar a validade de uma teoria pelo jeito como parece plausível, em vez de quão bem ela se dá quando posta à

---

[12] Houve consternação entre os apreciadores de vinho quando o economista Orley Ashenfelter disse que poderia prever os preços dos vinhos que utilizam dados sobre o clima durante a estação em que suas uvas foram cultivadas, sem provar o vinho ou prestar qualquer atenção às opiniões de especialistas que o haviam degustado. Mas seus métodos acabaram prevendo os preços com mais precisão do que as opiniões de especialistas que tinham provado o vinho.

prova, é a crítica de que a análise econômica mostra às pessoas como pensar ou agir de uma forma que a maioria das pessoas não pensa nem age. Mas a Economia se concentra, em última análise, sobre *resultados* sistêmicos, e não em *intenções* pessoais ou atos individuais.

Economistas situados em lados opostos do espectro ideológico compreenderam isso. Karl Marx disse que os capitalistas baixam os preços, quando os avanços tecnológicos reduzem seus custos de produção, não porque querem, mas porque a concorrência no mercado os obriga. Adam Smith igualmente disse que os benefícios de uma economia de mercado competitiva "não fazem parte" das intenções dos capitalistas. Friedrich Engels, o colaborador do Karl Marx, disse: "o que cada indivíduo quer é obstruído por todos os outros, e o que emerge é algo que ninguém queria". É esse "o que emerge" que a economia tenta prever e seu sucesso ou fracasso é medido por isso, não pelo quão plausível sua análise pareça ser de início.

Preconceito e Análise

Inclinação pessoal é outra questão fundamental que tem sido levantada sobre a Economia e sua reivindicação de *status* científico. J.A. Schumpeter, cuja massiva *History of Economic Analysis* permanece inigualável em virtude de sua combinação de amplitude e profundidade, tratou da questão muito discutida do efeito da influência das inclinações pessoais na análise econômica. Ele encontrou viés ideológico comum entre os economistas, de Adam Smith a Karl Marx — mas o que ele concluiu também foi quão pouco efeito tais preconceitos tinham sobre o trabalho desses economistas, cujas análises são impermeáveis à ação de seus comentários ou defesas ideológicas.

Também em uma publicação acadêmica, Schumpeter destacou Adam Smith, em especial: "No caso de Adam Smith, o interessante não é de fato a ausência, mas a inocuidade do viés ideológico".

A inescapável imagem negativa que Smith tinha dos empresários era, para Schumpeter, um viés ideológico decorrente de sua história familiar "*não* ligada à classe empresarial" e de sua imersão intelectual no trabalho de intelectuais "similarmente condicionados". Mas "toda essa carga ideológica, intensa como era, realmente não fez muito dano à sua realização científica", na produção de "uma doutrina factual, sólida e analítica". Da mesma forma com Karl Marx, cuja visão ideológica dos processos sociais foi formada antes de ele começar a estudar Economia, mas "com seu trabalho analítico amadurecido, Marx não só elaborou muitas peças de análise científica neutras em relação a essa visão, mas também algumas que discordavam dela", embora Marx continuasse a usar "uma fraseologia vituperativa, que não afetava os elementos científicos presentes em um argumento". Ironicamente, a visão de Marx sobre os empresários não era tão totalmente negativa como a de Adam Smith[13].

Segundo Schumpeter, "o desempenho científico *em si* não nos obriga a nos despojarmos de nossos juízos de valor ou a renunciar ao chamado da defesa de algum interesse em particular". Mais sem rodeios, disse ele: "defender não implica em mentir", embora, por vezes, ideologias "cristalizam-se" em "credos", que são "impermeáveis aos argumentos". Mas entre os marcos de um campo científico estão "as regras de procedimento", que podem "neutralizar o erro ideologicamente condicionado" de uma análise. Além disso, ter "algo para formular, defender, atacar" impulsiona o trabalho factual e analítico, mesmo que a ideologia às vezes interfira nele. Portanto, "embora sejamos vagarosos por causa de nossas ideologias, talvez sem ela não sairíamos do lugar".

Eventos e Ideias

A Economia influencia os eventos ou os eventos influenciam a Economia? A resposta curta a ambas as perguntas é "sim", mas a única questão significativa é — em que medida e de que forma em particular? A resposta de John Maynard Keynes à primeira pergunta foi esta:

> [...] as ideias dos economistas e filósofos políticos, estejam eles certos ou errados, são mais poderosas do que comumente é percebido. Na verdade, o mundo é governado por pouco mais. Homens práticos, que se acredita estarem isentos de quaisquer influências intelectuais, geralmente são escravos de algum economista já falecido. Homens insanos em autoridade, que ouvem vozes no ar, destilam suas loucuras com base em algum escritor acadêmico de anos atrás. Estou certo de que o poder dos vastos interesses escusos é enormemente exagerado em comparação com o gradual avanço das ideias.

---

[13] Em *O Capital*, Marx disse: "Eu pinto o capitalista e o proprietário em tons nada cor-de-rosa. Aqui, as pessoas são tratadas apenas na medida em que personificam categorias econômicas [...] Meu ponto de vista [...] pode menos do que qualquer outro tornar o indivíduo responsável pelas relações de cuja criatura ele permanece sendo socialmente, por mais que possa, subjetivamente, elevar-se acima delas". Ao contrário de muitos outros na esquerda, Marx não via os capitalistas como controladores da economia, mas exatamente o oposto: "a livre concorrência traz à luz as leis inerentes à produção capitalista, na forma de leis coercitivas externas que têm poder sobre todo indivíduo capitalista". Karl Marx, *O Capital*, vol. I, pp. 15, 297.

Em outras palavras, não foi por influência direta sobre aqueles que detêm o poder em uma determinada ocasião que os economistas influenciam o curso dos acontecimentos, de acordo com Keynes. A geração de certas crenças e atitudes gerais formam o contexto no qual os formadores de opinião pensam e os políticos agem. Nesse sentido, os mercantilistas ainda exercem influência sobre crenças e atitudes no mundo de hoje, séculos depois de terem sido decisivamente extirpadas da Economia por Adam Smith.

A questão de saber se a Economia é moldada pelos eventos é mais controversa. Houve um tempo em que se acreditava que as ideias eram moldadas pelas circunstâncias e eventos, e as ideias econômicas não foram exceção. Sem dúvida, alguma coisa no mundo real fez as pessoas começarem a pensar sobre ideias econômicas, tal como, sem dúvida, o fizeram a propósito das ideias de outros campos, incluindo a Ciência e a Matemática. Na antiguidade, a Trigonometria foi impulsionada pela necessidade de um novo levantamento fundiário no Egito após recorrentes alagamentos provocados pelas cheias do rio Nilo eliminarem as fronteiras entre as propriedades das pessoas.

Esse é um tipo de influência. A influência mais imediata e direta foi assumida por aqueles que acreditavam que a Grande Depressão da década de 1930 gerou a Economia Keynesiana. Mas mesmo aceitando que a Grande Depressão inspirou as ideias de Keynes e a aceitação generalizada desse pensamento entre os economistas de todo o mundo, quão típico isso foi em relação à maneira como a Economia evoluiu historicamente, comparativamente ao modo de evolução histórica das ideias de outros campos do conhecimento?

Mais coisas foram derrubadas ou mais problemas sociais foram criados quando Newton desenvolveu sua teoria da gravidade? Certamente não havia mais mercados livres quando Adam Smith escreveu *A Riqueza das Nações*, que defendia mercados mais livres precisamente por causa de sua insatisfação com os efeitos de vários tipos de intervenção governamental que eram comuns na época[14]. A grande mudança da Economia no século XIX, abandonando uma teoria de que os preços eram determinados pelos custos de produção para adotar uma teoria de que essa determinação derivava da demanda dos consumidores, não ocorreu em resposta a quaisquer mudanças nos custos de produção ou na demanda do consumidor. Simplesmente, houve o surgimento imprevisível de uma nova visão intelectual como forma de resolver as ambiguidades e inconsistências da

---

[14] Ninguém escreve um livro de 900 páginas para dizer como está feliz com a maneira como as coisas estão indo.

teoria econômica existente. Quanto às depressões, houve algumas antes de 1930 que não produziram um Keynes.

George Stigler, um economista ganhador do Prêmio Nobel, assinalou que acontecimentos importantes no mundo real podem não ter consequências intelectuais: "Uma guerra pode devastar um continente ou destruir uma geração sem colocar novas questões teóricas", disse ele. A trágica realidade é que as guerras espalharam destruição e devastação em todos os continentes muitas vezes ao longo dos séculos, então, não necessariamente há qualquer problema novo para enfrentar intelectualmente mesmo no meio de uma catástrofe avassaladora.

Seja qual for sua origem ou sua capacidade de influenciar ou ser influenciada por eventos externos, a Economia é, em última análise, um estudo de uma parte permanente da condição humana. Seu valor depende da contribuição que dá à nossa compreensão de um determinado conjunto de condições que envolvem a alocação de recursos escassos que têm usos alternativos. Infelizmente, pouco do conhecimento e compreensão da Economia atingiram o cidadão e eleitor comum, deixando os políticos livres para fazer coisas que nunca seriam toleradas se a maioria das pessoas entendessem de Economia tão bem quanto Alfred Marshall há um século ou David Ricardo há dois.

No que concerne ao que os economistas, hoje, podem oferecer, houve algumas avaliações muito diferentes dentro da profissão. A Economia foi estigmatizada como sendo "a ciência desânimo" por aqueles descontentes com os economistas, que desqualificavam teorias sociais pretensamente promissoras e consideravam contraproducentes certas propostas de políticas. No entanto, na esteira das teorias econômicas de John Maynard Keynes, em que a intervenção do governo desempenhava um papel relevante, houve em muitos lugares a sensação de que os economistas poderiam fazer muito mais do que fornecer insights sobre problemas específicos ou emitir advertências contra políticas ambiciosas mas pouco sólidas. Na década de 1960, havia economistas keynesianos que afirmavam sua capacidade de "fazer uma sintonia fina" na economia. Um deles foi Walter Heller, presidente do Conselho de Assessores Econômicos do presidente John F. Kennedy:

> A Economia atingiu a maioridade na década de 1960 [...]. O governo federal tem uma responsabilidade primordial com a estabilidade econômica e o crescimento do país. E, finalmente, implementamos uma política fiscal e monetária para a busca agressiva desses objetivos [...]. Entremeada à crescente confiança presidencial nos economistas, tem sido crescente a crença política e popular de que a Economia moderna pode, afinal, fazer o que se espera dela.

O aumento simultâneo do desemprego e da inflação durante a década de 1970 foi um golpe para a Economia Keynesiana em geral e para a ideia de que o governo poderia ajustar a economia. Milton Friedman expressou uma opinião que era o oposto da anteriormente apresentada por Walter Heller:

> Um dos grandes problemas do nosso tempo é que as pessoas esperam políticas que produzam resultados que elas são incapazes de alcançar [...] nós, economistas nos últimos anos, temos causado grandes danos à sociedade em geral e em especial à nossa profissão — prometendo fazer mais do que nós podemos entregar. Temos, assim, encorajado os políticos a fazer promessas extravagantes, insuflar expectativas irrealistas no público em geral e promover o descontentamento com resultados razoavelmente satisfatórios, porque ficam aquém da terra prometida dos economistas.

Capítulo 13

PALAVRAS DE DESPEDIDA

*Não ficamos mais sábios antes de aprender que
muito do que fizemos era bastante tolo.*

F.A. Hayek

À s vezes, o todo é maior do que a soma de suas partes. Além de tudo o que você pode ter aprendido sobre coisas específicas no decorrer da leitura deste livro, tais como preços, investimento ou comércio internacional, você também pode ter se tornado em geral mais cético quanto às muitas palavras brilhantes e frases difusas que são veiculadas em massa nos meios de comunicação por políticos e por outros.

Você pode já não estar tão pronto a aceitar acriticamente declarações e estatísticas sobre "os ricos" e "os pobres". Nem deve achar misterioso que tantos lugares com leis de controle de aluguéis enfrentem escassez de moradia, ou que tentar controlar o preço dos alimentos leva frequentemente à fome ou até mesmo inanição.

Contudo, nenhuma lista de falácias econômicas pode ser exaustiva, pois a fertilidade da imaginação humana é virtualmente ilimitada. Novas falácias estão sendo engendradas, ou mal compreendidas, enquanto as antigas ainda estão sendo refutadas. O máximo que se pode esperar é revelar algumas das falácias mais comuns e promover ceticismo e uma abordagem analítica que vá além dos apelos emocionais que sustentam tantas falácias econômicas prejudiciais e inclusive perigosas na política e nos meios de comunicação.

Isso deve incluir uma utilização mais cuidadosa de palavras bem definidas, de modo que declarações sobre como os países com altos salários não podem competir no comércio internacional com países que têm baixos salários não escapam a um exame minucioso que revela a confusão entre *taxas de salário por unidade de tempo* e *custo da mão de obra por unidade produzida.* Confusão semelhante entre *alíquotas de impostos por unidade de renda* e *receitas fiscais totais* do governo fez muitas vezes a discussão racional das políticas tributárias ser praticamente impossível.

Muitas falácias econômicas dependem (1) de pensar a economia como um conjunto de operações de soma zero, (2) ignorando o papel da concorrência no mercado, ou (3) não pensar além das consequências iniciais de políticas específicas.

Se as transações econômicas beneficiam uma das partes envolvidas nessas operações apenas às custas da outra parte, então seria compreensível acreditar que a intervenção do governo para mudar os termos das transações produziria um benefício líquido para uma das partes, como inquilinos ou empregados. Porém, se as transações econômicas beneficiam ambas as partes, então, alterar os termos das transações para favorecer um lado tende a reduzir o número de transações em que o outro lado está disposto a se envolver. Em um mundo de operações de soma positiva, compreende-se que leis de controle de aluguéis causam escassez de moradias e leis de salário-mínimo aumentam o desemprego. Poucas pessoas estão propensas a dizer explicitamente que as transações econômicas beneficiam apenas uma das partes envolvidas, mas muitas falácias persistem por causa de suposições implícitas que as pessoas não se preocupam em admitir, mesmo para si.

Raramente as pessoas pensam coisas tolas por serem tolas. Mais frequentemente, elas não se preocupam em pensar sobre as coisas, de modo que mesmo indivíduos altamente inteligentes podem chegar a conclusões insustentáveis porque sua capacidade intelectual significa pouco se não for implementada e aplicada.

O papel central desempenhado pela concorrência nas economias de livre mercado muitas vezes é posto de lado por aqueles que não deixam seus pressupostos claros. Uma das atrações do planejamento central, especialmente antes de ser colocado em operação e suas consequências vistas na prática, era que a alternativa a ele parecia ser um caos de atividade descoordenada em um mercado descontrolado.

Muitos também acreditaram que os sindicatos podiam aumentar a participação do trabalho na renda de um setor simplesmente reduzindo a parcela que vai para os investidores nesse setor. Mas isso ignora a competição pelo investimento, que é atraído para atividades em que os retornos são mais elevados e vice-versa, mudando assim as perspectivas de emprego em ambos os lugares. Quando há uma competição entre empresas sindicalizadas e não sindicalizadas no mesmo segmento econômico, como na fabricação de automóveis americanos, não é de surpreender observar a General Motors reduzindo drasticamente o número de

Palavras de Despedida

trabalhadores em sua folha de pagamento, enquanto a Toyota está aumentando sua contratação nos Estados Unidos.

Não pensar para além das consequências iniciais de decisões econômicas, incluindo as políticas do governo, é um exemplo especial de não se preocupar em pensar sobre as coisas. Restringir a importação de aço estrangeiro para os Estados Unidos de fato salvou postos de trabalho na indústria siderúrgica nacional, mas suas repercussões sobre os preços e as vendas de outros produtos nacionais fabricados com aço nacional mais caro custaram muito mais empregos do que os que foram salvos na indústria de aço. Nada disso é ciência avançada, mas exige parar para pensar. Os exemplos particulares aqui ou noutro lugar neste livro não são nem de perto tão importantes quanto manter em mente os princípios econômicos que ilustram.

Muita confusão se origina de julgar políticas econômicas pelas metas que proclamam, em vez de pelos incentivos que criam. Em tempo de guerra, por exemplo, quando as forças militares absorvem muitos recursos que normalmente vão para a produção civil, muitas vezes há um desejo compreensível de garantir que coisas básicas como alimentos continuem a estar disponíveis para a população civil, especialmente aqueles com baixos rendimentos. Assim, o controle de preços pode ser imposto ao pão e manteiga, mas não em champanhe e caviar. Entretanto, por mais correto que isso possa parecer quando se olha apenas para a meta ou as consequências iniciais, a imagem muda drasticamente ao observar as repercussões dos incentivos criados.

Se os preços do pão e manteiga são mantidos mais baixos do que seriam se fossem determinados pela oferta e demanda em um mercado livre, então os produtores de pão e manteiga tendem a auferir menores taxas de lucro que os produtores de champanhe e caviar, que permanecem livres para cobrar "seja lá o que for possível", uma vez que ninguém considera essas coisas como essenciais. No entanto, uma vez que todos os produtores competem pelo trabalho e outros recursos escassos, isso significa que os lucros mais elevados de champanhe e caviar permitem que seus produtores obtenham mais recursos, em detrimento dos produtores de pão e manteiga, que teriam maior capacidade em um mercado livre, sem controles de preços. Transferência de recursos a partir da produção de pão e manteiga para a produção de champanhe e caviar é uma das repercussões ignoradas quando se deixa de pensar para além da fase inicial das consequências das políticas econômicas. Por razões semelhantes, o controle de aluguéis tende a desviar os recursos da produção de habitação comum para pessoas de renda moderada para a construção de habitação de luxo para os ricos e abastados.

A importância dos princípios econômicos se estende além das coisas que a maioria das pessoas pensa como Economia. Por exemplo, aqueles que se preocupam com o esgotamento do petróleo, minério de ferro ou outros recursos naturais muitas vezes presumem que estão discutindo a quantidade física dessas substâncias no planeta. Mas essa suposição cai por terra quando percebem que as estatísticas sobre "reservas conhecidas" desses recursos podem nos dizer mais sobre os custos de exploração e a taxa de juros incidente sobre o dinheiro que financia a exploração deles do que a respeito de quanto dos recursos resta na Terra. E também não é a quantidade de material físico, necessariamente, o que importa, sem saber o montante que pode ser extraído e processado e a qual custo.

Muitas outras decisões que não são geralmente consideradas como de caráter econômico podem, de fato, ter graves repercussões econômicas. Por exemplo, algumas comunidades podem decidir restringir a altura permitida dos edifícios locais a serem construídos, sem cogitar nas implicações econômicas, que podem resultar em valores de locação muito mais elevados[1]. Esses são apenas alguns de toda uma série de problemas e questões que, na superfície, podem parecem não estar no âmbito econômico, mas que, no entanto, mostram-se muito diferentes depois de compreender os princípios econômicos básicos e sua aplicação neles.

A importância da distinção entre *objetivos* políticos e *incentivos* criados por essas políticas ultrapassa o que foi discutido neste livro — e, na realidade, além da Economia. Nada é mais fácil do que proclamar um maravilhoso objetivo. A "Lei para Aliviar o Sofrimento do Povo e do Reich", durante a Grande Depressão dos anos 1930 deu poderes ditatoriais a Adolf Hitler, levando à II Guerra Mundial, que criou mais sofrimento e desastres que o povo alemão — e muitos outros povos — já havia experimentado antes.

O que deve ser questionado sobre qualquer objetivo é: Que coisas específicas vão ser feitas em nome dele? Qual é a legislação específica ou recompensa política, e quais são suas punições? Que constrangimentos são impostos? Olhando para o futuro, quais são as prováveis consequências de tais incentivos e restrições? Olhando para trás, para o passado, quais foram as consequências de incentivos semelhantes e restrições em outros tempos e lugares? Como o respeitado historiador britânico Paul Johnson colocou:

---

[1] Quando as leis impedem a construção de edifícios de apartamentos de dez andares, um outro que tem cinco andares no mesmo terreno agora tem custos mais elevados por apartamento, porque o custo do terreno — que em alguns lugares pode ser maior do que o custo do prédio — tem de ser recuperado no aluguel cobrado em apenas metade do número de pessoas.

Palavras de Despedida

O estudo da história é um poderoso antídoto contra a arrogância contemporânea. É humilhante descobrir quantas de nossas suposições simplistas, que nos parecem novas e plausíveis, foram testadas antes, não uma, mas muitas vezes e em inúmeros disfarces; e descobriu-se que eram, com grande custo humano, completamente falsas.

Já presenciamos alguns desses grandes custos humanos — pessoas passando fome na Rússia em algumas das terras mais ricas do continente europeu; e pessoas dormindo nas calçadas durante as noites geladas de inverno em Nova York, apesar das muito mais unidades habitacionais com as portas fechadas na cidade do que seria necessário para abrigar todos eles.

Algumas das políticas econômicas que levaram a consequências contraproducentes ou mesmo catastróficas em vários países e em vários períodos da história podem sugerir que houve inacreditável estupidez por parte dos responsáveis pelas tomadas de decisão — que, nos países democráticos, também pode implicar em atitude semelhante por parte daqueles que votaram neles. Mas isso não é, necessariamente, assim. Não obstante a análise econômica necessária para compreender essas questões possa não estar particularmente fora de alcance, é preciso primeiro parar e pensar sobre as questões colocando-as em perspectiva econômica. Quando as pessoas não param e pensam nas questões, não importa sua condição de gênios ou idiotas, porque a qualidade do pensamento que eles *teriam* feito é um ponto aberto à discussão.

Além do papel dos incentivos e restrições, um dos nossos outros temas centrais foi o papel do *conhecimento*. Em economias de livre mercado, vimos corporações gigantes multibilionárias caírem do alto de suas excelsas posições, algumas percorrendo todo o caminho que vai da recuperação judicial à extinção, porque seu conhecimento da evolução das circunstâncias e das implicações dessas mudanças ficou aquém dos rivais emergentes.

Fatos são importantes, mas compreender as *implicações* desses fatos é algo ainda mais importante, e é isso que uma compreensão da economia pretende proporcionar. Por exemplo, a Eastman Kodak foi o colosso internacional da indústria fotográfica por mais de um século e ainda assim foi devastada economicamente pela ascensão das câmeras digitais, que destruíram o mercado para muitos produtos da Kodak construídos com base na tecnologia obsoleta do filme em película. Entretanto, à Kodak não faltava o conhecimento sobre câmeras digitais, *que foram inventadas por ela*, mas a empresa errou em não ver as *implicações* dessa tecnologia radicalmente nova, algo que não faltou a outras empresas que desenvolveram as potencialidades da nova técnica até o ponto em que a East-

Economia Básica - Volume II

man Kodak foi forçada a solicitar recuperação judicial. Essas outras empresas incluíam não só fabricantes tradicionais de câmeras como Nikon e Canon, mas também empresas de fora da indústria fotográfica, como Sony e Samsung, que começaram a produzir câmeras digitais.

O importante não é destacar que algumas empresas sucumbiram diante de empresas concorrentes, seja na indústria fotográfica ou outra qualquer, mas que o conhecimento e insights revelaram-se decisivos na competição do mercado. O público é beneficiado porque algumas decisões de negócios foram baseadas em uma compreensão mais clara das realidades econômicas dos tempos e circunstâncias — e foram as empresas que tomaram essas decisões as que sobreviveram para utilizar os recursos escassos que tinham usos alternativos.

Em economias centralmente planejadas, vimos os responsáveis sobrecarregados pela tarefa de tentar definir literalmente milhões de preços — e ficar alterando esses preços em resposta a inumeráveis e muitas vezes imprevisíveis mudanças nas circunstâncias. Não causa surpresa alguma notar que eles falharam tantas vezes. O notável foi que ninguém esperava que tivessem êxito, dada a grande quantidade de conhecimento que teria de ser reunido e dominado em um certo lugar e ao mesmo tempo por um conjunto de pessoas, a fim de realizar tal trabalhoso arranjo. Lenin foi apenas um dos muitos teóricos ao longo dos séculos que imaginaram que seria fácil para os gestores governamentais executarem as atividades econômicas — e o primeiro a encontrar diretamente pela frente as catástrofes econômicas e sociais que levaram embora tal crença, como ele mesmo admitiu, após somente alguns anos no poder.

Dadas as vantagens decisivas de conhecimento e insights em uma economia de mercado, mesmo quando ambos estão nas mentes de pessoas nascidas e crescidas na pobreza, tais como J.C. Penney ou F.W. Woolworth, podemos ver por que as economias de mercado muitas vezes superaram outras economias que dependem de ideias originárias unicamente de dentro de uma pequena elite formada por ideologia ou nascimento. A despeito de as economias de mercado serem muitas vezes consideradas como economias de dinheiro, elas ainda são mais como economias do conhecimento, pois o dinheiro sempre pode ser encontrado para proporcionar novos conhecimentos, tecnologias e métodos organizacionais que funcionam, mesmo quando essas inovações foram criadas por pessoas inicialmente com falta de dinheiro, como Henry Ford, Thomas Edison, David Packard e outros. O capital está sempre disponível sob o capitalismo, mas o conhecimento e insights são raros e preciosos sob qualquer sistema econômico.

Palavras de Despedida

O conhecimento não deve ser estritamente concebido como o tipo de informação em que intelectuais e acadêmicos se especializam. Nós não deveríamos ser descritos como o famoso estudioso Benjamin Jowett, mestre do Balliol College, em Oxford, que inspirou este verso:

> Meu nome é Benjamin Jowett.
> Se isto é conhecimento, eu sei.
> Eu sou o mestre desta faculdade,
> O que eu não sei não é conhecimento.

Na realidade, há muito que os intelectuais não sabem que é conhecimento vital para o funcionamento de uma economia. Pode ser fácil desdenhar a espécie de conhecimento mundano altamente específico e suas implicações, que são muitas vezes economicamente decisivas, perguntando, por exemplo: "Quanto há de conhecimento para fritar um hambúrguer?" No entanto, o McDonald's não se tornou uma corporação multibilionária, com milhares de pontos de venda em todo o mundo, sem razão alguma — não com tantos rivais tentando desesperadamente e sem sucesso fazer a mesma coisa, e alguns deles até mesmo sem ganhar dinheiro suficiente para permanecer no negócio. Qualquer um que estuda a história dessa cadeia de franquias[2] ficará espantado com a quantidade de conhecimento detalhado, ideias, inovação organizacional e tecnológica, improvisação financeira, esforços extremos e sacrifícios desesperados que se uniram para criar um enorme sucesso econômico com a venda de apenas alguns produtos alimentares comuns.

Nem o McDonald's foi um fenômeno único. Todos os tipos de empresas — da Sears à Intel, e da Honda para o Bank of America — tiveram que lutar para crescer a partir de começos humildes para finalmente alcançar riqueza e segurança. Em todos esses casos, foram o conhecimento e insights acumulados ao longo dos anos — o capital humano — que, em última análise, atraíram o capital financeiro para fazer das ideias, realidade. O outro lado disso é que, em países onde a mobilização de recursos financeiros é dificultada por leis de direitos de propriedade não confiáveis, as pessoas lá embaixo têm menos maneiras de obter o capital necessário para implementar seus empreendimentos de negócios. E, mais importante, toda a sociedade perde os benefícios que poderia ganhar

---

[2] Por exemplo, John F. Love, *McDonald's: Behind the Arches.*

com o que esses empresários sufocados poderiam ter contribuído para a ascensão econômica da nação.

O sucesso é apenas uma parte da história de uma economia de livre mercado. Fracassar é, pelo menos, uma parte tão importante quanto, embora poucos queiram falar sobre isso e ninguém queira experimentar. Quando os mesmos recursos — terra, mão de obra ou petróleo podem ser utilizados por diferentes empresas em diferentes setores para a produção de diferentes produtos, a única maneira para as ideias de sucesso se tornarem realidade é tirar recursos de outras aplicações que acabam por perder espaço ou que se tornaram obsoletos após uma fase áurea. Economia não se trata de opções de ganho mútuo, mas de escolhas muitas vezes dolorosas na alocação de recursos escassos que têm usos alternativos. Sucesso e fracasso não são oposições isoladas, mas partes inseparáveis de um mesmo processo.

Todas as economias — capitalismo, socialismo, feudalismo ou o que for — são essencialmente formas de cooperação na produção e distribuição de bens e serviços, seja isso feito de forma eficiente ou não, voluntária ou involuntariamente. Naturalmente, indivíduos e grupos querem que suas próprias contribuições particulares para o processo sejam melhor recompensadas, mas suas queixas ou lutas são atividades que secundam o principal evento, de esforços complementares voltados à produção da qual todos dependem. Comparações odiosas e lutas mutuamente destrutivas são material para melodramas sociais, que por sua vez são a alma da mídia e da política, bem como de partes de sua intelectualidade.

Ao retratar as atividades colaborativas como se fossem torneios de soma zero — seja nas relações empregador/empregado, seja no comércio internacional ou outros esforços cooperativos — aqueles com o poder de impor aos outros suas ideias errôneas mediante palavras ou leis podem criar uma competição de soma negativa, em que todos ficam em situação pior. Um jovem trabalhador destituído de conhecimento e dinheiro estaria hoje virtualmente impossibilitado de adquirir o conhecimento vital para uma futura carreira, trabalhando longas horas sem remuneração, como muitos o fizeram em tempos idos — incluindo F.W. Woolworth, que saiu da extrema pobreza para se tornar um dos homens mais ricos de sua época no mercado varejista.

Aqueles com uma visão de soma zero que enxergaram os direitos de propriedade como meros privilégios especiais para os abastados e os ricos ajudaram a corroer ou destruir tais direitos, ou os tornaram praticamente inacessíveis aos pobres em países do Terceiro Mundo, privando, assim, os pobres de um dos me-

Palavras de Despedida

canismos pelos quais as pessoas de poucos meios como eles, em outros tempos e lugares, puderam prosperar.

A Economia, útil como pode ser para entender muitas questões, não é tão emocionalmente satisfatória como as descrições mais pessoais e melodramáticas dessas questões encontradas frequentemente na mídia e na política. Questões empíricas áridas raramente são tão emocionantes quanto cruzadas políticas ou tocantes pronunciamentos morais. Mas questões empíricas são perguntas que devem ser feitas, se estamos verdadeiramente interessados no bem-estar dos outros, em vez de na excitação ou em um sentimento de superioridade moral conosco mesmos. Talvez a distinção mais importante seja entre o que soa bem e o que funciona. O primeiro pode ser suficiente para fins políticos ou satisfação moral, mas não para o desenvolvimento econômico das pessoas em geral ou dos pobres em particular. Para aqueles que estão dispostos a parar e pensar, a economia básica fornece algumas ferramentas de avaliação de políticas e propostas em termos de suas implicações lógicas e consequências empíricas.

Se este livro contribuiu para esse fim, então ele foi bem-sucedido em sua missão.

PERGUNTAS

PERGUNTAS

Entre parênteses, as páginas nas quais
as respostas a estas perguntas podem ser
encontradas.

PARTE I: A ECONOMIA NACIONAL

1. Como o Índice de Preços ao Consumidor tende a exagerar a taxa de inflação
   e como isso afeta nossas tentativas de medir a renda real? (páginas 18–20)

2. A presença ou ausência de direitos de propriedade faz alguma diferença
   para as pessoas que não possuem nenhuma propriedade? Por exemplo,
   os inquilinos são afetados economicamente pelo fato de a comunidade
   nas quais alugam apartamentos ou casas permitir direitos de propriedade
   desenfreada ou reduzir esses direitos por meio de leis de zoneamento, leis
   de espaço aberto, restrições de altura de edifícios ou controle de aluguéis?
   (páginas 67–72)

3. Como o nível de honestidade ou corrupção em um país afeta a eficácia de
   sua economia? Como as políticas econômicas afetam o nível de honestidade e corrupção? (páginas 61–63)

4. Nos EUA, durante a Grande Depressão da década de 1930, tanto o presidente republicano Herbert Hoover quanto seu sucessor, o presidente democrata Franklin D. Roosevelt, tentaram sustentar os preços dos bens e
   da mão de obra. Qual foi a razão para essas políticas e quais são os problemas econômicos e sociais decorrentes delas? (página 42)

Economia Básica - Volume II

5. Durante um período inflacionário, o dinheiro circula mais rápido ou mais devagar — e por quê? Quais são as consequências? O que você acha que acontece durante um período de deflação — e quais são as consequências? (páginas 36–40)

6. Durante uma guerra total, como o consumo militar de um país mais o consumo civil representam até mais do que a produção, sem pegar emprestado de outros países? (páginas 16–17)

7. Por que é difícil fazer comparações significativas entre o padrão de vida em um país cuja população é, em média, muitos anos mais jovem do que a população de outro país com o qual ele está sendo comparado? (página 21)

8. Na Idade Média, a economia britânica ficou atrás de algumas economias da Europa continental, mas, em séculos posteriores, a economia da Grã-Bretanha ocupou a liderança na Europa e levou o mundo para a era industrial. Como e por que os estrangeiros desempenharam um papel importante no desenvolvimento da economia britânica? (páginas 65–66)

9. Aqueles que aumentam as alíquotas de impostos, com frequência se decepcionam com o fato de que a receita adicional acaba sendo menor do que a esperada. Por outro lado, aqueles que temem que cortes nas alíquotas de imposto reduzirão substancialmente as receitas do governo surpreendem-se, muitas vezes, ao verificar que as receitas do governo estão em ascensão. Explique os dois fenômenos. (páginas 94–96)

10. Mesmo que estatísticas detalhadas estejam disponíveis, por que é difícil comparar a produção nacional no início do século XX com a produção nacional no início do século XXI, e dizer em que porcentagem dela aumentou? Por que é difícil até mesmo dizer quanto os preços dos bens particulares aumentaram de um século para o outro? (páginas 18–20)

11. Por que um banco albanês, com 83% dos depósitos bancários do país, recusa-se a conceder empréstimos? E quais foram as consequências para a economia albanesa? (página 53)

12. Explique "a falácia da composição" e dê exemplos econômicos. (páginas 12–13)

Palavras de Despedida

13. Uma vez que "o dinheiro fala" no mercado, por que as pessoas ricas querem evitar que algumas decisões ocorram no âmbito do mercado e passem a ser feitas politicamente ou pelos tribunais? (Dica: habitação é um exemplo clássico) (página 70)

14. Em que condições o fardo da dívida nacional é transmitido para as gerações futuras? E em que condições não é? (páginas 104–106)

15. De tempos em tempos, existem estimativas conflitantes sobre o quanto dos impostos totais é pago por vários indivíduos e organizações. Por que não é fácil saber quem está realmente assumindo a carga fiscal? Explique com exemplos específicos. (páginas 96–100)

PARTE II: A ECONOMIA INTERNACIONAL

1. Se as leis restringem a importação de um determinado produto estrangeiro, a fim de proteger os postos de trabalho dos trabalhadores domésticos que produzem esse bem, como é possível que isso possa reduzir o emprego doméstico? (páginas 156–157)

2. Embora a África tenha mais que o dobro do tamanho da Europa, o litoral europeu é mais longo do que o litoral africano. Como isso pode ser e — mais importante — quais são as implicações econômicas? (página 197–200)

3. Se o país *A* é capaz de produzir um determinado produto mais barato do que o país *B*, que razão econômica o levaria a comprar esse produto do país *B*, em vez de fabricá-lo ele mesmo? (páginas 145–148)

4. A Austrália fabrica automóveis, mas esses carros são desenvolvidos por empresas de automóveis japonesas ou americanas. Por que um país avançado e próspero como a Austrália não projeta e produz seus próprios automóveis? (página 149)

Economia Básica - Volume II

5. O que se entende por uma "balança comercial favorável"? Por que ela é considerada favorável? É também favorável em relação à produção de prosperidade na economia? (páginas 142–143)

6. Quais os efeitos econômicos das montanhas (a) nas pessoas que vivem nelas e (b) nas pessoas que vivem embaixo, nas terras próximas? Explique o porquê desses efeitos econômicos. (páginas 202–204)

7. Cite algumas das razões para as restrições ao comércio internacional que os economistas normalmente reconhecem como válidas. (páginas 158–159)

8. Na ausência de restrições ao comércio internacional, países nos quais a remuneração salarial é baixa tendem a atrair empregos dos países de altos salários em função de menores custos de produção que lhes permitiriam vender a preços mais baixos? Explique. (páginas 152–155)

9. Os Estados Unidos são com frequência uma "nação devedora", cujos débitos com as pessoas em outros países superam os débitos que essas pessoas têm com os americanos, enquanto a Suíça é com frequência uma "nação credora", a quem os outros devem mais do que o contrário. Quais fatores tendem a levar a tal diferença, e ela é economicamente benéfica ou prejudicial para os americanos ou para a Suíça? (páginas 172–173)

10. Em que medida os respectivos universos culturais e de doenças dos europeus e dos povos indígenas do Hemisfério Ocidental mostraram-se diferentes a partir do momento em que entraram em contato? Explique as razões e as implicações econômicas de tais diferenças. (páginas 204–206, 227–228)

11. Se, em vez de ter restrições ao comércio internacional que economizam talvez 200.000 postos de trabalho, a União Europeia permitisse o livre comércio e pagasse US$100.000 para cada indivíduo que perdesse o emprego como resultado dessa liberação, poderia a União Europeia beneficiar-se financeiramente? (página 164)

12. "Teoricamente, espera-se que os investimentos fluam a partir de onde o capital é abundante para onde é carente, assim como a água busca nivelar-se." Cite algumas das razões pelas quais os países com abundância de

Palavras de Despedida

capital raramente investem muito em países onde o capital é muito mais escasso. (páginas 169–171)

13. Nomeie cinco razões pelas quais um grupo de pessoas pode ser culturalmente mais isolado do que outro, e discorra sobre as implicações econômicas desse fato. (páginas 202–208, 212–215)

14. Cite alguns dos problemas em aplicar as leis contra o "dumping". (páginas 159–160)

15. Por que o livre comércio tende a ser mais valioso para os produtores de uma economia de menor porte do que para os produtores de uma economia de grande porte? (páginas 149–151)

PARTE III: QUESTÕES ECONÔMICAS ESPECIAIS

1. Políticas ou dispositivos de segurança onerosos têm sido frequentemente defendidos com a alegação de que "se salvarem apenas uma vida, vale a pena". Qual é o problema com esse raciocínio? (páginas 249–251)

2. Cite algumas das razões pelas quais são praticados preços diferentes para coisas fisicamente idênticas. (páginas 233–234)

3. Em que os economistas mercantilistas diferem de economistas clássicos como Adam Smith? (páginas 262–265)

4. Qual o motivo de ter marcas diferentes do mesmo produto se, na verdade, todos eles têm praticamente a mesma qualidade e são vendidos por aproximadamente o mesmo preço? O que aconteceria nessa situação se uma lei extinguisse as marcas, de modo que o consumidor só poderia identificar o produto, mas não quem o fez? (páginas 235–239)

5. Por cerca de um século — entre as décadas de 1770 e 1870 — a maioria dos economistas acreditava que os preços relativos dos bens refletiam seus custos relativos de produção, especialmente a quantidade de mão de obra

Economia Básica - Volume II

de que necessitavam. Discorra sobre alguns dos problemas dessa teoria. (páginas 270–273)

6. Explique como a presença ou ausência da motivação pelo lucro afeta a probabilidade de uma organização alcançar o propósito para o qual foi criada, considerando a maximização dos recursos postos à sua disposição. (páginas 239–242)

7. Na época anterior às leis contra a discriminação racial no emprego, eram os químicos da raça negra que tinham a maior probabilidade de serem contratados em empresas lucrativas ou organizações sem fins lucrativos, tais como faculdades e universidades — por quê? (páginas 242–243)

8. Há críticos que alegam que os lucros excedem o valor dos serviços prestados por aqueles que recebem esses lucros. Que evidência empírica poderia ser utilizada para testar essa crença? (páginas 243–245)

9. Quando uma guerra leva ao desvio de uma quantidade substancial de recursos da área civil para fins militares, a maioria das pessoas deveria estar mais preocupada se os pobres ainda podem obter pão do que os ricos ainda podem obter caviar. Então, por que controlar os preços do pão, mas não do caviar? (páginas 291–292)

10. Algumas pessoas consideram a Economia como sendo apenas as opiniões dos economistas, refletindo suas várias tendências ideológicas. Examine essa crença à luz da história da Economia. (páginas 283–284)

11. Preços impostos pelo governo para os cuidados médicos conseguem reduzir os custos desses cuidados? (página 235)

12. É comum os políticos proporem a criação de uma lei ou política para resolver um problema econômico específico, e muitos na mídia e entre o público exortam-nos a fazer isso. À luz da teoria econômica em geral, e da teoria do equilíbrio em particular, o que está errado com essa abordagem? (páginas 274-275)

13. Onde desastres naturais como terremotos ou furacões causam o maior dano em termos de custos financeiros e perda de vidas humanas? (página 250)

Palavras de Despedida

14. Um alto funcionário do governo da Índia disse: "Não quero que as empresas multinacionais enriqueçam vendendo cremes para o rosto de indianos pobres". Qual a implicação dessa afirmação? (páginas 252–253)

15. O economista F.A. Hayek, vencedor do Prêmio Nobel, disse: "Não ficamos mais sábios antes de aprender que muito do que fizemos era bastante tolo". Quais as três políticas mais tolas que você considera terem sido discutidas neste livro? Você as teria considerado tolas antes de ler *Economia Básica*?

ÍNDICE

ÍNDICE

A

Acessibilidade 203

Aço 4, 156-157, 160, 291

Ações
  acionistas 187
  mercado de ações 5, 52, 124, 126

Açúcar 21, 157, 253

Acumulação 92

Adam Smith 116, 137, 142, 151, 242, 247, 283-285

Administração Nixon 82-83, 124

Adolf Hitler 38, 292

África
  África do Sul 34, 44, 99
  África Ocidental 30, 66, 148, 178, 211, 216
  África Subsaariana 176, 193, 197, 201, 204, 220, 224

Agentes
  agentes econômicos 59
  agentes públicos 159-161

Agricultura 36, 42, 148, 185, 195, 206, 209, 226

Água 4, 69, 195, 200, 204, 218, 247, 250, 252, 270, 274

Ajuda externa 168, 178, 184, 186, 188, 210

Alan Greenspan 52

Albânia 53, 193, 202

Albert Einstein 6, 279

Álcool 85

Alemanha 12, 21, 24, 38, 72, 131, 172, 180, 199, 250

Alexandre, o Grande 1, 32, 168

Alfred Marshall 270, 272-273, 286

Alocação de recursos
  eficiência 4, 69, 71, 93, 133, 150, 154, 163, 242
  escassez 2-4, 32, 70, 147, 195, 219, 241, 273, 282, 289-290
  impostos 36-37, 59, 64, 74, 76, 86, 91-92, 94, 96, 97-102, 105-107, 112-113, 115, 117-118
  monopólio 64, 93, 133, 209
  subsídios 13, 75, 109, 111-112, 115, 123, 128, 158, 235

América Latina 34, 39, 179, 182, 183

American Express 50

Andrew Carnegie 248

Animais 69, 80, 196, 201, 204-206

Aposentadoria 124, 131-132

Argentina 31, 175, 179, 183, 190, 194, 251

Arsênico 85-86

Arthur F. Burns 82, 91, 126

Árvores 148

Associações comerciais 80

Atividade de soma zero 175

Augustin Cournot 265, 270

Austrália 44, 149, 164, 179, 202, 206, 303

Automóveis 4, 17, 25, 56, 74, 86, 97, 127, 149, 150, 152, 156, 163, 253, 275, 290, 303

Autossuficiência 185

B

Bairros de baixa renda 256

Balança comercial 5, 142-143, 170-172, 262, 274

Balanço de pagamentos 172

Baltimore & Ohio Railroad 174

Banco Mundial 62, 64-65, 165, 183, 185, 187

Bancos

    Federal Deposit Insurance Corporation 51, 55-56

    Federal Reserve 41-42, 45, 51-52, 94, 126-127, 275

    liquidez 50

    sistemas bancários 53

Bank of America 295

Beisebol 40

Benjamin Jowett 295

Berlim 236

Bibliotecas Públicas 93, 248

Bilionários 38

Birla 64, 248

Bloomingdale 187

Bolívia 34, 61

Bonanza 83

Brasil 16, 20, 29, 51, 54, 65, 88, 92, 94-95, 97, 100, 102, 118

Burocracia 64, 133

BusinessWeek 52, 143, 190

C

Cadeiras de Rodas 22

Caminhões 18, 78-79

Capacidade 12, 15, 21, 29, 43-44, 62-63, 73, 83, 101, 123, 151, 156, 159, 195, 200, 205, 211, 219, 259, 268, 276, 281, 286, 290-291

Capital 4, 53-54, 64-67, 95, 100, 106, 108, 117, 153-154, 169-170, 175, 185, 189, 210, 240, 275-276, 284, 294

Capital Humano 65, 177, 180, 185, 194, 201, 204, 208, 210-211, 214, 216, 220, 222, 258-259, 295

Carne 148, 238

Cartéis 133

Cavalos 19, 195, 205

Cecil Rhodes 181, 224

Cerveja 17, 85, 178

Chile 179

China 6, 24, 54, 57, 105, 150-153, 159-160, 168, 178-179, 194-195,

Índice

200-201, 205, 207-208, 212, 219, 222, 227

Chinês no exterior 73, 178-179, 211, 213, 216, 222

Chrysler 149

Cidades 6, 36, 44, 61, 81, 108, 159, 195-197, 201, 207, 215, 218, 220, 226, 234

Ciência 76, 196, 206, 217, 221, 247, 279, 280-281, 285-286, 291

Cingapura 65, 169, 220

Comércio e Pagamentos Internacionais

    a falácia dos altos salários 152

    ajuda externa 168, 178, 184-188, 210

    balança comercial 5, 142-143, 170-172, 262, 274

    balanço de pagamentos 172

    comércio internacional 141-147, 149-161, 164, 168-170, 172, 176, 182, 198, 201, 266, 274, 280, 289, 296

    defesa nacional 158-159

    deficit 171, 173, 175

    "dumping" 159-160

    economias de escala 44-46, 48, 87, 144, 149-151, 153, 160, 253

    "globalização" 165

    indústrias nascentes 151, 157

    investimento estrangeiro 167, 172, 175, 182, 184

    moeda "forte" 191

    moedas "fortes" e "fracas" 190

    nações credoras 174

    nações devedoras 173-174

    North American Free Trade Agreement (NAFTA) 141-142

    quotas 57, 157, 161

    remessas 167-168, 177-178, 185, 187-188

    restrições 150, 151, 154, 157, 158, 159, 161, 163, 203, 214, 249, 292

    salários versus custos de mão de obra 153-154

    salvar empregos 13

    tarifas 88, 93, 108, 124-125, 135, 155-157, 161

    taxas de câmbio 22-23

    terceirização 163-164

    transferências de riqueza 167, 177, 184, 187-188

    vantagem absoluta 144-145, 147, 149-150

    vantagem comparativa 145, 147-149, 151, 154, 162, 272

Comida/Alimentos 6, 14, 26-27, 30, 36, 38, 43, 68, 148, 197, 201, 207, 211, 219, 238, 251, 253, 271

Companhias aéreas 21, 236, 239

Computadores 18, 154, 162-163, 170-171, 253

Comunismo 60, 184

Concorrência

concorrentes 73, 122, 157, 160, 179, 238, 254, 294

preços competitivos 149-150

Confisco 35, 169, 182

Congo 61, 65, 222

Congresso dos Estados Unidos 123

Conhecimento ix, 6, 41, 47, 113, 128, 134, 196, 201, 206, 215-216, 218, 221, 225, 236-237, 247, 258, 261, 269, 278, 285-286, 293-296

Consumidores 3, 15, 19, 47, 62, 68, 77, 80, 83, 91, 98-99, 110, 122, 143, 148, 155, 158, 160, 164, 173, 234, 238, 257, 262, 268, 270, 285

Controle de Aluguel 40, 71, 75, 292

Coreia do Sul 150, 236

Coronel Sanders 69

Corporações

executivos 62

governança 12, 89, 117

Corporações Multinacionais 176-177

Correio 88, 122

Corrupção 61-65, 68, 73, 77, 84, 169, 186, 208

Crime 114, 247

Cuidados médicos 27, 39, 235

Culturas

desenvolvimento cultural 207, 215

isolamento cultural 212-214

língua 163, 202, 207-208, 213, 215, 217, 221

receptividade cultural 213

retrocessos 218

universo cultural 201, 205-206, 209, 213, 227

Cursos de Água 196, 204

Curva de Phillips 277, 279

Custos e Benefícios Externos 78, 80, 133

D

David Ricardo 261, 266, 269, 278, 286

Decisões

decisões categóricas 41, 121

decisões incrementais 276

prioridade 88, 116

Deflação 32, 39, 40, 42-44, 52, 100

Demanda Agregada 11, 15-16, 34, 41-42, 51, 106, 268

Desastres naturais 250

Dinamarca 72, 193

Dinheiro

bancos 15, 29, 34, 37, 40-41, 44, 45, 46-57, 70, 89, 133-134, 167, 172

cheques 11, 34, 48-50, 132

Federal Reserve 41-42, 45, 51-52, 94, 126-127, 275

inflação 19-20, 32-40, 43-44, 82, 94, 99-100, 103, 105, 108, 112, 125-127, 189-190, 274, 277, 287

ouro 30, 32-35, 37, 39, 43-45, 48, 50, 52, 54, 88, 94, 99, 142, 168,

Índice

176, 189, 190, 222-224, 249, 262-265

poder de compra 14, 22-23, 35, 37, 39, 40, 42-43, 69-70, 106, 112-113, 149, 188, 200, 280

taxas de câmbio 22-23

taxas de juros 30, 54-55, 106

velocidade de circulação 30, 38, 40

Diocleciano 83, 282

Discriminação

custos do discriminador 66

discriminação racial 243

habitação 291

Dívida Nacional 92, 103-104, 107-108, 137

Doença 147, 180, 195, 219, 227, 238, 248, 250, 252, 257

Dow Jones 11, 52, 83

E

Economia

definição ix

história da Economia 261, 269, 278

microeconomia e macroeconomia 274

teoria do equilíbrio 273-275

Economistas

economia clássica 263-265, 270, 273

Economia Keynesiana 113, 276-278, 285, 287

Economia Marxista 5, 182, 271

Economia neoclássica 273

economistas russos 30

"Escola de Chicago" 262, 276-278, 279

ideologia e preconceito 87, 258, 279-280, 283-284, 294

Lei de Say 268

Matemática 265, 270, 272-273, 277, 279, 280-281, 285

mercantilistas 262-265, 285

revolução marginalista 272

Sintonia fina da economia 286

Educação 2, 84, 121-122, 204, 212, 215, 226, 243

Eficiência 4, 69, 71, 93, 133, 150-151, 154-155, 163, 242-243

Eletricidade 4, 17, 46, 78, 92, 104, 257

Elizabeth Costa xi

Empregos

benefícios trabalhistas 112, 233

desemprego 11-12, 14, 16, 40-41, 98, 112-113, 124-128, 132, 141-143, 155-156, 172, 266, 274, 277, 287, 290

empregabilidade 109

salvar empregos 13

segurança no trabalho 112

Empréstimos 44, 48, 51, 53, 55-57, 62, 87, 105, 107, 128, 133-134, 167, 169, 174, 185-187

Enron 77

Economia Básica - Volume II

Época (Era) 4, 16, 18, 26, 34, 36, 38, 41, 44, 56, 62, 80, 103, 148, 154, 168, 177, 184, 189, 196, 200, 202, 205, 207, 209, 213, 218, 224, 226, 238, 241, 243, 261, 264, 285, 296

Escassez 2-4, 32, 70, 147, 195, 219, 241, 273, 282, 289-290

Escravidão 224, 248, 263, 264

Espanha e Espanhóis

    analfabetismo 223

    império espanhol 222

    renda per capita 223

Especulação 122

Estacionamento 72

Estados Unidos da América 11-12, 14, 16-18, 20, 22-25, 31, 50, 54, 55, 57, 60, 63, 67, 82, 87-88, 92, 107, 117, 128, 130, 141-143, 158, 160, 162-164, 170-176, 178-181, 183-185, 187-188, 202, 214, 221, 240, 248, 250-251, 270, 291

Estoque 17, 39, 104, 143, 223, 234, 239, 244

Estudantes ix, 63, 163, 165, 177, 270, 275, 278

Estupidez 121, 293

Euro 188-191, 193

Europa 32, 34, 60, 65, 92-93, 159-160, 169, 172, 174, 178, 180-181, 184-185, 189, 193-195, 197-201, 203-205, 207-210, 213-218, 220-222, 223-224, 227, 248, 253, 271-272

Excedente 92-93, 112, 118, 142-143, 170-173, 241, 262, 264, 273

Executivos 62

Exploração 69, 114, 176-177, 182-183, 223, 225, 233, 270, 292

Exportações 142-143, 150, 155-156, 170, 175, 181, 184, 190, 263

F

Faculdades e Universidades xi, 33, 63, 74, 89, 114, 125, 127, 147, 165, 189, 215, 242-244, 248, 273-274, 276, 278-280, 295

Falácia da Composição 12-13, 157

Falência/Recuperação Judicial 16, 68, 135-136, 293-294

Famílias 3, 16, 60, 168, 178, 216, 221, 252

Far Eastern Economic Review 162

Fazenda 26, 40, 59, 68, 148, 206, 215

Federal Deposit Insurance Corporation 51, 55-56

Federal Reserve 41-42, 45, 51-52, 94, 126-127, 275

Ferdinando Galiani 265

Ferrovias 81, 82, 89, 154, 174-175, 204

Feudalismo 296

Fiji 66, 179, 180, 216

Filantropia 188, 248

Fome 43, 65, 168, 178, 183, 271, 289, 293

Forbes (Revista) 248

Índice

Fotografia 102, 237

França 32, 52, 59, 93, 116, 131, 135, 137, 164, 173, 179, 188, 199, 214, 248, 250, 261, 268, 270

François Quesnay, 265

Franklin D. Roosevelt 14, 42, 88, 113, 124

Frank Winfield Woolworth 294, 296

Franquias 295

Friedrich A Hayek 289

Friedrich Engels 283

Fundo Monetário Internacional 24, 165, 185, 187

Fundos Mútuos 46

G

Gana 83

Ganância 253, 255

Ganhos de Capital 95, 100, 117

Gasolina 4, 86, 137, 236

General Motors 149, 290

Geografia

    clima 20, 144, 145, 204, 206, 208, 211, 219, 283

    cursos de água 196, 204

    isolamento 202, 203, 204, 212, 213, 214, 217, 226

    localização 80, 206, 207

    montanhas 202-204, 207, 226

    terra 194-197, 201, 202-206, 211-212, 216, 220, 222-223, 225-227, 258, 287, 293

George Bernard Shaw 276

George J. Stigler 1

Gestão 55, 239, 244, 251

Globalização 165

Grã-Bretanha 36, 38, 39, 59, 60, 65, 80, 96, 148-150, 152, 158, 164, 173-174, 176, 179, 181, 191, 212-214, 218, 221, 223-225, 252, 264, 266, 269, 270

Grande Depressão da Década de 1930 31, 41, 43, 50, 113, 124-125, 143, 189, 276, 285

Grécia 32, 132, 202-203, 207, 213

Guerra 17, 30, 34, 36, 88, 104-106, 108, 112, 128-129, 158, 185, 190, 209-210, 212, 219, 223, 238, 263, 266, 286

H

Haiti 62, 88, 180

Hambúrgueres 238

Harvard 3, 14, 128, 156, 244, 251, 270

Henry Ford 241, 294

Henry J. Heinz 238

Henry Thornton 247

Herbert Hoover 42, 113, 124, 155

Holanda 132, 193, 199, 214

Honestidade 72-73, 76-77, 169, 208, 267

Hong Kong 1, 71, 169-170, 220

Hoover Institution x-xi

Huguenotes 214

I

Igrejas 242, 261

Imigrantes 65-66, 168, 177-180, 212, 214, 221, 226

Imperialismo 180-182, 222, 224, 263-264

Império Otomano 66, 179, 223

Império Romano 83, 92, 200, 218, 282

Importações 125, 142-143, 150, 152, 155-156, 158-159, 161, 170, 175, 181, 184, 223, 262-263

Impostos

    alíquota do imposto sobre ganhos de capital 95, 117, 252

    alíquotas versus receitas fiscais 92-96, 99-100, 102-104, 106-107, 109, 112, 117-118

    imposto de renda 95, 97-98, 118

    impostos locais 74, 96, 100, 102

    incidência da tributação 96, 99

    paraísos fiscais 24

    progressivos versus regressivos 97-98

    reações aos impostos 36

Incas 205-206, 222

Incentivos e Restrições 60, 81, 116, 121, 123, 133-135, 137, 292-293

Índia 1, 6, 21, 24, 54, 57, 59, 64, 66, 72-73, 84, 88, 123, 133-134, 144-145, 150-154, 160, 163, 168-170, 176, 182, 185-186, 193, 195, 205, 212, 216, 222, 236, 248, 250, 252

Índice de Preços ao Consumidor 19, 20, 38

Índios Americanos 158

Inflação 19-20, 32-40, 43-44, 82, 94, 99-100, 103, 105, 108, 112, 125-127, 189-190, 274-275, 277, 287

Inglaterra 65, 137, 179, 209, 214, 237, 242, 252, 263, 271-272

Injustiça 152, 258

Inquilinos 40, 70-71, 75-76, 102, 290

Intenções 5, 71, 127-128, 283

Intermediários 46-47, 241, 254

Investimento

    aplicações financeiras 91, 95, 106, 240, 296

    capital humano 65, 177, 180, 185, 194, 201, 208-212, 214, 216, 220, 222, 258-259, 295

    intermediários financeiros 46-47

    investimento internacional 181

    retorno sobre investimentos 95, 154

    risco 46-47, 55-56, 65-66, 68, 76, 85, 87, 106-107, 169, 189

    taxas de juros 54,-55, 106

Investimentos Estrangeiros 172, 175-176, 181, 183, 186, 210

Investor's Business Daily 34

Irlanda 168, 178

Israel 72, 158, 244

Itália 21, 23, 130-131, 164, 177-178, 213

Índice

J

Jacob Viner 280

Jagdish Bhagwati 165

James Cash Penney 294

Japão 4, 21-24, 34, 72, 104-105, 132, 149, 150, 152, 160, 169, 170, 173, 180-182, 188, 193, 200, 212-213, 217-218, 220, 248, 251

Jardim do Éden 2

J.A. Schumpeter 267, 275, 283, 284

Jawaharlal Nehru 236

J.C. Penney 294

John Adams 141

John F. Kennedy 286

John Maynard Keynes 23, 33, 36, 43, 261, 268, 276, 278, 284, 286

John Stossel 77

John Stuart Mill 63, 89, 210, 222, 243, 261

Jornais 1, 2, 253-255

Josef Stalin 219

J.P. Morgan 189

Judeus 48, 66, 73, 178-180, 212, 214-215, 226, 243

K

Karl Marx 270-271, 275, 283, 284

Kelo v. New London 102

Kenneth Arrow 72

Kibutz 244

Kodak 293

L

Laissez-Faire 247, 264

Lei de Say 268

Lei e Ordem
confiabilidade 65-66, 72-73, 190
crime 114, 247
direitos de propriedade 67-71, 186-187, 295-296
imparcialidade 65-66
ordem social 72, 266

Lei Islâmica 87

Lenin 53, 182, 294

Lionel Robbins 2

Livre Comércio 1, 141, 148, 151, 155, 158-159, 162, 164-165, 183

Lombardos 179

Londres 163, 179, 195, 197, 214, 224

M

Macy's 187

Malásia 66, 160, 171, 178-179, 211-212, 220

Mantimentos 191

Máquinas de Escrever 18

Marcas 30, 162-163, 178, 231, 235-239

Marwaris 72-73

Matemático 265, 279

McDonald's 69, 236, 238, 295

Meios de comunicação ix, 61, 82, 93, 96, 118, 202, 245, 289

Mercados de Commodities 47

Mercantilistas 262-265, 285

Mérito 62, 89, 134

México 93, 141-142, 157, 167, 189, 281

Michael Boskin 107

Microsoft 171

Milton Friedman 5, 78, 113, 276, 278, 287

Minério de Ferro 4, 196, 292

Moedas "Fortes" e "Fracas" 22, 31, 33, 35, 37, 188, 189, 190, 191

Monitoramento 68

Monopólio 64, 93, 133, 209

Montanhas 202-204, 207, 226

Montanhas Pindus da Grécia 202-203

Moralidade 72, 255, 257-258

Morangos 122, 161

Mountain Bikes 160

N

Nacionalização 133, 169

Na Liu xi

"Necessidades" 6

"Necessidades Não Satisfeitas" 3, 110

Negociação Coletiva

organizações de empregadores 162

sindicatos 156, 162, 290

Negros norte-americanos 223

New Deal 276

Nigéria 62

Nikon 236

Noruega 23, 183, 193, 223

Nova York 1, 11, 71-75, 108, 131, 197, 248, 282, 293

Nova Zelândia 132

O

Oferta e Procura 161

Oliver Wendell Jr. Holmes 118, 142, 168, 259

Ônibus 93, 108, 130

Ordenados e Salários 40

Organização para a Cooperação e Desenvolvimento Econômico 208, 224

Organizações Sem Fins Lucrativos

discriminação 240

eficiência 231

incentivos 239

monitoraramento 240

renda 240

O Rico 69-70, 97, 117-118, 289, 291, 296

Oskar Lange 5

Os pobres 253, 259, 273, 289, 296-297

Ouro 32-33, 43-45, 48, 50, 88, 94, 99, 142, 189, 190, 222-223, 262-265

P

Padrão de vida 4-5, 20, 23, 29, 46, 62, 69, 77, 105, 174, 219-220, 223, 232, 264

Índice

Pagar 3, 27, 32, 36, 39, 40, 43, 46, 49, 50, 63, 72, 74, 79, 87, 92-93, 96-98, 100-102, 104-105, 109-110, 112, 114-116, 119, 128-130, 135, 137, 149-151, 154, 170, 174, 176, 181, 191, 196, 234-235, 237, 240, 244, 254, 257

Países Árabes 213

Países Devedores 103-104, 107-108, 137

Partido Democrata 123

Partido Republicano 123

Paul Johnson 292

Pensões 91, 119, 128, 129-132

Perdas 31, 45, 52, 53, 56, 68, 71-72, 74, 78, 100, 106, 109, 113, 128, 134-135, 151, 154, 161, 163-164, 179-180, 211, 219, 239, 241-243

Peter Bauer 186

Petróleo 4, 63, 156, 181, 196, 292, 296

Pianos 179

Pilotos 250

Planejamento Central 231, 290

Plano Marshall 184, 210

Pobreza 5, 6, 27, 62, 65, 169, 172-173, 183, 193, 204, 208, 220, 224, 294, 296

Poder de compra 14, 22, 37, 40, 43, 69-70, 106, 112-113, 149, 188, 200, 280

Política 1, 6, 12, 25, 35, 60, 89, 96, 103, 180, 216, 233, 286, 296

Política Bipartidária 43, 123

Políticas de "Fazer alguma coisa" 82, 124

Poluição 84

Popov 71

População 6, 21-22, 27, 54, 62, 66, 69, 70, 77, 84, 91, 110, 115-116, 128-129, 130, 135, 143, 148, 151, 160, 175, 186, 188, 206, 209, 213, 218-219, 220, 222-223, 248, 263, 291

Poupança 34, 38, 54-55, 128, 134, 187, 211, 254, 275

"Preço Predatório" 160

Previsão do tempo 281

Primeira Guerra Mundial 38, 88, 174, 189

Prioridades 88, 116

Produtividade 3, 100, 147, 153-154, 164, 177, 220

Produto Interno Bruto (PIB)

    comparações internacionais 22-24

    composição do produto 18

    tendências estatísticas 25-26

Produto Nacional Bruto (PNB) 16, 25

Q

Queijo 122, 211

Químicos 243

R

Racionalidade e Irracionalidade 121, 282

Ralph Nader 165

Recursos Naturais 4, 47, 61, 77, 169, 182, 190, 196, 200, 208, 218, 220, 225, 276

Refrigeradores 253

Reino Unido. Consulte também Grã-Bretanha

Relógios 21, 179

República Tcheca 53-54

Restaurantes 21, 26, 44, 69

Restrições. Consulte também Incentivos e Restrições

Richard Cantillon 265

Rio Nilo 285

Rios 113, 197

Riqueza 16-17, 24, 29, 31-32, 33, 35, 45, 47, 54, 62, 92, 98, 103, 105, 113, 129, 130, 132, 142, 149, 163, 181-182, 184, 186, 187, 208, 214, 222, 248-249, 258, 261, 263, 295

Robert Mundell 189

Rockefeller Center 170

Ronald Reagan 125, 127

Rússia 4, 38, 62, 63, 77, 83, 93, 154, 160, 164, 179, 180, 206-207, 224, 293

S

Sacarina 85

Safeway 234

Samuel Bailey 278

São Francisco 111, 197, 223, 234

Sears 40, 295

Segunda Guerra Mundial 17, 30, 104-106, 181, 184, 210, 243, 292

Seguro
risco moral 76
seguro do governo 128

Seguro Social 129, 132

Senhorios 71, 75-76

Shmelev 71

Shoppings 80

Sindicatos 156, 170, 290

Sir Isaac Newton 266, 285

Sir James Steuart 262-263, 265, 269

Sistemas Econômicos 72, 233, 294

Socialismo
economias socialistas 23
socialistas 23, 60, 233

Solos 144-145, 194-195

Sony 294

Sri Lanka 212

Standard & Poor's 25, 52

Steven E. Landsburg v

Subornos/Propinas 61-63, 65, 72, 75-76, 177

Subsídios 13, 75, 109, 111-112, 115, 123, 128, 158, 235

Suécia 191, 248, 275

Suíça 4, 96, 173, 179, 193, 199, 223

Supermercados 83, 151, 234

T

Tailândia 160, 212

Índice

Taiwan 72, 150, 162

Tarifas 88, 93, 108, 124-125, 135, 155-157, 161

Tata Industries 176

Taxas de Câmbio 22-23

Taxas de Crescimento 55, 77, 119, 172, 182, 222

Taxas de juros 30, 54, 55, 106

Tecnologia 64, 134, 151, 159, 162, 171, 175, 183-184, 196, 200-201, 205-206, 209-210, 216-217, 218, 221, 256, 293-294

Telefones 150, 253

Televisão 1, 18, 21, 77, 83, 145-147

Tempo

custos de atrasos 62

previsão 281

tempo e dinheiro 45, 234

valor presente 84, 114

Terceirização 163-164

Terceiro Mundo 26-27, 54, 61, 76, 176, 177, 181-182, 184-188, 210, 248-250, 251, 280, 296

The Economist 53, 62-63, 73, 78, 87, 119, 125, 131, 136, 150, 162, 164, 169, 180, 186, 239, 251

Thomas Kuhn 279

Thomas Mun 263

Thomas R. Malthus 269

Títulos 12, 46, 52-53, 91-93, 95, 97, 101--106, 113, 115, 128-130, 167, 175, 254, 275

Tomás de Aquino 261-262, 269

Toyota 149, 150, 163, 170, 236, 291

Trade-offs 3, 7, 86, 249-250, 277

Traduções ix, 213

Trânsito Municipal 108

Trigo 43, 56, 198, 219

Tsingtao (Cerveja) 179

U

Ucrânia 193, 219

União Europeia 1, 130, 132, 160, 164, 190

União Soviética 4, 21, 30, 38, 59, 67-71, 77, 81, 184, 219, 239

Universidade de Stanford xi

Urbanização 201, 219

Usos Alternativos 2-6, 54, 60, 62, 67-68, 93, 101, 103, 108, 111, 115-116, 145, 241, 248-250, 254, 276, 286, 294, 296

V

Valores Não Econômicos 247-249, 253

Valor Presente 84, 114

Valor "Real" 262

Vantagem Absoluta 144-145, 147, 149-150

Vantagem Comparativa 145, 147-149, 151, 154, 162, 272

Venezuela 4

Vestuário 39

Vietnã 144

W

Wall Street Journal 88, 96, 107, 133, 134, 157, 168, 171, 181

William R. Allen xi

Woodrow Wilson 41

X

Xenofonte 261

Y

Yangtzé 198, 200

Z

Zaire 197-198